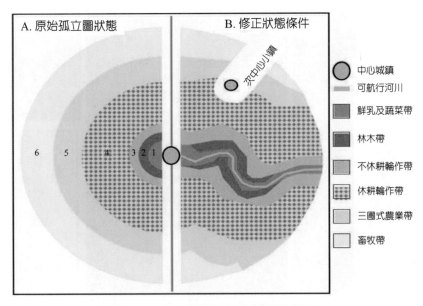

圖 2-6　邱念的農業土地利用模式圖

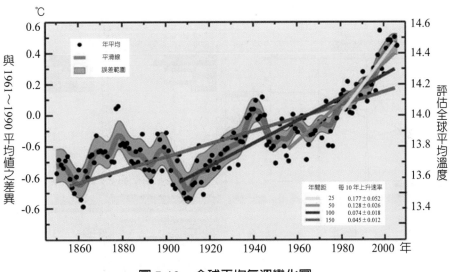

圖 5-10　全球平均氣溫變化圖

圖 6-2　研究區的土地利用變遷及第三期開發示意圖

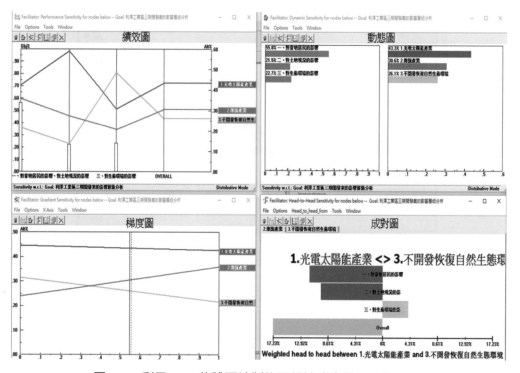

圖 6-8　利用 AHP 軟體而繪製的四類敏感度圖形分析成果

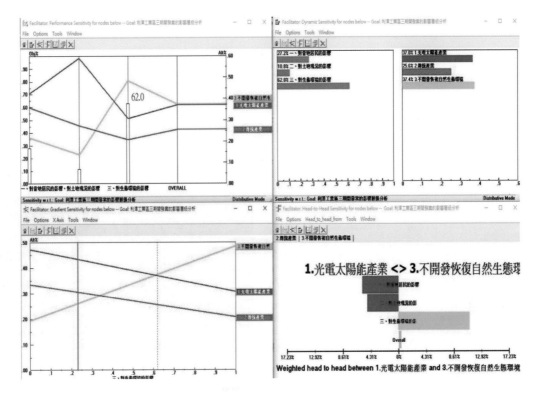

圖 6-9　調升生態環境的比重所產生的四類敏感度圖形變化情形

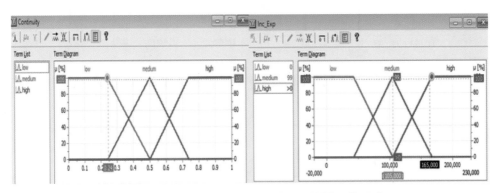

圖 8-4　Fuzzy tech 對輸入變項的隸屬函數設定

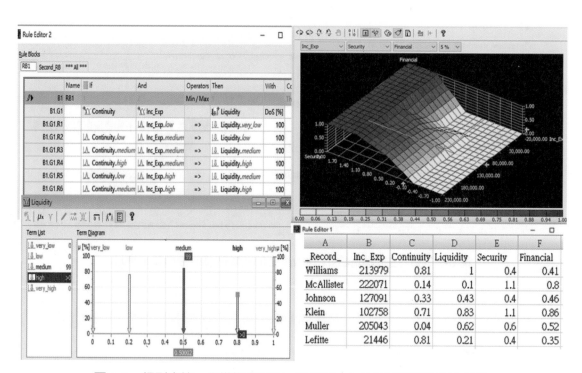

圖 8-5　規則方塊、反模糊化設定、除錯的 3D 分析及檔案紀錄之設定

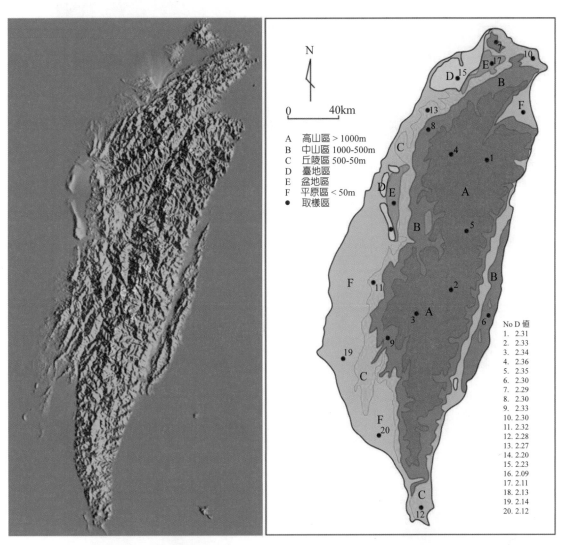

圖 10-19　臺灣島 20m DTM 資料及不同地形分區抽樣之碎形維度值

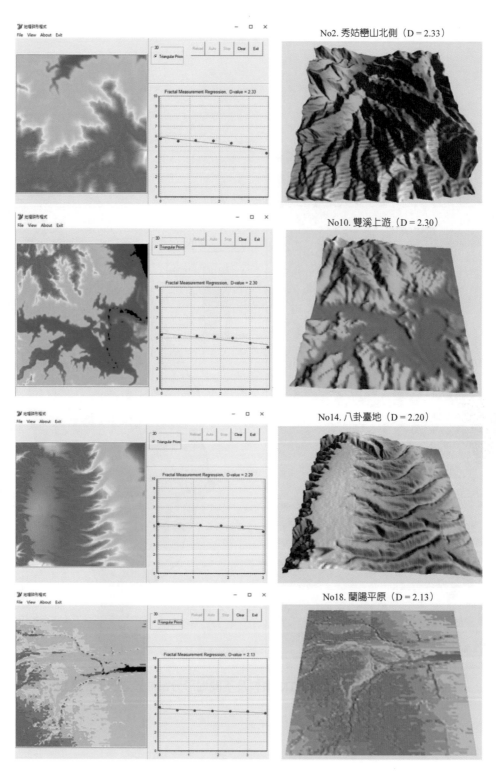

圖 10-20　利用三角柱頂表面積法所計算的碎形維度及其 3D 圖

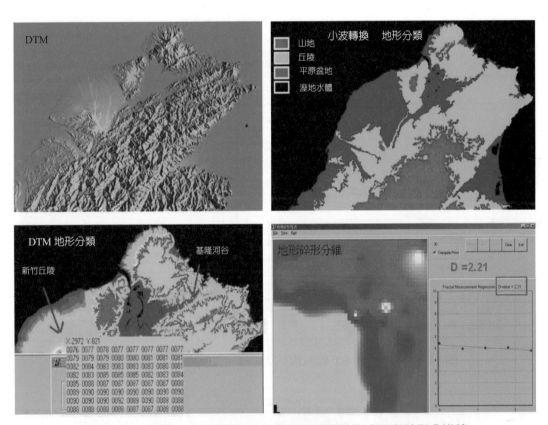

圖 10-21　利用 DTM 轉換為小波理論的臺灣地形分區與碎形分維值

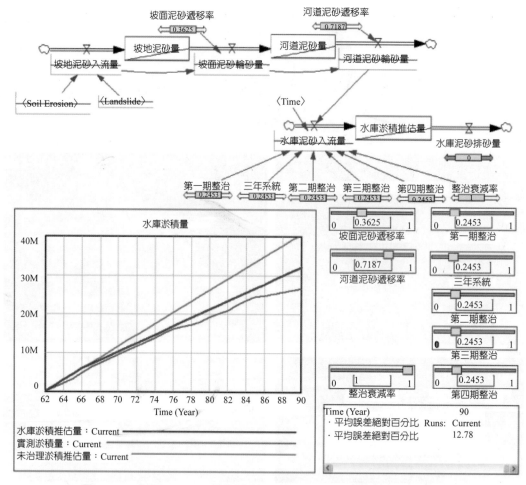

圖 11-4　利用 Vensim 模擬德基水庫集水區之治理時間變異情境

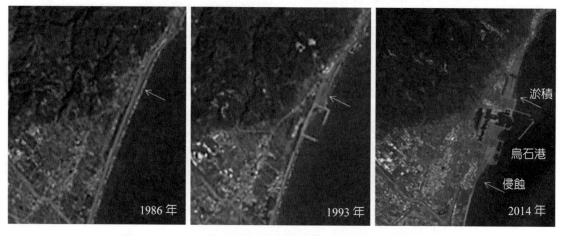

圖 11-31　宜蘭頭城烏石港興建所造成的突堤效應變化圖

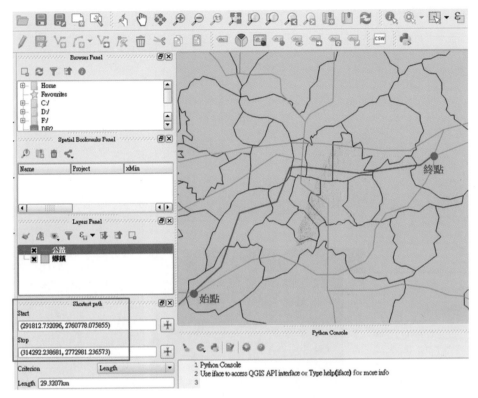

圖 12-6　利用 GIS 進行最短路徑規劃的空間分析

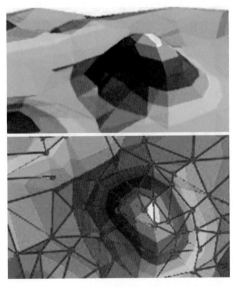

圖 12-7　TIN 的演算方程式及展示圖

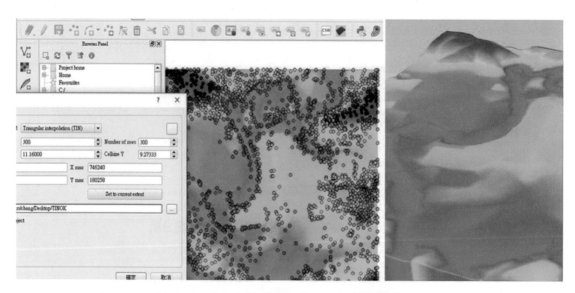

圖 12-8 　利用 GIS 的 TIN 功能將不規則的點高程數值製成 3D 地圖

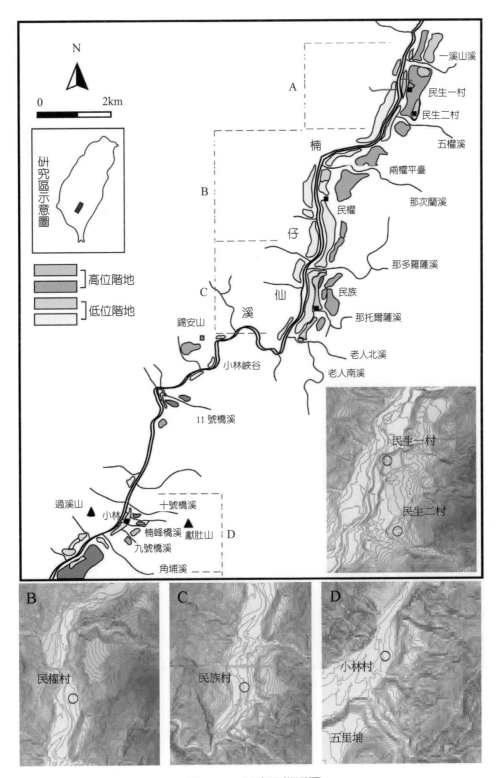

圖 12-9　研究區概況圖

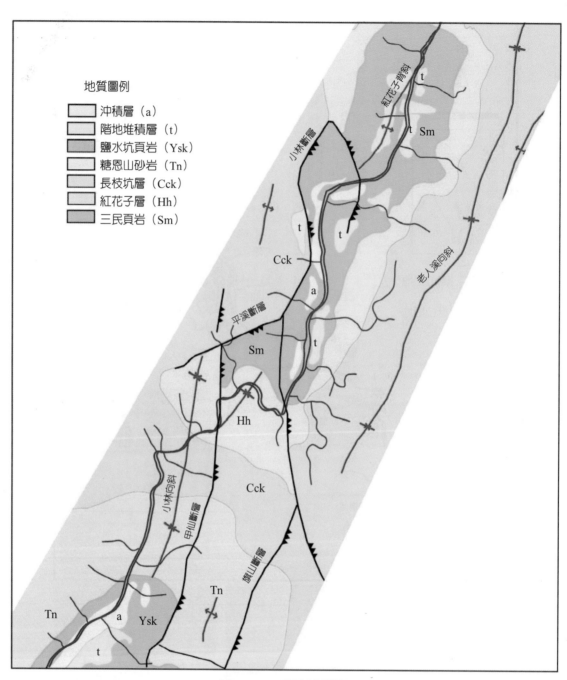

地質圖例

沖積層（a）
階地堆積層（t）
鹽水坑頁岩（Ysk）
糖恩山砂岩（Tn）
長枝坑層（Cck）
紅花子層（Hh）
三民頁岩（Sm）

圖 12-10　研究地質圖

圖 12-13　研究區崩壞地區之分布及 3D 遙測影像圖

圖 12-15　民族村 88 水災前後 3D 正射影像對比圖

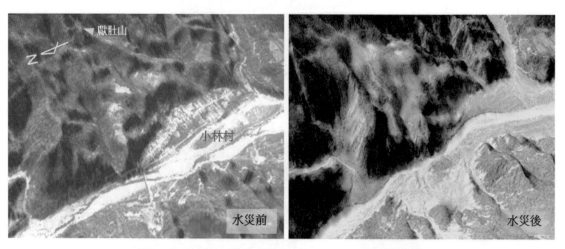

圖 12-16　小林村 88 水災前後 3D 正射影像對比圖

圖 12-19　本研究區之福衛二號衛星遙測影像

圖 12-20　結合 DTM 與福衛二號衛星遙測之本區 3D 影像

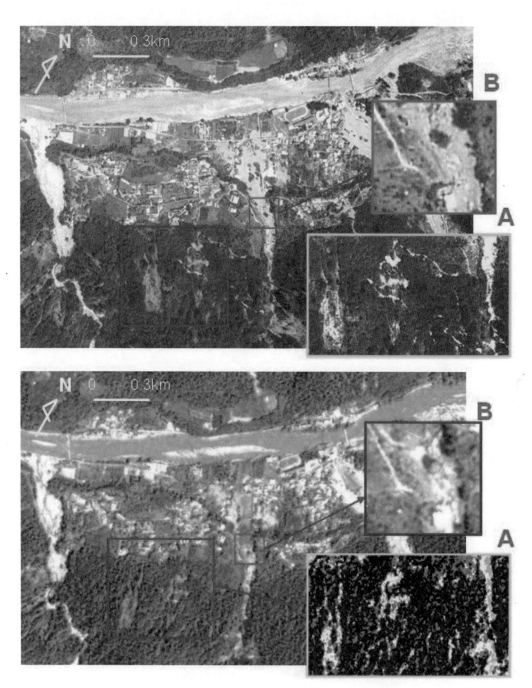

圖 12-21　大甲溪松鶴地區之航空照片與華衛二號衛星影像比較圖

圖 12-22　研究區之 NDVI 值

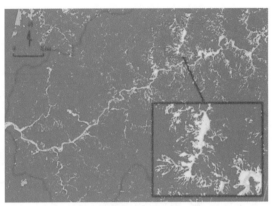

圖 12-23　利用類神經網路分類法求出之崩塌區

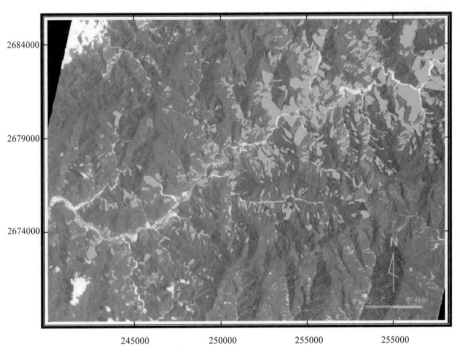

圖 12-24　加入航照修正後的敏督利颱風崩塌區域圖

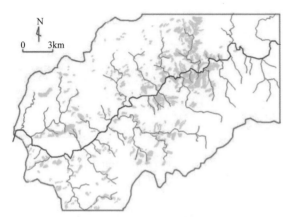

圖 12-25　桃芝颱風崩塌區域分布圖

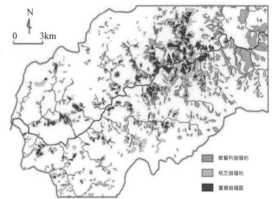

圖 12-26　崩塌區域重疊分布圖

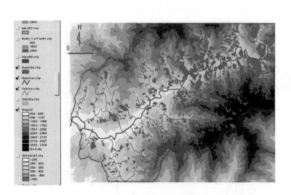

圖 12-27　地形高度與崩塌地分布圖

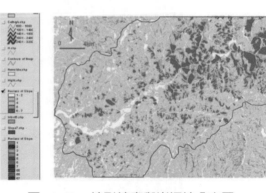

圖 12-28　地形坡度與崩塌地分布圖

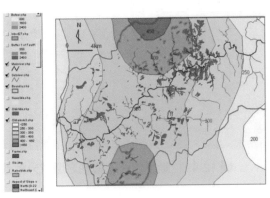

圖 12-33　桃芝颱風雨量與崩塌地分布圖

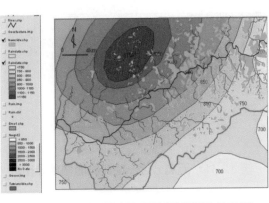

圖 12-34　敏督利颱風雨量與崩塌地分布圖

圖 12-39　地形坡向與崩塌地分布圖

圖 12-40　地質與崩塌地分布圖

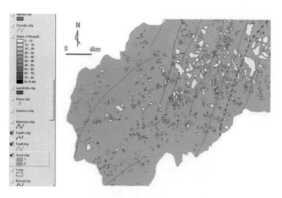

圖 12-41　五萬分之一地質與崩塌地分布圖

圖 12-42　斷層線與崩塌地之環域分析圖

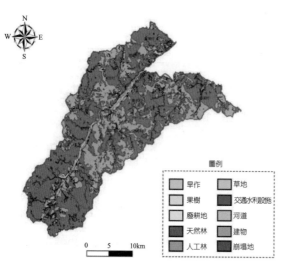

圖 13-3　大同鄉十類土地利用類型

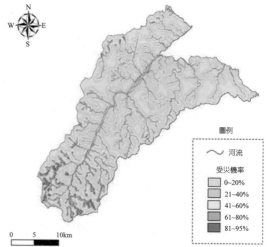

圖 13-4　大同鄉土地利用與邊坡崩塌風險圖

| 1999.3 | 1999.10 | 2002.11 | 2004.11 |

圖 13-7　九九峰地區之歷年 SPOT XS 影像

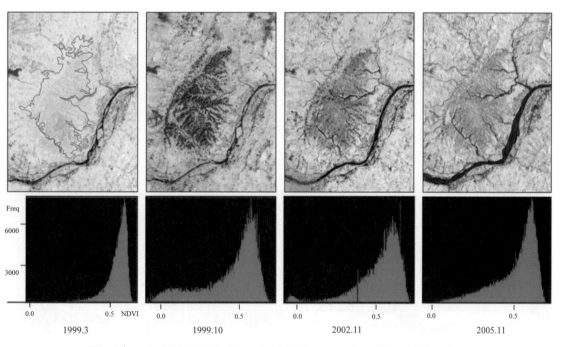

| 1999.3 | 1999.10 | 2002.11 | 2005.11 |

圖 13-8　九九峰地區之歷年 NDVI 影像（上）及影像直方圖（下）

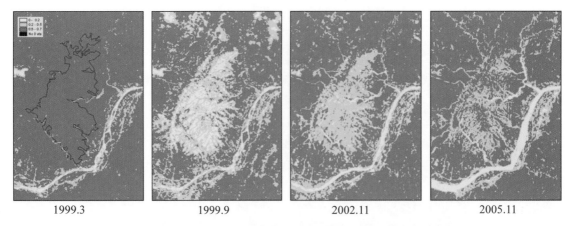

| 1999.3 | 1999.9 | 2002.11 | 2005.11 |

圖 13-9　應用 NDVI 指數進行歷年地景之植生變遷分析圖

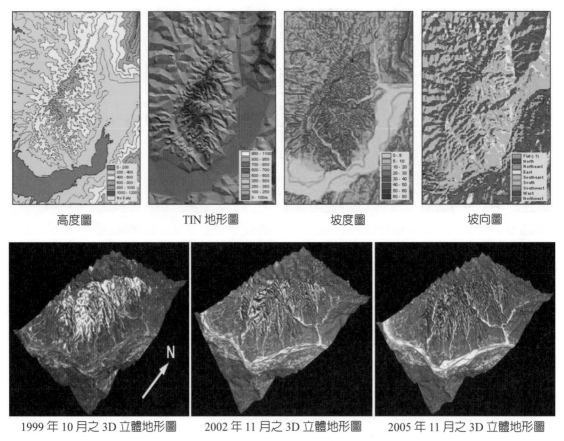

| 高度圖 | TIN 地形圖 | 坡度圖 | 坡向圖 |

| 1999 年 10 月之 3D 立體地形圖 | 2002 年 11 月之 3D 立體地形圖 | 2005 年 11 月之 3D 立體地形圖 |

圖 13-10　九九峰地區之各項地形特徵及衛星影像 3D 圖

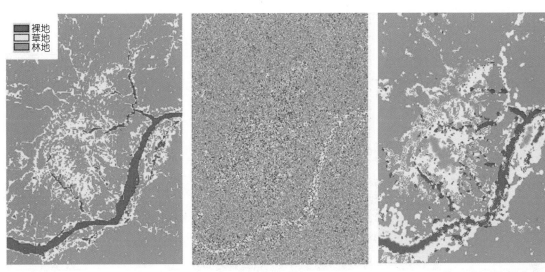

裸地
草地
林地

a)2005 年 SPOT 之地景分類影像　　　b)Markvo 模式模擬 2005 年之地景　　　c)CA_.Markvo 模式模擬 2005 年之地景

圖 13-12　運用 Markvo、CA-Markov 模式模擬本區地景變遷之比較圖

模式、理論及系統在
地理學的分析與應用
Geography

◆ 張政亮 著

五南圖書出版公司 印行

For my mom ......

作者序

　　安東·聖伯修里的《小王子》一書中，小王子問一位老先生：「地理學家是什麼？」老先生回說：「地理學家是一位懂得哪裡有海，有河流，有城市，有山脈和沙漠的科學家。」此語言簡意賅地說明地理的學習是去知曉我們所生活的大千世界，不僅觀察四季和地景的更迭，也嘗試理解人類的情感與活動。

　　自從有人類的足跡開始，我們便開始接觸並探索周遭環境事物的種種現象，因此地理學可以說是最古老的學問，也是一門綜合的知識。西元前五世紀的中國《尚書》禹貢篇就描述了中土各州的山脈、河川、物產及農業狀態，顯見對地理知識的研究自古即存。十八世紀後隨著科學方法的提倡和知識體系的建立，近代地理學也逐漸成形，在洪堡德和李特爾等學者的努力下，地理也漸蛻變並轉化成為現代科學。

　　所謂的現代科學強調模型的建構和理論的驗證，也促使知識朝向專門化的學科發展，一方面許多學科如地質學、氣象學、人口學、都市規劃學漸由這稱為科學之母的地理領域分化而出；一方面地理學本身也吸取相關的方法和理論來鞏固和延續地理學門的發展，尤其在1960年代的計量革命風潮中，地理學也掀起劇烈的反動與省思，這些因時興革的交鋒與激盪，豐富了地理學多元的內容與進展。

　　由統一而分化，由分化趨向統一，這就是地理學發展歷程中的辯證規律，順應近年來系統科學的茁壯、科際整合的需求日趨熱絡，地理學的綜合學科特質也因勢利導地受到矚目。而系統科學的導入，有助於打破地理學長久以來自然地理與人文地理的壁壘，並消弭區域地理與系統地理的爭議；尤其是近年來地理資訊系統的知能不斷推陳出新，並整合許多新方法與新理論，不僅架構了現代地理學的理論模式與應用發展，也使地理學得到復甦的契機，在許多不同的學科領域中廣泛受到重視與採行，提供了空間分析與決策支援，有效協助解決真實世界的紛紜問題。

　　因此在這全球面臨能源、人口、汙染等環境課題，問題經緯萬端、複雜難解，地理學的系統性和整合性，實可在此發揮改變世界的力量，故如何將這些科學的模式、理論融入地理學的研究，並以系統的思維和架構加以踐行和應用，實為一個地理工作者應肩負的職責。這些構思和規劃在筆者的腦海中纏縈縈繞許久，然因諸事冗雜制肘，使書寫的計劃延宕耽擱甚久。幸承張瑞津、鄧國雄、鄧天德、許民陽老師等地理前輩不斷敦勉勸勵，方能篩濾結晶、聚沙成塔，終臻底成。

　　付梓之際，驀然回首，知命之年忽焉已至，白雲蒼狗，雖人事已非，仍感念造化宏德，留片語只辭於時空洪爐中錘鍊，冀望能對地理學的繼往開來盡些許棉薄之力。然駑鈍之資，倥傯就筆，闕漏誤謬在所難免，尚祈專家先進不吝指導斧正為禱。

張政亮 敬筆
丁酉年孟夏

目　錄

3 理　論

5 結 論

圖目錄

表目錄

第一篇　序論

δῶς μοι πᾶ στῶ καὶ τὰν γᾶν κινάσω.

—— *Αρχιμήδης,*（287～212 B.C.）

給我一個槓桿的支點，我就能舉起地球

—— 阿基米德（287～212 B.C.）

第一章　探究知識方法

"Discovery consists of seeing what everybody has seen and thinking what nobody has thought"
——Albert Szent-Gyorgyi [1]

　　繽紛的世界呈現著許多鬼斧神工的瑰麗景觀和各種千變萬化的奇特現象，自古以來人類也不斷嘗試去理解、描述、分析和闡釋這個我們所「存在」的空間與環境。藉由追根究底、抽絲剝繭的好奇心驅使與不斷嘗試、鍥而不捨的學習歷程，人類逐漸窺知浩瀚瀛寰的奧妙，發現、認識與理解森羅萬象的天地間，雜亂中存在著規律性的秩序，繁複中含藏著簡單性的機制；而透過這些對大自然真相的觀察和研究，人類不僅知曉事物的存在與運作的原理，消除了疑惑，也漸次累積經驗與增長智慧，進而發展出有系統的知識，並創設出「科學」一詞的思想與內涵，實踐了「存有」的價值[2]。

　　「科學」的英文「Science」是 16 世紀英國哲學家法蘭西斯·培根（Francis Bacon）所創設的字彙，而 Science 是從拉丁文「scientia」一詞所衍生而來的，其意義就是指知識（knowledge），而 scientia 則是援用「Scio」這個動詞為字根的轉化，原意是指「I know」，由此可知「科學」就是認識自然界萬事萬物的一門學問。換言之，所謂的科學即是對所生存的周遭環境與事物作理由充分的觀察或探究，並透過這樣的探究歷程而逐步建構出知識體系，Babbie（1983）便認為科學是一種探索的方法，是一種學習了解我們周遭事物的方法；2009 年英國科學委員會為「科學」所下的定義即為：「科學是以日常現象為基礎，用系統的方法對知識的追求、對大自然的

---

[1] 阿爾伯特·聖捷爾吉（Albert Szent-Gyorgyi）是匈牙利的生物學家，維他命 C 的發現者，1937 年諾貝爾生理醫學獎獎主。他強調科學研究的精神就是勤於觀、敏於思並慎於行，著名的格言便是此句：「所謂發現乃包含去觀察每個人都看得見的東西，與去思考沒有人曾經想過的事情。」

[2] 所謂「存在」的定義是指以正確的方法來認知所認知的對象，簡言之就是將存在的東西歸位到「有」的位置上。而當人類探索與理解萬物真實存在的過程中，進行思考而知覺自己在宇宙時空中具體與獨特的存在時，「存有」（being）的概念便油然而生矣，所以人與一般自然萬物的不同之處，就是人有做決定的自主能力，具有主動性與創造力；這種「為己存有」的特性正是知識與文明產生的動力來源。故當每個存在者對自我「存有」採取某種態度或方式，而去實現自己的「存有可能性」（Seinigkeit）時，便顯露了「存有」的意義，也體現了海德格（M. Heidegger）在存有論（Ontologie）中所謂的「純正的現有」（authentisches daseins），經驗到這種存有的「勢能」，人類便得以向前發展；相關概念參閱林崇安（2009）。科學哲學總綱。桃園：內觀教育基金會出版。

理解以及對社會的理解。」故以有系統的實證性研究方法所獲得之有組織、有系統且正確的知識，即稱之為「科學」。概而言之，慎密觀察和探究以了解自然的真相，是須藉由一些必要的方法和手段（如推理、驗證）來進行，這種研究的方式與途徑，即是今日我們所熟悉的「研究方法」。

用來建立和發展科學知識體系的研究方法就是所謂的科學方法（Scientific method），科學方法常是由欲探索的事項進行詳細的觀察開始，然後對此現象或問題提出一些疑問，這個心中的疑惑最常見的表達方式就是「為何會這樣」（why）？此時人們常會用自己原有的知識或經驗，去類化和推導出一個假設，然後從觀察及收集的資料去進行歸納分析和邏輯思考，進一步發展出概念化的通則或原理，並反覆加以測試及實驗來證明假設的正確性及原理的適用性，最後獲致一個可來解釋所觀察事項的結論（know how）；如同 Mayr（1997）所歸結的科學方法之五字真言，即：「觀察、質問、臆測、試驗、解釋」。

因此科學方法第一步，就是進行縝密詳實的觀察，科學家從自然現象或特定的研究客體中，察覺有趣、奇特、蹊蹺，而目前的一些理論無法解釋，或與一般觀點相衝突的情形進行有目的性、規劃性和系統性的察看。換言之，觀察並非浮光掠影或走馬看花的瞥視，而是一種透過感覺器官及相關工具來蒐集研究資料的歷程，不僅要知道如何將自己的探究標的清楚地界定出來，且對於那些易受時間或環境影響的因素，要進一步加以控制或排除干擾以求觀察之客觀與正確，例如藉由計時器觀察發燒的週期規律、排除霧霾期間觀測恆星顏色的變化及光照對植物生長的影響等。

細心觀察後的下一個步驟便是養成敏於思考和善於發現問題的習慣，對於欲認知或研究的對象，提出疑問並設法尋求解答，就是質疑和臆測的研究歷程。質疑是知識學習最大的動力，也是人類文明推進的舵手，古今中外的名人都強調其重要性。至聖先師孔子便云：「學源於思，思源於疑，疑是思之始，學之端」；西方哲人蘇格拉底也說過：「問題是接生婆，它能幫助新思想誕生」；愛因斯坦亦認為：「提出一個問題往往比解決一個問題更重要，因為解決問題也許僅僅是一個數學或實驗上的技能而已。而提出新的問題、新的可能性，從新的角度去看舊的問題，都需要有創造性的想像力，且標誌著科學的真正進步。」顯見，對於所觀察的事項提出「為何會這樣」的疑問，就是開啟思維運作、觸動探究精神的鑰匙。而發現問題後，接下來必須確定的是問題的性質與範圍，並對待決問題提出暫時性、嘗試性的答案，或是認為這些觀察

要項間可能存在的關係，這種猜測或臆度的科學術語便是「假設」（hypothesis）[3]。

「大膽假設、小心求證」是胡適於 1919 年提出治學方法的至理名言，著名的英國物理學家牛頓（Newton）也說：「沒有大膽的猜測，就沒有偉大的發現」。尋求對一件事情的解答，不論是高瞻卓見的想法或是縝密邏輯的思慮，到最後都需經嚴格驗證的關卡，得知事實真相與對錯，方能提出令人信服、合理且正確之解釋，所以科學哲學家亨普爾（Hempel, 1948）便說：「解釋就是邏輯演繹的論證過程」[4]，他強調解釋作為一種科學過程是不需要借助任何形上學的，只要能滿足正確邏輯和經驗條件，該現象的解釋便具有知識基礎。因此，從事科學研究，除了需勇於想像、具備創意和大膽假設的前提外，更重要是需要不斷的試驗求證明其假設的真實性，這就是「驗證」的意涵；所謂驗證，意即透過經驗、實驗或觀察等方法，來證明定義所指的事項是否存在，不僅要禁得起邏輯推理還需通過客觀檢測、反覆驗證，才能將指陳的概念與觀察事項相契合，建構出新的知識或學說理論（圖 1-1）。由於推導和驗證一個假說有嚴謹的步驟與程序，所以大膽假設並非天馬行空的想像，而是構築在既有的知識或經驗下、發揮正確敏銳的想像力去針對真實且存有的懷疑事項，謹慎地檢視求證，方能提出自圓其說且令人信服的解釋，而將「假說」確認為新發現的「事實」。

由此可知，科學的探索與發現並非憑空而來，而是有其一貫的傳承與脈絡，所謂「善於觀、敏於思、勤於行」，即是指科學的研究除了詳細觀察發現而提出疑問外；更重要的是思考與實做（doing），即基於既有的知識或經驗體系，以歸納演繹的思維方法進行邏輯推理，或藉由實際量測所得之數據加以對比分析，來驗證假說的成立與否[5]。例如：察看到天體恆星的顏色不同，設想這是由於它們相對於地球的運動速

---

[3] 依孔恩（Kuhn）的「典範」論觀點：定律、理論和方法所形成的具體操作範例（examples），其潛移默化之過程中產生了科學上的「未可明言的知識」（tacit knowledge），而這種「未可明言的知識」是產生正確問題的泉源；換言之，當你提出問題的時候，其實已經意會到了找尋答案的方向與答案的眉目，只是無法明說出來而已。參見孔恩原著，程樹德等譯（1994）。《科學革命的結構》（Structure of Scientific Revolutions）。臺北：遠流出版社。

[4] 亨普爾將 1948 年提出的解釋模式稱為演繹－規律模式（Deductive-Nomological model），即一般所熟知的 D-N 模式。而他認為科學解釋需具備的四個條件為：(1) 被解釋項必須是解釋項邏輯演繹的結果；(2) 解釋項必須包含導出被解釋項所不可缺少的普遍律；(3) 解釋項必須具有經驗內容，亦即它必須至少在原則上能被實驗或觀察所檢驗；(4) 組成解釋項的句子必須是真的。相關資料參閱：葉闖（1997）。亨普爾科學解釋模式的核心問題及其解決。自然辯證法通訊，4：10-18。

[5] 有學者將其分為邏輯方法（logical methods）和技術方法（technical methods）兩類，所謂邏輯方法是根據我們所獲得的資料依照其性質進行邏輯推理（logical reasoning）而得到結論的方法，而技術方法是指運用實驗、實測、模型、模擬等技術來操控、分析和量度我們所要研究的現象。參閱：韓乾（2008）。《研究方法原理－論文寫作的邏輯思維》。臺北：五南書局。

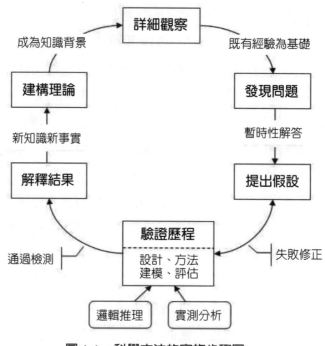

圖 1-1　科學方法的實施步驟圖

（資料來源：作者歸納繪製）

度不同？還是其表面溫度不同而引起的？又觀察到臺灣高山發現疑似冰河地形的出現，而提出是否因臺灣的氣候或是高度曾出現過變異而形成的？因此，如何透過敏於思、勤於行去收集和分析資料來證明和解釋哪些假說的正確性便是一項挑戰，著名的「紅位移」（Red shift）現象的發現便是 1929 年美國天文學家哈伯（Hubble）從「都卜勒效應」（Doppler effect）的知識得到啓發，思考並實證後認爲恆星光譜線的紅位移意味著許多恆星正遠離我們而去，而且恆星離我們愈遠，紅位移也就愈明顯，其退行速度也愈大，這便是著名的哈伯定律（Hubble's law）的由來，接著後來的天文學家又依此定律爲基礎，發展出了現今重要的宇宙「大爆炸」理論（Big Bang theory）[6]。

---

[6]　根據大爆炸（或稱大霹靂）理論，宇宙是在大約在 140 億年前由一個密度極大且溫度極高的時空奇異點（spacetime singularity），發生一次大爆炸後膨脹所形成的，透過哈伯定律驗證出因星系都在相互迅速遠離，說明宇宙正在膨脹的事實，據此建立了宇宙學中的大爆炸模型。

第二章　模式、理論與系統

　　以科學的思維而言：所有的知識是為問題提出解答，如果沒有發現問題，就不會有任何的科學知識。沒有什麼是顯而易見、唾手可得，一切都必須循序漸進、按部就班地建立起解決問題的方法與步驟。

—— Gaston Bachelard[1]

第一節　模型與模式

一、模型的定義與功能

　　知識與理論的創造需透過科學方法，而科學方法需具可信度、能被「充分公開」（full disclosure），甚至需通過複製實驗來核對結果等一連串客觀嚴謹的檢驗程序，才能支持假說、確立理論。而在進行檢測與驗證的過程中，研究者會常藉由建立模型（model）來推演預期的成果，並不斷進行修正與檢視，以達成問題解決的最佳方式。所謂「模型」有許多不同的定義，各學術領域的解釋也不盡相同，Doerr 和 Tripp（1999）指出：「模型是用來描述、解釋實徵資料所蘊含的關係、組型，預測可能會發生的事情。」而根據 Dye（1999）、Gilbert and Boulter（2000）和書玉春、陳鎖忠（2005）等人的見解，可歸結認為：「模型是人類為理解和預測複雜現實世界而建構的構念性工具，簡化但卻能再現物體的關鍵特徵。」由此可知，模型的形成與檢驗，乃為建構科學方法重要元素之一，亦即科學家常透過模型的建立，使科學知識得以簡明的方式表示或傳遞其理論，以做為溝通的媒介，來闡述繁雜的事實與現象；故 Gilbert（1993）便云：模型不僅是科學的產物、方法，也是知識學習與教學的主要工具。

　　科學的研究往往是經由觀測的結果來建構基本模型，然後透過模型推演的結果與事實進行對比與驗證，再回過來對模型加以檢視及修正，逐步發展成穩定模式而創設

---

[1]　巴謝拉（Gaston Bachelard）是法國著名科學哲學家和想像現象學家，法國新認識論的奠基者。

出知識系統。Van Driel 和 Verloop（1999）就指出，模型具有描述性、解釋性及預測性三種特徵：1. 描述性指的是模型和它的目標物之間，有相當大程度的正向類比；2. 解釋性指的是如果以理論來當作工具，就可以建立解釋性的模型，例如以牛頓萬有引力理論做為基礎，就可以建立模型來解釋行星運轉的關係；3. 預測性指的是當把理論和模型作結合，模型就具有預測的功能；例如伽勒（Galle）結合了克卜勒（Kepler）的橢圓行星軌道模型和牛頓的萬有引力理論於 1846 年成功地預測海王星的存在。而 Lee（1999）亦認為模型的三個最主要功用，分別為：1. 表徵——這是模型最基本的功能，模型必須能夠捕捉到它所要表徵的現象的主要因素；2. 解釋——模型要能解釋清楚本身的運作機制，即模型內在所蘊含的因果關係；3. 預測——模型必須能夠估計它所要表徵的系統在某個特定情況下，會有什麼樣的反應，這就是做預測（洪振方、封中興，2011）。

　　書玉春、陳鎖忠（2005）則強調良好的模型應盡可能符合下列特徵：1. 結構性——模型與現實世界的「原型」間具有相似的物理屬性或數學特徵，而不同的模型間亦具互補性，反映出對研究物件的不同層次與角度之認識。2. 簡單性——模型的描述中需表現簡明性，避免冗雜贅述；在模型的形式中需呈現出簡約性，即盡可能包含最少的數學方程式、公式或操作符號。3. 清晰性——模型的內容構成和表示應足夠的清晰，可容易被人理解，並能夠在使用中產生相同的結果。4. 客觀性——乃指模型獨立於人類的主觀而存在，可受公評而與研究人員的偏見、好惡無關。5. 有效性——乃反映了模型的正確程度，即實際資料和模型產生的資料間的符合程度，可以分為三個不同層次：(1) 複製有效（replicatively valid）、(2) 預測有效（predictively valid）、(3) 結構有效（structurally valid），可順利完成操作過程。6. 可信性——符合邏輯且確實可行，即 Levins（1966）所提及的，模型需存在著普遍性（generality）、真實性（realism）和精確性（precision）的相互制約關係。7. 易操作性——好的模型需在目前正常條件下（包括電腦的硬軟體配置、自然條件的限制等因素），具有便利操作及易於掌控管理。簡言之，模型除必須提供描述、解釋、預測的功能外，還應具有簡明精確、客觀可信且易於理解操作。

二、模型的建構要素

　　因此模型的建構絕對不是憑空杜撰，而是需基於定理（theorem）、定律（law）、公式（formula）或數學方程式的原理、原則，經嚴謹的邏輯推演而得。所

謂「定理」（theorem）是用邏輯的方法判斷為正確並作為原理或規律的真命題而能推理的根據（王國安，2002），也就是說「定理」指通過一定的論據而證明具有正確性事實的結論，可以作為原則或規律的命題或公式。例如：「經過兩點只有一條直線」、「兩點之間的直線段是最短的距離」都是定理；又如「平行四邊形的對邊相等」是平面幾何中的一個定理等。定理也可以推導或衍生其他的定理出來，著名的「畢氏定理」（Pythagoras' Theorem），即在一個直角三角形中，兩股平方和等於斜邊平方，乃是透過相似三角形的比率關係而驗證得知的，所以只要知道直角三角形的任意兩個邊，便可估算出第三條邊長[2]。而在機率和統計理論上常使用的「中央極限定理」（Central Limit Theorem）乃是由「二項分配定理」（Bionomial Distribution Theorem）的逼近所推導而出的，說明樣本平均數之抽樣分配具有常態分配性質（Normal distribution）的定理。

　　至於所謂的定律（Laws）則是指研究寰宇間不變的事實規律所歸納出的結論，是對客觀事實的一種表達形式，通過大量具體的客觀事實經驗累積歸納而成。定律可以由實驗和觀測的歸納而得，也可以由相關定理推導出來，例如「動量守恆定律」是一種實驗而得的規律，但亦可由「動量定理」所推導而得[3]，著名的牛頓三大運動定律（慣性定律、加速度定律、作用力與反作用力定律）亦是整合許多實驗和定理所歸結出來。然而定律被視為是一種理論模型，它通常被設定用以描述特定情況、特定尺度下的現實世界，在其他尺度下可能會失效或不準確，無法放諸四海皆準，也有可能被修正及摒棄。例如牛頓第二定律稱為「加速度定律」：物體的加速度與施加的淨外力成正比，與物體的質量成反比，用數學方程式表達為：$F \propto ma$（F 是淨外力，m 是質量，a 是加速度）；此定律經過科學家的實驗與檢核都能夠計算出近似結果，但在微觀尺度、超高速度或非常強烈之重力場的狀況，便無法適用；意即加速度定律無法解釋原子的發射光譜、核反應、光波干涉和黑洞等物理現象；歐姆定律（電流跟導體兩端的電壓成正比，跟導體的電阻成反比）只適用於金屬導體和電解液導電之狀況下，

---

[2]　畢氏定理即畢達哥拉斯定理：設若直角三角形的兩股長分別為 a, b，斜邊長為 c，則 $a^2 + b^2 = c^2$。傳統上雖認為此定理是由古希臘的畢達哥拉斯所證明的，但在中國也被稱為勾股弦定理或高商定理，因為早在西元前 1100 年，周朝的大夫高商在《周髀算經》便提出「句廣三，股備四，徑隅五」（勾三股四弦五）的事實；至於提出定理證明的，則是三國時期吳國數學家趙爽的詳細注釋：「勾股個自乘，並之，為弦實，開方除之，即弦。」

[3]　如果一個系統不受外力或所受外力的向量和為零，那麼這個系統的總動量保持不變，這個結論即是動量守恆定律。

對於電離氣體和半導體並不適用（萬忠義，2000）。另外一個常被提及的案例，乃為「法拉第的弔詭」（Faraday paradox）[4]。

而公式（formula）是相對於特定語言而定義的，用以表達命題的形式語法對象；簡言之，公式是一組常量符號、函數符號和關係符號，這裡的每個函數和關係符號都帶有一個元數（Arity）來指示。許多定理與定律常可利用數學公式來表示，不僅便於運算推導，也簡明易懂，例如前面所提及的歐姆定律敘述：電流（I）跟導體兩端的電壓差（U）成正比，跟導體的電阻（R）成反比，若改為數學公式的表達形式只要寫成：I = U/R，則相對精簡且明確。又如 Horton（1945）從計量地形學（Quantitative Geomorphology）的研究中，建立水文學常見的 4 個地形定律，其公式分別為[5]：

第 1 定律：河川數目定律（Law of Stream Numbers）：說明河流數目隨河流等級增加而呈幾何級數減少的法則。

$$N_u = R_b^{\,k-u} \,,\; R_b = \frac{N_u}{N_{u+1}} \qquad\qquad （式 2-1）$$

N_u 為 u 級河級序之數目，R_b 為分岐率（Bifurcation ratio），k 為主要河川之等級。

第 2 定律：河川長度定律（Law of Stream Length）：說明河流長度隨河流等級增加而呈幾何級數增加的法則。

$$L_u = L_1 R_L^{\,u-1} \,,\; R_L = \frac{L_{u+1}}{L_u} \qquad\qquad （式 2-2）$$

L_u 為級序 u 之平均河段長度，R_L 為流長比（Stream length ratio）。

第 3 定律：河川坡度定律（Law of Stream Slope）：說明河流坡度隨河流等級增加而呈幾何級數減少的法則。

---

[4] 「法拉第弔詭」（Faraday paradox）是一個關於「法拉第感應定律」的物理實驗。理查·費曼（Richard Feynman）和唐納德·蒂利（Donald Tilley）等學者透過實驗和數據分析說明法拉第感應定律不適用的案例與解釋，相關敘述與說明資料參見：李精益（譯）（2008）。費曼物理學講義 II－電磁與物質 (2) 介電質、磁與感應定律。臺北：天下文化出版。

[5] 第 4 個流域面積定律，乃為 Schumn（1956）所補充加上的。此四種定律在許多地方的研究多具適用性，例如日本多摩丘陵之大栗川流域的測試結果，亦獲得支持；參見陳榮松（2011）水文學講義，http://web.nchu.edu.tw/pweb/users/rschen/lesson/3114.pdf。

$$S_u = S_1 R_s^{1-u} \, , \, R_S = \frac{S_u}{S_{u+1}} \qquad\qquad （式 2-3）$$

S_u 為級序 u 之平均河川坡度，R_s 為河川坡降比。

第 4 定律：河川集水面積定律（Law of Stream Area）：說明河川流域面積隨河流等級增加而呈幾何級數增加的法則。

$$A_u = A_1 R_A^{u-1} \, , \, R_A = \frac{A_{u+1}}{A_u} \qquad\qquad （式 2-4）$$

A_u 為平均河川流域面積，R_A 為流域集水面積比。

綜上所述，數學公式是定理和定律所常用的表達形式，而模型往往又是透過數學公式、定理和定律所組成的，來呈現分析問題的概念、數學關係、邏輯關係和演算法序列的展示體系。故模型的建構可藉由明確的定義去構造出相應的量化模型，將真實事物或現象轉化為抽象思維的概念或產物，並以數學形式來加以表達和演算出預估的成果，這種根據數學上等量關係式的計算公式或方程式來描述現實世界結構和特徵的模型便稱為「數學模型」。除了數學模型以外，常見模型的表示方式還有：「概念模型」、「物理模型」和「軟體程式模型」[6] 等（喻湘存、熊曙初，2006），所謂概念模型是以圖表、文字、符號等組成的流程圖形式對事物的規律、現象進行描述、闡明。例如生物學中的有關 DNA 傳遞的克里克（Crick）「中心法則」（central dogma），可以圖 2-1 表示；又如所謂「概念構圖」（concept mapping）所傳達的理念也是一種概念模型，例如地球系統可以概念構圖模型來進行解說（參見圖 2-2）。概念模型的特點是圖示比較直觀化，由圖像、箭頭和關鍵文字等符號連接起來的模型建構起各變數間的相互關係，既能揭示事物的主要特徵、本質和關聯，又具簡明易懂的視覺意象，有利記憶和傳達。

---

[6] 模型依據其內容、建模方式和組織層次的不同而有許多不同的分類方式，例如依模型與時間有無關係可以分為動態與靜態模型；依模型內容可分為植被動態模型、土地利用變化模型及干擾傳播模型等；根據模型涉及的組織層次可分為群落模型、生態系統模型、景觀模型等；又根據模型所涉及的地理過程和機制則可分為現象模型、機理（mechanistic）模型和過程（process-based）模型等。

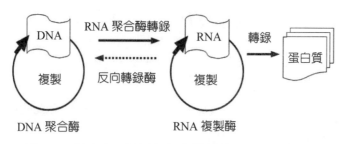

圖 2-1　基因中心法則的概念模型圖解（作者改繪）

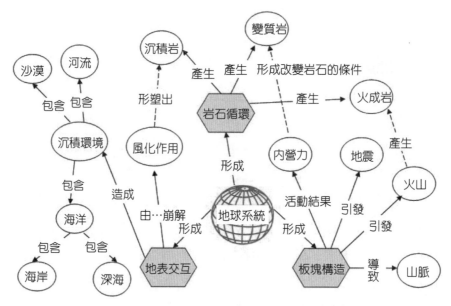

圖 2-2　以解說地球系統的概念構圖模型（作者改繪）

　　物理模型是以實體形態或圖畫形式的呈現眞實事物的特徵，其大小一般是按原物比例放大或縮小的；物理模型的理論基礎是相似理論，特點就是相似性，根據相同的規律可以模擬和類推實際的狀況，藉此演算和推估事物的形態和結構變化，例如模擬風沙運動的風洞實驗模型和模擬水流和泥沙運動的水槽實驗模型等（圖 2-3）。隨著資訊時代的來臨，數位科技進展快速，電腦程式已漸可以取代概念模型、物理模型和數學模型，甚至可以將此三種模型整合地置入於系統軟體內，透過這些軟體程式在一定環境下有條件地進行模擬（simulation）觀測對象其各要素的相互作用，並求得數值解的試驗方法便稱爲「軟體程式模型」。軟體程式模型不但可以表現出概念模型的簡明架構，又能像數學模型一樣求得精確的數據，而且免除物理模型需要眞實場域進

行實驗的局限性，經濟便捷又比較能仿眞地描述和解答複雜系統的問題，故近年來軟體程式模型已由物理、工程、醫學等領域逐步推廣至空間技術、地理資訊、工商業管理，甚至是政經社會等方面，成爲重要的研究方法和工具（圖 2-4）。

圖 2-3　河川泥沙輸移的物理實驗模型（經濟部水利署水利規劃試驗所）

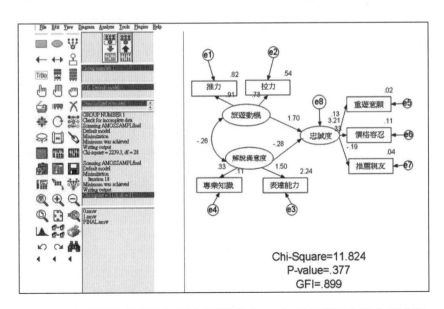

圖 2-4　以電腦軟體呈現結構方程模型（SEM）的結構概念與分析成果

三、模型的建構歷程

藉由前述分析可以得知，科學知識的獲得與它所建置的模型是密不可分的，所以科學研究及思考的重要關鍵就是在「建構模型（modeling，簡稱建模）」，Justi and Gilbert（2002）及 Zhang, Liu, and Krajcik（2006）等學者便提出：「科學即是建模」（science as modeling）的觀點。洪振方與封中興（2011）進一步認為：「建模是因為個人嘗試要對複雜的現象進行了解，它始於個人內隱的心智模型，在外顯出來之後就轉變成被表徵出的模型，此外顯的模型若能通過社群守門員的檢驗，就成為該社群有共識的科學模型。此外，模型的建構必須要把複雜的現象予以簡化，從複雜的現象抽取出能描繪出該現象的最主要因素（元素或參數），並找出這些因素之間正確的組合關係，就能形成具有正確結構的模型。」一般而言，模型的建置可分為以下五個步驟（圖 2-5）：1. 模型假設——明瞭研究的問題與背景，確定建模目的，掌握實際物件的特徵與相關資訊後，對物件原型進行簡化及抽象化的工作，假設的條件要簡單準確，並擷取與建模目的有關的主要因素，才能有利於構造模型。2. 模型建立——主要內容是確立各項常數和變數的作用和其間的相互關係性，透過定理、定律和公式的原理原則，並搭配適當的物理或數學方法，畫出圖表或列出數學關係式，以求得完整描述實際問題的理想模型。3. 模型分析——模型建立後，根據已知的條件和資料，分析模型的特徵和結構特點，設計或選擇求解模型的數學方法和演算法，估計各項參數值、模擬模型運作來進行系統的穩定性與靈敏度測試，以符合實際檢測之需。4. 模型檢驗——模型分析符合要求之後，還必須回到客觀實際中去對模型進行檢驗，用實際現象、資料等檢驗模型的合理性和適用性，看它是否符合客觀實際，若有問題，則回來修改或增減建模假設條件，重新建模，循環反覆，直到運行的結果與其相對應的現況達有一致性與契合性。5. 模型運用——模型通過客觀、公正的檢驗後，將可根據建模的目的，用於分析、研究和解決實際問題，並進而對模型進行評價、預測、優化等工作，透過不斷反覆的循環修正，完善整個模型的構建。

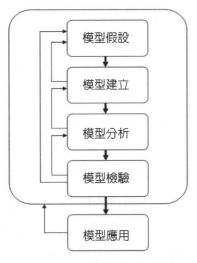

圖 2-5　模型建構步驟圖

（資料來源：修改自書玉春、陳鎖忠等，2005）

四、模型與模式的異同

　　科學方法中除了模型外，另一個經常被連帶提及的名詞就是「模式」（pattern），「模式」一詞從字典的詞義觀之，乃是被模仿的模型（model for imitation）或指被再製的模型（model to be reproduced），意即是一種引以為範本的模型。而依照 Alexander 等人（1977）的說法：所謂模式是指當我們的環境中不斷出現一個相同的問題時，設法發現或解決該問題的核心規律，以便形成經驗性、抽象性的處理方案，而無需再做重複的工作。張紹勳（2008）則認為：具體而言，模式乃指對一個系統的表達，包括這個系統內的物件、行為及功能描述，其目的是研究該系統某一層面或全體，並呈現出其關係及架構。顯見模式一詞指涉的範圍甚廣，它標誌了物件之間隱藏的規律關係，而這些物件並不必然是圖像、符號，也可以是訊息、抽象的關係、甚至思考的型態。簡而言之，模式是一種思維方式，是解決某一項問題的方法論，意即：「在某一個情景（Context）下的問題（Problem）解決方案（Solution）」。因此凡是一再重複出現的事物，就可能存在某種模式，一旦發現或建立此所以模式，如同獲致一個良好的指導方略，有助於按照既定思路快速完成任務，達到事半功倍的效果，且能得到解決問題的最佳方式。

　　「模型」和「模式」究竟有何差異？歸結 Adam（2003）、蘇保中（2011）等學

者的觀點,其主要的區別爲:1. 在抽象程度上有所不同:模式是可以理解爲較爲抽象或思維的概念,而模型是相對具體的局部模式,例如以數學表達出的函數、方程、不等式、公式等是一種模型,而如何建立或組成出這種數學模型的過程和方法,就是一種模式,例如「馬可夫模型」(Markov Model)可以實際運用於「預測模式」的研究上;所以模式應比模型的物件更抽象,範圍較廣。2. 在形式內容上有所不同:模型被認爲是解決問題的一個工具;而模式是透過模型的過程而建立出的方法體系,用以解釋或尋求事物的規律,例如創設一套數學模型來解釋海貝顏色的紋路具何種變化模式。伸而言之,一個模式的成立,可以由不同模型來詮釋和區辨(如同一道應用題,可能有不同的數學解法),而一個模式也可能包含有幾個模型所共同組成的(如同利用聯立方程式來解答一道應用題)。

然而「模型」和「模式」兩者不僅在本質上多是由數學公式、定理、定律和方法等要素所建構的形式化準則,且在思維概念上又均是從觀察、實驗、歸納、分析來建立基本前提,並在可靠及有意義的假設下,進行邏輯演繹而推導具說服力的結論。故有學者亦認爲:既然模式是意指可供被模仿的經典模型,那麼經過檢驗有效的「模型」,如果被廣泛接受並在相關領域多所採用而成爲識別某類事物的標準形式,就可以稱之爲「模式」。換言之,使用模型建模而得到的東西就是模式,故模型和模式常有互用而無嚴格區隔的情形,特別在社會科學的研究領域中,模式一詞往往更爲普及,例如在組織經營和教學設計領域上所常用的「詮釋結構模型」(Interpretive Structural Modeling, ISM),國內相關的研究都習稱爲「詮釋結構模式」,又如社會學、經濟學和地理學上所常應用的「引力模型」(gravity model)[7],教材與文獻上也多以「引力模式」名之。

第二節　理論與系統

一、理論的定義與建構

「理論」(theory),又稱學說或學說理論,依據大英百科(Encyclopedia

---

[7]　地理學上的引力模型又稱爲重力模式,是參照牛頓的重力模型所提出的,其定義爲:任何兩地間的運輸流量,與兩地人口數乘積成正比,與兩地的距離成反比。模式的數學公式:$Iij = Pi*Pj / Dij$($Iij = i$ 地和 j 地之間的運輸流量,$Pi = i$ 地的人口數,Dij 是 i 地和 j 地之間的距離。)

Britannica）及維基百科（Wikipedia）的解釋：「理論是人類對自然、社會現象，按照已有的實證知識、經驗、事實、法則、認知以及經過驗證的假說，經由一般化與演繹推理等等的方法，進行合乎邏輯的推論性總結。換言之，當科學家經過詳細觀察和實驗，而得到具有規律性的經驗準則，且能提出公認的解釋，滿足人類好奇心，以及發現事項之規律和行為，便能稱之為理論」。Kerlinger（1986）則認為理論是一組相關構念（construct）、定義和命題（proposition），它通過變數之間的特定關係表達了對現象的系統性理解，目的是解釋和預測現象；Babbie（1983）也指出理論是一組相互關聯的關係，用以解釋社會及自然上某個特定面向的系統化陳述；Zikmund（2003）同樣認為理論是指有條理且相互連貫的敘述，用來解釋某些觀察現象之間的關係。由此可知理論最簡明的定義便是：「一群相關命題的集合」（theory as a set of interrelated propositions）[8]。

　　所謂命題是一種「非真即假」的敘述語句，波普（Popper, 1968）進一步強調「可以被證明的命題」才能視為科學命題；因為任何自然科學的產生，乃源自對自然現象觀察，人類藉由觀察實際存在的現象或邏輯推論，而得到某種理論學說，故任何理論在未經社會實踐或科學試驗證明以前，只能屬於假說。如果假說能藉由大量可重現的觀察與實驗而驗證，並為眾多科學家認定，這項假說就可被稱為理論；接近真理的理論學說是科學的，反之則是違背科學的或者說偽科學。故歸結而言，理論具有下列的特徵：1. 理論是由構念和命題所構成。2. 理論具有科學概括化通則（scientific generalization）[9]的重要特質。3. 理論是建立在一系列的假說（assumption）之上。4. 對命題與假設加以驗證，沒有被推翻即可接受此理論。5. 理論必須得到實證資料的支持。6. 理論可以用來描述、解釋、了解、預測及控制現象。

　　科學的核心是理論，所有的科學學門皆由理論而得，Suppe（1977）及 Craig（1993）等人認為：傳統上理論應是能放諸四海而皆準的，也才稱得上是科學；而科學的目的與意義即在追求真理，因此理論被認為是一套深奧的概念系統，同時也提供一種世界亙久不移的真理。換言之，科學上常將理論視為追求真理的同位詞，禁

---

[8]　命題可以分為：公設（axiom）、事實（fact）、定理（theorem）等。而所謂公設是理論的基本假設，無需（無法）驗證的命題。事實是指吾人觀察到、無可置疑的現象，故也可將其視為公設的一種。

[9]　通則化或稱為一般化，可分為：1. 對某個特定現象的一般化結論：例如喜愛探險旅遊的人們心理狀態，通常出自於「好奇心」。2. 一些具有「關聯」現象的通則化結論，例如哪些現象、原因與人們的探險旅遊有關；建立這些變項間的關係，其將使事項或現象的發生得以解釋、預測，甚至「操控」。

得起其他理論的挑戰和競爭，而能永垂不朽的理論則視爲一種典範（paradigm），是具有最高指導原則功能的科學成就（Kuhn, 1994）。然而這種觀點在後現代愈來愈受到質疑，依照 Simons（1990）所提出「修辭的反轉」（rhetorical turn）的反思潮流下，理論不再被視爲不可挑戰的一套標準知識，而只是歷史上某個時間點下的一個看法。意即是一種「實用的歷史性對話」（pracatical historically-situated discourse）而已（Sallot et al., 2003），也就是說理論不再視爲是一種眞理，而一種理論既非獨一領域所擁有，也不是獨霸的世界觀，理論本身也是動態的、成長的，而非一成不變的（張依依，2007），史上非常著名的案例便是在 1859 年達爾文（Darwin）出版《物種起源》（The Origin of Species）一書，提出所有生物都是由較簡單、原始的形式漸漸演變而來的「演化理論」後，因與當時人們原先普遍都接受上帝創造世界，物種是永恆不變且完美的「創造論」相違背，而引發宗教界和科學界一場劇烈革命和永無止息的論戰。例如 1925 年美國田納西州達頓（Dayton）鎮發生著名的「猴子審判事件」（Monkey Trial）[10]，轟動全世界。另外，近期古生物學家所發現的寒武紀大爆發（Cambrian explosion），則使得延續頗久的傳統「演化理論」也漸難以自圓其說，當然後續許多支持與反對的理論也陸續加入此沸騰的論戰，然而迄今爲止，除非有嶄新且公認的新理論而足以全盤推翻原有的理論和觀念，而產生所謂「典範轉移」（Paradigm shift）[11]，不然演化論的思想仍然是生物學界的思想主流。

綜上所言可知，其實科學家不是在建立眞理，而是在建立理論，理論只是暫時接受爲「眞」的命題集合，很有可能被更換。到目前爲止，並沒有一個可以解釋所有現象的「科學理論」，甚至沒有一個在某特定領域解釋該領域所有現象的「科學理論」；換言之，只要是「科學理論」在新事實被觀察、發現、或了解以後，原有的理論就有隨時被修正、取代、或拋棄的可能（陳錦生，2003）。尤其現在學術界對理論的解釋更具彈性，分類也日趨多元，如同 Suppe（1977）認爲理論可以被視爲象徵性的概括通則，而每個人對這個通則可以做不同的會意與詮釋，Sallot et al（2003）也認爲理論也可以視爲是有潛力驗證自己的研究方法與分析單位，涉及個人的一些觀念

---

[10] 達爾文的演化理論觸及人類是否從較低級的動物——猴子所演化而來的爭議，因與當時聖經的內容與教義相違，故美國田納西州頒布法令，禁止在課堂上講授演化論，但有人卻以身試法，引發訴訟官司並發展爲世人關注的歷史事件。相關資訊可參閱：陳錦生（2003）：耶和華大戰達爾文。道雜誌，17：31-38。

[11] 此爲孔恩（Kuhn）在《科學革命的結構》書中提出的名詞，用來描述在科學範疇裡，因基本理論從根本的假設發生改變，連帶使其相關知識產生巨大的變革。

及一系列的觀點與主張。接受了理論難以成爲放諸四海皆準的「事實」後，許多學者也漸轉向並創設所謂的中型理論（middle-range theory），因爲這種理論較具實用價值，不僅可據以重覆驗證某個現象範圍內各種假設，也可提出限制條件來聚焦觀察變項間之關聯性，更具解釋和預測之功能；比易顯疏漏而難以大一統的大型理論（grand theory）來得實用得多。尤其是社會科學常會有地域差異及文化認知的限制，往往不易成爲一體適用的世界型宏觀理論，例如地理學上的邱念（Thiinen）農業區位理論，是依一些簡化的限制假設進行推敲，而在歐洲被認同的土地利用學說，然而在此理論被 Durand（1964）用於檢視及分析美國東北角 26 個集乳圈，顯示其分布並不規則，未呈現邱念理論中的圈狀結構。而 Sinclair（1967）亦指出邱念的農業區位論在低度開發與地廣人稀之處較能適用，但在高度開發區則由於都市擴張的影響，便顯得不合時宜；而臺灣因風土民情與農耕文化之差異，農業土地的利用無法完全呈現邱念田園圈之型態，更突顯理論有時是有因地制宜或有「橘逾淮爲枳」的時空條件之制約。然而，嘗試追求能放諸四海的理論，也一直是人類淬鍊智慧、超越本我的努力目標。

　　建構理論是一種過程，如何從無到有建立某一理論？學者認爲先尋找合適的模式或模型著手，方能有利於理論的建立（張紹勳，2008）。因爲依前述所言，模式是對一事物內的物件、行爲及功能的表達與描述，並可呈現其關係及架構，所以如果一個概念、構念及關聯若與研究核心沒有直接相關或無法被驗證，則就不會出現在研究模式中，這種被精緻化（refine）、系統化所串起的相關陳述，能精確解釋及預測一特定現象，就是一種理論（theory），所以理論旨在解釋某現象，而模式則在表達和補充說明某一系統中一些現象的關係，是理論的骨架與雛型，理論發展應配合研究模式的架構，方能成爲成熟優質的理論[12]。舉例而言，前述的邱念農業區位理論，乃爲 1826 年德國經濟地理學者邱念（J. H, von Thiinen）經過長期的實地觀察，在一些「假設條件」下，提出受距離與運費影響，農業活動會自中心的聚落向外圍構成同心圓狀的土地利用型態，稱爲「邱念田園圈模式」（圖 2-6），這種模式經過修正與實證的發展，形成了一種用以陳述與解釋農業區位的理論。歸結言之，理論是科學的皇冠，是人類抽象而概括地反映客觀世界內在機制的系統知識；而理論的形成則多是通過建構模式（模型）來實現。

---

[12] 所以有人認爲模式是理論的內涵或雛型（Models as complements of theories or Models as preliminary theories）

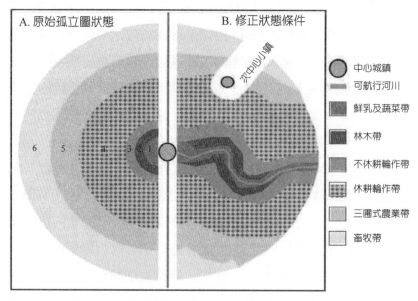

圖 2-6　邱念的農業土地利用模式圖（作者改繪）

　　值得一提的是建構理論應留意三項原則：1.結構的精簡性（parsimony），通常理論的結構愈簡單愈好。2.解釋的精確性（accuracy），解釋愈精確愈好。3.適用的普遍性，該理論適用於各社會現象愈普遍愈好。各學門常見的理論，在數學上有混沌理論（Chaos theory）、機率論、賽局理論（Game theory）；物理學上有相對論（Theory of relativity）、超弦理論（Superstring theory）；社會學上的理性選擇理論（Rational choice theory）、破窗理論（Broken windows theory）；地理學上有大陸漂移學說（The theory of continental drift）、板塊構造理論（Plate Tectonics Theory）和韋伯（Weber）的工業區位理論等；有些理論有互通性，可跨領域引用，如賽局理論（Game theory）在數學、經濟學甚至政治學上均常見其運用，許多理論也不斷推陳出新，以因應時代的流變。

二、系統的定義與發展

　　「系統」（system）一辭源於古代希臘文（systεmα），意為部分組成的整體。基本上系統的定義應該包含一切系統所共有的特性，但關於系統的解釋與意涵卻十分繁雜與多元，文獻中常見的定義就廣達40多種之多，例如：系統是有組織的和被組織化的全體、系統是有聯繫的物質和過程的集合等（朴昌根，1994）。而根據一般

系統理論（General System Theory）創始人貝塔朗菲（L. von Bertalanffy）的定義：「系統是由相互聯繫、相互作用的要素（部分）組成的、具有一定結構和功能的有機整體；而且這個系統本身又是它所從屬的一個更大系統的組成部分。」所以人們觀察所能及的尺度，小從原子、細胞，大到海洋、地球，甚至整個宇宙都是一種系統，從簡單系統到複雜系統、從自然系統到人工系統等；真實世界的系統是無所不在的，而系統的概念乃在強調了事物的整體性，以及構成系統的部分之間及其與環境的相互作用。

　　從貝塔朗菲的定義觀之，系統在基本上需滿足下列兩個條件：一是系統至少包含兩個以上要素；二是系統中的要素乃循一定方式相互聯繫。而這樣的這個定義亦指出了系統的幾項個特性：1. 多元性與層次性──系統是由多個部分所組成的，因此系統是多樣性的統一，差異性的統一，而且系統本身也是其它更大系統的子系統，多元並存且環環套疊，這種系統與部分的相對性決定了系統具有多元性與層次性。2. 相關性與協調性──系統不存在孤立要素，所有元素或各部分的組合相互依存、相互關聯、相互制約；且系統間各組成部分的特性、功能與價值，會在與其它系統的聯繫之中體現出來。系統間各部分進行協調性、有序性地運作而實現其欲達之目標，便能發揮出整個系統的功能和彰顯其價值。3. 整體性與有機性──系統是所有元素構成的複合性整體，這個定義說明了一般系統的基一個的整體且有機性（organic）組合，所有構成系統的部分都處於特定而動態的相互作用與相互依賴之中。由於這些相互關係包含了非加總性或非線性，也包含了控制與反饋的效應，所以系統的整體與整體特性不能通過元素的簡單加法來得到，也不能把系統分解成孤立的單個元素。4. 動態性與開放性──系統整體在時間上與空間上都是受限的，在時間上的有限性表現爲有始有終，但卻是充滿一個動態演化的過程，可以增長、減少甚至滅絕；在空間上的有限性表現爲有分內外，有一個確定的系統邊界，這個邊界劃分出了系統與環境的差異，但系統對於環境具有開放性，環境與系統之間相互交流、彼此影響，環境是制約系統性質的重要因素，故環境的變化會導致系統狀態的變化，反之亦然[13]。

　　馬建華、管華（2003）也認爲系統是由若干相互關聯並與其環境發生關係的組成部分（要素）結合而成，具有特定結構和功能的有機整體。因此提出「要素」、「環

---

[13] 有關系統特性的內容，修改自吳文成（2002）：系統思想的發展與內容，http://www.atlas-zone.com/science/part_1/system/page1.htm

境」、「相互關係」、「結構」、「功能」是系統五個重要的概念，所謂「要素」就是構成系統的基本單元，乃是組成部分、組分、成分或個體的抽象概括，例如生態系統是由各種動物、植物、微生物和土壤、水及空氣等無機環境要素所共同構成；太陽系則是由太陽、九大行星和眾多小行星所構成的；而系統中的要素，本身也能成為次一級的小系統，例如九大行星系中又是由水星、金星、地球、火星和土星等所組成的，而地球又是由大氣層、水圈、地殼、地函和地核所構成的系統，所以一個系統是由兩個以上的要素所組成的，而系統本身又是屬於其更大系統中的組成要素之一。「環境」是指系統通常會有一個邊界限制，超過系統的邊界以外，屬於其他系統要素就是成為此系統外在的環境；例如大氣層依據地面的高低可以分為對流層（約 0～16km）、平流層（16～48km）、中間層（48～80km）和暖層（80～483km），再上面就是空氣十分稀薄的外氣層（exosphere），已屬於星際空間的環境；而地理學所研究的地理系統則被定義在地表上方的對流層頂部約 10 公里處以下[14]，地下則在岩石圈（包含海洋底下）深約 5 公里處為範圍，超過此系統則屬於地質學或天文學的研究範疇[15]。「相互關聯」是指系統各要素之間以及系統和環境間通過某種方式相互交流、影響和互動，例如人類所處的社會系統是和當地的地形或氣候系統有密切的互動，所謂「南稻北麥」、「南船北馬」便是中國區域內自然和人為系統相互作用所形成的文化地景。「結構」則是指系統內部各要素相對穩定的組織形式或分布關係的總稱，例如生態系統上有所謂生物群落的「食物鏈」（food chain）結構（圖 2-7），而國家的行政管理系統則有中央（各部會）、直轄市、縣（市）、鎮、鄉等單位所組成的組織結構（圖 2-8）；直言之，結構就是一種模式且往往具有展現時空間的特色，並能發揮解釋和預測的功用。至於「功能」則是系統內各要素間各種活動關係的總稱，所謂各種活動是指要素間運動、變化或作用，功能的表現雖為多元，但最終體現就是把接受環境的作用（輸入）轉換為系統對環境作用（輸出）的能力，例如月亮和太陽的引力作用於地殼系統，便會形成潮汐作用，而各地潮汐的大小反應出該系統對引潮力影響功能的強弱。

---

[14] 對流層頂在兩極的上空約 8km，赤道上空約 16km，故一般取平均值約為 10km。

[15] 一般認定系統是有明確的邊界，但各系統間因有開放性的相互作用，故有時邊界因連續漸進的變化而顯模糊和重疊，例如地理系統和地質系統的較大交集之處在地形地貌上。

圖 2-7　生態系中的食物鏈結構

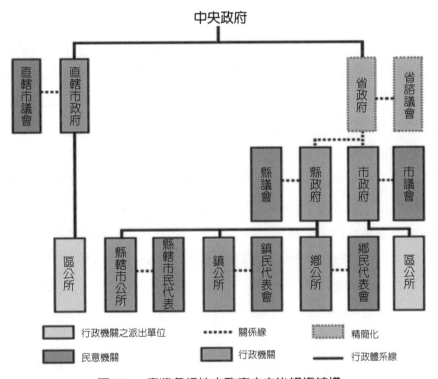

圖 2-8　臺灣各級地方政府之自治組織結構

　　系統的思想由來已久，公元前五世紀原子論的創始人古希臘哲學家德謨克利特（Democritus, B. C. 460-370）著有《宇宙大系統》一書，就是以系統的角度來研究宇宙的哲學家，他認為宇宙空間是有中心的，就像一個引力巨大的原子核，和外面的

物體構成渦旋運動的大系統，而中心原子核的距離愈遠，其引力就愈小，運動速度就愈慢，濃度也愈稀薄；亞里士多德（Aristotle, B. C. 384～322），以分門別類的方式，將不同的動物、不同的城邦治理方式，依明確的準則來歸類和區辨，建立系統分類學的雛形，也奠定系統科學的基礎。而中國遠古的伏羲氏之「始作八卦」（太極生兩儀，兩儀生四象，四象生八卦）乃起於觀察天、地、人、物以後，進行比較、歸納而得出萬物的共性，並予以區分種類（天、地、雷、風、水、火、山、澤八類），周易進一步推導出更高層次的六十四卦系統思維，以模型與演繹方法，來比附說明世界萬事萬物的複雜變化；顯見古代中西方均知用其「自發性」的系統概念來探察自然現象。而後隨著科學的倡議與專業發展，人類漸把複雜的系統拆解成各子系統甚至分解為最基本的元素展開研究，這種科學「還原論」（Reductionism）的觀點日益普及，使學科的分門愈來愈精細，分支愈龐雜，例如藥物科學是由醫學所分出的，藥物科學可分為藥理學、藥劑學和藥物化學等，其中藥理學又可分為分子藥理學、臨床藥理學、遺傳藥理學等，而分子藥理學又可細分有藥物基因體學、分子生理藥理學等；科學過度的分化和專門化的結果，往往形成見樹不見林，容易讓研究者在各自的領域探索愈鑽愈深，不僅與原領域漸失完整論述的對話，也不易與相關領域相互交流觀摩進展，致使知識日益孤立、瑣碎而紛雜。

因此奧地利裔美籍生物學家貝塔朗菲（Bertalanffy）1937 年起從生物學中有機體的研究概念得到發想，他把協調、有序、目的性等概念用於研究有機體，形成研究生命體的系統觀、動態觀和層次觀等三個基本觀點，並認為需把事物視為有機體，並當作一個整體或系統來研究，有機體不是各個部分的機械組合或簡單相加，而是各部分要素係以一定方式相互聯繫、作用而發揮其整體之功用，這便呼應了亞里斯多德「整體大於部分之和」的觀點，貝塔朗菲於 1968 年完成《一般系統理論》一書，重視探究事物的結構和規律，不僅對系統本身進行分析，尋求該系統內的共同特徵和組織原理（狹義的系統論）[16]，更認為現代科學會有許多帶有普遍共通的思想與方法（廣義的系統論），故以跨領域（trans-disciplinary）的視野，強調世界整體顯露出本質順序與相互依賴，探求共同理論架構，有助於運用在其他的系統中 [17]；系統的理論與觀點

---

[16] 事物具有系統規律的重要例證是 1869 年當時的俄國科學家門捷列夫（D. Mendeleev）利用原子量決定元素的特徵，不僅把當時已知的 63 種化學元素排成週期表，實現了元素的系統化，而他依元素化學性質的規律性所預言的 3 種元素（鎵、鈧、鍺）也隨後陸續被發現。

[17] 例如達爾文的演化理論認為事物是由簡單而漸變繁複、從低級演變至高級，相同的「同型性」規律可發

可延伸並嘗試提供一組（多組）的模式、策略、方法或工具，以利於在複雜系統中的分析、設計、決策與管理。

貝塔朗菲也用數學模型的方法定量地描述其功能，尋求並確立適用於一切系統的原理，他認為系統相互作用的一系列要素 P_i 的集合，可以用一系列定量測定的量 $Q_i (Q_i = Q_1, Q_2 \dots Q_n)$，故一般系統的概念可以用一組聯立方程式描述：

$$
\left.
\begin{aligned}
\frac{dQ_1}{dt} &= f_1(Q_1, Q_2, \dots, Q_n) \\
\frac{dQ_2}{dt} &= f_2(Q_1, Q_2, \dots, Q_n) \\
&\cdots\cdots\cdots\cdots\cdots\cdots \\
\frac{dQ_n}{dt} &= f_n(Q_1, Q_2, \dots, Q_n)
\end{aligned}
\right\}
\qquad （式 2-5）
$$

上式表明任何 Q_1 的變化都是所有從 Q_1 到 Q_n 的函數，任何 Q_1 的變化都會引起其他量及整體系統的變化，所以任何要素的變化均牽一髮而動全身，彼此互相影響；系統是一個統一的整體，故式 2-5 也可簡化為下列公式[18]：

$$
\frac{dQ_i}{dt} = f_i(Q_1, Q_2, \dots, Q_n) \quad (i = 1, 2, \dots, n) \qquad （式 2-6）
$$

馬建華、管華（2003）歸結認為因為系統是要素集合和要素關係集合的總體，所以系統存在的狀態可以表示為：

$$
S_Z = \psi_s (S , R , S_{in}) \qquad （式 2-7）
$$

式中 S_z 表示系統狀態，S 是與環境有關的函數，Ψ_S 是該系統所處環境的狀態，R 是環境向系統的輸入，S_{in} 是系統內部所有的狀態。由上式可看出系統狀態是系統的輸入、系統內部狀態和系統所處環境狀態的函數。

馬藹乃（2007）則以下列公式，用 11 項要項，來總括系統的概念：

現於細胞的增殖分裂是由單一受精卵，發育成一個新的多細胞個體；人類的發展也是由簡單的部落社會漸發展為有高度文明組織的社會。

[18] 有關一般系統理論及其公式簡介參見：Bertalanffy, L. (1972). The History and Status of General Systems Theory, *The Academy of Management Journal*, 15(4): 407-426.

$$\boxed{S = f(I, R, s, t)} \Leftrightarrow E \qquad \text{（式 2-8）}$$

（式 2-8 中的 B 與 F 標註於虛框上下）

式 2-8 中 S（system）代表整體的系統，I（Ingredient set）代表系統內的要素集合，R（Relation set）代表要素（或子系統）之間的關係集合，s（spatial）代表系統的空間分布狀態，t（temporal）代表系統的時間演化歷程，f( ) 代表系統的結構，虛框線代表具開放性的系統邊界，E（Environment）代表系統邊界以外的環境，與開放系統有交互作用，B（Behavior）代表系統在環境中的行為，反應環境對系統的影響，F（Function）代表系統的功能，反應系統對環境的作用，⇔代表系統間的關聯（系統外部關聯）；循此，本文依前述觀念彙整成圖 2-9 表示。

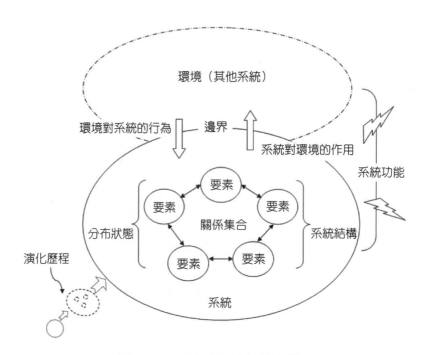

圖 2-9　系統概念圖（作者繪製）

綜而言之，單一學科知識的研究，無論多麼深入，恐多如以管窺天，無法以整體的向度來揭曉事物動態變化的規律，故「系統化」地進行統整（integrated），必將強化人類認知能力，並提供一個新的思維方向與詮釋語法，來解說地表上繁複的自然和人文現象！

第三章　系統科學與地理學

地理學是一門包含理論與演繹、原因及結果的科學，因此背熟整本地名詞典並不會使一個人成為地理學家，地理學有著更遠大的目標：尋求地表現象的比較、歸納，由結果追溯至原因，進而追溯出自然的定律及表明其對人類的影響。

—— William Hughes[1]

第一節　系統科學的建立與發展

一、系統論的思維濫觴

20 世紀 20～30 年代前後，許多科學家便對「還原論」產生反思，企圖對各科學分支理論建立起連貫的脈絡，以揭示整體系統的發展和變化規律，這種探究各種系統的共同特徵，尋求並確立適用於一切系統的原理和方法，就是「系統論」的思維。換言之，科學家嘗試尋找宇宙間共同運行的一般通則仍具熱誠，例如著名物理學家愛因斯坦（Einstein）便提出「大統一理論」（Grand unified theories）企圖將電磁理論和重力理論整合在一起，統一地描述和解釋基本相互作用的共同本質和內在聯繫的物理理論[2]。30～50 年代德裔美國哲學家卡爾納普（Carnap）也認為系統論是科學哲學的重要任務，他嘗試建立一個嚴密的邏輯構成系統，用以表示一切可知對象的領域[3]，而這一邏輯構成系統可以通過一系列構成定義把一個領域還原為少量的一組概念來表示；卡爾納普受紐拉特（Neurath）的統一科學運動影響，認為物理

---

[1] 威廉·休斯（William Hughes）是 19 世紀的英國地理學家，著有《現代地理學課本》（A Class book of Modern Geography）一書，對地理教育之推廣有重要貢獻。

[2] 目前人類所知的各種物理現象，都可歸結為四種基本相互作用，即引力相互作用、電磁相互作用，和後來陸續發現的核子強相互作用、弱相互作用。當時愛因斯坦統一理論企圖以廣義相對論的基礎上，整合當時已知的重力（引力）和電磁力，但並沒有成功；雖然有些學者認為應將理論限於中型理論較為實際，但認為可以尋找宇宙間共同運行規律迄今仍是許多科學家努力探尋的目標與理想。

[3] 卡爾納普被譽為現代邏輯實證主義之集大成者，其相關見解參閱他於 1934 年出版的《語言的邏輯句法》（*Logische Syntax der Sprache*），此書原為德文，Kegan Paul 書商於 1937 年譯為英文版（The Logical Syntax of Language）。

語言不僅可以表達全部知識（包括心理學知識），而且它還具有互觀性概念，因此試圖把社會科學、人文科學、自然科學都統一到物理語言的基礎上來。貝塔朗菲在1930年代則陸續發表研究，把協調、有序、目的性等系統概念用於研究有機體，形成研究生物的三個基本觀點：系統觀點、動態觀點和層次觀點，1954年貝塔朗菲和經濟學家博爾丁（Boulding）等人聯名創立「一般系統理論促進會」，後更名為「一般系統研究會」（Society for General System Research），出版期刊和「一般系統年鑑」，全力推廣一般系統理論的觀念，1968年貝塔朗菲歸結了一般系統論的概念、方法和相關的運用，出版《一般系統論──基礎、發展和應用》一書。1972年貝塔朗菲重新整理一般系統理論的相關議題，發表「一般系統論的歷史和現狀」的論文，正式將一般系統論分為三個面向（圖3-1）：1. 系統科學（Systems Science）又稱數學系統論（Mathematical Systems theory），用數學方法定量地描述來描述系統及其功能，尋求並確立適用於一切系統的原理、原則和數學模型；2. 系統技術（Systems Technology）：又稱系統工程，主要包含硬體技術（控制技術、自動化、電腦模擬）和軟體應用（利用系統方法和系統工程來研究經濟系統、生物系統和社會系統等複雜議題）兩大部分；3. 系統哲學（Systems Philosophy）：主要是研究一般系統論的科學方法論性質，並把它上升到形而上（meta-physical）之認識論、本體論和價值論的哲學層次，內容主要是在反對線性的邏輯實證主義和理所當然（common sense）的經驗主義，並重視人的意義與價值（value）；在這些人的努力之下，系統科學的體系和內涵逐漸成形。

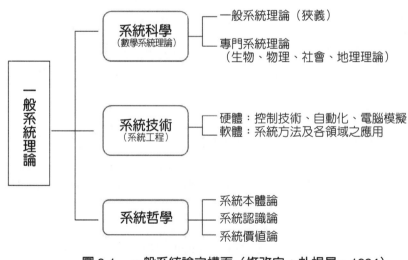

圖3-1　一般系統論之構面（修改自：朴根昌，1994）

二、系統科學的演變與發展

「系統科學」是研究系統的一般性質、運動規律、系統方法及其應用的科學。狹義來說，系統科學是指一門科學，它包括理論基礎和實踐應用兩個部分；其理論基礎是指對系統的特性和規律進行闡明的系統論，而其實踐應用則是指系統工程，就是將系統分析與工程技術統整起來，解決有關專案計畫中的規劃、設計、研究、製造、試驗與實用的科學方法，例如美國在二次世界大戰中的「曼哈頓計畫」[4]和阿波羅登月計畫都是著名案例。廣義地說，系統科學則是指一組學科群，是在當代科學發展中產生的一套揭示自然界和社會、無機界和有機界、非生命界和生命界物質運動的普遍聯繫和共同規律的橫向學科群；意即欲闡明所有具體系統的共通性（或同型性）和共同遵守的一般運動規律，並用這個規律指導研究各個具體系統。因此廣義系統科學的研究對象不是某一個具體的系統，而是抽象、甚至有哲學意涵的系統，所以貝塔朗菲等人才以「一般系統」（general system）稱之。

系統科學的萌芽，除了系統論的影響外，控制論（Control Theory）和資訊論（Information Theory）的發展也具一定程度的貢獻。控制論認為認識和研究系統的目的之一，即在於有效地控制和管理系統；控制論的思想雖也起源甚早，但卻是於 20～30 年代才漸漸醞釀成形，1948 年美國數學家維納（Wiener）出版了《控制論》一書，奠定其成為獨立科學學科的地位，維納將控制論看作是一門研究機器、生命、社會中控制和通訊的一般規律之科學，具體而言，控制論是研究動態系統在變化的環境條件下，如何保持平衡狀態或穩定狀態的科學。他特意創造「Cybernetics」這個英語新詞來命名這門科學[5]，目的乃強調機器中的通信和控制機能與人的神經、感覺機能的共同規律，掌握這些規律的訊息，便能調控我們可運用的變數，實現對於我們最為合適、最有利的狀態；所以 Ashby（1956）便說控制論是一種「操舵」的技藝，是一門關於系統本質研究的科學，這種系統的複雜性是突顯且重要的，因而無法忽略的。控制論建立了系統、資訊、調節、控制、反饋、穩定性等控制論的基本概念和分

---

[4] 曼哈頓計畫（Manhattan Project）是二次大戰期間，美國國家科學院及國防部集結大批物理學家、武器專家和技術工程師，在新墨西哥州沙漠地區研發核武器計劃的代號。曼哈頓計劃主持人物理學家奧本海默（Oppenheimer）應用了系統工程的思維和方法，縮短了研製所耗時間，終於 1945 年 7 月 16 日成功地進行了世界上第一次核爆炸，並按計畫製造出投至日本的兩顆原子彈，結束了大戰，也促進了戰後系統工程的發展。

[5] Cybernetics 一詞源於最希臘文「mberuhhtz」，原意為「操舵術」，就是掌舵的方法和技術的意思；在柏拉圖的著作中，經常用它來表示管理人的藝術，參見 MBA 智庫百科。

析方法，近年來已廣泛應用於神經生理控制實驗、工程系統的調節和控制、軍事指揮與武器射控、經濟控制和人口控制理論等議題上，為現代控制理論開展了新頁。而資訊理論最早產生於通訊領域，是研究系統中的資訊傳輸、變化和處理等問題，19世紀電話和電報的發明和應用使資訊交流進入了電氣化時代；1948年美國數學家項農（Shannon）發表了論文《通信的數學理論》，成為現代資訊論研究的開端，他利用統計學的隨機序列來了解資訊的本質特性，並建構出熵（Entropy）模式具體衡量資訊系統的混亂或不確定程度[6]，來確保資訊量的精簡（彭康麟，2005），並解決許多實際系統中資訊的有效傳輸和有效處理（如編碼、解碼、濾波、通道容量和傳輸速率等）等相關問題。由於資訊提取、資訊傳播、資訊處理、資訊存儲和資訊利用是控制論的核心問題，為了正確地認識並有效地控制系統，必須了解和掌握系統的各種資訊的流動與交換，資訊論為此提供了方法論的指導，因此資訊和控制之間存在著不可分割的關係，尤其今日隨著電腦的廣泛應用，資訊論中資訊的概念和方法已廣泛滲透到各個科學領域。

　　60年代之後，系統科學研究者意識到結合系統論（S）、控制論（C）和資訊論（I）的SCI，還無法回答諸如系統如何組織一起？系統如何隨時間演化及演化的機制是什麼等問題。因此耗散結構論（Dissipative Structure）、協同論（Synergetics）和突變論（Catastrophe Theory）等所謂DSC的「新三論」研究和發展便應運而生（馬建華、管華，2003；馬藹乃，2007）。「耗散結構論」是由比利時物理學家普利高津（Prigogine）於1969年發表《結構、耗散和生命》一文所提出來的，他從熱力學和統計物理學的研究發現：一個遠離熱力學平衡狀態的開放系統，在與環境不斷進行物質、能量和資訊的交換過程中系統會從無序混亂的狀態漸變為有序穩定的結構（陳奎寧，1987），此理論成為闡釋複雜系統中自我組織運動規律的有效學說（如河川自律作用），而其理論、概念和方法不僅適用於自然現象，同時也應用於解釋社會現象，例如河流系統、生態系統、氣候系統、城市系統和市場系統等均能適用耗散結構論。

　　「協同論」是德國著名理論物理學家哈肯（Haken）在1973年創立的。他認為

---

[6] 熵（Entropy）是由德國物理學家Rudolph Clausius於1854年提出的，他借用希臘文中代表「轉變」和「能」兩字的組合，創出Entropy一詞用以代表物體的轉變情形，熵原係屬熱力學上之專有名詞，指能量由一種狀態轉變為另一種狀態的過程中，部分能量的做功（work）能力會下降，變成「無效」或「無法再利用」，因此熵是量度能量退化的指標，亦被用於衡量一個系統中的失序、混亂而漸無法運作現象。

自然界是由許多系統組織起來的統一體，這許多系統就稱爲小系統，這個統一體就是大系統；在某個大系統中的許多小系統既相互作用，又相互制約，而且由舊的結構轉變爲新的結構，也有一定的規律，研究此規律的科學就是協同論。協同論通過大量的類比和嚴謹的分析論證了各種自然系統和社會系統從無序到有序的演化，都是組成系統的各元素之間相互影響又協調一致的結果。由此可知協同論和耗散結構論有相同的見解，但協同論不僅研究遠離平衡狀態的系統，而且研究近鄰平衡狀態的系統，甚至注重系統內部各子系統自我組織之機制，探究範圍較爲寬廣。至於「突變論」是法國數學家托姆（Thom）於 1972 年發表《結構穩定性和形態發生學》一書所提出的論點，托姆利用數學的奇點理論（singularity）和分叉理論（bifurcation theory）來研究事物連續過程中發生突然變化（即不連續變化）的機制，突變論使系統從一種狀態到另一種狀態的歷程，可以用數學模型進行定量描述，加深對系統的無序和有序間轉換方式和途徑的理解。突變論中所蘊含著的科學哲學思想，主要包含以下幾方面的內容：1. 內部因素與外部相關因素的辯證統一、2. 漸變與突變的辯證關係、3. 確定性與隨機性的內在聯繫、4. 品質互變規律的深化發展。歸結而言，突變論突破了牛頓單質點的簡單性思維，顯露出複雜世界所存在的客觀規律性，使人類能夠進一步對系統之行爲進行掌控和預測。

　　系統科學不斷吸取各種理論逐漸壯大，也從實證和應用的過程中創造出許多理論，循環不已；70 年代之後，隨著對複雜系統的深入研究，與突變論有關的混沌理論（Chaos Theory）、模糊理論（Fuzzy Theory）、碎形理論（Fractal Theory）與超循環理論（Hypercycle Theory）等新興的理論都納入廣義系統科學並成爲其重要內容。而系統科學也衍生許多分支結構，除了一般系統論的理論與概念外，還包含技術性科學和系統工程學等，技術性科學如運籌學（Operations Research，又稱作業研究，包含線性規劃、博弈論、等候理論、決策理論、庫存論、預測論）、系統方法和電腦科學等，系統工程學包含有系統分析、可拓工程[7]、自動化技術等，都如雨後春筍般興起，而成爲一門顯學。大陸著名科學家錢學森（1988）從 70 年代末期以來，也不斷研究並嘗試建立統一的系統科學體系，他把系統科學看成是與自然科學、社會科學等相提並列的一大門類科學，並區分爲四個層次（圖 3-2）：1. 系統的哲學和方法

---

[7]　可拓學是利用定性與定量相結合的形式化模型，研究事物拓展的可能性和開拓創新的規律與方法，並用於處理矛盾問題；可拓模型提供描述事物變化與矛盾轉化的形式化語言，爲人工智慧的問題表達和發展有重要的意義，參閱大英及維基百科。

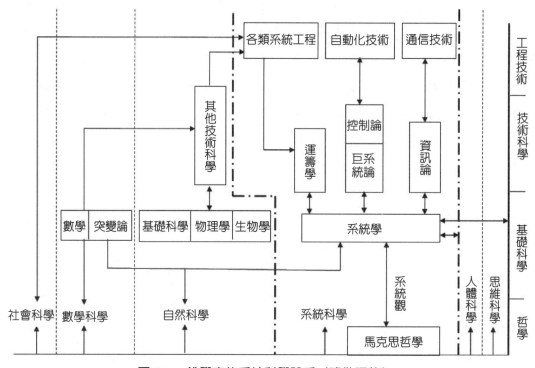

圖 3-2　錢學森的系統科學體系（略做調整）

論部分，主要的系統觀是建立於馬克思的唯物主義哲學。2. 系統的基礎科學，即系統學本身的理論和方法探討。3. 系統的技術科學，即包括運籌學、控制論、巨系統理論、資訊論等。4. 系統的工程技術，主要是應用部分，包含自動化技術、通訊技術，與及各類系統工程（如軍事系統工程、環境系統工程及農業系統工程等）。

　　60 年代美國將《系統工程》期刊改為《系統科學》，80 年代末貝塔朗菲等人聯名創立的「一般系統研究會」也改稱為「國際系統科學學會」（International Society for the Systems Science），中國大陸也成立中國系統工程學會並出版系統科學與系統工程學報，在中外諸多學者的努力之下，系統科學研究領域廣泛分布於社會經濟、政治外交、生物醫療、文化教育、地理環境、醫療保健、行政管理等部門，並獲致了許多傑出的研究結果。90 年代起由控制論持續地發展出的大系統理論、系統動力學（System dynamics）、人工智慧（如專家系統、類神經系統、細胞自動化）及複雜性科學（Complexity sciences）等知識及學說，都不斷為系統科學注入新的研究動

能[8]。總之，系統科學將眾多邏輯推導及自成理論的新興學科綜合統一起來，並其利用嚴密的理論體系，將大自然的圖像深刻地雕繪與拓印出來，也更能闡釋這個多彩多姿的世界和理解萬事萬物存在的道理。

第二節　地理學的發展與其系統特性

一、地理學的本質與內涵

地理學是一門既古老又現代的科學，有史以來，從人類的生存、生活和生產的同時，地理知識便如影隨形，所以對於地理事物記載幾乎是人類文字的發明同時產生的，古希臘羅馬時期，幾乎所有的哲學家，例如亞里斯多德、荷馬（Homēros）、埃拉托色尼（Eratosthenes）[9]和托勒密（Ptolemaios）等人對地理現象之觀察幾乎都有所涉略，雖然地理記載不等同於地理學，但在古代，哲學、自然科學和社會科學都是混而合一而不易區辨的，地理記載也散見於各類著作中；15 到 17 世紀時期歐洲的地理大發現後，更精確的地理資料與理論之需求，便油然而生；到了 18 到 19 世紀中葉開始，因科學方法的倡議，知識體系的建立與分類日趨成熟，地理學也引進了許多科學的理論與方法，德國學者康德（Kant）首先將地理學界定爲一門「空間」的描述之學，後繼的洪堡德（Humboldt）也循空間觀點出發，重視實地觀察和驗證假說來解釋空間分布的規律性，李特爾（Ritter）強調因果推演和歸納比較等方法，並關注人與自然界之間的關係[10]。在這些學者的努力下，地理學擺脫昔日百科全書式的資料堆疊和主觀純經驗性的事實描述，爲近代地理學奠定厚實的基礎，歐洲於 1821年成立了法國地理學會（Société de Géographie）、1830 年成立英國皇家地理學會

---

[8] 大系統或稱巨系統這是現代控制論最近發展的一個新的重要領域，主要是將控制理論中的穩定性理論，最優化控制理論，和運籌學中的線性規劃、非線性規劃等加以推廣。它以規模龐大、結構複雜、目標多樣、功能綜合、因素繁多的各種工程或非工程的大系統自動化問題作爲研究對象，其研究和應用涉及到工程技術、社會經濟、生物生態等許多領域，如城市交通系統、社會系統等。

[9] 埃拉托色尼（約 B.C. 275～194 年）是第一個創用西文「地理學」辭彙的人，他著有《地理學概論》一書並能以簡單的測量工具計算出地球的周長，因其在測量學和地理學方面的傑出表現，被西方地理學家推崇爲「地理學之父」。

[10] 洪堡德力行野外實察和假說驗證，例如深入南美洲亞馬遜河流域考察並畫出其地形剖面圖、提出氣候等溫線和氣候的分區、調查火山分布的特徵、發現洪堡德洋流（秘魯涼流）等，其科學成就和著作推動了近代自然科學的發展，被稱爲「自然地理學之父」。而李特爾是德國第一個地理學講座教授和 1828 年柏林地理學會成立的創建人，他最早闡述人地關係和地理學的綜合性、統一性，並奠定了人文地理學的基礎，因此也被稱爲「人文地理學之父」。

（Royal Geographical Society），開始聚集許多學者參與投入此學門的研究，1874年德國柏林大學成立由專業教師講授的「地理學」，正式成為一個專業的學科；二次大戰之後，數學統計、模型實驗、質性研究、遙測技術、系統工程及地理資訊系統（Geographic Information System, GIS）等新理論、新方法和新技術在地理科學中被廣泛應用，藉由這些定性與定量相結合的綜合研究，使現代地理學的發展豐富而多元。

　　然而究竟什麼是地理學？地理學的內涵為何？迄今還沒有一個為大家所完全公認的明確定義，一門學科原本是由它的研究對象所定義的，例如物理是研究物質及其運動規律的科學，但因地理學所研究的「地表事物之理」，範圍很廣、現象繁多，且地理學者的研究興趣也很分歧，因此較不易達成共識（姜道章，2002；池永歆，2008），例如李特爾認為地理學就是研究「空間分布的各種架構原理」的科學，所以地表各種事項的空間分布，乃成為地理研究的焦點，而哈特向（Hartshorne, 1959）則認為：「地理學是關注於對地表各項特徵進行正確的、有條理的及合理的描寫與詮釋，而主要之目的乃探討地區之差別」因此地理學被界定為對「區域差異」（areal differentiation）研究的科學，此觀點深刻影響了當時地理學的發展（Johnston, 1991）[11]。在二次世界大戰後，地理學受計量革命（Quantitative Revolution）[12]、數學模式等方法的影響，對地理學內涵的認知也發生變動，1963年阿克曼（Ackerman）對地理學所下的定義為「地理學的目的，是對包括地表全人類及其自然環境的廣大而又互動體系的了解。」換言之，地理學是關於探究地球之特徵、及其居住之人類所發生各種現象的學問，而Taaffe（1970）進一步表示地理學是提供人們所處世界有秩序、有條理的描述等，而近期的發展是以類型和過程的研究來了解空間結構，由此得知地理學漸擺脫經驗主義，強調空間法則、空間類型和空間結構等「空間分析」（spatial analysis）的概念，所以Yeats（1974）對地理學的解釋為：「地理學研究地表各種現象的空間分布與位置的合理發展，以及檢驗可以解釋與預測上述空間分布與位置的理

---

[11] 地理學所探究的「空間分布」原應有不同的空間尺度，也會形成不同的景觀型態，這些都可以是地理學探討的議題，但哈特向依循赫特納（Hettner）和白蘭士（Blache）等人的觀點，認為地理學應限縮於片段空間（特定範圍）內各種人文、自然所呈現的獨特性和差異性之研究，哈特向提出這種區域研究（region/area study）是反對當時以邵爾（Sauer）為首的柏克萊學派之景觀論；區域論的觀點對地理學的思潮與發展有一定程度之影響，但也引致抨擊認為其易成為偏狹主觀、資料堆砌而欠分析的地方志（chorography），例如邵爾便回擊哈特向所著《地理學的性質》一書的區域論點是地理的大退卻（the Great Retreat），而後的謝佛（F. K. Schaefer）也加入戰局批判了區域論的觀點，參見後文說明。

[12] 計量革命見後文說明。

論。」[13]；隨著研究焦點的日益廣泛與實用性的強調，地理研究由地表現象的空間分析和解釋，進而提供空間決策和評估，使地理學成爲與社會發展和經濟建設密切相關的且具有應用性的基礎科學（Rees, 1998；唐曉春，2002）。

綜上所述，現代地理學的研究內容和方向，經歷多年來的調整、演變，已漸具雛形，地理學被認爲是「以人類的生活空間爲主要研究範疇，研究其各種現象的空間分布、相互關係及區域特性，主要在藉理論的建立和驗證，以解釋各種人類活動的空間配置、交互關係和區域特性。」易言之，地理學的定義至少有三個基本特徵（Haggett, 1994；王錚、丁金宏，1994）：1. 空間分布── 就是所謂的空間傳統，指研究對象的地域化、空間化，就會形成一種「地理」事物；例如研究泥沙如何運移是一個物理問題，然若研究泥沙運移而產生河道的形塑與外貌，因與地表有所關聯，是地形學的研究主題，所以是一種地理問題；又投資是一種經濟問題，但若考慮到市場規模、人口分布等地表人類活動的空間型態，就會變成是一種經濟地理的研究議題；因此研究地球表面上的自然、生物和人文事項的空間分布與差異變化是地理學定義的第一個特徵。2. 相互關係── 乃指重視不同環境系統間（如大氣與海洋、生物與土壤）或環境與人類之間的互動關係，此種面向不僅是探討各種事項的結構特徵更重視彼此聯繫、互動和因果之影響，例如三峽大壩的興建是工程技術的問題，但其所引發的環境衝擊和人口遷徙就是地理學者關注之焦點；法國學者白蘭士（Blache）則特別強調地理學家的特殊任務是闡述自環境然和人文活動在空間上的相互關係，這種人地關係（man-land relationship）即是所謂生態分析的傳統[14]。3. 區域分析── 又稱區域複合體分析，主要是去理解一個地方包含人類及自然等各種因素所形塑出的特徵、結構、發展變化，許多地理學者強調有空間邊界限制的區域研究才能彰顯地理學與其他學科的不同，不然經濟學便能取代經濟地理、生物學家也能輕易取代生物地理的研究；所謂「十里不同風、百里不同俗」，綜合區域內各要素的「複合」分析，方能呈現一個地方的景觀特色或與其他地區的差異性。

此外，由於地理學探討的範圍：「人類生活空間」是由水圈、氣圈、岩石圈和生

---

[13] 參見「地理學的性質與發展趨勢」一文，引自：http://www2.pccu.edu.tw/CRUCTE/Hs-geography/html/geog01.htm

[14] 生態分析是由生物學的研究而得來的，其概念是強調生態的整體運作是由其各系統是互相交流、影響而成，而探討人類和環境之間的相互關係，亦屬於一種生態分析；例如探討人類游耕活動對土地利用循環的影響即是一種生態分析。

物圈交互作用下的體系，因此 Robinson（1976）也將「地球科學」的研究列為地理學的第四個傳統；更精確地說，對自然環境的研究是為了了解這些區域結構對人類社會產生何種空間結果（spatial consequence），其所關切的是環境、生態、區域對比和人類福祉等問題，因此現代地理學實已發展成為一門研究人類所居住的地球表面空間的「地理科學」或「環境科學」。

二、系統地理學的概念與發展

由上可知現今的地理學作為一個涵蓋廣袤的學科，其重點是要探尋有關人類及自然的複雜性理解，知其地理事物的來龍去脈；而藉由上述地理學的特性與發展可以知曉，地理學的研究有二個趨勢值得提出說明：第一點是系統地理（systematic geography）的茁壯與穩固，所謂系統地理學乃源於前文所提，服膺於科學的原理與概念下，地理學應是指一門具有普遍通則或抽象理論的「科學」（Hartshorne, 1976），意即系統地理學乃以科學方法針對組成地理環境系統的個別環境要素作為探討對象的地理學研究，例如地理學可分為自然地理和人文地理兩大部門，又自然地理下發展出地形學、氣候學、水文地理學、土壤地理學和生物地理學等專門的系統知識，人文地理也形成人口地理學、聚落地理學、經濟地理學等分支學科。系統地理特點是按專題對整個地球表面進行系統探索，以區別並相對應於將地球表面劃分成若干區域加以研究其分布差異的「區域地理」，系統地理與其他學科（如地質學、生物學、物理學）一樣，主要是想藉由科學方法與理論來建立一套知識系統，這種思維是植於「系統化之實證知識」（systematized positive knowledge）的提倡，故「科學」是以日常現象為基礎，用系統的方法對知識的追求、對大自然以及對社會的理解[15]，而各門學科系統化的知識體系就是組成科學的集合元素。系統地理學的發展除了受到其他學科知識系統的建置影響外，地理學「計量革命」的推波助瀾亦是主要的舵手，1950 年代中期由美國華盛頓大學的厄爾曼（Ullman）、加里森（Garrison）及愛荷華大學的麥卡蒂（McCarty）等地理學者發起所謂的計量運動，呼籲地理學界應大量使用數學公式、統計技術等科學研究方法，並強調理論模式的建構與驗證，此種研究方法的變革導致地理學的內涵和目的產生一次重大的根本變化，也發展出一門地

---

[15] 參見前文所揭英國科學委員會為科學一詞所下之定義，這也是首見的官方版定義。

理技術的新興學科——計量地理學（Quantitative Geography）[16]，對於往後的空間分析（Spatial Analysis）技術、地理資訊系統（Geographic Information System, GIS）以及地理學的調查與應用等均產生極大之增益。

　　計量革命的思潮迅速在世界蔓延開來，1960 至 1970 年代各國的大學地理學系先後開設計量地理相關課程，也助長系統地理學的發展；這些後起之秀運用數學法則及模式結構，試圖以科學程序及方法來驗證地理事件和建構地理學的一般通則理論，例如威弗爾（Weaver）利用相關分析、多元回歸分析（Multiple Regression Analysis）等統計方法去探討美國氣候因素對穀類生產的影響，還有克里斯徒勒（Christaller）提出的「中地理論」、韋伯（Weber）的工業區位模式、貝利（Berry）的都會區「商業空間結構模型」及威爾森（Wilson）的「空間引力模式」等，勾勒出「新地理學」（new geography）的研究新典範（Paradigm）。然而這種將地理學視為空間科學的系統地理，卻與其相對概念的「區域地理」產生爭論與衝突，傳統區域地理的擁護者將地理學視為一門探討「地區差別」的科學，代表人物如哈特向（R. Hartshorne）在其著作《地理學的本質》（Nature of Geography）中，強力主張地理學的任務就是描述地球表面的地域差異，而地理學就是一門「地誌的科學」（chorographic science），是屬於「描述指向」而非「法則指向」的學科（Graves,1980），1953 年地理學者謝佛（F. K. Schaefer）發表了一篇題為〈地理學中的例外論〉的文章，對哈特向的地域獨特主義觀點進行批判，正式點燃兩派論點的戰火，謝佛的觀點是認為地理學者在現象的空間秩序中，應尋求普遍性規律，且在了解空間秩序的衝擊時，地理學最終要和其他學科合作，以建立過程法則[17]，由於後來的實證主義浪潮方興未艾，故認為地理學須以百科全書般的描述方式來處理區域間所有事物的「傳統區域研究」，明顯受到排斥而逐漸失去聲勢，重視系統化的研究方法大量被自然與人文地理學者所採納和運用，系統地理的地位逐漸確立且穩健發展，或許未如一些激進學者所言：地理學的現代革命是對地理學「區域性」特點的全面揚棄，轉而重視地理系統和地理過程（process）的探究（王錚，丁金宏，1994），但強調區域特色與區域整合的教條主義正在「柔軟化」，地理學家愈來愈將注意力從區域地理學轉向系統地理學已是不爭的事實（姜道章，2002）；即便於 1980 年代捲土重來的新區域地理學，也

---

[16] 相關資料可參閱：王秋原，《臺灣大百科全書》，文化部網站：http://taiwanpedia.culture.tw/web/content?ID=1398

[17] 陳俊安 (2010)，系統研究與科學方法之興起：http://lab.geog.ntu.edu.tw/course/geoghistory/

不否認系統地理存在的必要性，新區域地理學者認為區域可以提供了一個真實世界為場景，使系統地理研究所推導出來原理原則或模式有了實證的舞臺空間，並避免被其他學科取代的危機（Hart, 1982；Pudup, 1988；陳國川，2006），可見引進科學方法的系統地理為地理學領域注入了活泉，使其研究更添繽紛與多彩[18]。

地理學發展的第二個特點是重視整體與相互關聯的系統科學（System Science），其理論與概念逐漸被引進並加入地理學的研究領域，使新理論、新方法和新技術在地理科學中被廣泛應用，形成另一種研究的典範轉移（paradigm shift）。因隨著科學研究取向的日益專業化，科學分化有愈來愈細的傾向，不同學科的科學家在各自領域的探索也漸多元且歧異，以自然地理的地形學為例，發展的分支就包含有構造地形學、動力地形學、氣候地形學、應用地形學、計量地形學和災害地形學等且持續發展中。然而許多學者也發現學科分化愈細，便容易形成繁雜瑣碎的知識碎片，見樹不見林的情形使科學家愈來愈難以綜觀全景，彼此間也難以溝通和了解；另一方面不同領域的科學家與思想家們也察覺出，現代科學有許多帶有普遍意義或共通性的思維與方法，這使得系統科學逐漸在各學科間進行串聯與鋪陳。早在 1962 年喬萊（R. J. Chorley）就首先引進貝塔朗菲的熵（Entropy）概念和系統理論（systems

---

[18] 有關區域與系統地理的二元論戰久未平息，且其餘波盪漾長達數十年，在著名謝佛與哈特向的爭論（Schaefer-Hartshorne Debates）事件後，1981 年美國地理學家協會主席哈特（J. F .Hart）在 77 屆的年會上發表演說並投書於 1982 年該會年刊（AAG）上，他認為地理學家技藝的最高型態（The highest form of the geographer's art）就是能將區域作深刻地描述，以利產生理解和評價。哈特認為地理不僅是一門科學也是一門藝術，因此不應採取極端科學的主張，然而此番見解也引來以加州大學萬理奇（R. Golledge，1999 年的美國地理學家協會主席）為首的十多位地理學家的圍剿，認為此文使地理學界倒退回 30 年前非科學的黑暗時期。關於這些爭論已有專門的論文集總結這兩派的爭論（Entrikin and Brunn, 1989），國內相關的介紹可參閱：施添福（1990）〈地理學中的空間觀點〉、陳國川（2006）〈區域地理的回顧與前瞻〉、池永歆（2008）〈哈特向的地理學方法論研究：回顧與審視〉。因本文聚焦在系統地理對地理學發展和研究具有重要的貢獻，故關於這些爭論是非不作評析，只是想說明其實這些紛擾主要為個人思維邏輯和強調觀點的基礎不同所導致的偏執或認知誤解而已，例如哈特向（Hartshorne）在其稍後的 1959 年著作《地理學本質的透視》（Perspective on the Nature of Geography）並沒有排斥系統地理的研究，只是認為：「唯有持續維持系統地理學與區域地理的關係，系統地理學才能堅守地理學的目的，以及不會消失而成為其它的科學」，而哈特（Hart）也回覆並認為萬理奇等人誤解了他的論文，他並非反對地理學採用科學方法，只是認為太強調抽象的數學公式法則或過分簡約的模型理論，無法統攝所有地表的複雜實體及人類情感和價值判斷的活動而已。今日隨著研究方法日趨多元，昔日二元爭論已減減其重要性，系統地理學也不斷與時俱進而蛻變，或許在這百家爭鳴的時代，並非一定要依循或墨守某種典範，誠如費耶爾阿本德（P. Feyerabend）所主張的「怎麼做都行！」（anything goes!），意即研究無須拘泥任何一種規範性的方法論，讓研究者自由地採用其認為適宜的方法去從事研究，才是對我們的知識發展最有幫助，而地理學也會因個人價值觀、意識形態、社會制度和時代潮流之差別而產生不同的地理學思想及方法論，所以昔時帕金斯（Parkins, 1934）的名言：「地理學家所做的研究就是地理學」（Geography is what geographers' do）值得我們重新玩味與思量。

theory）於地形學的討論上，他認爲地理系統即是一個與周圍環境進行物質和能量交換的「開放系統」，系統具階層之特性且在此開放式系統中，透過各個組成要素的互動歷程，調整其物質和能量的狀態，使輸入（input）和輸出（output）的流動達成平衡，維持系統的穩定狀態[19]；喬萊舉河流地形爲例，認爲其形塑至少是由物理和生物兩個系統互動所形成的，而河流的底質、河寬、流量、坡度和植被等都對河流地形的發育有重要之關聯（圖3-3），因此同時留意物質和能量的交互作用、關注構成地形現象眾多的變異要項、重視整體和時間歷程的影響，才能對地形演育有完整、全盤的理解（Chorley, 1962）。喬萊引進了系統地理學的理論與方法後，喬萊亦與海吉特（P. Haggett）於1967年出版了《地理的模型》（Models in geography）一書[20]，它有系統地介紹了模式研究在地理學上的應用，而哈維（D. Harvey）於1969年出版《地理學的解釋》（Explanation in geography）發展了系統地理學的哲學思想與方法論[21]。

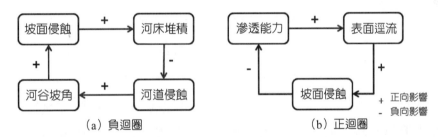

圖3-3　地形系統的回饋關係—地形系統主要探討在系統中物質與能量的輸入、傳輸與輸出的過程，以及組成要素間的交互作用。圖（a）顯示河道侵蝕加劇會導致河谷的坡角增大，進而造成邊坡的侵蝕變多，而這些被侵蝕的物質被大量帶入河床堆積，則能減緩河道繼續被侵蝕，這種負迴圈（negative feedback loop）會使系統趨向穩定。反之，如圖（b）所示，當邊坡的水流滲透能力差使侵蝕變小，將導致會地表逕流增加，反而進一步造成邊坡的侵蝕更加劇。

（參考自：Huggett，2011）

---

[19] 所謂的「地形系統」就是將一般系統理論（general system theory）應用在地形現象上，地形系統常具有階層性（hierarchical property），系統之下有次系統，而其本身又是更大系統的一部分。例如，在地表上「流域」的邊界（分水嶺）明確，所以是經常被界定的地形系統單元，而每一流域又至少可以再分爲邊坡次系統（slope subsystem）和河道次系統（channel subsystem）。

[20] 喬萊與海吉特於1969年續編有《Integrated Models in Geography》一書，延伸相關理論。

[21] 哈維是當代重要的地理學思想家，劍橋大學地理學博士。他以地理思維的空間觀察專長，洞察並批判今日人文社會之弊端，其主要觀點在揭露資本主義社會中政治經濟與城市地理、城市社會弊病的關聯性；他的思想與著作使其不僅是一位地理學家，更是一位社會理論大師，在社會學、人類學、政治經濟學等方面，均有重大的影響力。

在喬萊、海吉特和哈威等人爲代表的英國劍橋學派之推動下，運用系統理論強調系統間的互動歷程與共通的法則規律來解釋地理現象，除了企圖解決自然地理學中各分科日益分離的情形，同時亦希望透過開放系統的模型將自然地理與人文地理的研究聯繫在一起[22]。1971 年喬萊（Chorley）和甘迺迪（Kennedy）又以系統理論（systems theory）歸結認爲自然地理是由型態系統（Morphological systems）、流路系統（Cascading systems）、過程—反映系統（Process-Response systems）和控制系統（Control systems）等四種環環相扣的系統所組成（Chorley and Kennedy, 1971）[23]。而哈吉特（Haggett, 1972）則運用至人文地理學上，認爲聚落和聚落之間及聚落與區域之間總是不斷地進行著物質、能量、人員和資訊的交換，這些空間相互作用（spatial interaction）將彼此分散的聚落結合爲具有一定結構和功能的有機整體，他引用物理學中熱傳遞的三種方式，把空間相互作用的形式分爲對流（物質的運送和人的移動）、傳導（交易過程，如貨幣流動）和輻射（指資訊的流動和技術的擴散）等三種類型。在此種思維的支配下，原先表徵地理學傳統研究領域的常用術語「系統地理」，其定義也逐漸轉變，亦即用科學方法針對組成地理環境系統的個別環境要素（如地形、水文、人口、經濟）作爲探討對象的系統地理（systematic geography）一詞，已漸被以系統觀念、系統理論和系統分析方法來研究地理事物、地理現象、地理過程乃至地理區域的一個地理學現代分支學科——「系統地理學」（systems geography）所取代了，今日一般所說的「系統地理學」，已多不再是「systematic geography」的概念，而是特指「systems geography」[24]。

二十世紀的 70 年代末期到 80 年代末期，系統理論、系統分析方法及系統調控方法等陸續被引進地理學研究領域，使地理學的運用得到大幅度的發展，地理學也從基礎理論學科漸發展爲應用科學，透過數學物理方法，如模糊數學、碎形幾何學（fractal geometry）、非線性分析、小波分析（wavelet analysis）等，推導出許多公式與模型來解釋和分析地理問題，並進而提供協助環境或地理議題的規劃、預測和決策的參考，尤其隨著資訊技術和系統工程的發展，結合地圖學、測繪學、遙測

---

[22] 這是 Chorley（1962）在〈Geomorphology and general systems theory〉一文中最後（第七點）且最重要的論點，亦即希望開放系統的模型能使自然地理與人文地理的研究能產生關連而非各行其道。

[23] 受限於主題與篇幅無法詳述這四個系統的細節，相關資訊可參閱：Chorley, R. J., and Kennedy, B. A. (1971). Physical Geography: A systems approach. London: Prentice-Hall International.

[24] 上述見解參見大陸全國科學技術名詞審定委員會對「系統地理學」之定義，系統地理學的解釋爲應用系統論的概念、理論、方法研究地理事物的學科。http://baike.baidu.com/view/206144.htm.

學、地形學、數值計算、網絡分析等現代科技而形成的地理資訊系統（Geographic Information System, GIS）[25] 已成爲是一門綜合性的專業知能，地理資訊系統能將地表空間資料進行處理、分析與應用，是具有整合空間資訊及協助解決眞實世界問題的決策支援系統（Decision Support Systems），除了在地理學門受重視外，也廣泛的應用在許多不同的領域。90 年代初期以降，系統科學、系統技術和資訊科技的迅速成長，「3S 技術」[26] 以向量或並行處理器爲基礎的超級電腦爲工具，對於「整體」和「大量」資料所展現的地理資訊數據，能妥善迅速地計算與分析，進而能在大量累積的資料中萃取或尋覓出有價值的知識，這種空間資料探勘（Data mining）的技能日益受到重視，故英國里茲大學（University of Leeds）資訊地理研究中心的地理學者歐彭霄（S. Openshaw）認爲運用高性能電腦進行空間資料探勘等知能，已超越原來 GIS 的範疇而成爲計量地理學中一個重要分支，故以「地理計算學」（Geocomputation）命名這個新的學科。所謂地理計算學簡單地說：就是應用數學計算方法與技術來描述空間特徵、解釋地理現象、解決地理問題（Couclelis, 1998）。歐彭霄則進一步指出地理計算學具有三個特徵：1. 強調以地理事項爲探討主題；2. 對現存問題認爲有新的或更好的解決辦法，且可以解決以前難以解決的問題；3. 地理計算需要有與過往不同的思維方式（underlying mindset），由於是基於大量資料的尋探與處理，非替代零散的知識或理論，故朝向能偵測周遭空間環境，並運用人工智慧系統對現實複雜的世界進行模擬和建立模型的能力（Openshaw & Abrahart, 2000; 陳彥光、羅靜，2009）。隨後地理計算學又陸續引入了細胞自動機（cellular automata）、遺傳程式規劃（genetic programming）、模糊邏輯（fuzzy logic）、灰色預測（grey prediction）、隨機取樣模式參數（random sampling of model parameter）、展示矩陣（display matrix）、人工類神經網路（artificial neural network）等新研發出的模型與方法，使地理計算和地理視覺化技術（geovisualization）結合成爲「地理資訊學」（Geoinformatics），近年來地理資訊學透過高效率電腦進行空間資料分析、自動建模、決策模擬（decision simulation）及虛擬實境（virtual reality）等，漸次構築新的地理學理論和應用模型的發展。

　　總結而言，運用系統科學於地理學上的系統地理學（systems geography），其所

---

[25] 有關地理資訊系統的萌芽與發展，請參閱本書第十二章的介紹。

[26] 3S 技術是地理資訊系統（Geography information systems, GIS）、遙測技術（Remote sensing, RS）和全球定位系統（Global positioning system, GPS）的統稱。

研究的對象——「地理系統」，表現出五個系統理論的基本特徵：1. 著眼於地理系統的整體性研究——以互相聯繫、互相影響、互相制約的系統論思維，探索研究物件的整體效應；在承認整體大於部分之和的前提下，建立對地理系統的全體認識。2. 強調對地理系統動態行為的解析——借助於系統分析方法，以物質流、能量流和資訊流在系統內外各個部分的方向、速率、強度以及傳輸、交換、貯存等不同表現，可詮釋共同構成整個系統的動態變化特徵。3. 揭示地理系統的等級包容、空間有序以及結構關係的實相——地理系統的結構，通常反映在空間格局、要素排列、基本聯繫以及各類等級序列之中；此類實相的深入認識，將對地理系統的功能反映與制約有基礎的理解，有利多重比較和階層分析。4. 在更綜合的層次上，開闢了地理系統的可量測性、可比較性、可調控性以及定量化的途徑——地理學需要在更高的視角上，歸結出它在更大範圍內或更高層次上的通則化理論（general theory），而系統理論的基本特性，可滿足這種要求。5. 耦合（coupled）了空間分布與時間過程的共同表現——欲進行地理系統的解析與判別，需了解其本身既存在空間上的聯繫，也存在過程上的延續，二者的完美結合形成了地理學家追求的基本目標；故藉由系統科學的原理與系統分析方法，達到這種目標的可能性計日可待[27]。簡言之，系統科學可以運用於地理學上的主要原因是有三項相通性：

第一項相似性——系統整體性觀點：系統科學研究的範疇與地理學所探討的領域十分相似，都是以龐大複雜的系統為探究對象；這些系統的構成要素彼此互相聯繫、互相影響、互相制約而調適成穩定的狀態，例如氣候要素會對地形要素產生影響，地形要素會對聚落分布產生影響，聚落的分布與活動對區域氣候亦會造成影響，故三者相互關聯、相互影響，因此探尋整體的運行規律，有助於闡明所有具體系統的共通性，使人類能夠進一步對地理系統進行解釋和預測。

第二項相似性——多元層次性觀點：系統科學研究的要素與地理系統組成的要素一樣具階層性和結構性，要素就是構成系統的組成單元，一個系統通常由兩個以上的要素所組成的，而系統中的要素本身也能成為次一級的子系統，故具層層疊覆的階層性；此外系統內部各要素往往具相對穩定的組織形式或分布關係而形成空間的特色，這些要素環環相扣形成了組織結構。例如生物地理學是構成自然地理的要素之一，且本身亦是一個子系統，是探討動物、植物等生物群落的組成及分布情況；而從島嶼

---

[27] 參閱陳俊安（2010），系統研究與科學方法之興起：http://lab.geog.ntu.edu.tw/course/geoghistory/

生物地理學（Island Biogeography）的研究[28]，可以得知島嶼的生物多樣性會受到島嶼面積大小與距離大陸遠近的影響，而形成一地空間組織的特色（McArthur & Wilson, 1967），但這種相對穩定的組織結構也常會牽一髮而動全身，如外來種入侵或人類開發而受破壞或調整。

第三項相似性──動態關聯性觀點：系統論與地理系統都認為系統是開放且交流互動的，系統論主張系統與其周圍環境之間不斷進行物質流、能量流和資訊流的動態交換，且與環境交互作用的過程中，系統會從無序混亂的狀態漸變為有序穩定的結構，此種「耗散結構」及「協同論」的概念和方法不僅成為闡釋複雜系統中自我組織運動規律的有效學說，也適用於分析地理系統，地理學一向視交互作用為其探究特色，例如不同的風向和風速（能量）會形成不同的沙丘地形（物質），又如前述喬萊（Chorley）所舉的河流地形為例，認為其形塑至少含有物理和生物兩個系統與其周遭環境進行傳輸、交換、貯存和互動所形成，而河流流量、河水流速（能量）與河床底質、河岸植被（物質）等都對河流地形的發育有重要之關聯，因此重視整體的交互作用和時間歷程的影響，才能掌控構成整個系統的動態變化特徵。

三、本書的設計理念與架構安排

依循前述章節的脈絡，可以得知二次世界大戰後的 50 年代，計量革命衝擊了整個地學界，也使得地理學的內涵與研究之發展有重大的轉變，其中最重要的影響是引入物理學、工程學、數學等領域的實證科學方法，建立模式和理論來推演預期的成果，使地理學由傳統的區域環境描述和解釋，轉為分析預測而成為理論與應用兼備之科學。如同 Hacking（1983）所指出：「科學家以理論來表徵世界，也以實驗來參與世界。藉由透過建立的模型，科學家建構出一點一滴的實驗技術，藉此了解紛紜的大自然現象。」所以「模型」的建構與「理論」的運用，可使地理學研究內容明確化、研究方法科學化及研究結果通則化[29]。

而系統科學的一般概念、普遍原理和科學法則也漸成為地理學所關注的焦點，

---

[28] McArthur 和 Wilson 於 1967 年所著《島嶼生物地理學理論》（island biogeography theory）一書中發現距離大陸愈遠、島嶼面積愈小，則島上生物多樣性會隨之減少。另外島嶼面積愈小，物種滅絕速率愈快，且物種的體型也會跟著縮減，例如當年西伯利亞的長毛象體長約有四至五公尺，而位於北極海邊的弗蘭格爾（Wrangel）小島，長毛象體型只剩一半大小，這些說明不同大小系統的結構有其空間的組織特色。

[29] 通則化（generalizations）是根據重覆的經驗（experiences）或實驗觀察後，歸納推理（inductive reasoning）而導出的結論，具一定的信效度可成為解決問題的答案及預測評估之參考。

二十世紀中葉後，不同領域的科學家發現現代科學有許多具有普遍意義的思想與方法，各學科的綜合與交會也愈來愈明顯；現代地理學則是作爲一個全面涵蓋的學科，其重點是要尋求理解世界、探究有關人類社會及自然環境複雜系統的共同規律，自然地理學者史雷米克（Slaymaker）便主張：「系統科學的理念不僅是可以療癒自然地理學中各分科日益分離的情形，對於自然地理學逐漸遠離人文地理學的現象也是一劑良方，尤其是面臨全球環境變遷的議題上，強調增進自然環境和人類社會之間的聯繫與對話，才能對自然環境做妥善的管理並降低災害風險。」[30]換言之，「系統」科學的導入有助於打破地理學長久以來自然地理與人文地理的壁壘，並消弭區域地理與系統地理的爭議，尤其是近年來地理資訊系統的知能不斷推陳出新，並融入許多新方法與新理論，不僅架構了現代地理學的理論模式與應用發展，也在許多不同的學科領域中亦廣泛受到重視與採行，提供了空間分析與決策支援，有效協助解決眞實世界的諸多問題。

緣此，本書以「模式」、「理論」和「系統」的三個層次理念漸次設計本書的章節與內容，除了第一篇「序論」是相關概念的導論和介紹外，第二篇的議題是聚焦於「模式」[31]。基於數學公式、演算法則及統計原理所建構的模式，乃爲科學研究及思考方法的重要關鍵，所謂「科學即是建模」（science as modeling）之意義即在於此；故第二篇的規劃內容主要希望藉由一些模式（模型）的應用過程，來模擬和檢視相關的地理事項，然後透過推演的結果進行對比與驗證，來奠定地理的知識體系。「模式」篇探討包含有：1. 在複雜系統中以「詮釋結構模式」（Interpretive Structure Modeling, ISM）建立元素間的關聯和階層，並清晰有序的分析架構來探討地理概念的結構。2. 分析資料與進行預測是人類積累文明的方法，故在預測模式（Forecasting Models）部分主要介紹時間序列分析法（Time Series Analysis），其基本定律是事物依時間的挪移而會發生一系列有規則的變化，所以鑑往可知來，睹始能知終，利用歷史資料推估未來發展，對於降低天然災害風險，減緩對環境不利的衝擊影響有其

---

[30] 史雷米克（O. Slaymaker）是加拿大哥倫比亞大學自然地理學教授，曾任國際地形學會會長，他贊同 Chorley and Kennedy 及 Clark 等人的觀點，認爲系統理論強調「交互連結」的統合性，合乎邏輯的自然發展，使學科專門化的趨勢不至於造成分裂與隔閡；故提升了解社會和環境間之關係的整體能力，有助於地理學者釐清和解答相關問題。相關概念可參見其著書：Slaymaker, O. & Spencer, T. (1998). *Physical Geography and Global Environmental Change.* Harlow: Longman.

[31] 依前文之說明，故在此之後不再區分「模型」與「模式」的差異，視爲同義。另外爲了論述完整性，本篇第一章至第三章的參考文獻，不各別羅列，統一放置文末。

助益。3. 有精準的預測機率，才能做出妥善的規劃與有利的評估決策，此單元分別探討分析階層程序法（Analytic Hierarchy Process, AHP）和馬可夫鏈模型（Markov Chain Model），以成對比較矩陣和機率轉移矩陣進行的模擬推演，對於環境開發管理的策略評析與及地景變遷的趨勢估測，都有顯著的實用價值。4. 結構方程模式（Structural equation modeling, SEM）發展於 1980 年代，主要是結合因素分析（factor analysis）與路徑分析（path analysis）的統計方法，對結構模型內各變項要素的交互及因果關係，做定量研究並檢驗模型設計的配適性。值得一提的是這些模式（模型）具有普遍性與通用性，故不僅可以運用於地理學的分析與探討上，也適用於其他學科領域的研究主題，例如分析階層程序法（AHP）及結構方程模型（SEM）等都已廣泛應用於觀光休閒、市場行銷、都市規劃和教育策略等方面的研究。

　　第三篇探討的主題是「理論」，科學之最終目的就是實踐理論，故理論乃為科學的核心，由前述有關理論的介紹可以知曉理論是一組相關構念、定義和命題的敘述，用來解釋某些觀察現象之間的關係；而這些定義和命題的敘述可以透過數學公式、演算法則所建構的模式來加以闡述和驗證，亦即藉由建立模型來進行一連串客觀嚴謹的檢驗程序與核對結果，方能支持假說並確立理論。愛因斯坦的名言：「理論決定我們可以觀察到什麼」（It is theory which decides what we can observe），因此本篇內容主要就是介紹系統科學中著名的「模糊理論」（Fuzzy Theory）、「碎形理論」（Fractal Theory）及「小波理論」（Wavelet Theory）等的重要原理與概念，並藉由運算公式和數學模式，實務地驗證地理現象，以達到所謂「用理論來推動實踐，用實踐來檢驗理論。」這也是理論地理學所一貫揭櫫的立場：地理理論乃關注地理過程與地理系統的模式闡述，目的是用來「解釋」與「預測」空間分布的現象，增進地理的科學知識，進而做為管理者分析與決策的依據。

　　第四篇以「系統」的實踐應用為歸結，所謂系統的概念乃在強調事物的整體性以及構成系統各要素間的交互作用；系統雖然具整體性、層次性與關聯性的特點，但因功能和屬性的不同而產生學科研究的區隔和分化，造成系統的複雜與紛歧。系統科學便是企圖對各科學分散的理論建立起連貫的脈絡，以揭示整體系統的特性和運行規律；所以系統科學在理論上是探尋各具體系統的共通法則，並以合適的模型和理論來闡釋系統的原理及其功能，在應用上則是將系統的分析方法和工程技術統整起來，來解決相關的計畫和研究問題；簡而言之，模式與理論不但可以有效區分系統的差異，也能協助系統的整合，掌握自然和社會的聯繫關係和共同規律。而本篇的內容並非

在尋求並確立適用於一切系統的原理和方法，也不是探究其方法論和價值論的系統哲學，其主要規劃的內容乃是藉由系統技術將相關的公式、模式與理論進行整合，以電腦模擬和應用軟體來研究不同層次的環境系統主題；亦即利用系統科學的方法和技術來探討紛雜的地理現象，以拓展地理學的應用體系與範疇。在章節安排上依序介紹爲：1. 藉由系統動力學（System Dynamics）對各項地理議題的處理歷程，了解複雜系統的結構及動態行爲。2. 利用海岸工程設計和分析系統（Coastal Engineering Design and Analysis System, CEDAS）的多階層空間流體動力模型，分析海岸的突堤效應與地形變遷，了解系統技術的應用價值。3. 結合具資料的存儲、查詢、分析和展示的地理資訊系統（Geographic Information System, GIS）及相關空間分析模組，探討及預測環境災害及土地開發利用等議題。

　　最後第五篇的結論，主要是梳理及歸納上述的分析和研究發現，並進一步地針對系統科學和科學研究方法在地理學的發展做一些省思，探討科學的終極、意義、價值與及地理學未來的發展脈動。圖 3-4 呈現本書的主要架構與概念。

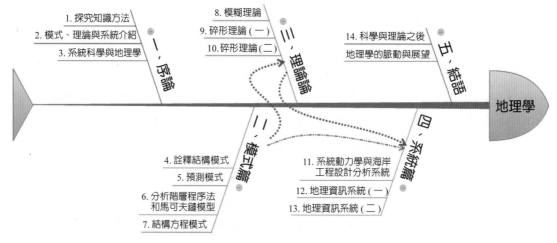

圖 3-4　本書之架構與章節設計

📖 主要參考文獻

一、中文文獻

王國安（2002）。水文定理、定律和假說初探。河南：黃河水利出版社。

王錚、丁金宏等（1994）。理論地理學概論。北京：科學出版社。

朴昌根（1994）。系統學基礎。四川：四川教育出版社。

池永歆（2008）。哈特向的地理學方法論研究：回顧與審視。師大地理研究，49: 41-60。

李精益譯（2008）。費曼物理學講義 II——電磁與物質 (2) 介電質、磁與感應定律。臺北：天下文化出版。

林崇安（2009）。科學哲學總綱。桃園：內觀教育基金會出版。

姜道章（2008）。我國歷史地理學研究的發展。華岡地理學報，15：1-38。

施添福（1990）。地理學中的空間觀點。地理研究報告，16：115-137。

洪振方、封中興（2011）。運用「以建模為基礎的論證教學模式」促進國二學生的科學學習成效——以光學單元為例。臺北市立教育大學學報，42(1): 85-124。

唐曉春（2002）。漫談現代地理科學。亞太科學教育論壇，3(1)，引自：http://www.ied.edu.hk/apfslt/v3_issue1/tangxc/。

書玉春、陳鎖忠等（2005）。地理建模與方法。北京：科學出版社。

馬建華、管華（2003）。系統科學及其在地理學中的運用。北京：科學出版社。

馬藹乃（2007）。理論地理科學與哲學：複雜性科學理論。北京：高等教育出版社。

張依依（2007）。公共關係理論的發展與變遷。臺北：五南出版社。

張紹勳（2008）。研究方法：理論與統計。臺中：滄海書局。

陳奎寧（1987）。「新三論」的啓示——談耗散結構論、協同論和突變論。科技導報，5(1)：40-42。

陳彥光、羅靜（2009）。地學計算的研究進展與問題分析。地理科學進展，28 (4)：481-488。

陳國川（2006）。區域地理的回顧與前瞻。教育部普通高級中學課程暫行綱要地理教師基礎暨進階研習手冊：174-182。

陳錦生（2003）。耶和華大戰達爾文。道雜誌，17：31-38。

喻湘存、熊曙初（2006）。系統工程教程。北京：清華大學出版社。

彭康麟（2005）。決策不確定之衡量——Shannon 熵之應用。明新學報，31：171-181。

程樹德、王道還等譯（1994）（Kuhn 原著）。科學革命的結構。臺北：遠流出版社。

萬忠義（2000）。中學數理化生公式定理手冊。四川：辭書出版社。

葉闖（1997）。亨普爾科學解釋模式的核心問題及其解決。自然辯證法通訊，4：10-18。

錢學森（1982）。論系統工程。湖南：湖南科技出版社。

韓乾（2008）。研究方法原理──論文寫作的邏輯思維。臺北：五南書局。

羅清俊、陳志瑋譯（1994）（Dye 原著）。公共政策新論。臺北：韋伯文化。

蘇保忠（2011）。數學中的模型與模式，引自：http://www.pep.com.cn/czsx/jszx/jszj/gzsxgrzjjs_1/zhaozhixiang/zhao1/201102/t20110225_1024674.htm

二、外文文獻

Ackerman, E. (1963). Where is a research frontier? *Annals of the Association of American Geographers, 53*: 429-440.

Adam, J. A. (2003). *Mathematics in nature: Modeling patterns in the natural world.* Princeton, N.J: Princeton University Press.

Alexander, C., Ishikawa, S., & Silverstein, M. (1977). *A pattern language: Towns, buildings, construction.* New York: Oxford University Press.

Ashby, W. R. (1956). *Introduction to cybernetics.* London: Methuen.

Babbie, E. (1983). *The practice of social research* (3rd ed.). Belmont, CA: Wadsworth

Bertalanffy, L. V. (1968). *General system theory: Foundations, development applications.* New York: George Braziller.

Bertalanffy, L. V. (1972). The history and status of general systems theory. *The Academy of Management Journal, 15*(4): 407-426.

Carnap, R. (1937). The logical syntax of language. London: Routledge and Kegan Paul.

Chorley, R. J., & Kennedy, B. A. (1971). Physical geography: A systems approach. London: Prentice-Hall.

Chorley, R. J., & Haggett, P. (Eds.). (1967). *Models in geography.* London: Mathuen.

Chorley, R. J. (1962). Geomorphology and general systems theory. *US. Geological Survey Professional Paper*, 500-B: 1-10.

Codelis, H. (1998). Geocomputation in context. In P. A. Longley, S. M. Brooks, R. McDonnell and B. Macmillan (Eds.), *Geocomputation: A primer* (pp. 17-29). London: John Wiley and Sons.

Craig, R. T. (1993). Why are there so many communication theories? *Journal of Communication, 43*(3): 26-33.

Doerr, H. M., & Tripp, J. S. (1999). Understanding how students develop mathematical models. *Mathematical Thinking and Learning, 1*(3): 231-254.

Durand, L. B. (1964). The major milksheds of the Northeastern quarter of the United States. *Economic Geography, 40*: 1-18.

Entrikin, J. N., & Brunn, S. D. (Eds.). (1989). *Reflections on Richard Hartshorne's The nature of geography*. Washington, DC: Association of American Geographers.

Gilbert, J. K. (1993). *Models and Modeling in Science Education*. Hatfield, UK: Association for Science Education.

Gilbert, J. K., & Boulter, C. J. (Eds.). (2000). *Developing models in science education*. Dordrecht, NL: Kluwer.

Graves, N. J. (1980). *Geographical education in secondary schools*. Sheffield: The Geographical Association.

Hacking, I. (1983). *Representing and intervening*. Cambridge: Cambridge University Press.

Haggett, P. (1972). *Geography: A modern synthesis*. London: Harper and Row.

Haggett, P. (1994). Geography. In N. J. Johnston, D. Gregory, and D. M. Smith (Eds), *The Dictionary of Human Geography*. Cambridge, MA: Basil Blackwell.

Haken, H. (1973). *Synergetics: cooperative phenomena in multi-component systems: Proceedings*. Stuttgart: B.G. Teubner.

Hart, J. F. (1982). The highest form of geographers' art. *Annals of the Association of American Geographers, 72* (1): 1-29.

Hartshorne, R. (1959). *Perspective on the nature of geography*. Chicago: University of Chicago Press.

Hartshorne, R. (1976). *The nature of geography: A critical survey of current thought in the light of the past* (5th ed.). Pennsylvania: the Association Lancaster.

Harvey, D. (1969). Explanation in geography. New Delhi: Arnold.

Huggett, R. J. (2011). *Fundamentals of Geomorphology* (3rd ed.). New York: Routledge.

Johnston, R. J. (1991). A question of place: Exploring the practice of human geography, London: Blackwell.

Justi, R., & Gilbert, J. K. (2002). Modeling, teachers' views on the nature of modeling, and implications for the education of modelers. *International Journal of Science Education, 24*(4): 369-387.

Kerlinger, F. N. (1986). *Foundations of behavioral research* (3rd ed.). New York: Holt, Rinehart and Winston.

Lee, M. H. (1999). On models, modeling and the distinctive nature of model-based reasoning. *AI Communications, 12*: 127-137.

Lisi, A. G., & Weatherall, J. O. (2010). A geometric theory of everything. *Scientific American, 303* (6): 54-61.

MacArthur, R. H., & Wilson, E. O. (1967). *The theory of island biogeography*. Princeton: Princeton University Press.

Mayr, E. (1997). This is biology: The science of the living world. Cambridge, MA: Harvard University Press.

Openshaw, S., & Abrahart, R. J. (2000). *GeoComputation*. New York: Taylor & Francis.

Parkins, A. E. (1934). The geography of American geographers. *The Journal of Geography, 33*(9): 221-230.

Popper, K. R. (1968). *The logic of scientific discovery*. London: Hutchinson.

Prigogine, I. (1969). Structure, dissipation and life. In: M. Marois (Ed.), *Theoretical physics and biology*. Amsterdam: North Holland.

Pudup, M. B. (1988). Arguments within regional geography. *Progess in Human Geography, 12*(3): 373-380.

Rees, P., & Turton, I. (1998). Geocomputation: Solving geographical problems with new computing power. *Environment and Planning A, 30*(10): 1835-1838.

Rees, P. (1998). Problems and solutions in forecasting geographical populations. *Journal of the Australian Population Association*, 14: 145-166.

Robinson, J. L. (1976). A new look at the four traditions of geography. *Journal of Geography, 75*(9): 520-530.

Sallot, L. M., Lyon, L. J., Acosta-Alzuru, C., Jones, K.O. (2003). From Aardvark to Zebra: A new millennium analysis of theory development in public relations academic journals. *Journal of Public Relations Research, 15*(1): 27-90.

Schaefer, F. K. (1953). Exceptionalism in geography: a methodological examination. *Annals of the Association of American Geographers, 43*: 226-249.

Schumm, S. A. (1956). Evolution of drainage systems & slopes in badlands at Perth Anboy, New Jersey. *Bulletin of the Geological Society of America, 67*: 597-646.

Shannon, C. E. (1948). A mathematical theory of communication. *Bell System Technical Journal, 27*: 379-423.

Simons, H. W. (Ed.). (1990). *The rhetorical turn: Invention and persuasion in the conduct of inquiry*. Chicago: University of Chicago Press.

Sinclair, R. (1967). Von Thunen and urban sprawl. *Annals of the Association of American Geographers*, 57: 72-87.

Slaymaker, O., & Spencer, T. (1998). *Physical geography and global environmental change*. Harlow: Longman.

Suppe, F. (1977). *The structure of scientific theories* (2nd ed.). Urbana, IL: University of Illinois Press.

Taaffe, E. J. (1970). *Geography*. Englewood Cliffs, NJ: Prentice Hall.

Thom, R. (1972). Stabilité structurelle et Morphogénèse. Paris: InterEditions.

Van Driel, J. H., & Verloop, N. (1999). Teachers' knowledge of models and modeling in science. *International Journal of Science Education, 21*(11) : 1141-1153.

Yeats, M. H. (1974). *An introduction to quantitative analysis in human geography*. New York: Mc Graw- Hill.

Zhang, B., Liu, X., & Krajcik, J. (2006). Expert models and modeling processes associated with a computer modeling tool. *Science Education, 90*(4), 579-604.

Zikmund, W. G. (2003). *Business research methods (7th ed.)*. Kentucky: Thomson Southwestern.

第二篇　模式

　　誠如愛因斯坦所言：宇宙間最難以理解的事情，就是宇宙居然是我們可以理解的。我們觀察世界、整合知識經驗，歸結出有邏輯、有意義的「科學模式」，再運用這些模式去解釋過去和預測未來。

——*ShaneL. Larson,*

〈*Pigeons, the Internet, and the Meaning of Science*〉[1]

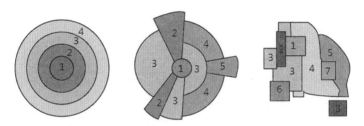

三種常見於都市地理學中的土地利用模式（Land Use Models）

---

[1] 蕭恩・拉森（Shane L. Larson）是美國的天文物理學者，常於報刊網路為文推廣科普教育，而〈鴿子、網路與科學的意義〉一文載於 *December 17, 2011*，是從一個研究案例顯示信鴿所攜帶傳輸的資料竟比網路更快談起，強調藉由探索、觀察和實驗，可以歸結出科學的思維與模式，化繁為簡地認識和理解我們周遭的娑婆世界。

第四章　詮釋結構模式的方法與應用

> 追求簡約比複雜還要困難，爲了讓事情化繁爲簡，你必須努力去讓自己思考簡潔有序。
>
> ──蘋果公司創始人賈伯斯（Steve Jobs）

第一節　引論

　　恆河沙數的大千世界是由龐雜的系統所組合而成的，人類身處於這些要素眾多、關係糾結的芸芸眾生，如何有效釐清各項要素（亦稱之爲元素或變數）間相互影響的關係，並能將看似複雜混亂的要素轉化爲有序性、可觀性的結構模型，以利了解、解釋與分析，這一直是科學家努力的目標。詮釋結構模式（Interpretive Structural Model, ISM）乃由華菲德（J. N. Warfield）於 1973 年提出，其主要的方法係利用離散數學（discrete mathematics）和圖形理論（graph theory）爲基礎，結合行爲科學、數學概念、團體決策、學習歷程與電腦輔助運算等思維與技能，藉由二維矩陣的數學計算，呈現出一個系統內全部要素間的關聯性，進而建立出要素間之關係矩陣，再利用布林代數（Boolean algebra）的數學演算歷程，將要素間之關係矩陣轉換爲階層有向圖（hierarchical digraph），而形成完整的多層級結構化階層（multilevel structural hierarchy）模型圖（Warfield, 1976, 1979；蔡秉燁、鍾靜蓉，2003；林原宏，2005；張政亮、鄭麗娜等；2007）。

　　華菲德（Warfield）提出的詮釋結構模式（ISM）是源於系統工程（System Engineering）的一種構造模型法，先將複雜的系統分解爲若干子系統要素，然後分析與建立各目標要素之次序邏輯關係，讓原來混沌不清、複雜抽象的概念與關係，重新排列組合成爲具有良好結構關係的關聯，然後以可達矩陣（reachability matrix）中的數值成對資料，繪製具結構化關係階層圖，協助研究者具體化、視覺化、系統化地整理組織內各要素的順序、關聯和階層等資訊，以利分析和決策。詮釋結構模式一開始是運用在社會系統工學（Social System Engineering）[2]，以協助社會建設和發展，然

---

[2]　社會系統工程是 20 世紀 80 年代初在社會控制論（Social Cybernetics）的基礎上發展起來的，它是以綜合

因其有利在複雜系統中建立清晰有序的分析架構，故應用領域十分廣泛，從工程建設、企業管理、區域開發、環境經營、公共政策甚至課程設計都有其應用的價值與成效，是現代系統工程中深受重視的一個模式。

第二節　詮釋結構模式的方法與實施步驟

利用 ISM 來表達整體元素的階層與關係，其數學運算方法是先編輯程式的內容，再將此相鄰矩陣轉爲可達矩陣，接著轉化爲階層矩陣，最後再將階層矩陣轉化成「ISM 結構化階層圖」，其實施的步驟如下（許添維、林原宏，1994；佐藤隆博，1996；蔡秉燁、鍾靜蓉，2003；林原宏，2005）[3]：

一、整理出系統中的各組成要素：例如 S 系統中有「n」個要素，以 S_i，$i = 1, 2, \cdots\cdots, n$ 表示。

二、因果關係分析圖：將 S 系統全部要素兩兩比較其各個關係，利用二元矩陣的表現方式，矩陣的垂直指標集合（原因）與水平指標集合元素（結果）數目相同（1, 2, ……, n），若元素 2 與元素 3 存在關係，則 $S_{23} = 1$ 表示 S_2 從屬於 S_3，亦即 S_2 爲 S_3 的下階元素（S_2 爲因，S_3 爲果），而在有向圖的表現方式上，元素就是有向圖的兩個頂點，兩個元素之間的關係就以線段（邊）的連結來表示；若元素 2 與元素 3 不存在任何關係，則 $S_{23} = 0$，其矩陣圖如圖 4-1 所示。

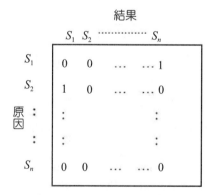

圖 4-1　系統要素間之因果關係矩陣分析圖

科學方法集合而成的優化設計社會系統並戮力使其有效運行；社會系統工程涉及社會價值、社會模型、社會發展目標及社會發展策略，主要目的是期盼實現人與自然、人與人的高度和諧與平順發展，並確保人類社會的持續進化。

[3] ISM 的分析原理主要源於 Warfield 的設計思維，許添維與林原宏將 ISM 的分析方法歸納爲四個要點，並

　　三、組織要素階層化：將因果分析圖轉爲「關係矩陣」（relation matrix）。將上述之要素因果關係分析表轉化爲數學表現型式——即具有二元矩陣（binary matrix）性質的關係矩陣或稱「相鄰矩陣」（adjacent matrix），以符號 A 表示之：

$$A = \begin{bmatrix} a_{11} & a_{12} & \cdots & a_{1n} \\ a_{21} & a_{22} & \cdots & a_{2n} \\ \vdots & \vdots & \vdots & \vdots \\ a_{n1} & a_{n2} & \cdots & a_{nn} \end{bmatrix} = \begin{bmatrix} 0 & 1 & \cdots & 1 \\ 0 & 0 & \cdots & 0 \\ \vdots & \vdots & \vdots & \vdots \\ 0 & 0 & \cdots & 0 \end{bmatrix} = \begin{bmatrix} s_{ij} \end{bmatrix}, \ (i = 1, 2, \dots n; j = 1, 2, \dots n) \qquad （式 4-1）$$

$$\text{Where, } S_i \, \overline{R} \, S_j = 0 \qquad （式 4-2）$$

（R 表示有相關，以 1 表示；$\overline{R}$ 指兩者無相關，以 0 表示）

$$\text{And} \quad S_i \overline{R} S_j = S_i R S_j = 0 \ \text{ if } S_i = S_j （設定自身無相關） \qquad （式 4-3）$$

　　四、將相鄰矩陣轉化爲可達矩陣（reachable matrix）：在此乃運用圖形理論，將上面的相鄰矩陣 A 加上單位矩陣 I（矩陣中除主對角線上元素爲 1 外，其餘元素皆爲零的矩陣），變爲「含有自己的因果關係矩陣」，以 B 示之，然後再以布林代數運算法將 B 轉化爲「可達矩陣」，以 T 示之。

B＝A＋I（B 是含有自己的因果關係矩陣，A＝相鄰矩陣，I＝單位矩陣）

布林代數運算法

0＋0＝0　　0×0＝0

0＋1＝1　　0×1＝0

1＋0＝1　　1×0＝0

1＋1＝1　　1×1＝1

矩陣的運算

$$\begin{bmatrix} a & b & c \\ d & e & f \\ g & h & i \end{bmatrix} \begin{bmatrix} a' & b' \\ c' & d' \\ e' & f' \end{bmatrix} = \begin{bmatrix} a \cdot a' + b \cdot c' + c \cdot e' & a \cdot b' + b \cdot d' + c \cdot f' \\ d \cdot a' + e \cdot c' + f \cdot e' & d \cdot b' + e \cdot d' + f \cdot f' \\ g \cdot a' + h \cdot c' + i \cdot e' & g \cdot d' + h \cdot d' + i \cdot f' \end{bmatrix} \qquad （式 4-4）$$

　　將繪製 ISM 結構圖分爲三個步驟介紹。佐藤隆博則將 ISM 分析流程分爲八個要點；蔡秉燁、鍾靜蓉將其簡化爲六項步驟。因其內容均大致雷同，故本流程主要參考蔡秉燁與鍾靜蓉兩人所述的步驟加以說明。

將相鄰矩陣轉化為可達矩陣之運算

$$B \neq B2 \neq \cdots\cdots \neq Bn\text{-}1 = Bn \qquad\qquad （式 4\text{-}5）$$

可達矩陣 T = Bn

五、再將可達矩陣轉換為階層矩陣（hierarchical matrix）：

令 Si 為要素項目的號碼，Si = 1, 2, … n。

R(Si) 為可達集合：橫的各項目其和縱向項目交集值為 1 者抽出。

Q(Si) 為先行集合：縱的各項目其和橫向項目交集值為 1 者抽出。

R(Si)Q(Si) 為上述兩集合之交集集合。

例如：Si 為 1 的場合

R(Si)：1，3，6

Q(Si)：1，2，3，4，5，9

R(Si) ∩ Q（Si）：1，3

六、最後以階層矩陣分析完成 ISM 層級構造圖：將前面式 4-4 中的各階層內找出滿足 R(si) ∩ Q(si) = R(si) 的元素，若首先找到 Si，則在 R(Si) 中 Si 所在的行（column）全部刪掉，做為該層所分析出的要素項目，並以此類推各個階層而最終架構出層級構造圖；相較於傳統直接連結各系統要素項目所畫出結構圖的雜亂與不易理解，ISM 所求得之全部要素是以有階層性且具方向性、系統化整齊排列且易於閱讀詮釋的一種關聯構造階層模型圖（圖 4-2）。

由此可知，詮釋結構模式主要的特點乃藉由：1. 階層概念圖架，2. 相關線段連接，3. 箭頭標示順序等三種符號所建構而成的，因其能呈現出具階層化、順序化、關係化及視覺化的模式設計圖，可協助研究者清楚而有系統地組織所得資訊和概念，掌握系統結構的內容及重點，釐清要素間的關鍵地位與優先次序，故有助於理解和解決問題，如同 Warfield（1974）所言：ISM 在人類探索知識上，扮演著「輔助認知」（cognitive aid）及「提升效率」（performance amplifier）的重要角色。尤其近年來資訊科技之進展，藉由電腦軟體來輔助執行繁複的數學運算過程，不僅改善傳統手繪關係圖雜亂無章的架構，對於要素眾多、構造複雜的系統，更可以迅速、自動地產生一個完整的多級階層結構圖，提供分析和決策之應用。

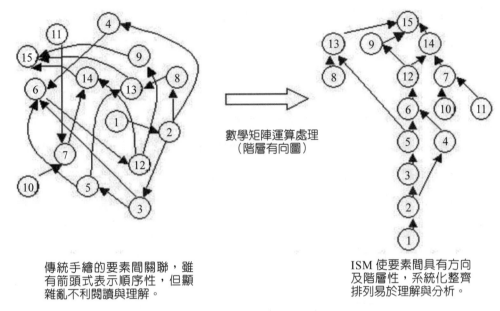

數學矩陣運算處理
（階層有向圖）

傳統手繪的要素間關聯，雖
有箭頭式表示順序性，但顯
雜亂不利閱讀與理解。

ISM 使要素間具有方向
及階層性，系統化整齊
排列易於理解與分析。

圖 4-2　傳統手繪關聯圖與 ISM 階層構造圖之差異

（資料來源：參考佐藤隆博，1999 與蔡秉燁、鍾靜蓉，2003）

第三節　詮釋結構模式的應用與實例

一、詮釋結構模式的應用範疇

　　詮釋結構模式的應用十分廣泛，國內外均有許多在各領域的研究案例，以國內為例：在組織管理方面，王振琤（2007）以機能性服飾設計為例，運用詮釋結構建模技術（ISM）建立一套顧客需求管理輔助模式；研究者利用四類共 19 項（N11～N45）的顧客需求清單建立結構化的關聯架構圖，並以驅動力（Y 軸）和附屬力（X 軸）區分為四項要素。結果顯示驅動力為 11 分的 N15（抗 UV 能力好），N23（不會起毛球），N45（防靜電能力好）等 3 項的需求要素排名第 1，可以說是最具關鍵性的需求要素，另若以依存性關係來觀察，附屬力為最高 19 分的 N22（造形美觀吸引人）是最終被完成的需求要素；故利用 ISM 的階層式有向結構圖，有助於說明需求要素之間的組織次序性以及釐清需求要素間互相影響的關係，並找出具關鍵性的需求要素予以發展，來創造滿足顧客需求的期望產品。張寧、汪明生與陳耀明（2008）則

以詮釋結構模式法探討直航對高雄總體發展影響，文中利用名義群體技術（Nominal Group Technique, NGT）的互動討論方式歸納出 12 項主要的因應策略，再經由詮釋結構模式之軟體輔助，以「元素集合」與「遞移關係」的觀念，組成六階序的結構關係圖，其中第一階層需優先處理之策略，分別為第 1 項策略的「高雄市政府成立『大陸事務局』專責管理大陸人才來臺就業、就學事宜」、第 6 項 的「修改或訂定兩岸交流之相關法令」及第 11 項的「結合民間企業資源投入，提升學校辦學績效。」另外第二階層為第 4 項的「法令鬆綁，彈性化的公務人力及組織運用」等四項；最後的第六順位則為第 2 策略的「提供吸引企業到高雄設立營運總部的條件」（圖 4-3）。而從策略要項的關聯架構中，亦可得知高雄民眾期待中央賦予更多的資源並諾許高雄在兩岸直航中擔任更重要的角色。

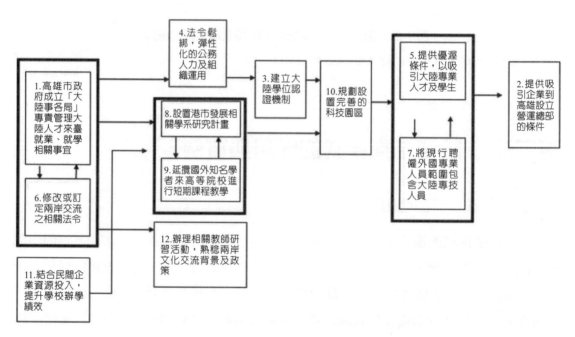

圖 4-3　直航對高雄總體發展影響之詮釋結構模式圖

（資料來源：張寧等人，2008）

　　詮釋結構模式另一個常被運用的領域是教育方面的研究，例如蔡秉燁、鍾靜蓉（2003）以詮釋結構模式之階層有向圖的理論，結合教材內容結構分析、教學內容結構分析、學習任務結構分析及評鑑等系統化設計步驟，進行結構化教材設計法的實證研究，文中以職業學校經濟學的「需求與供給」單元為例，共列出如「需要法則」、

「價格機能」等 31 項教材要素並實施關聯性分析，再依詮釋結構模式之數學運算方式，繪製出完整的八階學習階層圖，並依此進行教學內容的結構分析和整理成教材內容綱要，研究認為詮釋結構模式所得出的結構化教材可幫助精緻化的學習與記憶並有助於教師建立結構化的知識體系。林原宏（2005）結合模糊理論截矩陣以及察覺的模糊邏輯模式（fuzzy logic model of perception），改進傳統詮釋結構模式（ISM）受限於二元資料的限制；研究者以分數減法概念為實例，根據試題反應理論分析所得的反應機率資料，轉成概念屬性矩陣，進行模糊關係矩陣的詮釋結構模式分析，以了解受試者的分數減法概念之結構，此種方法發現不同能力值的受試者或傳統計分相同的受試者，其分數減法之概念結構乃各有所不同，故可做為心理計量方法論和課程補救教學之參考。

　　與地理環境議題較有相關的研究，例如周婕、曾誠與王玲玲（2009）利用詮釋結構模式進行江蘇太湖水體發生優養化（又稱水華，Water bloom）的要素分析，研究首先藉由文獻資料的整理篩選出四類共 17 個與發生優養化因素有關要素，分別為：一、氣象──1.水溫（升），2.氣溫（升），3.光照（強），4.小風，5.大風。二、水動力──6.湖水滯留時間（長），7.自淨能力差，8.水體垂直混合度（增），9.湖流，10.水位（低）。三、化學──11.營養鹽（增），12.底泥再懸浮，13.人潮汙染物（增）。四、生物──14.競爭藻類（減），15.繁殖速度（快），16 現存量（增），17.聚集。並著手分析各要素之間的因果關聯（表 4-1），進而得到相鄰矩陣 A（圖 4-4），循序參見上節方法論的步驟四將相鄰矩陣 A 加上單位矩陣 I，然後用布林代數運算進行乘方運算，直到兩個相鄰冪次方的矩陣相等為止，而通過計算求得 n = 5 次以及可達性矩陣（T）（圖 4-5），並建立系統的六個階層結構模型（圖4-6）。模型圖中顯示水位低是湖水優養化發生的起始階段，而湖水滯留時間長和大風屬於第二階層，其中前者是受水位低（第一層）之因素影響所造成，而後者則會造成水體垂直混合程度增加及湖泊之自淨能力變差（第三層），最後終導致水體優養化，故具有因果階層之關聯；詮釋結構模式（ISM）將這些複雜眾多的影響要素化繁為簡地進行順序、關聯與層級之解析，有效提供湖泊優養化之預防與治理參考。

表 4-1　太湖水體發生優養化之要素及關聯分析表

	1	2	3	4	5	6	7	8	9	10	11	12	13	14	15	16	17
1. 水溫（升）		●															
2. 氣溫															●		
3. 光照															●		
4. 小風								●									●
5. 大風							●	●				●					
6. 湖水滯留時間（長）																	
7. 自淨能力差											●						
8. 水體垂直混合度（增）											●						
9. 湖流																	●
10. 水位（低）						●											
11. 營養鹽（增）												●					
12. 底泥再懸浮											●						
13. 人潮汙染物（增）											●						
14. 競爭藻類（減）											●						
15. 繁殖速度（快）														●			
16. 現存量（增）																	
17. 聚集																	

註：橫軸與縱軸元素名稱相同故僅列編號，黑圈表示兩者有相關聯。（資料來源：周婕等，2009）

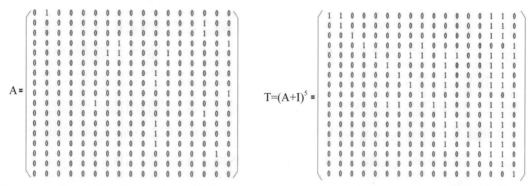

圖 4-4　太湖發生優養化之要素相鄰矩陣影響久詮釋結構模式圖　　圖 4-5　太湖發生優養化之要素可達矩陣

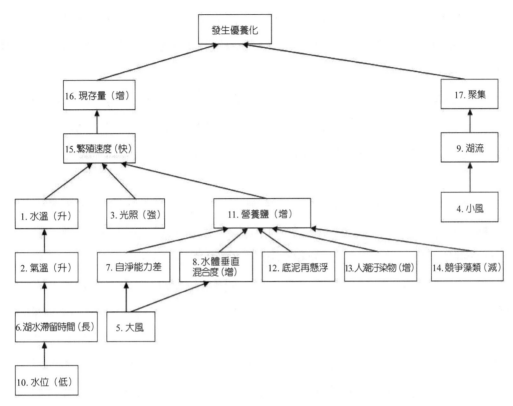

圖 4-6　太湖發生水體優養化之詮釋結構模式圖

（資料來源：周婕等，2009）

二、詮釋結構模式的實例探討

由上述的研究歸納得知，運用 ISM 能有效將混亂無序的系統要素重組排列成為有序易懂的結構模型，故適用於各行業領域的分析上，尤其藉由電腦科技的輔助，使 ISM 能在繁雜的資料堆砌中，自動化地繪製成多層級結構化的構造圖，目前市面上已有許多軟體提供進行 ISM 的操作與分析，例如華菲德（Warfield）設計有免費簡易的「ISM for Windows」軟體供下載使用，Sorach 公司也出品「Concept Star」專業軟體協助視覺化顯示的關係模型，促進問題解決和決策分析[4]。國內部分有蔡秉燁、鍾靜蓉（2003）利用 Microsoft Excel 應用程式中的 VBA（Visual Basic for Application）

---

[4]　Warfield 提供相關書籍及軟體，請參閱 http://www.jnwarfield.com/bookstore.htm，Sorach 公司也出版《Structured decision making with interpretive structural Modeling》一書，介紹 ISM 之概念與軟體操作流程。德國與法國也有相關的 ISM 運用軟體。

語言所編寫的巨集（macro）程式，依照 ISM 固定而繁複的數學運算步驟編輯程式的內容，逐次運用相關矩陣運算，轉化成 ISM 結構化階層圖，並配合 VISIO 等軟體修繪呈現。林原宏等人（2006）亦設計有概念詮釋結構模式軟體和手冊；而本文以自行撰寫研發的 ISM 電腦輔助設計程式為工具，結合地理概念與課程設計，試圖分析與架構九年一貫中小學地理學科的結構化階層圖，期能突破傳統教科書的編排方式，設計更符合具接續性與統整性的教學組織內涵，以利學習者建構真正屬於自己的知識體系。

前一篇序章已指出地理學的系統是複雜的，它包含了自然與人文要素的組合，涵攝的概念也十分龐雜，Graves（1970）以學生學習的認知階層為指標，將地理概念從可觀察的角度出發，依序由簡單到複雜將地理學的概念與其定義進行分析（表4-2），Bacon（1979）統計各個地理概念在不同大學的教科書出現次數的多寡，將概念分為三類：1. 核心概念（core concepts）：指絕大部分教科書所公認為地理學所不可或缺的概念，如土地利用、空間交互作用、人口、經濟、尺度、都市化等；2. 領域概念（domain concepts）：指已獲得半數以上教科書所接受的概念，如聚集、自給性農業、汙染、逕流等；3. 外圍概念（sphere concepts）：只僅被少數教科書所形成的綜合書所接受的概念，如都市熱島、綠色革命等。經 Bacon 的分析與統計，具體找出了 319 個人文地理學的概念和 1040 個自然地理學的概念。施添福（1980）則依 Haggett 地理學的研究傳統將地理概念分為三類：1. 闡釋空間現象，如人口密度、區位等；2. 說明人地關係，如領域、文化擴散等；3. 分析區域作用，如成長極、區域發展等。David 和 Simon（1996）在進行概念構圖於地理的教學應用時，則將概念分成四類：1. 抽象學術性概念（abstract technical），如都市化、易達性等；2. 抽象一般性概念（abstract vernacular）如衝突、合作、不平衡等；3. 具體學術性概念（concrete technical），如地下水、回瀦等；4. 具體一般性概念（concrete vernacular），如雲、通勤者、建築物等（陳國川，1994；鄭麗娜，2004）[5]。

---

[5] 有關地理學概念的分類與國中小階段地理課程之學習內涵介紹，主要整理與參考自鄭麗娜（2004）的《九年一貫課程社會領域地理概念之研究》與及陳國川（1994）的《國中地理教材設計的理論研究》。故詳細的說明與解釋可參考兩位作者的著作內容。

表 4-2　Graves 的地理概念分類表

概念的分類		說明	概念舉例
可觀察的概念	簡單的	屬於日常生活經驗能夠獲得的概念	河川、支流、工廠、河口、百貨公司、風等。
	比較複雜的	由於規模或區域的關係，而較難從日常生活經驗中體會者。	大陸、苔原等。
		需要二個或三個其他概念的協助才能了解的。	含水層（岩石、孔礫、水）、機能區、地區等。
	相當複雜的	需要大量相關概念的協助始能了解的。	地下水面、地形、流域、中心商業區，都市階層等。
定義的概念		兩個變數間簡單定義的關係概念。	人口密度、區位商數等。
		三個或三個以上變數間複雜定義的關係概念。	行星風系之概念理解，需涉及氣流、氣壓梯度、科氏力等概念。

（資料來源：引自陳國川，1994；鄭麗娜，2004）

　　國中小階段的地理學概念以具體的分類方式較適合，由於近年因科技的進步，研究地理學需有必要之技術，以及近年來因經濟快速發展，生態分析、環境管理和保護等也受重視，故綜合整理上述之分類方式，歸納出中小學九年一貫的地理學可分成自然地理、人文地理、地理技能和環境地理等四部分。至於此階段所應教授的地理概念又有哪些呢？Michaelis（1992）在其著作《兒童社會科的基本教學指引》（Social studies for children－A guide to basic instruction）中提出的地理學概念有：適應、相互依賴、文化、保護、土地利用、空間關聯與相互影響、空間分布差異、大陸、國家、州、地區、社區、沿海、海岸線、高度、赤道、兩極、極點、緯線、經線、資源、物產、農業、都市化等。Woolever 和 Scott（1988）為美國的中學社會科地理課程提出探究方式和知識本體的建議，其中知識本體分為概念和一般化原理原則，而其認為地理課程的概念有：地形、地圖、地圖符號、方向、時區、占居（occupation）、區位、土壤、人口、山地、沙漠、林地、氣溫、經緯度、動物馴養、作物、聚落型態、土地利用、半球、大陸、灌溉、文化中心、海洋資源、地表景觀、區域、交通系統、自然資源、水資源、比例尺、座標系統、大都會、種族、圖表、氣候、運輸系統、海洋、河流、湖泊、天氣、高度、植被、交易路線、生產工具、人口移動、區域專業化、勞力分工、都市中心、農業、天然能源、濕潤、季節、人口密度等。

　　國內對於地理概念內涵的相關研究，如施添福（1980）認爲地理知識的核心和基本結構，應該是地理學中爲數眾多的基本概念，如距離、方向、節點、區位、易達性、空間類型、空間聯合、空間交互作用、空間階層、空間移動、時空輻輳、時空輻散、空間聚集、空間擴散、空間傳播、空間系統、人境、領域、行爲環境、現象環境、識覺環境、人文景觀、自然景觀、文化播散、文化生態、次第占居、資源、土地利用競爭、環境維護、生活圈、活動空間、生態系、均衡、均質區域、機能區域、城鄉交互作用、影響圈、反吸與擴散、成長極、區域互賴等。秦葆琦（1994）在民國 82 年（1993 年）版課程標準所編輯的國小社會科課程裡，指出教材的選擇與往昔不同的是以各學科的通則爲依據，依其難易程度，將通則排至適合學習的年級，再組成單元主題；而教材設計的中心是概念和通則，而包含地理在內的社會科新課程設計所選用的主概念及次概念，可參見表 4-3 爲例。陳俊宏（2002）在其研究九年一貫課程社會領域的知識概念層面時，整理了國內外學者對國小社會科所含概念的研究，提出的地理學概念有：1. 位置：經度、緯度、範圍、距離、地方、區域、鄉土、疆界、大陸；2. 環境：自然特性部分有氣候、水文、地形、植物、動物、雨林、自然資源、臭氧層、濕地、礦物、土地、生態，人文特性部分有人口、居留地、運輸、交通、交通網、科技、價值、風俗習慣、社區；3. 人與環境的互動與影響：人與環境關係部分有地方關係、空間互動、移動、差異性、空間關係、相互依賴、發展、移民、汙染、酸雨，人口部分有核心人口、人口密度、人口組成、成長率、人口預測、人口控制、人口問題、人口分布、生產力，都市化部分有都市帶、首都、港口、國土、國土利用、主要城市、都市功能、都市結構、都市化中心的成長、居住型態、侵害、種族、隔離、都市、居民等。

表 4-3　民國 82 年國民小學社會科新課程地理學概念架構表

主概念	次概念
互動	環境、生態學與環境、土地利用、運輸和交通網、相互依賴、發展、都市化、擴散
變遷	發展、都市化
因果	文化、空間關係、環境
差異	地區的差異和相似性

（資料來源：摘錄及改製自秦葆琦，1994）

　　教育部於民國 89 年（2000 年）推動國民中小學九年一貫統整課程，主要的特色之一便是以「能力指標」取代以往的課程標準，然而依其公布的主題軸內涵與能力指標是無法直接當成教材內容與教學活動，亦即這些能力指標還是需要相關的基礎概念著手，並進行聯結與轉化才能建立能力指標的知識結構與內涵。以社會學習領域的九大主題軸為例，其中第一項的「人與空間」主題軸內涵與地理領域的關聯最深，能力指標：1-1-1「辨識地點、位置、方向，並能製作或運用模型代表實物」[6]。主要學習的地理概念有能指出前、後、左、右、上、下的相對「方位」和東、南、西、北的基本「四方位」，才能認識和說出所在的地點或位置；而適當地使用地球儀和圖表，有助於國小低年級學生對實體事物的認知和理解。故能力指標 1-2-4「測量距離、估算面積並使用符號繪製簡略平面地圖」，即是基於先有了四方位和認識模型的基礎概念，才能發展出八方位、比例尺、地圖符號等地理概念來協助三至四年級的小學生進行測量兩地距離、估算區域面積及繪製出簡略的平面地圖。到了國小高年級（五至六年級）便進一步能將這些學過的基礎概念聯結和轉化，去理解經緯度、等高線、海陸位置等地理概念，達成 1-3-4「利用地圖、數據、座標和其他資訊，來描述和解釋地表事項及其空間組織。」的能力指標。而這些地理概念元素要如何進行排序與聯結，依照教育心理學者布魯納（J. S. Bruner）的認知發展理論，強調學習是學習者依照現有及過去知識為基礎而建構概念或新知，故設計具有結構性的教材，學生才能去思考、比較、對照、和運用各種策略，以發現教材所含的重要概念。歸納言之，規劃具學習情境的結構性教材，其重要性有：1. 具有結構性的教材，才會使學生理解；2. 具有結構性的教材，才能在學後長期保留，不易遺忘；3. 學生從結構性的教材中學到的原理原則，將有助於以後在類似情境中，產生正向的學習遷移；4. 從結構性知識中學到原理原則之後，可培養學生自行求知時執簡御繁的能力（Bruner, 1960）。

　　由此可知，學習材料的良好結構有助於心智的認知能力增長，在學習的過程中，教師若能將教材中的主要概念提出，與學童的上位概念相聯結，經過不斷的同化、調整、改變與整合新舊概念，同化為自己的知識，就能擴大原有的認知結構，達到有意義的學習（張新仁，1993；陳永春，2003）。Collins 和 Quillian（1969）

---

[6]　「a-b-c」的能力指標編號當中，a 代表主題軸序號，b 代表學習階段序號，c 代表流水號。第一學習階段為小學二年級結束，第二學習階段為小學四年級結束，第三學習階段為小學六年級結束，第四學習階段為國中三年級結束。故 1-1-1 代表第一項人與空間主題軸、適用於小學一至二年級、編號是第一個的能力指標。

的研究也指出人類心智的認知結構與學科的知識結構是相似的，為一種有組織且有層次性的結構體，也就是說在腦中的記憶系統中，知識結構是由許多代表基本觀念的節點（node），及節點與節點之間的聯結所共同構成的一種語意網絡（Sematic network）。而美國康乃爾大學的諾瓦克（J. D. Novak）等人經多年探究，據此發展出以概念構圖（Concept mapping）來呈現認知結構，概念圖是用以組織和表徵知識的網絡結構圖示，其方式是將某一主題的概念置於圖框中作為節點，然後用連線將表示相關概念的節點連接，表示兩個概念間的關係，這種學習模式，除了注重「點」（即單一概念）的學習外，還擴及「面」（即概念在語意網絡中的意義），類似網路脈絡（network context）的學習法，可說是一有意義的結構化學習法，也廣泛被中外學者運用於教學、學習、研究及評量的研究上（Novak & Gowin, 1984；余民寧，1997）。在繪製概念構圖時，當概念的個數較多，或項目之間的關係較複雜時，要徒手繪製階層或是腦中的教材要素項目結構圖，就不是一件容易的事；而且其順序與位階不易確認；而詮釋結構模式（ISM）的引入，使這些知識的概念元素能迅速、有效地建立結構化階層圖，讓學習材料本身的組織，能符合學生邏輯思維的特質，而達到「有意義的學習」。

　　本文依現行九年一貫能力指標及國內國中小學各版本之教材為基準，並參酌美、英及中共等國家的中小學地理課程標準，將前述學者所分析且符合的相關地理概念分成自然地理、人文地理、地理技能和環境地理等四類進行彙整與歸納，共計得 101 項地理概念[7]。以地理技能為例，核心的概念元素有：1.方位與座標：方位是指個人對一地點的方向描述，是指目標物座落的位置，座標是指在定位時的參考系統。包括的概念有四方位、八方位、十六方位、方向、平面座標、經度、緯度等。2.地圖：地圖是將地表的自然景觀或人文現象的分布狀況，如河流、公路、市鎮等表面特性、地下鐵道系統、隧道、岩層等地下特性，和政治界線、人口密度、經緯線等抽象特性，以符號、文字或顏色表示，讓人能夠很容易的獲取所需要的地理資料。包括圖例、等高線、比例尺、地圖距離量測、地圖面積估算、地圖類型等概念。3.地理資料及展示：主要是指能展現地理事項的視覺、圖形資料，對地表的空間類型提供有價值的資訊，包括平面圖、航照圖（空照圖）、模型、地球儀、衛星影像、衛星雲圖和統計圖

---

[7]　關於中小學階段地理概念的篩選、關聯、計算及分析，主要是節錄自：張政亮、鄧國雄、陳新轉、鄭麗娜（2004）之《社會領域課程中之地理學概念及其能力指標的分析與應用》及鄭麗娜（2004）的《九年一貫課程社會領域地理概念之研究》。

表等。

　　將這些要分析的中小階段地理概念抽出後，編碼製成工作分析圖，然後循焦點團體法（focus group）聚集中小學地理教師依其經驗和專業來判斷和排列要素學習的先後，將所有要素兩兩比較其關係是否有學習的前後關聯，即「前要素」（predecessor element）是否為學習「後要素」（successor element）所必備的能力，若是者，在前後要素交集的格子內劃記為「1」，無前後關係者則劃記為「0」，舉例而言，前要素「比例尺」為學習後要素 3「等高線」、4「平面圖」和 5「地圖距離測量」等的必備能力，故在其交集格中劃記為「1」，其餘劃記為「0」，依此方式將所要分析的概念要素，組織要素間的關聯性矩陣。在計算方面 ISM 軟體操作實例步驟為（見圖 4-7 與圖 4-8）：1. 由自行研發的 ISM 電腦輔助設計程式中開啟 ISM.exe，選擇第四個 icon 中貼上「元素名稱」之功能，將相關的地圖概念（如比例尺、圖例、等高線等），依序鍵入左邊空白欄中。2. 輸入完畢後，選擇第五個 icon 的「用左側元素列鍵入右欄關聯表」，依所述各概念的關聯情形分別勾點 1（有關）或 0（無關），建立二元相鄰矩陣圖。3. 選擇第六個 icon「離開」後，軟體即運算可達矩陣並最終呈現「ISM 結構化階層圖」，亦可利用滑鼠按選任一概念圖框，便進而能以不同顏色顯示其與上下階層概念圖之相關性。

圖 4-7　利用 ISM 軟體建立二元相鄰矩陣圖

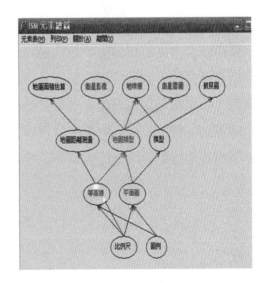

圖 4-8　利用 ISM 軟體繪製出的結構化階層圖

　　最後依此原則所規劃國中小階段地理概念層級結構圖共分為 19 個階層，每一階

層的概念元素量從 1 到 16 個不等（圖 4-9）。在全盤了解所有概念間的相互關係之後，除可規劃學習概念的最佳路徑，進行主題式教學外，也可以運用於規劃單元課程。例如將內涵相近，或歸於同一分項的概念進行規劃，化為同一群組，如降水、氣溫、風向、天氣等概念為一群組（A-2），或第一級經濟活動、第二級經濟活動等概念為一群組（E-2）。再觀察群組概念與其他概念的關係，依影響程度而分為不同層次，最基礎的群組編為 A，學習會受到 A 影響的群組編為 B，依此類推到 H；分在同一層次的群組，也編上流水號，例如 B-3 集合的是人口問題之相關概念，D-2 談的是節慶文化的概念，字母表區塊學習的先後，數字表在同一學習順序中的群組數。同一層次的群組概念（同一字母）無學習先後之差別，不同層次的群組概念有學習上的順序則應注意；如此便可將原 19 階層之概念，轉為 8 個層次的單元課程規劃（圖 4-10）。總括而言，看似複雜的地理知識系統，透過結合電腦輔助設計的詮釋結構模式，能將其組成的所有概念要素進行梳理，並清晰、快速且自動地呈現概念間的網絡關係、因果順序和階層結構，使有效學習的理念既「有跡可循」且能「舉一反三」，故對於學科課程的設計及教材之編輯都極具參考之價值教材。

　　由上述案例得知，透過認知結構的分析可以了解教學材料的呈現方式，應與大腦處理訊息的方式相近，才有利於學習者吸收，誠如奧蘇貝爾（Ausebel）認為在有意義學習中，除了能領悟概念的意義以及概念間的關係外，學習者的認知結構會因新知識時能夠與舊經驗銜接，而愈來愈具結構性。故結構性的課程應依序為含攝、漸進分化、協調統合、上位學習等歷經四個階段，才應是有效學習的設計。結合電腦輔助的詮釋結構模式能有效、清晰、快速且自動地呈現複雜地理概念間的網路，並將概念間的關係、因果和階層視覺化，實有益於課程及教材的編輯；展望未來將進一步整合其他相關理論（如 Fuzzy、類神經分析等），使詮釋結構模式（ISM）在課程統整、決策領導與其他行業領域上能更有多元化之運用。

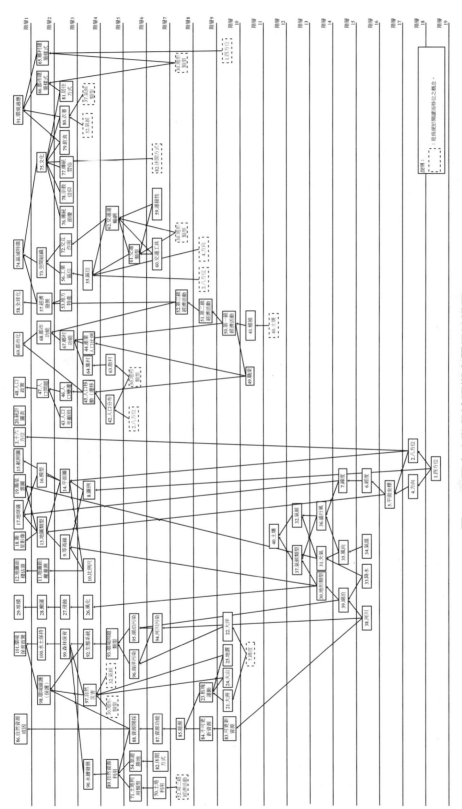

圖 4-9　國中小階段地理概念層級結構圖

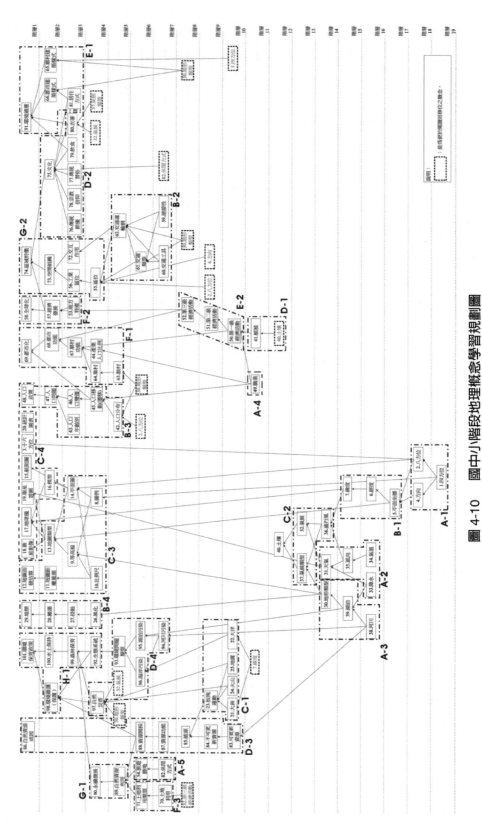

圖 4-10　國中小階段地理概念學習規劃圖

主要參考文獻

一、中文文獻

王振琤（2007）。以詮釋結構建模技術建立顧客需求管理之輔助模式。高雄師大學報，22：103-116。

佐藤隆博（1996）。ISM 構造學習法入門。東京：明治圖書。

余民寧（1997）。有意義的學習：概念構圖之研究。臺北：商鼎出版社。

周婕、曾誠、王玲玲（2009）。基於解釋結構模型法的太湖水華爆發要素分析。環境汙染與防治，5(31)：20-24。

林原宏（2005）。模糊取向的詮釋結構模式之概念結構分析與應用。教育與心理研究，28(1)：161-183。

林原宏、洪文良、黃國榮（2006）。概念詮釋結構模式——軟體和手冊。臺中：國立臺中教育大學。

施添福（1980）。從地理知識的基本結構看中學地理教材的性質。國立臺灣師範大學地理學研究，4：124-135。

秦葆琦（1994）。國民小學社會科新課程概說。板橋：臺灣省國民學校教師研習會。

張政亮、鄧國雄、陳新轉、鄭麗娜（2004）。社會領域課程中之地理學概念及其能力指標的分析與應用。九十三學年度全國師範校院教育學術論文發表會論文集，1113-1147頁，屏東：屏東師院。

張新仁（1992）。奧斯貝的學習理論與教學應用。教育研究雙月刊，32：31-51。

張寧、汪明生、陳耀明（2008）。以詮釋結構模式法探討直航對高雄總體發展影響之策略。管理學報，25(6)：635-649。

許添維、林原宏（1994）。詮釋結構模式的理論與應用簡介。國教輔導，34(1)：31-35。

陳永春（2003）。概念構圖教學策略與不同性別對國小五年級學童在社會科學習成就與學後保留之探究。屏東：國立屏東師範學院教育科技研究所碩論。

陳國川（1994）。國中地理教材設計的理論研究。臺北：國立臺灣師範大學地理學研究所博論。

蔡秉燁、鍾靜蓉（2003）。結構化教材設計法之理論與應用。電化教育研究，118：41-46。

鄭麗娜（2004）。九年一貫課程社會領域地理概念之研究。臺北：臺北市立師範學院社會科

教育研究所碩論。

二、外文文獻

Bacon, R. S. (1979). Building a Curriculum in Introductory Human Geography through Core Concepts. *The Journal of Geography, 4*:153-155.

Bruner, J. S. (1960). *The process of education*. New York : Vintage Books.

Collins, A. M., & Quillian, M. R.(1969). Retrieval time from semantic memory. *Journal of Verbal Learning and Verbal Behavior, 8*: 240-247.

David, L., & Simon, C. (1996). Using concept mapping on geography teaching, Teaching Geography, 21(3):108-112.

Graves, N. J. (1970). *Curriculum Planning in Geography*. London: Heinemann Educational Books.

Lee, D. M. (2007). Structured decision making with interpretive structural modeling (ISM). Canada: Sorach.

Michaelis, J. U. (1992). *Social studies for children: A guide to basic instruction* (10th ed.). Bosten: Allyn and Bacon.

Novak, J. D., & Gowin, D. B. (1984). *Learning how to learn. Cambridge*. UK: Cambridge University Press.

Warfield, J. N. (1974). Developing interconnected matrices in structural modelling. *IEEE Transcript on Systems, Men and Cybernetics, 4*(1): 51-81.

Warfield, J. N. (1976). Societal Systems: Planning, Policy and Complexity. New York: John Wiley & Sons, Inc.

Warfield, J. N. (1979). The Interface Between Models and Policymakers. *Policy Analysis and Information Systems. 3*(1): 53-63.

第五章　預測模式

「預測最難的部分在於專家或決策者要懂得分辨哪些是無意義的雜訊，哪些才是關鍵的訊息。錯把雜訊當線索，不但不能準確預測，還會造成嚴重的誤判與損失！」

——奈特‧席佛（Nate Silver）[1]

第一節　引論

　　明天出門要不要帶傘？颱風會登陸嗎？兄弟象今晚會打敗統一獅嗎？今年股市會突破萬點大關嗎？生活中我們常會對未來的事件做預測，所憑藉的可能是觀察、直覺、經驗或知識，當然預測可能失準，所以我們說「天有不測風雲」、「世事難料」便是形容預測不是一件容易的事，曾獲1922年諾貝爾物理獎的丹麥學者波耳（N. Bohr）便說過：「預測很難，尤其關於未來。」然而有時對於未來做精準的預測卻有其必要性及重要性，孔明神機妙算的借東風之舉改變了赤壁之戰的結果，形成日後三國鼎立的局勢，影響十分深遠。

　　以天氣預測而言，因其影響農作和生活甚鉅，面對詭譎多變的天氣，早期的人民只能自認「看老天爺的臉色」吃飯，而當時對天氣狀況所進行預判依賴的多是人類積累傳承之經驗，如「天上魚鱗斑，明天曬穀不用翻」、「雲腳長毛了，要落雨啦」[2]或是「蛤蟆大聲叫、螞蟻成群出洞，則大雨到」等。觀看這些大自然和生物的反應，通常都是根據一些經驗法則來做出推斷，但人的經驗畢竟有限，在主觀經驗的認知當中，必定會有「相同的前兆」卻產生「相異的結果」的情況；所以如何增進預測的精準度，一直是人類努力的方向；近年來拜科技進步之賜，人類漸由客觀的知識和技能逐步掌握方法來進行預測，例如天氣發生的變化必然依循一定的物理法則，故若能掌

---

[1] 奈特‧席佛（Nate Silver）是美國當代知名的統計與預測專家，曾設計精準的棒球賽事預測系統 PECOTA 而聞名，2009年《時代雜誌》將他列入「世界最有影響力的百大名人」。2012年他預測歐巴馬勝選及 50 州參議員選舉的名單完全命中。著名的代表作：《The Signal and the Noise: Why So Many Predictions Fail — but Some Don't》（中譯：精準預測，三采文化出版社印行）。

[2] 魚鱗斑指瓦狀的高積雲，雲層薄、天氣穩定，爲晴天預兆。雲腳長毛指強風產生的旋升作用，把水氣帶到高空中，使捲雲產生亂絲狀，就像長了腳一樣，代表可能有風雨將至。

握這些物理的原理原則便能悉知天氣的運行，甚而胸有成竹、鐵口直斷地對天氣做出預報，展現「料事如神」的主宰氣魄，然而迄今雖然我們已經擁有豐富的科學知能，對天氣預報也確有長足的進展，但是望眼世界各國的天氣預報都屢屢有失準的狀況發生，我們還是難以百分之百預測天氣或操控天氣，這種「人定勝天」的觀念和傲氣也漸漸收斂，畢竟天氣變化迅速且複雜，只要濕度、溫度或氣壓有一點小變化，就會造成大的波動，主要原因是由於影響天氣的相關因素十分龐雜，不易全盤掌握，即便這些相關因素可以加以釐清，但是彼此交互影響的程度卻很難加以測量，故增加其不確定性和預測之難度。但人類仍是努力去克服和改進，例如從數值預報系統中建構出預測值的機率分布，是改善天氣預報不確定性很好的一個方式，透過此機率分布可以很清楚地了解到未來觀測值所有可能發生的範圍及其程度，進而能預測出更精確的氣象預報（張語軒等，2012），目前天氣預報即是由氣象人員根據各種氣象資料，經過整理分析、數值模擬和研判討論後，預測出在某一地區及一定時段內可能的氣溫範圍和降水機率的百分比，並儘量減少預報的誤差以求準確。

「預測」乃指對未被觀察到之事項的一種說明，而未被觀察到之事項不僅指未來的事項，也可指已發生但卻不被人所知的事項，如果涉及的包括這兩種事項，就稱爲廣義的預測「Prediction」；如果所涉及的僅是未來的事項，則稱爲狹義的預測「Forecasting」（于宗先，1972）。由此可知 Prediction 通常不含時間的要素，乃針對一件事情的發生做一個特定的陳述，例如認定臺灣的雲豹已經絕跡或張三會拖欠這個月信用卡的卡債；但 Forecasting 是考慮未來的可能性，含有時間維度的概念，乃對一段時間後會發生的事情做機率的估算，例如未來二年間自動駕駛的汽車有 80% 的機會正式上市販售。也有人認爲 Prediction 是比較沒把握的，所以「猜測」的成分比較重，而 Forecasting 是比較有根據且相信很可能發生，換言之，Forecasting 爲遵循著模型或公式而可提出對未來的「統計事實」並可持續依循估算，就像天氣預報一般都採用「Weather Forecasting」一詞，顯見 Forecasting 是屬於 Prediction 的一個子集合[3]（subset）。由於預測能幫助決策者預知未來事項的可能結果，進行未雨綢繆的事先安排和規劃以減少損失或提升成效，故在災害防治、企業經營、施政規劃和經濟發展等方面都有重要的貢獻，例如若能準確掌握並預測颱風行徑及可能的影響（如

---

[3] 但也有不同的見解，例如 Brown（1962）就認爲兩者並沒有明顯的區別，Predict 有時候是 Forecast 的輸入資料，而 Forecast 有時候則是 Predict 的基礎；實務上一般人也常交雜混用而不思區辨。本文因對模式提出討論，故採用 Forecasting model 一詞。

降雨量多寡），就可以盡早做好各項防颱措施，降低生命和財產的損失，因此人類始終在追求對未來的精準預測，然而處於今日巨量資料（big data）的時代，我們擁有的資訊多到我們不知道該怎麼處理，如何去蕪存菁正考驗著我們的智慧。有用的訊息可以篩選成為真理，而雜訊會使我們分心進而造成錯誤的判斷，故如何從冗繁的雜訊中，看出重要的訊號，端賴客觀理性去挖掘真相，過濾出有用訊息才能做出精準預測，進而深謀遠慮地進行規劃與決策。

第二節　預測的類型與方法

預測（forecasting）不僅是一門預計未來事件的科學，也是一門藝術，因它可以是對未來的主觀或直覺的預期，更重要的是意味著客觀計算的擇取，Forecast（fore + cast）一詞源自撒克遜（Saxon）語，其原意為「Throw Ahead」是指將手上的東西往前拋擲，隱含有時間的挪移，所以 forecasting 採納包含有歷史的資料數據，並運用一些數學模型來進行對未來的推論，而經由良好判斷和調整的數學模型有利於預測的精確；席佛（N. Silver，2013）便云：「預測之所以重要，是因為預測聯結主觀與客觀的現實。」因為人的解讀往往比數字本身更為關鍵。

近年來，隨著預測技術的精進和預測對象的不同，許多預測的技術和方法不斷被創設，然一般而言預測的類型主要可分為定性法（Qualitative）和定量法（Quantitative）兩類（Anderson, et.al., 2000）。所謂定性法是倚重個人意見、經驗加以匯集或篩選而成的預測結果，屬於主觀的判斷和評估，較缺乏精確的數字描述與量化；而定量法是利用客觀且充分的數據，以數學公式或模型探討其相關變數間的規律性，進而推測未來發展變化的情形。其分類體系參見圖 5-1 所示並擇要介紹下：

一、定性研究法

常見定性研究法有小組意見法（或稱主管意見討論法，Jury of Executive Opinion）、基層意見法（或稱草根行動法，Grass-roots Approach）、德爾菲法（Delphi Method）、歷史類比法（Historical Analogy）等。1. 主管意見討論法：顧名思義就是藉重高級主管或經理的經驗與直覺，將這些主管集合起來，透過開放的討論過程，集思廣益取得共識來求得預測未來結果的方法，此法亦可納入包括銷售人員或專家等人員參與，故亦可稱為小組意見法（Panel Consensus），此預測法的確可

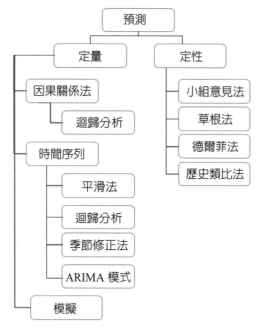

圖 5-1　主要的預測模式方法分類圖

（資料來源：作者歸納）

發揮專業人員豐富的經驗與敏銳的直覺，來彌補了統計資料不足的遺憾，但缺點在於主管和經理的主觀看法可能會導致預測結果不夠客觀而使預測失準。2. 草根行動法：相對於主管意見法，此法乃由下而上地聽取基層的意見，例如基層銷售人員最接近消費者，理解顧客的未來購買計畫和對於產品特性的一些看法，故加入這些基層的觀點和建議，有利於預測和了解產品的未來需要。3. 德爾菲法（Delphi Method）：是一種團體決策的研究方法，對特定主題，召集相關人士及專家學者組成諮詢小組，藉由匿名的書面（或 email）往返方式進行；諮詢委員以其專業知識、實務經驗與意見建立一致性的共識，進而解決複雜的主題。德爾菲法不同於主管專家一起開會討論的方式，以避免從眾心理、會議被少數意見所壟斷和冗長無效率的爭辯，但其缺點為實施過程繁複耗時且不一定產生收斂性的共識，影響預測的判斷性及時效性。4. 歷史類比法：即所謂「前車之鑑」的倚重，在面對一個新問題時，會找尋過去曾發生的相似事件或狀況，作為預測的參考。

二、定量研究法

常見的定量方法有因果關係法（causal method）、時間序列分析法（time series

analysis）及模擬（simulation）等。1. 因果關係預測法：是根據事物之間的因果關係來預測事物的發展趨勢，通過對需求預測目標有直接或間接影響因素的分析找出其變化的規律；在方法上是從已知自變數爲因來推算未知的依變數，進而推知其可能的結果，這種因果關係模式的建立常用迴歸分析來計算[4]，亦即將迴歸趨勢線延伸至實際資料之外來預測未來值。2. 時間序列分析法：是建立在過去和未來是情況相似且變化穩定之假設，故利用歷史資料和數據來預測未來變化的可能性。換言之，時間序列分析乃在探究在時間演變過程中所存在的統計規律，進而由這些變動的規律預測未來某個時刻的發展和變化。時間序列分析方法主要有：平滑法、回歸分析和 ARIMA 模式等。3. 模擬法：隨著資訊科技的進步，研究者可使用各種合理且可理解的法則並對預測條件作一定程度的假設，然後運用電腦模擬程式進行預測，衡量何種法則最接近眞實的需求，常見的模擬方法有焦點預測（focus forecasting）、蒙地卡羅技術（Monte Carlo method）[5]、類神經網路模擬等。歸結而論，一般較常運用的預測方法還是以客觀的定量研究方法爲主，其中尤以時間序列分析法（time series analysis）較廣爲受到介紹和採用（Diebold, 2004）；緣此，本節聚焦於各種時間序列分析法並配合範例進行說明。

三、平滑法（Smoothing）

又稱爲穩定（stationary）模式，指在時間序列爲相對穩定，變化差異不大，在沒有明顯的趨勢、週期性或季節影響情形下，使用平滑法將時間序列的不規則成分予以平滑化處理。常見平滑法方式有移動平均、加權移動平均、指數平滑。

1. 移動平均法（Moving average）：又稱滑動平均法、滑動平均模型法，是指用過去相關期間發生的實際值依時間序排列，然後按一定的跨越期數爲一組，計算其平均值向下移動一個時間單位，作爲下一個時間單位的預測值，見式 5-1。本研究舉中央氣象局新竹（竹北）氣象站從 1992 年至 2014 年的平均氣溫資料爲例[6]（表 5-1 左

---

[4] 因果關係法除了迴歸分析的趨勢法外，還有經濟計量模型、投入產出模型等。而有關迴歸分析法的進一步介紹會在時間序列中的文中陳述。

[5] 蒙地卡羅法主要利用亂數隨機抽樣的方式來求取解答的演算法，常和馬可夫鏈一起使用以進行電腦的模擬稱爲蒙地卡羅馬可夫法（Markov Chain Monte Carlo, MCMC），而有關馬可夫鏈的介紹見第七章說明。

[6] 新竹氣象站原創立於昭和 12 年（1937 年）5 月，名爲臺灣總督府氣象台新竹觀測所，地點原本位於新竹市，因受鄰近電廠電波干擾觀測，乃隨新竹縣移至竹北市，1991 年 7 月開始記錄氣象資料，爲研究完整性故本研究從 1992 年 1 月開始取樣。

列），以 3 年爲一期進行移動平均法預測，由圖 5-2 及表 5-1 的計算可以得知以 3 年爲一期的移動平均法預測 2015 年新竹的平均氣溫爲 22.89℃，而新竹 2015 年的實際平均氣溫爲 23.30℃，誤差爲 0.41℃，均方誤差（Mean Squared Error, MSE）爲 0.18[7]。

$$移動平均 = \frac{\sum(最近的\ n\ 個資料)}{n} \qquad （式 5-1）$$

表 5-1　利用各種平滑法預測新竹 2015 年平均氣溫一覽表

年代	平均氣溫	3 年平均	誤差	誤差平方	加權平均	誤差	誤差平方	指數平滑	誤差	誤差平方
1992	21.56									
1993	22.22							21.56	0.66	0.436
1994	22.48							22.09	0.39	0.154
1995	21.93	22.09	-0.157	0.025	22.24	-0.31	0.096	22.41	-0.47	0.222
1996	22.16	20.21	-0.05	0.002	22.16	0.00	0.000	22.02	0.14	0.018
1997	22.12	22.19	-0.07	0.005	22.14	-0.02	0.000	22.13	-0.01	0.000
1998	23.35	22.07	1.28	1.638	22.10	1.25	1.558	22.12	1.23	1.507
1999	22.53	22.54	-0.013	0.000	22.74	-0.21	0.045	23.10	-0.57	0.330
2000	22.63	22.67	-0.037	0.001	22.74	-0.11	0.011	22.64	-0.01	0.000
2001	22.73	22.84	-0.107	0.011	22.72	0.01	0.000	22.63	0.10	0.009
2002	23.22	22.63	0.59	0.348	22.66	0.53	0.310	22.71	0.51	0.259
2003	22.98	22.86	0.12	0.014	22.96	0.02	0.000	23.12	-0.14	0.019
2004	22.56	22.93	-0.417	0.174	23.02	-0.46	0.210	23.01	-0.45	0.200
2005	22.45	22.92	-0.47	0.221	22.81	-0.36	0.130	22.65	-0.20	0.040
2006	22.96	22.66	0.2667	0.071	22.58	0.36	0.126	22.49	0.44	0.194
2007	23.07	22.65	0.4233	0.179	22.71	0.36	0.131	22.84	0.23	0.052
2008	22.83	22.85	0.0133	0.000	22.92	-0.09	0.008	23.02	-0.19	0.038
2009	23.13	22.96	0.1867	0.035	22.93	0.20	0.041	22.87	0.26	0.068
2010	22.72	23.01	-0.29	0.084	23.05	-0.30	0.090	23.08	-0.36	0.128
2011	22.28	22.89	-0.613	0.376	22.88	-0.59	0.354	22.79	-0.51	0.262
2012	22.64	22.71	-0.07	0.005	22.57	0.07	0.005	22.38	0.26	0.066
2013	22.91	22.51	0.3633	0.132	22.53	0.38	0.142	22.59	0.32	0.103
2014	23.13	22.61	0.5	0.270	22.72	0.41	0.172	22.85	0.28	0.081
2015	23.3	22.89	0.41		22.98	0.32		23.07	0.23	
			MSE =	0.180		MSE =	0.172		MSE =	0.1716

---

[7] MSE 爲所有誤差平方之平均數，爲衡量平均誤差的簡易方法，可觀察資料的變化程度，其值愈小代表與觀測值愈接近，預測較佳。移動平均法也可以用 4 年或 2 年爲一期等來比較其 MSE 的差異。

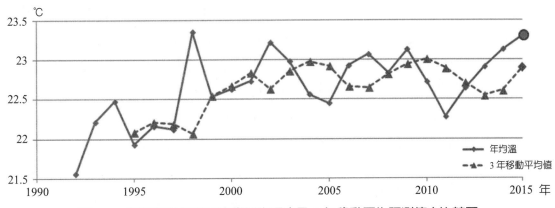

圖 5-2　新竹氣象站歷年實際平均溫度及 3 年移動平均預測值之比較圖

　　2.加權移動平均法（Weighted moving average）：加權移動平均法，乃在計算平均值時對移動期內的數據採非同等看待，而是認爲愈近期的數據對預測值影響愈大，因此愈近的觀察值給予較大權數，愈遠的觀察值權數較小，權重數總和爲 1，來彌補簡單移動平均法可能的疏漏。以前表 5-1 爲例，要推估第四年（1995 年）的數值，則可將第三年（1994 年）加重 3/6，第二年（1993 年）加重 2/6，第一年（1992 年）爲 1/6，其計算爲：3/6(22.48) + 2/6(22.22) + 1/6(21.56) = 22.24，循序依此加權計算 2015 年新竹的平均氣溫爲 22.98℃，相較 2015 年的實際平均氣溫爲 23.30℃，誤差爲 0.32℃，MSE 縮小爲 0.172（圖 5-3）。

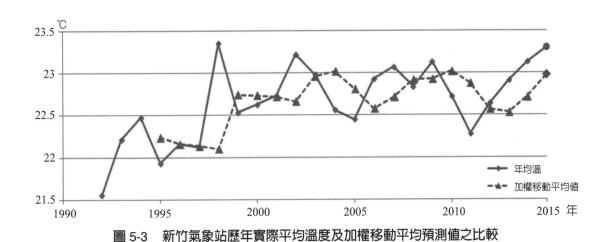

圖 5-3　新竹氣象站歷年實際平均溫度及加權移動平均預測值之比較

　　3.指數平滑法（Exponential Smoothing）：指數平滑法是 Brown（1956）所提

出，他認為時間序列的態勢具有穩定性或規則性，所以時間序列可被合理地順勢推延；亦即最近的過去態勢，在某種程度上會持續到未來，所以將較大的權數放在最近的資料，其公式見式 5-2 所示。指數平滑法因兼容了全期平均和移動平均所長，對過去的數據仍加以保留，但逐漸減弱其影響程度，故是眾多預測方法中，常被使用的一種方法，例如中短期經濟發展的趨勢預測。表 5-1 右列為採 α =0.8 之指數平滑法所計算之預測 2015 年新竹的平均氣溫為 23.07℃，相較 2015 年的實際平均氣溫為 23.30℃，誤差為 0.23℃，均方誤差（Mean Squared Error, MSE）為 0.1716（見表 5-1 與圖 5-4）。

$$F_{t+1} = \alpha Y_t + (1-\alpha)F_t \qquad （式 5-2）$$

F_{t+1} = 時間序列在 t+1 期間的預測值　　Y_t = 時間序列在 t 期間的實際值

F_t = 時間序列在 t 期間的預測值　　α = 平滑常數（$0 \leqq \alpha \leqq 1$）

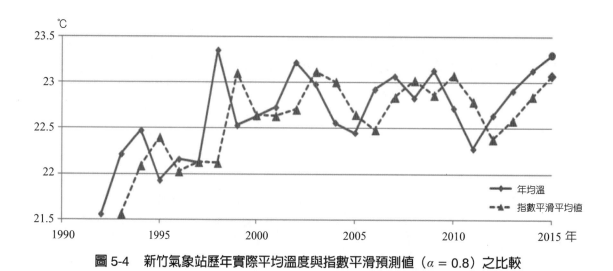

圖 5-4　新竹氣象站歷年實際平均溫度與指數平滑預測值（$\alpha = 0.8$）之比較

四、迴歸分析（Regression Analysis）

迴歸分析法又稱**趨勢法**。時間數列資料在長期間的變化上通常呈現一種漸增（上升）或漸減（下降）的變動趨勢（trend），例如一個國家之出生率、所得水準和生產量等；若這些變動呈現線性趨勢，則可用迴歸分析找出此長期發展的**趨勢**（secular trends）。迴歸分析是本於自變數和依變數之間的相關基礎上，建立變數間的回歸方程，並將迴歸方程作為預測模型，而此自變數是時間，依變數是實際觀察值，迴歸分析所使用最小平方法之趨勢線投影公式如下所示 [8]。

$$T_t = b_0 + b_1 t \qquad \text{（式 5-3）}$$

T_t ＝ 在期間 t 的趨勢值，b_0 ＝ 趨勢線截距，b_1 ＝ 趨勢線斜率

$$b_1 = \frac{\sum t Y_t - \left(\sum t \sum Y_t\right)/n}{\sum t^2 - \left(\sum t\right)^2/n} \qquad \text{（式 5-4）}$$

$$b_0 = \overline{Y} - b_1 \overline{t} \qquad \text{（式 5-5）}$$

Y_t ＝ 在期間 t 時間序列實際值　　n ＝ 期間數目

$\overline{Y}$ ＝ 時間序列平均值，$\overline{Y} = \sum Y_t / n$

$\overline{t}$ ＝ t 的平均值，$\overline{t} = \sum t/n$

依公式將新竹氣象站從 1992 年至 2014 年的平均氣溫資料設為依變項，西元年代的時間為自變項，用 SPSS 統計軟體求得之回歸方程式為 Y（氣溫）＝ 0.0372*X（年）−51.846（表 5-2），故預測 2015 年之氣溫依公式帶入為：0.0372*2015−51.846 ＝ 23.11℃。與實際平均氣溫為 23.30℃，誤差僅為 0.19℃（圖 5-5）。

表 5-2　經統計出的 1992～2014 年平均氣溫的迴歸係數和截距

model	Unstandardized Coefficients		Standardized Coefficients	t	Sig.
	B	Std. Error	Beta		
1　（Constant）	-51.846	23.743		-2.184	.040
時間	.037	.012	.565	3.137	.005

a.Dependent Variable：平均溫度

---

[8]　簡言之，迴歸線採用最小平方法就是要繪出使誤差平方和（或其平均）最小的那條直線。

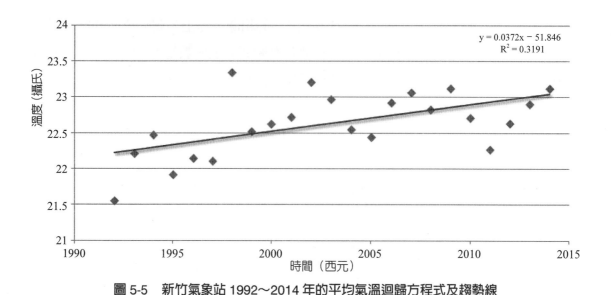

圖 5-5　新竹氣象站 1992～2014 年的平均氣溫迴歸方程式及趨勢線

五、季節變動（Seasonal Fluctuations）修正法

　　時間序列的長期變化中，有時並非呈線性趨勢，而是會有景氣榮枯的循環變動（Cyclical Fluctuation）或季節變動（Seasonal Fluctuations）的起伏情形。所謂季節變動乃是受季節的自然因素或習俗因素的影響所導致經濟及產業活動的波動狀態，例如一年四季中氣候有冷熱之分（圖 5-6）、雨量有多寡之別，故農業生產必隨季節而變化，在收穫期，產量特多，因而價格亦低，而非收穫期，則量少而價高。季節變動多以一年為週期，對於呈現有規律的季節變化的經濟活動，會用季節指數（Seasonal index）去修正其他預測方法得出的預測結果，使其更符合事物發展的客觀規律。常見的季節修正為趨勢及季節性修正法（trend projection adjusted for seasonal influence）[9]，其計算步驟為：1.求歷史上各期的趨勢值；2.計算季節指標；3.去除季節成分之時間序列做預測；4.除去季節化時間序列找趨勢；5 季節調整。

　　在此以 1992 年至 2014 年的逐月平均氣溫資料為例，計算設時間序列包含趨勢成分（T）、季節成分（S）及不規則成分（I），此不規則成分包含不能由趨勢及季節所解釋的隨機影響。時間序列實際值為 Y_t、T_t、S_t 及 I_t 代表在時間 t 的趨勢、季節及不規則成分，用乘積時間序列模式（multiplicative time series model）描述其關係

---

[9]　趨勢季節指數法又叫溫斯特（Wenshite）法，限於篇幅其詳細計算原理參見：Anderson, D. R., Sweeney, D. J., and Williams, T. A.（2000）. *An introduction to management science*，第 16 章。

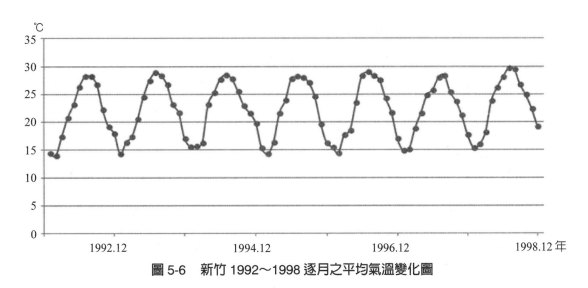

圖 5-6　新竹 1992～1998 逐月之平均氣溫變化圖

為：$Y_t = T_t \times S_t \times I_t$。$T_t$ 是以「單位」來量度，但是 S_t 和 I_t 是以「相對」來量度，數值大於 1.00 表示向上影響趨勢，數值小於 1.00 表示向下影響趨勢。觀察圖 5-7 及表 5-3 可以得知每年 7、8 月平均氣溫最高，1、2 月最低，所以有季節變化之存在，先用移動平均法去除季節及不規則成分，故以月為單位對 St 和 It 每次移動用 12 個月計算，第一個移動平均為 1992 年的 1 至 12 月：(14.50 + 14.00 + 17.40 + 20.80 + 23.10 + 26.30 + 28.20 + 28.20 + 26.80 + 22.20 + 19.20 + 18.00) 除以 12 得到 21.56℃，第二個移動平均為 1992 年的 2 月至 1993 年 1 月的 12 個月之平均，經計算為 21.54℃，以此類推計算之。第一個移動平均是代表第 1 年 12 個月的平均，應放在 12 個月的中間，但是沒有這個中間的月（6 月和 7 月之間），同樣地下一個移動平均結果放在 7 月與 8 月之間。因此，必須將第 1 個移動平均與第 2 個移動平均再平均，放在第 7 月；將第 2 個移動平均與第 3 個移動平均之再平均，放在第 8 月，這種結果叫做中央移動平均（centered moving average），整個計算結果見表 5-3 的右列二與圖 5-7，中央移動平均乃將季節及不規則波動平滑掉的時間序列值。接著將每一個時間序列觀察值（即對應的平均溫度）除以中央移動平均值，可找到季節及不規則成分（S_t, I_t）的影響，例如將 1992 年 7 月的平均溫度 28.20 除以同行的中央移動平均值 21.55，所得的值 1.309 稱為該年 7 月的季節指標，各年同一月的指標不同，仍是由於不規則波動所造成，所以稱為「季節不規則值」，而這一「除」亦消除了不規則的影響，而只剩季節成分及**趨勢**成分。

　　將每一年相同月份的季節及不規則值加總後求平均數（1992 年 7 月的 1.309+1993 年 7 月的 1.298…/n），就會得到此時間序列中 1 至 12 月的每個月眞正代表之季節性指標，表 5-3 的右列二爲經計算出的各月之季節性指標值（Seasonal index）[10]；季節指性數小於 1 表示該月比平均數氣溫低，例如 1 月爲 0.682；若大於 1 表示該月比平均數氣溫高，例如 7 月爲 1.283。接著將每月時間序列觀察值（實際氣溫觀測值）除以該月之季節性指標（$Y_t / S_t = T_t I_t$），就可將時間序列的季節（月）影響除去，這個過程稱爲「去季節化」（deseasonalizing），其結果見表 5-3 的右列一。最後是以迴歸分析法求其線性趨勢，亦即以前述公式 5-3 的 $T_t = b_0 + b_1 t$ 方程式求出趨勢線截距與趨勢線斜率，我們以時間序爲自變項（表 5-3 左列一的序號）[11]，「去季節化」後的每個月氣溫爲依變項，經 SPSS 統計軟體分析後（表 5-4），其線性迴歸方程式爲 $T_t = 22.237 + 0.003t$。故要求下一年（2015 年）各月的預測值，如 2015 年 1 月爲：22.237 + (0.003×277) = 23.068，但此值還要乘與 1 月的季節指數（0.682）才能還原受季節指數（月指數）的數據，故實際的預測值是 23.068×0.682 = 15.73℃，此與新竹氣象站 2015 年實際觀測的 1 月平均氣溫值 16℃相差並不大，同理也可預測 2015 年 2 月至 12 月的數值，從表 5-5 可以對比觀察出經過季節性修正的趨勢迴歸法計算的結果，平均誤差值只有 0.25℃，其預測效果堪稱良好。

---

[10] 季節指標有時需要作最後的調整，乘積式需要季節指標的平均爲 1.00；也就是在表 5-4 中的 12 個月之季節指標的總和必須等於 12.00；調整方式是將各季節指標乘以季節數目，再除以未調整之季節指標的和。本例的季節指標平均爲 1.00，所以不必調整。

[11] 爲避免混淆及方便計算，本文將各年月的時間依序編號排列並以此爲自變項，例如 1992 年 1 月（199201）序號爲 1，1992 年 2 月（199202）序號爲 2……，以此類推，故 2014 年 11 月（201411）序號爲 275，2014 年 12 月（201412）序號爲 276；而 2015 年 1 月（201501）序號則爲 277。

表 5-3　月均溫時間序列的觀測值及各項計算值

序號	時間（年月）	平均溫度	月移動平均	中央移動平均	季節不規則值	季節性指標	去季節性均溫
1	199201	14.50				0.682	21.26
2	199202	14.00				0.705	19.86
3	199203	17.40				0.788	22.08
4	199204	20.80				0.959	21.69
5	199205	23.10				1.105	20.90
6	199206	26.30	21.56			1.220	21.56
7	199207	28.20	21.54	22.550	1.309	1.293	21.98
8	199208	28.20	21.74	21.642	1.303	1.270	22.20
9	199209	26.80	21.74	21.742	1.233	1.201	22.31
10	199210	22.20	21.72	21.729	1.022	1.071	20.73
11	199211	19.20	21.83	21.775	0.882	0.939	20.45
12	199212	18.00	21.93	21.879	0.823	0.775	23.23
13	199301	14.30	21.98	21.954	0.651	0.682	20.97
14	199302	6.40	22.00	21.992	0.746	0.705	23.26
15	199303	17.40	22.00	22.000	0.791	0.788	22.08
16	199304	20.50	22.08	22.042	0.930	0.959	21.38
17	199305	24.50	22.29	22.188	1.104	1.105	22.17
18	199306	27.40	22.22	22.254	1.231	1.220	22.46
19	199307	28.90	22.33	22.271	1.298	1.283	22.53
20	199308	28.40	22.27	22.296	1.274	1.270	22.36
21	199309	26.80	22.17	22.217	1.206	1.201	22.31
22	199310	23.20	22.39	22.279	1.041	1.071	21.66
23	199311	21.70	22.46	22.425	0.968	0.939	23.11
24	199312	17.10	22.48	22.471	0.761	0.775	22.06
25	199401	15.60	22.45	22.467	0.694	0.682	22.87
26	199402	15.70	22.40	22.425	0.700	0.705	22.27
⋮	⋮	⋮	⋮	⋮	⋮	⋮	⋮
270	201406	28.30	23.13	23.129	1.224	1.220	23.20
271	201407	30.40				1.283	23.69
272	201408	29.90				1.270	23.54
273	201409	29.60				1.201	24.65
274	201410	24.70				1.071	23.06
275	201411	22.00				0.939	23.43
276	201412	16.00				0.775	20.65

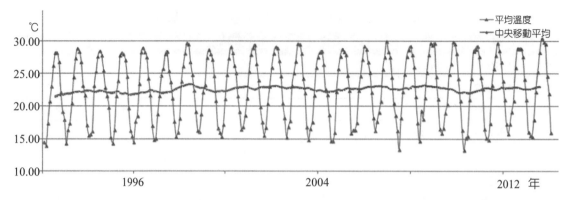

圖 5-7　1992 年至 2014 年逐月平均氣溫及經中央移動平均處理之分布圖

表 5-4　1992～2014 年經去季節化的氣溫迴歸係數和截距

model	Unstandardized Coefficients		Standardized Coefficients	t	Sig.
	B	Std. Error	Beta		
1　（Constant）	22.237	.128		173.786	.000
時間序號	.003	.001	.209	3.534	.000

a.Dependent Variable：季節調整

表 5-5　2015 年各月實測平均氣溫與預測值之比較

序號	時間（年月）	實測值	迴歸預測值	季節指數	實際預測值	誤差
277	201501	16.0	23.068	0.682	15.73	0.27
278	201502	16.2	23.071	0.705	16.27	-0.07
279	201503	18.3	23.074	0.788	18.18	0.12
280	201504	22.4	23.077	0.959	22.13	0.27
281	201505	25.7	23.080	1.105	25.50	0.2
282	201506	29.6	23.083	1.220	28.16	1.44
283	201507	29.6	23.086	1.283	29.62	-0.02
284	201508	28.5	23.089	1.270	29.32	-0.82
285	201509	27.1	23.092	1.201	27.73	-0.63
286	201510	25.2	23.095	1.071	24.73	0.47
287	201511	23.1	23.098	0.939	21.69	1.41
288	201512	18.3	23.101	0.775	17.90	0.4

六、ARIMA 模式

ARIMA 模式（Autoregressive Integrated Moving Average model, ARIMA），中文稱為「差分整合移動平均自迴歸模型」或「自我迴歸整合移動平均模式」，為 Box 和 Jenkins（1970）為考慮資料間所存在的相關性所發展出以自我迴歸、移動平均的隨機過程模式，來分析時間序列的特性並進行預測分析。ARIMA 主要處理具時間前後相關聯的動態資料序列（列為依變項），例如以年、季、月、週及日等時間週期記錄的資料，ARIMA 之特徵為利用資料本身之自我相關係數（ACF）與交叉相關函數（CCF）的型態來確定落後期數及落後變數的是否引用與否。其模式乃是由自我迴歸（Auto Regressive, AR）、差分整合（Integrated, I）和移動平均（Moving Average, MA）三個部分整合而成，首先由自我迴歸（AR）與移動平均（MA）組成為 ARMA 模式，再加入整合（integrated）的差分（difference）處理非恆定的序列而成為 ARIMA 模式，ARIMA 使時間數列模式更具一般化（generalized）及完整性，在經濟貿易、生物醫學、水文氣象及空間科學等領域都是常用的預測模式。其模式之分析流程包括了：1. 模式的設定、2. 模式的估計、3. 模式的診斷和 4. 預測的分析等步驟（林茂文，2006），典型的 ARIMA 模式可以 ARIMA（p,d,q）來表示（Pankratz, 1983），其公式為：

若一時間數列 {yt} 為 ARIMA，則對任意 t 可寫成：

$$\phi_p(B)(1-B)^d y_t = \theta_q(B)\varepsilon_t \qquad （式 5-6）$$

d 差分階數，y_t 及 ε_t 分別表示在時間點 t 的隨機變數

ϕ_p 及 θ_q 是 AR 及 MA 的 p 階及 q 階級數

B 可定義為$\phi_p(B) = (1 - \phi_1 B - \phi_2 B^2 - \cdots \phi_p B^P)$，表示非季節性 AR 運算式

　　　　$\theta_q(B) = (1 - \theta_1 B - \theta_2 B^2 - \cdots \theta_q B^q)$，表示非季節性 MA 運算式

ARIMA (p, d, q) 其中 p 代表自我迴歸級數，d 為差分級數，q 為移動平均級數。

此舉一列說明其運用過程，表 5-6 為某旅遊景點歷年來的觀光經濟收益，若欲估計 2015 年該地的收益情形，可循 ARIMA 模式來進行預測，首先在模式的設定方面，由此表觀之，此觀光經濟收益的數據資料呈現隨時間而有逐漸成長的**趨勢**，可判斷數列為有趨勢的時間數列圖形，因此為了消除隨時間遞增的趨勢，我們將該時

間序列資料進行一階差分，使之成為恆定常態，因此差分次數設為 d = 1。並預先估計 ARIMA(p、d、q) 的參數為 ARIMA (1,1,2) 與（0,1,2）兩類，利用 SPSS18 統計軟體進行相關參數之設定與計算[12]，其中 ARIMA（1,1,2）顯示無法適配模式（fit a model），而改用 ARIMA(0,1,2) 後將經過一階差分資料計算，其自身相關圖（ACF）與偏自身相關圖（PACF），如圖 5-8 所示；從圖中看出其產生的模式圖，ACF 和 PACF 的相關係數落在信賴區間中，沒有顯著的趨勢特徵（拖尾或截尾），可以初判此參數模式是可接受的；另外表 5-7 的 Ljung and Box 檢定模式得知 Q 統計量大於 0.05 的顯著臨界值，表示無法拒絕其虛無假設，亦即殘差數列已無自我相關現象，故去掉自我迴歸的部分而改設為 0 是恰當的，又 MA 的兩個參數計算顯著性都為 0.000，MAPE 值為 4.045，小於 10%，MAE 為 13.267、BIC 為 6.486 都不大，這些均代表預測能力極佳。故從這些數據判斷此建構的模式是通過檢定且為預測能力屬於優良模型；循此進一步預測 2015 年的觀光經濟收益（圖 5-9），計算出預測值為 1058.34 萬元，上下信賴區間（95%）為 1182.61 及 944.30 萬元，且圖 5-9 實測值與預測值的兩條曲線，呈現高度貼近密合，由此可診斷出此 ARIMA（0,1,2）模型不論在樣本內配適方面與樣本外之預測能力，均為較佳的模型設定。

表 5-6　某觀光景點之歷年觀光收入資料（金額單位：萬元）

序號	年代	金額	序號	年代	金額	序號	年代	金額
1	1985	133.73	11	1995	165	21	2005	328.48
2	1986	136.2	12	1996	170.52	22	2006	365.4
3	1987	141.12	13	1997	176.16	23	2007	418.92
4	1988	132.84	14	1998	177.36	24	2008	518.65
5	1989	139.2	15	1999	181.56	25	2009	577.92
6	1990	140.76	16	2000	200.4	26	2010	645.76
7	1991	138.56	17	2001	219.6	27	2011	756.24
8	1992	145.6	18	2002	257.76	28	2012	833.76
9	1993	151.2	19	2003	271.08	29	2013	953.72
10	1994	163.2	20	2004	291.81	30	2014	1003.62

---

[12] ARIMA 的運算操作及各項參數之解釋和設定頗為龐雜，限於篇幅無法詳述、相關資料可參考如：林茂文（2006），時間數列分析與預測，華泰文化；余桂霖（2013），時間序列分析，五南書局；以及相關研究論文之介紹。

表 5-7 ARIMA(0,1,2) 模型所計算出的合適度和相關參數

Model FR

Fit Statistic	Mean	SE	Minimum	Maximum	Percentile						
					5	10	25	50	75	90	95
Stationary R-squared	.189	-	.189	.189	.189	.189	.189	.189	.189	.189	.189
R-squared	.994	-	.994	.994	.994	.994	.994	.994	.994	.994	.994
RMSE	21.518	-	21.518	21.518	21.518	21.518	21.518	21.518	21.518	21.518	21.518
MAPE	4.045	-	4.045	4.045	4.045	4.045	4.045	4.045	4.045	4.045	4.045
MaxAPE	10.423	-	10.423	10.423	10.423	10.423	10.423	10.423	10.423	10.423	10.423
MAE	13.267	-	13.267	13.267	13.267	13.267	13.267	13.267	13.267	13.267	13.267
MaxAE	59.846	-	59.846	59.846	59.846	59.846	59.846	59.846	59.846	59.846	59.846
Normal-ized BIC	6.486	-	6.486	6.486	6.486	6.486	6.486	6.486	6.486	6.486	6.486

Model Statistics

Model	Number of Predictors	Model Fit statistics Stationary R-squared	Ljung-Bos Q(18) Statistics	DF	Sig.	Number of Outliers
觀光收入 -Model_1	0	.189	20.258	15	.209	1

ARIMA Model Parameters

					Estimate	SE	t	Sig.
觀光收入 -Model_1	觀光收入	Natural Log	Difference		1			
			MA	Lag 1	-.626	.134	-4.664	.000
				Lag 2	-.767	.167	-4.604	.000

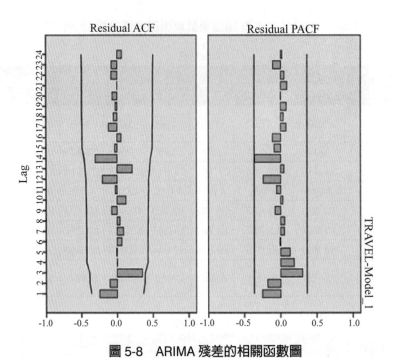

圖 5-8　ARIMA 殘差的相關函數圖

Model		Forecast
		2015
觀光收入 -Model_1	Forecast	1058.34
	UCL	1182.61
	UCL	944.30

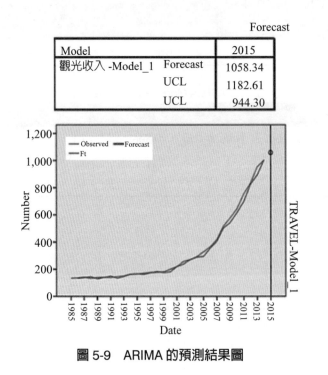

圖 5-9　ARIMA 的預測結果圖

第三節　臺灣地區氣溫變化趨勢之預測

「世界氣象組織（WMO）表示：全球暖化發生比預期快，2016 年將會是歷史記錄上最炎熱的一年。世界氣象組織公布所分析的數據說明 2016 年 6 月包括陸地與海洋溫度已經連續 14 個月創下新高記錄，也已經連續 378 個月高於 20 世紀均溫；同時大氣二氧化碳濃度也是呈現上升趨勢，全球大氣的二氧化碳濃度早在 2015 年就已經超過 400 ppm，在今年 6 月來到將近 407 ppm。此顯示地球暖化的速度遠超乎我們的預期，且溫室氣體效應所導致的氣候變遷意味著未來還會有更多熱浪、極端降雨以及更大規模的熱帶暴風。」

—— 《中央社》2016.7.21

近年來溫室效應（Greenhouse Effect）造成全球暖化的現象，已成為世界各國關注的重大議題，所謂全球暖化乃指因二氧化碳、甲烷等溫室氣體的增加使地球的大氣和海洋因溫室效應而造成溫度上升的氣候變化現象。根據聯合國「跨政府氣候變遷小組」（簡稱 IPCC）在 2007 年出版的第 4 次氣候變遷評估報告指出：上一個世紀（1906～2005 年）全球平均溫度的上升幅度約為一百年上升 0.74℃（0.74 ± 0.18 ℃），而溫度變化分為明顯的兩個階段，第一階段為 10 至 40 年代，氣溫平均上升攝氏 0.35 度；第二個階段為 70 年代至今，氣溫平均上升攝氏 0.55 度，尤以最近 25 年（1980～2005 年）的氣溫上升速率最為明顯，每 10 年平均增加 0.177℃（即一百年上升 1.7 ℃），在 1906 至 2005 年的一百年中，最溫暖的 12 年，就有 11 年發生在 1980 年以後（圖 5-9）。而造成全球暖化的原因，IPCC 在 2013 年用最強烈措詞指稱造成全球暖化現象的罪魁禍首「極其可能」就是人類活動的機率為 95%（2001 年的可能性只有 66%）[13]。此外，科學家還預估，本世紀末以前，全球溫度會上升 0.3 到 4.8℃，海平面會上升 26 到 82 公分。

全球暖化將導致冰河大量融化和海平面上升，導致沿海地區發生海水倒灌，局部地區可能因氣候異常而發生乾旱，使全球六分之一的人口將嚴重缺水，有些居民將被迫遷徙成為氣候難民；還有 40% 以上的野生動植物將因為氣候驟變而絕種。2006 年英國公布全球第一份氣候暖化對經濟影響的官方報告，負責撰寫這份報告的世界銀行前任首席經濟學家史登（Stern）警告：如果各國無法在 10 年內解決暖化危機，全

---

[13]　相關資料參見 IPCC 網站：http://www.climatechange2013.org

球經濟的損失將達到3.6兆英鎊（新台幣超過230兆元）[14]。因此人們漸漸意識到氣候變化所醞釀的新危機，對經濟貿易、社會發展與環境生態都會造成重大衝擊，2015年全球195個國家齊聚法國，參與聯合國的氣候高峰會並通過《巴黎協定》（Paris Agreement），冀望能共同遏阻全球暖化趨勢把全球平均氣溫升幅控制在工業革命前水平以上低於2℃之內，以減少氣候變遷的風險和影響。

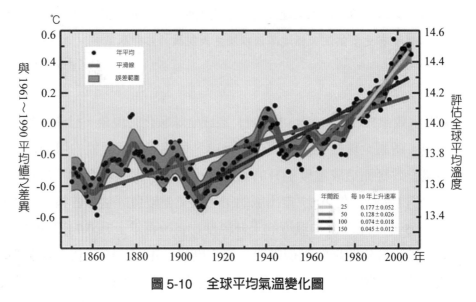

圖 5-10　全球平均氣溫變化圖

（資料來源：中央氣象局網站）

　　臺灣是地球村的一員，與世界變動的趨勢息息相關，故全球環境的變遷自然也深深影響臺灣，許多研究已經指出臺灣的氣溫上升趨勢也與全球趨勢相似，Hsu and Chen（2002）發現過去百年來臺灣地區氣溫上升1至1.4℃，中央氣象局（2009）統計1897～2008年的溫度資料顯示，近百年來全台平均氣溫上升0.8℃，許晃雄、陳正達、盧孟明等（2011）則認為臺灣在過去百年間（1901至2000年）年平均氣溫上升了約1.4℃，大約是全球暖化速率的兩倍，且臺灣近30年（1980至2009）氣溫的增加明顯加快，每10年的上升幅度為0.29℃，幾乎是百年趨勢值的兩倍，報告亦指出根據模式推估臺灣未來冬季雨量減少3～22%，夏季雨量增加2～26%且降雨強度

---

[14]　見：《史登報告報告：氣候變遷對於經濟的影響》（The Stern review on the economics of climate change）。http://mudancasclimaticas.cptec.inpe.br/~rmclima/pdfs/destaques/sternreview_report_complete.pdf.

增加，形成對防洪與水資源管理的一大挑戰。關於長期天氣預測的客觀方法有：1. 統計預報、2. 動力模式預報和 3. 動力預報統計三大類，統計法是以過去已經發生的現象爲預測基礎；動力預測方法是以動力學方程的數值模式爲主要工具的預測方法；而動力模式統計預報是使用動力模式預報的結果再經由統計方法來校正模式的誤差以提高預報的準確度，故一般氣象機構較會採動力模式統計系統進行預測（Hoskins et al., 2008；胡志文、蕭志惠等，2008）。

　　然而複雜的數值模式還是存有缺陷，許多人質疑氣候模式，尚不能準確預測未來幾個月的氣候，怎能用來推估幾十年後、甚至 21 世紀末的氣候？例如 IPCC 集合許多氣象專家、運用最先進的電腦模擬，但求出 21 世紀末全球暖化程度的預測最高（4.8℃）和最低（0.3℃）之差值達 4.5℃。又例如以電腦模擬未來海平面上升的程度方面，氣象專家只有 19% 的人認爲這些模式的表現良好（Silver, 2012），造成這些問題的原因主要有假設和參數設定的不同[15]，經過繁雜的計算後會產生「差之毫釐、謬以千里」的結果，而且人類對影響天氣與氣候的許多因素，例如懸浮微粒的冷卻作用、氣膠（aerosol）之變化及因素間的交互影響等科學知識仍未充分了解，此種不確定性（uncertainty）因素增加了預測的困難度，又統計是一種機率的估算，本身就存在誤差，故有人便形容數值模式的模擬預測是一個「黑箱藝術（black art）」。

　　另外，任何預測模式的目標都在於捕捉的訊號要儘量的多，雜訊要儘量的少，但氣候預測的數值模擬往往有十幾種變數的資料集、上萬筆的數據，存在無用的雜訊很多，故對預測不利，如同 Green 與 Armstrong（2007）對 IPCC 預測的查核，認爲其氣候變遷的預測是不合格的，其中提出的重要批評便是：「模型做得愈複雜，預測程度就會愈差。」Silver（2012）更指出使用過多參數或錯誤雜訊，會產生所謂的過度配適（overfitting）問題，破壞模型一般化的能力，使解釋能力更糟。他舉日本東北地區的地震頻率爲例，因該地 1964 年起就沒有規模 8.0 以上的地震，故在規模 7.5 以上時似乎線條往下彎曲，但若嚴格依照古騰堡－芮克特法則（Gutenberg-Richter law）[16]，應忽略此扭曲而仍按照直線走，故代表當地發生規模 9.0 以上的機率可能

---

[15]　中長期氣候預測研究方面的數值模式種類不少，例如美國國家大氣研究中心研發的 Weather Research and Forecasting（WRF）模式爲新一代中尺度氣象的複合式動力模式。另外還有德國馬克思普朗克研究所使用歐洲中心模式（ECHAM4），以水平解析度 280 公里，垂直 28 層，一天計算 4 次、採用十幾種變數的資料集，做 1990～2000 年、2040～2050 年及 2090～2100 年的全球氣候模擬預報。

[16]　古騰堡－芮克特定律是說明地震規模與其發生頻率成反向關係，符合統計學中的冪次法則（power law）。

每 3 百年便會發生一次（圖 5-11）。然而若採取某些地震學家所言的「特色配適」（characteristic fit），在敘述當地歷史的地震頻率時，就會把這個扭曲當成真實而產生向下折的線條代表 7.6 以上的地震比較不會發生；若依此趨勢線，則日本東北地區每 1 萬 3 千年才可能發生一次規模 9.0 以上的地震，而 2011 年 3 月 11 日東北就發生規模 9.0 的大地震，說明特色配適的模式太整齊了，不一定是好事，反使真正的關係表現更差，因為此模式若依靠一些極為微弱的訊號易產生過度配適的問題，嚴重低估當地災難性地震發生的可能性（圖 5-12）。

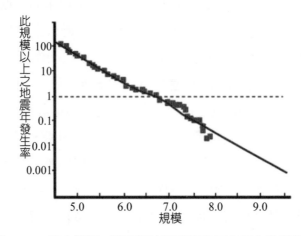

圖 5-11　依古騰堡 - 芮克特法則配適之日本東北地震頻率

（資料來源：Silver, 2012）

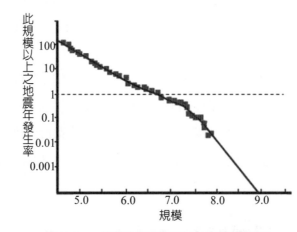

圖 5-12　依特色配適日本東北地震頻率

（資料來源：Silver, 2012）

因此，Silver（2012）提出用極為單純的統計模型作氣候預測，只要掌握關鍵資訊，有時也能非常準確，他利用 1850 年到 1989 年的氣溫記錄放進一個單純的線性迴歸分析裡，就可預測 1990 年到 2012 全球氣溫上升的速率是每世紀（100 年）為 1.5℃，恰好跟實際的數據吻合。所以誠如 Smith（1991）所言：「即使是簡單的方法也能產生好的預測。」緣此，本文分別選取臺灣北中南東的臺北、臺中、高雄、恆春和花蓮以及離島的彭佳嶼、澎湖，還有代表山地的阿里山等地區，彙整中央氣象局的歷年資料進行迴歸模式的統計分析，其成果如圖 5-13 至圖 5-20 所示。由圖中的迴歸方程式和迴歸線係數可以看出各選擇的研究區百年來（1913～2012 年）的氣溫與全球觀察值一樣均有顯著的上升趨勢（p 值均小於 0.01），其中位於都市地區的臺北、高雄、臺中和花蓮百年來上升的速率均大於 1.4℃，人口數愈高之地區上升率愈高，例如臺北的 1.73℃ 最高，其他依序為高雄 1.5℃、臺中 1.48℃、花蓮 1.4℃，另各地代表解釋力的決定係數 R 平方值也不低（均大於 0.48 以上），顯示氣溫隨時間增加而上升的證據明確且快速；但相較之下，離島的彭佳嶼為 1.2℃、澎湖為 1℃，鄉村的恆春為 1℃，還有代表山地的阿里山地區則為 1.1℃，且其決定係數亦普遍偏低，顯示氣溫上升的速率較為緩和。整體觀之，臺灣百年來氣溫上升之地域差別性不大，但人口集中的都市和人口稀少的非都市地區則明顯有別，全部研究區之平均上升率約 1.3℃，此數據與許晃雄、陳正達、盧孟明等人（2011）之研究的 1.4℃ 相距不遠。

再者，從近期 1990 至 2012 年的短距期間觀察，則可以發現最近的 20 餘年來，彭佳嶼年均溫維持在 22.0℃，而澎湖為 23.5℃年，這些離島地區雖然氣溫波動較大（R 平方值較低），但年平均氣溫並沒有上升，氣溫變動率多在 1℃ 以下（參見圖 5-21、圖 5-22 與圖 5-25），甚至還有微微下降的趨勢（相關係數值為負），這個現象其實與全球氣溫的觀察是一致的（Silver, 2012），也說明了雖然長時期的全球暖化或許是個不爭的事實（雖也有一些不贊同的意見），但仍存在時距（time scale）的變動、震盪與差異。然而，反觀都會區的臺北近 20 餘年來的氣溫上升速率卻增大，平均每年上升 0.196℃，每世紀（100 年）達 1.96℃，高於 1913～2012 年的 1.73℃，且氣溫變動率多在 1℃ 以上，說明溫度上升有加劇的情形；尤其是新竹的年平均氣溫上升更快，從 1990 至 2012 年平均每年上升 0.371，每世紀（100 年）達 3.71℃，幾乎為臺北市的兩倍（參見圖 5-23、圖 5-24 與圖 5-26）。此種現象說明全球暖化並非造成各地氣溫上升的唯一原因，地方的環境條件之影響更扮演舉足輕重的因素，這些都市地區因人口密集、建築物增加、車輛和空調等的人工廢氣排放等，其所造成的

「城市熱島效應」（Urban heat island effect, UHI effect），恐對一地氣溫之上升影響更鉅；以新竹氣象站為例，新的氣象站於 1991 年 7 月由新竹市遷至竹北市，竹北市自 1988 年由竹北鄉升格至今，因其為新竹縣的縣轄市所在，居民開始湧入，人口逐漸攀升，建設擴展迅速，從 2002 年的 9 萬多人到 2014 年已近 16 萬人，人口增長近1.8 倍，許多道路和建物取代綠地，加上人口、車輛和產業活動的進駐，因而加劇了城市內部的高溫化，圖 5-27 為歷年來竹北人口增長與氣溫增加的迴歸線比較圖，其顯示了人口增加對一地氣溫上升的影響呈現明顯的正相關。

　　歸結而言，本研究透過簡單的迴歸預測模式，探究臺灣主要地區的氣溫變化趨勢，經過上述的分析可以得知臺灣受全球暖化的影響與世界一樣均呈現日漸上升的趨勢，百年（1913～2012 年）來平均溫度上升約 1.3℃，此與多數研究結果是符合的。但都市地區上升率明顯高於離島、山區和鄉村等非都市地區，而且近 20 年來（1990至 2012 年）的差異更趨明顯，例如離島地區平均溫度並無顯著上升趨勢，但都市地區如新竹、臺北等地的氣溫不但持續上升且有加劇現象，顯見「城市熱島效應」應扮演著更重要且關鍵性的因素，根據許晃雄、陳正達、盧孟明等人（2011）的研究，臺灣過去最明顯的暖化是夜間氣溫，且大部分都市的暖化程度多比小城市與偏遠地區來得高，亦輔助說明熱島效應對臺灣許多城鎮地區的氣溫上升的確有著相當程度的影響。天氣因其複雜性與不確定性高，故預測有其困難，但誠如著名預測專家 S. Armstrong 教授所言：「有時預測的結果是可依靠相對簡單的科學而得證的」，只要能使科學與客觀世界的關聯，捕捉到正確的訊號，簡單的預測方法也能既科學且精準。

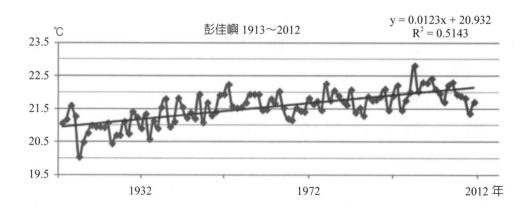

圖 5-13　彭佳嶼 1913～2012 年平均氣溫圖

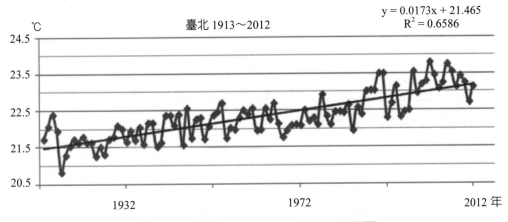

圖 5-14　臺北 1913～2012 年平均氣溫圖

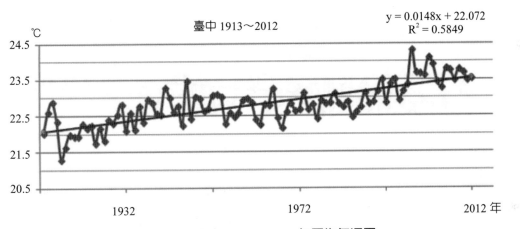

圖 5-15　臺中 1913～2012 年平均氣溫圖

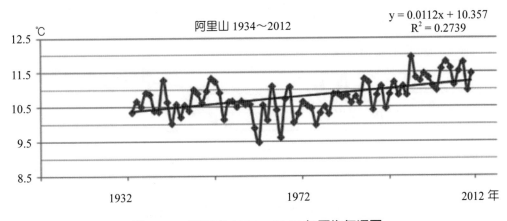

圖 5-16　阿里山 1934～2012 年平均氣溫圖

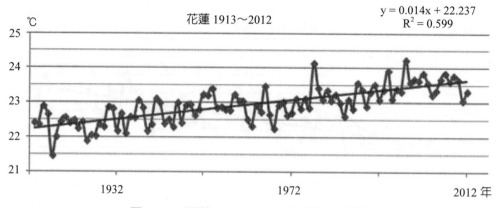

圖 5-17　花蓮 1913～2012 年平均氣溫圖

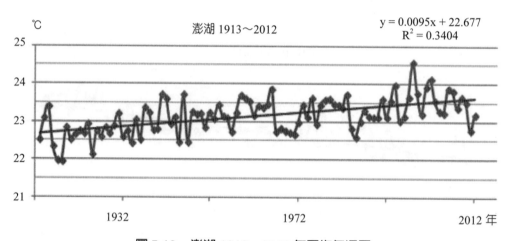

圖 5-18　澎湖 1913～2012 年平均氣溫圖

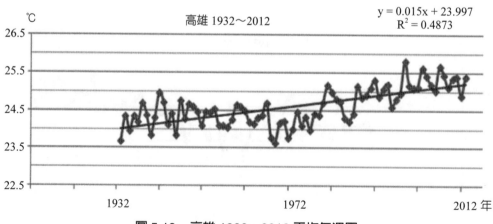

圖 5-19　高雄 1932～2012 平均氣溫圖

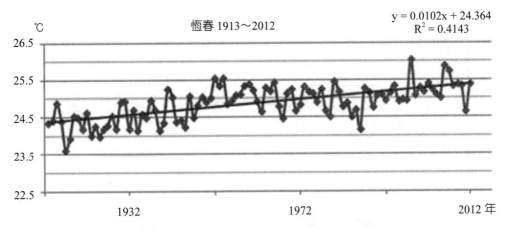

圖 5-20　恆春 1913～2012 年年平均氣溫圖

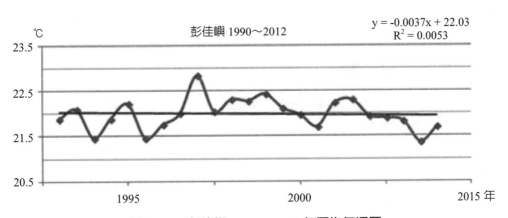

圖 5-21　彭佳嶼 1990～2012 年平均氣溫圖

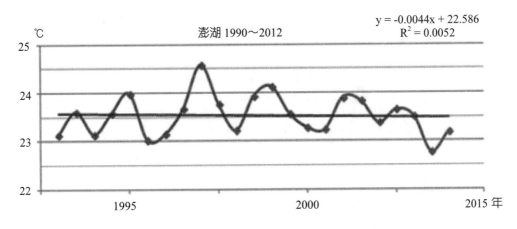

圖 5-22　澎湖 1990～2012 年平均氣溫圖

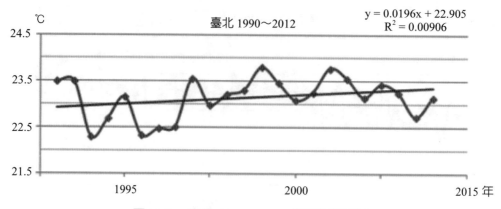

圖 5-23　臺北 1990～2012 年平均氣溫圖

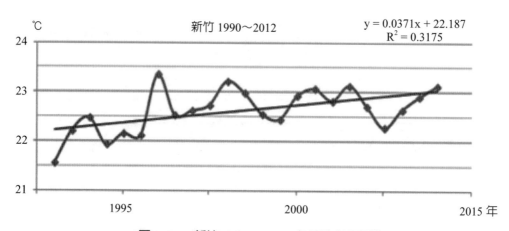

圖 5-24　新竹 1990～2012 年平均氣溫圖

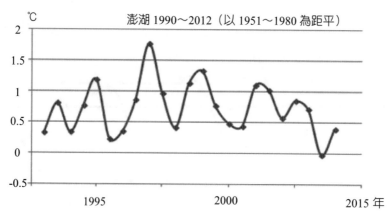

圖 5-25　澎湖 1990～2012 年平均氣溫變動圖

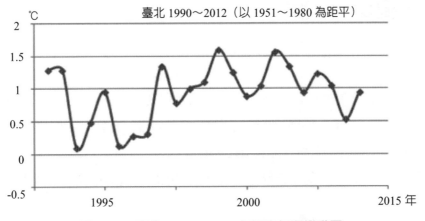

圖 5-26　臺北 1990～2012 年平均氣溫變動圖

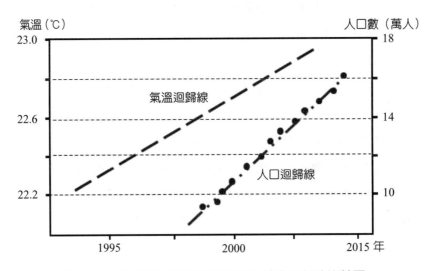

圖 5-27　竹北市人口成長與氣溫上升之迴歸線比較圖

主要參考文獻

一、中文文獻

于宗先（1972）。經濟預測。臺北：中央研究院經濟研究所。

中央氣象局（2009）。1897-2008年臺灣氣候變化統計報告。臺北：中央氣象局。

余桂霖（2013）。時間序列分析。臺北：五南書局。

李清滕、盧孟明（2009）。適當氣候平均統計模式應用於臺灣地區溫度預報。大氣科學，37(2)：1-12。

林茂文（2006）。時間數列分析與預測，臺北：華泰文化。

胡志文、蕭志惠（2008）。中央氣象局動力統計氣候預報系統簡介天氣分析與預報研討會論文彙編，臺北：中央氣象局。

高樹軍（2005）。管理學。河北：河北大學。

張語軒、張庭槐、吳蕙如（2012）。貝氏模型平均應用於臺灣地區溫度機率預報。氣象學報，49(1)：17-36。

張濤譯（2003）（F. X. Diebold原著）。經濟預測。北京：中信出版社。

許晃雄、陳正達、盧孟明、陳永明、周佳、吳宜昭等（2011）。臺灣氣候變遷科學報告。臺北：行政院國家科學委員會。

蘇子堯譯（2013）（N. Silver原著）。精準預測。臺北：三采文化出版社。

二、外文文獻

Anderson, D. R., Sweeney, D. J., & Williams, T. A. (2000). *An introduction to management science: Quantitative approaches to decision making.* Cincinnati, OH: SouthWestern.

Box, G., & Jenkins, G. (1970). *Time Series Analysis: Forecasting and Control,* San Francisco: Holden-Day.

Brown, R. G. (1956). Exponential smoothing for predicting demand. Presented at the Tenth National Meeting of the Operations Research Society of America, San Francisco, November 16.

Brown, R.G. (1962). *Smoothing, Forecasting and Prediction of Discrete Time Series,* New York: Prentice-Hall.

Diebold, F. X. (2004). *Elements of Forecasting* (3rd ed.), Cincinnati, OH: South Western.

Green, K. C., & Armstrong, J. S. (2007). Global Warming: Forecasts by Scientists versus. Scientific Forecasts. *Energy & Environment:19* (7-8): 997-1021.

Hoskins, B., Schopf, P., & Navarra, A. (2008). Modeling the Atmospheric, Oceanic and Coupled System. In A. Troccoli, M. Harrison, L. T. Anderson, & D. Mason (Eds), *Seasonal Climate Variability: Forecasting and Managing Risk*, Dordrecht: Springer Academic Publishers.

Hsu, II. II., & Chen, C. T. (2002). Observed and Projected Climate Change in Taiwan. *Meteorology and Atmospheric Physics*, 79(1-2): 87-104.

Pankratz, A. (1983). *Forecasting with Univariate Box-Jenkins Models: concepts and cases*. New York: Wiley.

Silver, N. (2012). *The Signal and the Noise: Why So Many Predictions Fail-But Some Don't*. New York: The Penguin Press.

Smith, B.T. (1991). *Focus forecasting and DRP: Logistics tools of the twenty-first century*. New York: Vantage Press.

第六章　分析階層程序法與馬可夫鏈模型

> 「用分析的角度、嚴謹且系統地思考所面臨的問題，然後提出有效的數據，以利決策方案之遂行。」

——TIBCO 商業軟體公司總監 Michael O. Connell

第一節　引論

　　人生無處不抉擇，從選擇就讀校系、居住處所、乃至於結婚的對象等，都要進行思量和比較，尤其當面臨重大選擇而須做出決定（decision making）時，如何做出正確或最佳之決策，實是人們常遭遇的難題。然而決策與預測密不可分，沒有精準的預測，便會升高錯誤決策的風險，並可能帶來重大的損失或危害，例如錯估降雨量的預報而決定宣布隔日正常上下班，結果卻因降下豪大雨而引發民怨；有些地方宣布停班停課卻只有微風細雨，民眾卻無法洽公而虛耗時間等。

　　所以先有精準預測，才能做正確的決策，以利妥善的規劃和執行。故預測、決策和執行三者是相互關聯，密不可分的，預測除了根據過去所累積的經驗外，主觀的判斷和資料的分析也都是重要的影響關鍵。所謂主觀的判斷，往往涉及個人的價值與偏好（bias），要避免這種先入為主的成見，或許集思廣益、眾志成城，是一帖良方；俗諺：「三個臭皮匠勝過一個諸葛亮」，何況若能邀集各方的專家學者，群策群力，當更可有效地抽絲剝繭地將複雜的問題理出頭緒，群體決策採用多目標多準則的評估方法，多層面地考量各種可行性及有效性，可彰顯評選成果的客觀性與公平性，也兼顧各群體的權益及社會發展之需要，能使制定的政策順遂執行，達成雙贏的局面；而自 1970 年代發展出的分析階層程序法（Analytic Hierarchy Process, AHP）整合了團體內各專家和成員之意見，且能應用在不確定情況及具有多個評估準則的決策問題上（曾國雄、鄧振源，1989）。AHP 因理論簡單又具實用性，故廣泛應用在資源選擇、環境規劃、市場管理、災害預測和影響評估的領域分析上。

　　此外，有關資料的評析方面，身處今日科技昌明、資料豐富的時代，專家及決

策者都擁有空前充足的資料，卻往往還是不斷做出錯誤的判斷；預測專家席佛（N. Silver）便表示資料科學的發展除了要能協助人們從巨量資料中找出規則外，更重要的是要能夠讓人類辨別規則與雜訊間的差異，以及能夠評估模型失準時的風險；例如時間序列分析的預測模式乃憑藉過去的歷史資料與型態來預測未來，或選取若干適當的解釋變數，建立迴歸分析（Regression Analysis）方程式，以作為預測之依據，但有時資料變動量過大、影響變量因素太多，或是有些重要的獨立變數無法數量化時，預測的效果便不佳（Huang et al., 2004；張政亮，2006），而非線性模型的馬可夫鏈（Markov Chains）則是以現階段所發生之事來推測未來，所憑藉的是前一時刻的狀態和轉換機率的隨機過程（stochastic process），而與時間過程無關，亦即是由資料本身來決定自己變動的型態，運用統計與機率進行思考，非使用其他獨立變數去作解釋或憑直覺運氣來猜測，故能提供另一種預測的模式[1]。歸納言之，既然是預測便存在誤差而無法百分之百準確命中，故沒有一個絕對優勢的預測方法，各類預測模型都有其優缺點，因此也有提倡綜合的預測方法之議，或依預測對象之特性而採不同的預測方法以增加準確率，當然對資料的理解程度是掌握精準預測的關鍵前提，如此才能臻於「真知灼見」之境界。

第二節　分析階層程序法的理論與方法

分析階層程序法（Analytic Hierarchy Process, AHP）又稱為層次分析法或層級分析法，是 1971 年美國匹茲堡大學的教授 Thomas L. Saaty 所發展出來的決策方法，當時因美蘇兩強處於冷戰時期，故 1972 年 Saaty 是受原先服務機構的美國國防部邀請，參與「意外事故應變計畫」（Contingency Planning），提供以 AHP 的方法研擬若發生緊急狀態或變故時，政府需如何因應情勢並適時做出正確決策，後來這套理論模型又在美國國家科學基金會（National Science Foundation）的資助下，進行各產業電力合理儲存與分配的研究；同年（1972）Saaty 亦應用 AHP 在開羅為埃及政府從事若處於「無和平」或「無戰爭」（no peace, no war）的情形下，對其經濟、政治及軍事狀況的影響程度為何之評估，此時開始 AHP 加入了有關判斷的尺度化設計。1973

---

[1] 若以馬可夫鏈來隨機抽樣出具代表性的樣本進行計算和模擬，就稱為蒙地卡羅馬可夫算法（Markov Chain Monte Carlo, MCMC）。

年 AHP 又運用於蘇丹的航空、鐵路等交通運輸問題之全盤探討，使得 AHP 的方法日趨成熟；1974 年至 1978 年間，AHP 經過不斷應用、修正及驗證後，整個理論遂更臻於完備。1980 年 Saaty 將此理論與實務案例整理成專書問世，成爲一種多準則決策（Multi-criteria decision-making, MCDM）的理論模式，也獲得許多迴響（Saaty, 1980；曾國雄、鄧振源，1989；褚志鵬，2003；Coyle, 2004）；許多學者與專家亦將此理論運用在環境經營、經濟預測和政策規劃等各領域上，相關著作與論文也不斷推陳出新。

一、AHP 的基本假設

AHP 的方法來自系統理論的發展，目的是將複雜的問題加以拆解簡化，同時建立具有相互影響關係的階層結構，使決策者「面臨選擇適當方案」時，可清晰地依據某些基準來衡量各要素間的比重，逐步建立各層級要素的優勢順位，以利進行各替代方案的評估及提供決策者選擇的判別準據。AHP 的基本假設，主要包括下列幾項（Saaty, 1980；褚志鵬，2003）：

1. 一個系統可被分解成許多種類（Classes）或要素（Components），並形成類似網絡的層級結構。且每一層級的要素均假設具獨立性（Independence）。

2. 每一層級內的要素，可以用上一層級內某些或所有要素作爲評準，進行評估；而進行比較評估時，可將絕對數值尺度轉換成比例尺度（Ratio Scale）。

3. 各層級內的要素進行兩兩成對比較後，可使用正倒值矩陣（Positive Reciprocal Matrix）處理。

4. 偏好關係滿足遞移性（Transitivity）。不僅優劣關係滿足遞移性（如甲優於乙，乙優於丙，則甲優於丙），同時強度關係也滿足遞移性（如甲優於乙三倍，乙優於丙二倍，則甲優於丙六倍）。

5. 完全具遞移性不容易，因此容許不具遞移性的存在，但需測試其一致性（Consistency）的程度。

6. 要素的優勢程度，經由加權法則（Weighting Principle）而求得。

7. 任何要素只要出現在階層結構中，不論其優勢程度有多小，均被認爲與整個評估結構有關，而並非檢核階層結構的獨立性。

二、AHP 的實施步驟與運算

1. 建立層級結構：首先進行問題描述，找出影響要素，然後利用層級結構將複雜問題依準則特性加以歸類，分解為多個具上下關聯的層級，進而建立系統化的可分析階層關係，包含目標（goals）、評估準則（criteria）和擇替方案（alternatives）三個部分（圖 6-1 所示）。評估準則以下依需要可再區分為次準則，Saaty 建議每一層準則的要素不宜超過七個以免增加處理複雜性而易於進行有效的成對比較，並獲得較佳的一致性。

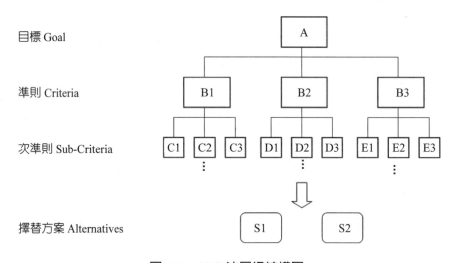

圖 6-1 AHP 法層級結構圖

（資料來源：自繪）

2. 層級決策因素間權重的計算：採用成對比較的方式以其比例尺度找出各層級決策屬性之相對重要性，成對比較是由決策者或各領域的專家填寫，然後根據問卷調查所得到的結果建立兩兩成對比較矩陣。依 Saaty 建議成對比較是以九個評比尺度來表示，評比尺度劃分成絕對重要（評估尺度 9）、頗為重要（評估尺度 7）、稍微重要（評估尺度 3）、同等重要（評估尺度 1），其餘的評比尺度則介於這五個尺度之間，作為需要折衷時之值；尺度的選取可視實際情形而略作調整，但以不超過九個尺度為原則，否則將造成判斷者之負擔。

設某個層次的要素有 A_1，A_2，…A_n 要素則需進行 n(n-1)/2 個成對比較，對上一層次要素的比重為 w_1，w_2，…w_n，則成對比較矩陣 A，如式 6-1 所示。

$$A = \begin{bmatrix} a_{11} & a_{12} & \cdots & a_{1n} \\ a_{21} & a_{22} & \cdots & a_{2n} \\ \vdots & \vdots & \cdots & \vdots \\ a_{n1} & a_{n2} & \cdots & a_{nn} \end{bmatrix} = \begin{bmatrix} w_1/w_1 & w_1/w_2 & \cdots & w_1/w_n \\ w_2/w_1 & w_2/w_2 & \cdots & w_2/w_n \\ \vdots & \vdots & \cdots & \vdots \\ w_n/w_1 & w_n/w_2 & \cdots & w_n/w_n \end{bmatrix} \qquad （式 6-1）$$

其中 $a_{ij} = w_i/w_j$，w_i, w_j 各爲準則 i 與 j 的權重。

3. 層級權重的計算：建立完比較矩陣後，即可透過數值分析中常用的特徵值（Eigenvalue）解法，找出特徵向量值，進而求出各層級要素的權重。成對比較矩陣 A 爲一正倒值矩陣，符合矩陣中各要素爲正數，且具倒數特性，如式 6-2 與式 6-3 式所示：

$$a_{ij} = 1/a_{ji} \qquad （式 6-2）$$

$$a_{ij} = a_{ik}/a_{jk} \qquad （式 6-3）$$

此時對所有的 i, j, k 而言，$a_{ik} = a_{ij} \times a_{jk}$ 式成立的，說明決策者之判斷前後一致，故將準則成對比較矩陣 A 乘上各準則權重所成之向量 $\overline{w}$，見式 6-4。

$$\overline{w} = \left(w_1, w_2, \cdots, w_n \right)^t \qquad （式 6-4）$$

即可得出向量 $A\overline{w} = n\overline{w}$，如式 6-5 與式 6-6：

$$A\overline{w} = \begin{bmatrix} w_1/w_1 & w_1/w_2 & \cdots & w_1/w_n \\ w_2/w_1 & w_2/w_2 & \cdots & w_2/w_n \\ \vdots & \vdots & \cdots & \vdots \\ w_n/w_1 & w_n/w_2 & \cdots & w_n/w_n \end{bmatrix} \times \begin{bmatrix} w_1 \\ w_2 \\ \vdots \\ w_n \end{bmatrix} \qquad （式 6-5）$$

$$A\overline{w} = n \begin{bmatrix} w_1 \\ w_2 \\ \vdots \\ w_n \end{bmatrix} \qquad （式 6-6）$$

亦即 $(A-nI) \times \overline{w} = 0$　I 爲單位矩陣 $\qquad$（式 6-7）

因爲 a_{ij} 乃爲決策者進行成對比較時主觀判斷所給予的評比，與眞實的 w_i/w_j 值，

必有某程度的差異，故 $A\overline{w} = n\overline{w}$ 可能無法成立。因此為了使 $\overline{w} \neq 0$ 成立，n 必須是 A 的特徵值（Eigenvalue）才行，故 Saaty 建議以 A 矩陣中最大特徵值 $\lambda_{\max}$ 來取代 n。

$$\text{亦即 } A\overline{w} = \lambda_{\max}\overline{w} \qquad\qquad（\text{式 } 6\text{-}8）$$

$$(A\text{-}\lambda_{\max}I)\,\overline{w} = 0 \qquad\qquad（\text{式 } 6\text{-}9）$$

矩陣 A 的最大特徵值之求法，由式 6-9 求算出來，所得之最大特徵向量，即為各準則之權重。而最大特徵值之求算，Saaty 曾提出四種近似法求取，其中又以「行向量平均值標準化法」的方式（式 6-10）可求得較精確之結果 [2]。

$$w_i = \frac{1}{n}\sum_{j}^{n}\frac{a_{ij}}{\sum_{i=1}^{n}a_{ij}} \qquad i,j = 1,2,\cdots,n \qquad（\text{式 } 6\text{-}10）$$

4. 一致性檢定：在此理論之基礎假設上，假設 A 為符合一致性的矩陣，但是由於填卷者主觀之判斷，使其矩陣 A 可能不符合一致性，但評估的結果要能通過一致性檢定，方能顯示填卷者的判斷前後一致，否則視為無效的問卷。因此 Saaty 建議以一致性指標（Consistence Index, C.I.）與一致性比例（Consistence Ratio, C.R.）來檢定成對比較矩陣的一致性。

一致性指標（C.I.）也有人稱為整合度指數，是由特徵向量法中求得之 $\lambda_{\max}$ 與 n（矩陣維數）兩者的差異程度可作為判斷一致性程度高低的衡量基準；當問題變得愈複雜時，填答者便可能出現前後不一致的情形（即偏好關係滿足的遞移性不連貫），$\lambda_{\max}$ 就會比 n 大，從 Saaty 定律可以得知：

$$\lambda_{\max} = n + \sum_{i=1}^{n}\ \sum_{j=i+1}^{n}\frac{(w'_j a_{ij} - w'_j)^2}{w'_i w'_j a_{ij} n} \qquad（\text{式 } 6\text{-}11）$$

w' 是由填答者回答所得的一對比較矩陣計算而得

故經常出現 $\lambda_{\max} \geq n$ 之情形，當填答之前後一致時等號才會成立，所以式 6-12 的

---

[2] 關於最大特徵值的四種近似法求取方法，可參閱：褚志鵬（2003）之論述，另外關於 AHP 的計算流程，主要參考自陳耀茂（2011）等人之文章，見參考文獻。

C.I. = 0 表示前後判斷完全具一致性，而 C.I. > 0 則表示前後判斷不一致，數值愈大表示不一致性愈高；Saaty 認爲 C.I. < 0. 1 爲可容許的偏誤（要素或準則太複雜時，小於 0.15 亦認爲可接受）。

$$C.I. = \frac{\lambda_{max} - n}{n - 1}$$　　　　　　　（式 6-12）

另外所謂一致性比例（C.R.），係根據 Oak Ridge National Laboratory & Wharton School 所進行的研究，從評估尺度 1-9 所產生的正倒值矩陣，在不同的階數下所產生的一致性指標稱爲隨機性指標（Random Index, R.I.；見表 6-1）。在相同階數的矩陣下 C.I. 值與 R.I. 值的比率，稱爲一致性比率 C.R.（Consistency Ratio），若 C.R. < 0.1 時，則表示矩陣的一致性程度合理且可接受（式 6-13）。

$$C.R. = \frac{C.I.}{R.I.}$$　　　　　　　（式 6-13）

表 6-1　隨機指標表

階數	1	2	3	4	5	6	7	8
R.I.	0.00	0.00	0.58	0.90	1.12	1.24	1.32	1.41
階數	9	10	11	12	13	14	15	-
R.I.	1.45	1.49	1.51	1.48	1.56	1.57	1.58	-

資料來源：Saaty (1980)

第三節　分析階層程序法的應用與實例

一、分析階層程序法的優點與應用領域

分析階層程序法（AHP）最重要的特徵便是「亂中尋序」，以歸納方式循序建立層級評估的準則（criteria），並將這些非量化的準則要素以量化方式表現，提供簡單易懂的組織架構作爲決策的依據，故自 1980 年代以降，因 AHP 的整個理論更臻完備，加上其理論簡單，操作容易，同時能擷取多數專家學者與決策者之意見，在實

務上甚具實用性。易言之,分析層級程序法(AHP)能簡單檢視質性問題並加以量化計算後,提供充分的數據資訊,評定決策的優先順序與降低決策的可能風險;依據Saaty(1990, 1991)的說明,建立層級結構以解決複雜的問題,具有以下的優點:

1. AHP 可爲一個非結構性之龐雜問題提供一個簡單、容易理解、操作容易、具彈性的模式,此模式有效擷取多數專家及決策者有共識的意見,並加以利用。

2. AHP 提供一個尺度去測量模糊不確定的事項,且其相關影響因素經過專家學者評估及數學方法處理後,皆能以具體的數值顯示各個因素的優先順序。

3. AHP 建立層級有助於描述系統的結構面及功能面,也有利於描述要素間彼此的影響程度;利用要素建立層級,是一種有效達成工作的分析方式。

4. AHP 對於影響研究目標的相關要素,皆能納入模型中;配合研究目的並整合了演繹與歸納的方法,將一個複雜系統分成不同的層面,且聚集相似的元素在每一個層面。此種化繁爲簡、井然有序的層級架構,易於明瞭和採用。

5. AHP 於決定優先順序時遵循邏輯判斷的一致性,且綜合考量每一個替代方案並做出整體性的評估;此外更考慮到每一個系統中因素的相對重要性,且使人們可以在其預定的目標中,選擇最佳方案。

6. AHP 所建構的層級具有穩定性(Stability)與賦彈性(Flexibility),換言之,微量的改變雖會造成微量的影響,然對於結構良好的層級而言,加入一個層級不會影響整個層級系統的有效性。

7. AHP 能夠使人們在一個問題的定義上精益求精,並憑藉著反複作用來改善其判斷與理解。

Vargas(1990)亦指出層級式架構有下的特色:1. 具有彈性──就彈性而言,若發生資料不足或遺漏部分資料時,可透過層級架構的模式彌補資料缺失,做適時的擴充或修改。2. 易於了解──在層級架構中,各層級元素的優先順序是逐層演變的結果,故我們可以清楚的觀察同一層元素間的彼此關係(具獨立性)及上下層元素間的彼此影響力。故在研究問題時,可利用此一關係來作元素間的分類或整合。3. 合乎邏輯──層級架構是依層級程序逐步推演的,藉此將複雜的決策問題系統化成簡明的架構,使決策者在分析時可兼顧不同元素間的邏輯關係,對於決策的正確性具有正面之幫助。將問題描述建構成層級架構後,透過量化的判斷,找出脈絡後加以綜合評估決定替代方案的優先順序(Priority),以選擇最適當(或最佳)的方案,減少決策錯誤的發生機率。

　　歸結而言：AHP 是將複雜的問題系統化，透過建立具有相互影響關係的組織性階層架構（Hierarchical Structure），可使紛亂無序的問題、風險不確定的情況、或分歧的判斷中精簡其評估程序並尋求一致性，又因其計算程式簡單易懂且藉由量化的數據分析和表示，利於決策評定的優先順序。故近十餘年來，配合著系統方法的發展，在社會及行為科學上已經廣泛的被應用，舉凡資源選擇（Source Selection）、人力資源管理（Human Resource Management）、問卷評估（Questionaire Evaluations）、制定市場策略（Marketing Strategy）、決策分析（Selecting Alternatives）、生產作業管理（Production Management）、策略分析及評估（Policy and Evaluation）、供應商評估（Supplier Evaluation）、預測支出（Predicting Likely Outcomes）、產品定價（Product Pricing Decisions）以及創新管理（Innovation Management）等範疇均採用此方法進行複雜因素的評估和多準則決策的支援，國內外的相關論文和研究也如雨落春筍般湧現，甚至有專屬的期刊發表相關論著[3]，顯見 AHP 在各領域的影響力及普及性是不容小覷。

　　相關研究方面，如 Badri（1999）結合 AHP 和目標規劃（goal programming）的方法進行全球工廠區位的選址分析，他以石化工廠的設置為例，決定的考量準則（decision criteria）包含有：國家政治局勢、全球競爭力、政府發令規章、經濟相關因素等四項，經過評比分析，以國家政治局勢所占 60.5% 的比重最高，全球競爭力次之，但影響權重只有 19.6%，至於經濟相關因素影響甚微只占 5.4%，至於適合設置石化工廠的六個西亞產油國家中，以阿拉伯聯合大公國最受青睞（45.9%），科威特名列第二（20%），第三名是沙烏地阿拉伯王國（18.5%），最後的選擇地區是巴林王國（Bahrain）只獲得 3.3% 的支持。Saraoglu and Detzler（2002）則以 AHP 為架構探討個人理財投資組合的決策過程，在其資產配置的分析主要考量的準則有：1. 5 年期資本增值，2. 15 年期資本增值，3. 目前收益，4. 本金保全，5. 國際分散風險，6. 稅收利益等，這些要素經過專業權重評估後，認為較佳理財投資的選擇標的順序為：一般債券、國內（地方）債券、成長和收入型基金、國際證券投資，最後才是積極成長型基金；其中有關成長和收入型的共同基金中，前三名優先考慮購買的分別是：Washington Mutual Investors Fund、MFS Massachusetts Inv. A 與 Sit Large-

---

[3]　該期刊名稱為 *International Journal of the Analytic Hierarchy Process*，創刊於 2009 年，原為一年二期，2015 年起改為一年出版三期。

Cap Growth。此外，Kim, Yang, Yeo, and Kim（2005）等人則是應用 AHP 建立住宅選購的評價模型，該論文以韓國家庭住宅的選購爲例，從現有的評估模型和專家訪談中，選取結構安全、火災生命安全、大樓管理能力、大樓服務系統等 41 項的客觀住宅性能爲指標，並區分爲四個級別，最後藉由案例的實證研究，來評估該模型的合適性以做爲購房者的決策參考和依據。近期 Minhas（2015）在巴基斯坦應用 AHP 分析環境（次要素爲海拔、坡度、坡向、河流的距離、地表溫度和降水）和危險（次要素洪水程度、地震密度和強度）兩個集群要素進行未來城市的發展評估，透過加權計算並結合地理資訊系統（GIS）製成適合性指數地圖（分爲非常適合，適合，不適合和最差地區共四類），研究顯示該國北部是較適宜居住的環境，而雖然該國 72% 的人口均生活在非常適合居住的地區，但居住在不太適合區域的人口卻有增長之趨勢，尤其是幾個人口密度較高的城市如伊斯蘭堡（Islamabad）、錫亞爾科特（Sialkot）、穆紮法拉巴德、（Muzaffarabad）及奎達（Quetta）等城鎮都是位處於高自然災害的風險區域內，宜多加留意與防範。

國內部分的相關研究也頗多，例如畢威寧（2005）提出以層級分析法（AHP）對工廠之零件供應商的績效評估進行分析，文中歸納出最常被用來評估與選擇供應商之四種要素有：品質、交期、價格及服務四個決策因子，經專業人士之評估後其權重值分別爲：0.462，0.101，0.304，0.133，再採以 TOPSIS 之「正理想解之相對近似值」方法來排列和挑選優先的零件供應商。沈進成等人（2009）本研究以原住民社區爲對象，採分析階層程序法（AHP）評估當地發展生態旅遊潛力評估模式；透過專家學者的問卷調查，並以 AHP 方法求出六項主要構面以及 28 項次準則之各權重，研究結果顯示在主要構面部分以社區環境生態資源最受專家學者重視，其次依序爲周邊環境資源配套、社區總體營造主題、社區總體營造機能、生態旅遊發展機制與生態旅遊市場潛力；另外在次準則中則以環境生態保育、健全社區互助系統、重視原住民傳統文化總體經營永續力爲最重要。與地理相關的論文則有：郭文銓、宋益明、宋蕙茹（2000）針對臺灣生活圈道路系統規劃需求，以 AHP 模式配合問卷設計之方法，整合地質災害敏感圖、地震分區圖、坡度圖、高程圖、地質圖及土地使用分區圖，透過兩兩比對的程序求得各圖層的相互權重，在以地理資訊系統（GIS）進行圖資分析，進行較佳路徑與路廊之規劃。郭靜如（2004）以校外教學作探討，找出影響校外教學的旅遊安全要素，這些分類的要素有對象、地點、時間和行動等四個構面、21 個因子，經過 AHP 的專家問卷權重分析之後，據此建立校外活動安全風險的具體數學模

式，作爲未來旅遊安全風險管理的重要依據。徐承毅、黃光中、何明璋（2010）以購屋考量因素之重要性，對風水地理專家進行訪問，經過 AHP 的決策群體評估後，在列舉的考量構面方面，風水專家認爲住宅周邊的自然條件最爲重要（0.4904），其次爲房屋屬性（0.2624），排序在最後的構面則爲嫌惡設施（0.2472）；另外在次準則之重要度前四項則依序爲：形勢（0.2282）、內部格局（0.1534）、方位（0.1013）及房屋品質（0.0832）。

二、案例分析與探討：一個海岸工業區擴建的規劃方案

　　歸結上述的說明得知，分析階層程序法（AHP）最重要的功能便是在混雜的問題中，建立層級評估的準則（criteria），而這些準則間可能是相互矛盾的或彼此獨立無關聯的，藉由專家的徵詢、評選及權衡之取捨，並以量化的數據呈現各層級準則間的權重（weight）比值，最後藉由排序的評比，提供決策可行的選擇方案（alternative），本節以海岸地區經營之決策爲案例，說明 AHP 的應用方法、步驟與成果 [4]。

　　海岸地帶不僅具豐富的生物多樣性也是人口居住密集之處，然而因其生態系統相當脆弱，屬環境敏感地區，一旦破壞實難以復原，因此，如何審慎進行海岸地帶的環境開發和資源管理以造就地盡其利、物盡其用的「多贏」規劃，成爲當前各國執行公共政策的思考主軸。利澤工業區位於宜蘭多山河南岸，原爲海岸沙丘地之防風林帶，因土地屬砂質壤土，肥力差、鹽分高，又面臨海岸侵蝕等問題，故利用率較低。1980 年爲促進宜蘭縣地區工業發展，經濟部工業局編定三期開發此約 290 公頃的工業區，然因逢不景氣影響而延緩開發，1987 年台塑集團購買本區準備興建六輕石化廠，但遭當時的縣長陳定南以六輕汙染過高、違反國土開發計畫而反對，最後台塑放棄利澤選擇雲林麥寮建廠，本區也陷於低使用率。直至 2002 年經濟部推出「006688」的工業區土地優惠方案，宜蘭縣政府順勢加碼補助廠商，加上北宜高速公路的開通，時間效益提高，價格又相對具競爭力，間接促成其他北部工業區廠商開始往本區移駐。目前利澤工業區一、二期多已租售完畢，而最南段之第三期用地從舊頂寮聚落至新城溪共約 104 公頃之規劃作業，於 2007 年 11 月辦理開發並公告（圖6-2）。

---

[4]　本節內容主要擷取自：張政亮、王慶國（2011），社會影響評估於海岸地區經營之決策：以宜蘭利澤工業區之擴建爲例，工程環境會刊，27(7)：39-52。

圖 6-2　研究區的土地利用變遷及第三期開發示意圖

　　究竟這些工業區之開發和產業之進駐對當地的社區和環境有何正負面影響？如何降低（mitigation）衝擊的影響層面或程度？以及選擇何種較有利開發類型？因研究屬多準則決策的評估，因此採層級分析法（Analytic Hierarchy Process, AHP）進行分析，其運用流程如圖 6-3 所示，並分述如下：1. 界定問題——透過資料的收集來確認工業區擴建可能引發哪些問題以及選擇的方案為何？本文利用模糊德懷術法（Fuzzy Delphi）針對工業區開發對當地可能的衝擊要素[5]，函請地理環境與公共決策學者、地方仕紳及廠區管理者等三項領域的專家學者共 12 人，進行匿名及書面方式表達意見，最後歸納及篩選出工業區擴建對當地的影響主要有：居民的健康、社經地位、工作與利益、土地價格、道路交通、空氣噪音汙染、生態景觀破壞、環境監控設施等共 14 項影響因子（準則）。2. 建構層級的結構——依研究之目的（Goal），設定各項影響因子及次因子，並將相近的因子歸類在一起，同時提出可能的選擇方案。本研究這 14 項因子歸結分類成居民、土地現況和生態環境三大構面，同時針對施工時和建廠營運後的可能情形，建構出樹枝狀的階層影響結構圖（圖 6-4），並針對利澤

---

[5]　為充分與深入探討議題核心，本文在選用模糊德懷術前，已先運用群體提案評估法（NGT）、文獻史料及深度訪談等收集相關的問題，限於篇幅不另贅述，詳見參考文獻。

工業區的第三期開發的可能發展方案設定為：(1) 光電太陽能科技廠為主，(2) 以傳統產業的工廠進駐為主，(3) 不開發維持原有的生態環境等三種擇替方案，供專家進行評比。3. 建立成對比較矩陣——以倆倆比較的方式，評估同層級中各個準則因子間的相對重要性並依此建立比較矩陣，重要程度依 Saaty and Vargas（1982）建議採用九個名目評分尺度，分析工具則以 AHP 的軟體 Expert Choice 進行分析。4. 求特徵值與特徵向量——為了解模型之一致性與各評估元素間的相對權重，在成偶對比矩陣建立後即需利用數值分析法計算最大特徵值與特徵向量；最大特徵值 λmax 和特徵向量的計算方法參見前述之式 4-8 至式 4-11。5. 一致性檢定——AHP 用一致性比率（Consistency Ratio, C.R.）作為衡量成偶比較矩陣一致性之準則，其做法先求算一致性指標（Consistency Index, C.I.），參見式 4-12，再查表算隨機指標（Random Index, R.I.，見表6-1），便可以依 C.R. = C.I. / R.I. 之公式求得對比矩陣之一致性比率[6]，C.R. ≤ 0.1 時，代表矩陣一致性程度符合要求。6. 選擇合適的備選方案——依權重計算的結果，進行評價後排定各方案的優劣次序，選擇最佳方案。

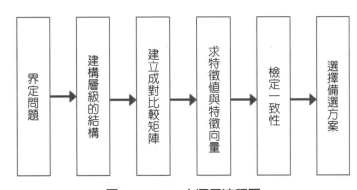

圖 6-3　AHP 之運用流程圖

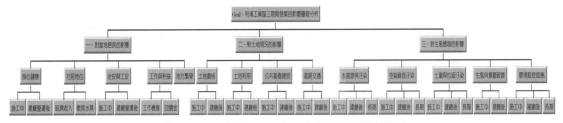

圖 6-4　宜蘭利澤工業區之影響階層結構圖

---

[6] 在 Expert Choice 軟體是採用不一致性比率 I.R. 值（Inconsistency Ratio）替代 Saaty 理論中的 C.I. 值，然其意義是一樣，因 C.I. 之值愈高，代表著「不一致性」就愈大，I.R. 值亦以不超過 0.1 之情況為佳。

　　根據上述流程，在 Expert Choice 依序建置好階層架構後，依序進行各個準則因子間的相對權重評分，建立比較矩陣，例如土地現況構面下的土地價格和土地利用兩個次準則的倆倆相互比較，若專家認為土地價格比土地利用的重要性是 1.5：1，則尺度往左側的土地價格移 1.5 格或直接鍵入數值 1.5，完成土地現況下所有的次準則比較後，電腦軟體便會計算出不一致性比率 Incon（即 C.I.）之值為 0.08，依公式可得 C.R. 值為 0.088，均小於 0.1，故表示矩陣符合一致性程度而可保留，由此亦可推知最大特徵值 λmax 為 4.24（圖 6-5）。將居民、土地現況和生態環境三大構面和其次準則依序完成比較，並將 12 份專家的評比資料利用 Expert Choice 的 participant 功能鍵合併後即可得知全體的分析結果，圖 6-6 右上方呈現各方意見彙整認為採取第一方案，即「利澤工業區的第三期開發以光電太陽能科技廠為主」（相對優勢為 43.4%），是目前較為可行性的計畫方案，而傳統產業的工廠進駐為主次之，為 30.6%，不開發而為自然生態環境之評估意見則為 26.1%。又依分析數據的比率長條圖觀察（圖 6-7）：開發案對居民影響層面的權重最大（55.0%），其次是對生態環境的影響層面（23.1%），最後才是對土地狀況的考慮層面（21.8%），顯見擴建案對當地社區區民的健康安全和生活發展是最受矚目的。進一步就個別構面的次準則分析，居民影響層面下以對身心健康和工安意外等兩項因素比重最大，分占該層面（L）的 26.8%，占全體所有比重（G）的 14.7%（0.55×0.268），其次依序為地方繁榮（17.1%）、社經地位（15.2%）、工作與權益（14.1%）；土地現況影響的層面下，以道路交通最受重視占 34.5%，其次則為土地價格 26.5、土地利用 20.1、公共基礎建設 18.9。至於生態環境的階層構面下，主要關心的是對環境的監控（32.9%）及避免光電產業的水汙染（20.3%），其他排名順序為生態與景觀破壞（18.6%）、空氣噪音汙染（17.3%）、土壤及垃圾汙染（10.9%）。另外就各次準則的細項分析可以得知，工業區擴建後工廠進駐，尤須注意工安、治安和各項汙染的管制和監測（比重均高於 50% 以上），並期望能增進鄰近社區的經濟收入與利益。

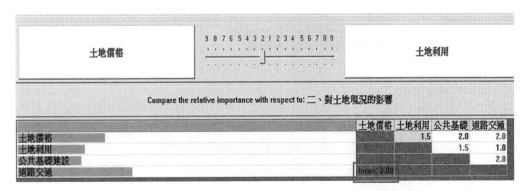

圖 6-5　土地現況構面下的次準則成對比較及一致性觀察

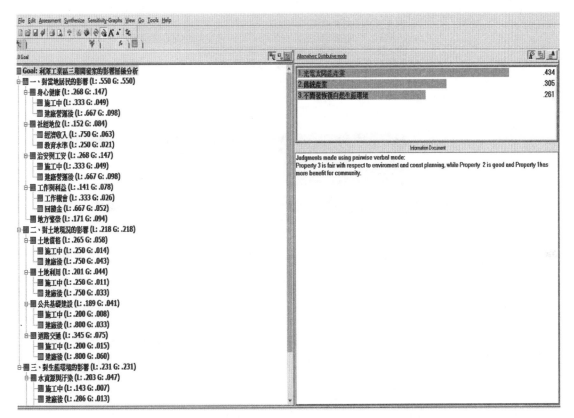

圖 6-6 利澤工業區擴建影響之層級分析及選擇方案成果圖

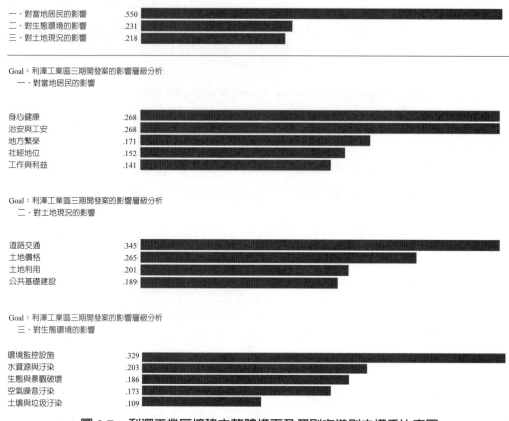

一、對當地居民的影響 .550

二、對生態環境的影響 .231

三、對土地現況的影響 .218

Goal：利澤工業區三期開發案的影響層級分析
　一、對當地居民的影響

身心健康 .268

治安與工安 .268

地方繁榮 .171

社經地位 .152

工作與利益 .141

Goal：利澤工業區三期開發案的影響層級分析
　二、對土地現況的影響

道路交通 .345

土地價格 .265

土地利用 .201

公共基礎建設 .189

Goal：利澤工業區三期開發案的影響層級分析
　三、對生態環境的影響

環境監控設施 .329

水資源與汙染 .203

生態與景觀破壞 .186

空氣噪音汙染 .173

土壤與垃圾汙染 .109

圖 6-7　利澤工業區擴建之整體構面及個別次準則之權重比率圖

　　若以敏感度分析（Sensitivity Analysis），透過績效圖、動態圖、梯度圖和成對圖等四項圖形之呈現，可了解每個因子對於決策的敏感度有多大，圖 6-8 顯示居民影響的構面比重最高占 55.0%，影響程度最大；但若假設該地有特殊保育類動植物棲息而屬特殊生態保護區，使參與的專家一致認為維繫生態環境構面比較重要，則在評比時會加重生態環境構面的權重，一旦在績效圖中之生態環境的比重由 22.7% 調升為 62% 時，此時梯度圖的各構面走勢也隨之改變，由圖示中即出現生態環境構面越過居民影響構面的交叉點（虛線處）而上升，致使利澤工業區擴建選擇方案會變成由設光電太陽能科技廠改為不開發而維持原有的生態環境為優先考量方案，從動態圖也可看出光電太陽能科技廠的選擇優勢由 43.3% 降為 36.9%，而維持原有的生態環境則由 26.1% 大幅提升為 37.5%，另從兩者之成對圖的比較中亦可看出其消長的情形（圖 6-9）。

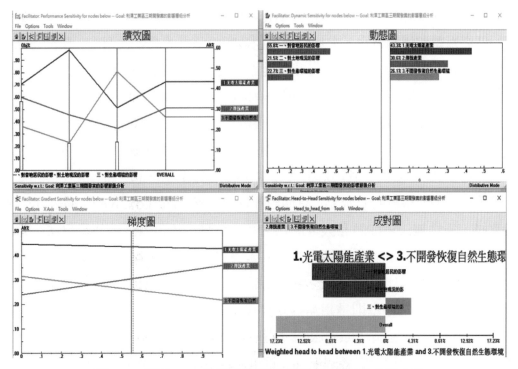

圖 6-8　利用 AHP 軟體而繪製的四類敏感度圖形分析成果

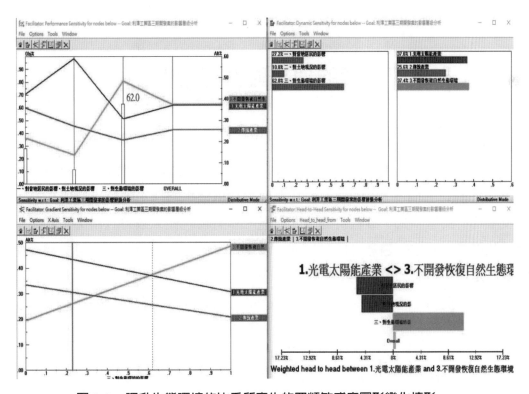

圖 6-9　調升生態環境的比重所產生的四類敏感度圖形變化情形

　　總結言之，應用分析階層程式（AHP）的方法及步驟，探討宜蘭利澤工業區第三期的開發衝擊和規劃方案，在比較獲得利益和須承擔的成本代價後，研究認為規劃以光電太陽能科技廠為主的產業，是較能符合當地居民的期待且改善當地社區居民的生活，長期而言對促進地方繁榮發展是有助益的；唯擴建開發完成、工廠設置後，不僅應提供回饋金及敦親睦鄰之措施，更要監控相關的汙染狀況，減少環境危害和與居民對立，以降低所產生之各項社會衝擊，才能達到人地和諧共存與環境永續發展之目的。而 AHP 尚可廣泛應用於交通運輸、觀光旅遊規劃、城鄉區域發展和環境資源管理等相關地理學科的領域上，有助於計量地理學（Quantitative Geography）的運用與實踐，為地理決策問題和人地關係之優化調控，提供有效的解決方法。當然分析階層程序法（AHP）並非萬用靈丹，其本身也存在一些缺失，例如當準則與要素的數量過多，則兩兩比較的一致性檢定便不易通過；而且 AHP 將準則之關係定為是階層式，且同一級之各準則是相互獨立沒有關聯，然現實生活中的問題時常存在相依（dependence）或回饋（feedback）關係（亦即上下層級間或不同構面間的次準則可能也具某種程度的相互影響關係），這也使得傳統的 AHP 方法不斷進行調整和改善，例如模糊分析階層程序法（Fuzzy AHP）及網路分析程序法（Analytical Network Process, ANP）便是延伸而發展出的系統決策新方法[7]。

第四節　馬可夫鏈的理論與應用案例

一、馬可夫鏈模型的介紹

　　馬可夫鏈模型（Markvo chain model）是一種常用的機率模型，又稱為馬可夫鏈分析（Markov chain analysis），其原理為利用機率轉移矩陣所進行的模擬分析，此模型為一動態模式，參數可隨時間而變，具有系統性，故可以用來預測未來事物變遷狀態或空間擴散趨勢（Bremaud，1998、廖怡雯，2003）。馬可夫鏈模型之基本概念是在 1907 年由俄國數學家 Markov A.A. 從布朗寧運動（Brownian motion）的研究中所提出，隨後經由 Wiener、Kolmogorov、Feller、Doeblin 及 Lery 等人的

---

[7]　關於 FUZZY AHP 的介紹請見本書第三篇的章節內容，而 ANP 之介紹和應用則可參見：張政亮、辛佩琪（2011），分析網路程序法（ANP）於自然教育中心成效之評估。2011 年臺北市立教育大學史地學術研討會，臺北：臺北市立教育大學。

研究整理而於 1930 到 1940 年代建立出此模型（楊超然，1977）。所謂馬可夫鏈（Markov Chain）的定義是指在隨機過程（stochastic processes）中，敘述任何要件（component）的機率分布狀態，是僅賴由先前的要件（previous component）所掌控，則具此特性的推測過程稱之爲馬可夫過程（Markov Process），又如果在馬可夫過程的分析上發現要件的狀態空間（state space）是有限的（finite），那麼此馬可夫過程便稱爲馬可夫鏈（Foley & McDonald，2001）。

馬可夫鏈的解釋爲（Anderson, Sweeney and Williams, 2000）：假設我們所觀察或實驗所發生的結果定爲 $E_1, E_2, \cdots E_n$，對於每一個結果 E_k，我們若能給定一個出現的可能性 p_k（即機率），則對某一特定樣本之序列 $E_{j1} E_{j2} \cdots E_{jn}$，我們可知它出現的機率是 $p (E_{j1} E_{j2} \cdots E_{jn}) = p_{j1} \cdots p_{jn}$，這是指觀察的各項結果之間，彼此是互相獨立的情形；但在馬可夫鏈的理論中，我們的目的就是要認定觀察的各項結果是非獨立而具「互相關聯的」，這樣才能以現在來推測未來，在這種情況下，我們不能給任一個事件 E_j 一個機率 p_j，但我們可以給一對事件（E_j, E_k）一個機率 p_{jk}，這個時候 p_{jk} 的解釋是一種條件機率，就是假設在某次試驗中 E_j 已經出現，而在下一次試驗中 E_k 出現的機率。除了 p_{jk} 之外，我們還需要知道第一次試驗中 E_j 出現的機率 a_j。有了這些資料後，一個樣本序列 $E_{j0} E_{j1} \cdots E_{jn}$（也就是說第零次試驗結果是 E_{j0}，第一次試驗是 E_{j1}……第 n 次試驗是 E_{jn}）的機率就很清楚的即是 $P(E_{j0}, E_{j1}, E_{jn}) = a_j p_{j0j1} p_{j1j2} \cdots p_{jn-1jn}$。

由上述之分析可知馬可夫鏈是一種特殊的隨機過程，以數學式來表示則所謂隨機過程乃是一個隨機變數之集合 $\{X_t\}$，其下標 t 爲集合 T 之元素（T 通常是非負數的整數集合），而 X_t 則是在時間 t 的某一特徵。例如，隨機過程 $X_1，X_2，X_3 \cdots$ 可代表每一特定時間系統內的購物地區、顧客數目或是貨物需求量等…。若條件機率符合下述情況：對於任意 t = 0，1，2…，每一 $i,j, k_0, k_1, ..., k_{t-1}$ 都使得 $P \{x_{t+1} = j \mid X_0 = k_0, X_1 = k_1, \cdots, X_{t-1}=k_{t-1}, X_t = i\} = P \{x_{t+1}=j \mid X_t = i\}$，則稱隨機過程 $\{X_t\}$ 有馬可夫性質。此條件機率 $P \{x_{t+1} =j \mid X_t=i\}$ 乃是藉由事件狀態所有向度的演變機率（Transition Probability），來推測未來事件分布的狀態，這種機率的需滿足下列性質：

$$P_{ij} = n_{ij} / \sum_{j=1}^{m} n_{ij}，i = 1, 2, .. m \qquad （式 6-14）$$

（m 爲事件的狀態數，第 i 種狀態轉變爲各種狀態的總和爲 1）

$$P_{ij} = n_{ij} / \sum_{j=1}^{m} n_{ij} \qquad \text{（式 6-15）}$$

（其中 P_{ij} 演變機率，N_{ij} 為事件 i 轉變至 j 的能量）

歸納事件所有狀態的演變機率，以矩陣表示則可得「演變機率矩陣」（Transitional Probability Matrix），假設 A 為轉變機率矩陣，則：

$$A = \begin{bmatrix} P_{11} & P_{21} & \cdots & P_{m1} \\ P_{12} & P_{22} & \cdots & P_{m2} \\ \vdots & \vdots & & \vdots \\ P_{1m} & P_{2m} & \cdots & P_{mm} \end{bmatrix} \begin{array}{l} \text{為一 m×m 矩陣} \\ \text{每列的總合為 1} \\ \text{矩陣內各數值} \geq 0 \end{array} \qquad \text{（式 6-16）}$$

依據馬可夫鏈的性質，假定存在一事物的初始分布狀態 P 及某一時期的轉變機率為 A，其中：

$P = [P_1 \ P_2 \ ... \ P_m]$，$\sum p_i = 1$，則：

$PA = P^1$ 表示經過一階段（stage）之後，事物的分布狀況。

$PA^2 = P^2$ 表示經過二階段之後，事物分布狀況。

$PA^m = P^m$ 表示經過 m 階段之後，事物分布狀況。

此為以一時期內數量變化為依據（A），以矩陣代數方程式推算各時期的連續變化（P^1、P^2、$\cdots$、P^m），如果作為根據的演變時期，觀察正確而以後又無新的變動因素加入，則利用馬可夫鏈演算下去，即當矩陣重複自乘至無限多次之後，矩陣內的各個數值將會達到所謂的穩定狀態機率（Steady State Probabilities）而不再變化，此情形稱為平衡矩陣或會合矩陣（Convergence Matrix），其形態表示如式 6-17 所示，所以若設 $PL = Q$，由於 L 為平衡矩陣，則 Q 便為此時期事件最終的分布狀態，也為反應出此事件變化程度的理論趨勢值。此時不論 P 的分布狀況為何，Q 皆為一定的分布狀態，亦即不受初始狀態的影響也與時間無關，而此穩定狀態可由聯立方程式求得。

$$L = \lim_{m \to \infty} A^m \qquad \text{（式 6-17）}$$

馬可夫鏈依其性質可區分為正規馬可夫鏈（Regular Markvo Chain）與吸收馬可夫鏈（Absorbing Markvo Chain）兩種。正規馬可夫鏈是指矩陣 P 是一個轉移矩陣，

而且 P 連續的自乘，在自乘到達 m 次以後，使得其自乘 m 次後所有的元素均大於 0，滿足此轉移矩陣的條件即是正規馬可夫鏈，而這個系統在長期的情形下會處於穩定的情況，所以前述的平衡矩陣或會合矩陣即是所謂正規馬可夫鏈。而吸收馬可夫鏈是指當事件過程進入某一狀態後，即停留於其上無法離開，則此一狀態即為吸收狀態（Absorbing state），該狀態之轉移機率必等於 1，即 $P_{ij} = 1$；換言之，亦即轉移矩陣中，土對角線元素為 1 之狀態。吸收馬可夫鏈必須具備兩個條件：第一、至少有一個吸收狀態，第二、經過若干次試驗後，從每一個狀態均可以到達吸收狀態。所以吸收馬可夫鏈的一個基本性質是不論從任何狀態開始，經過多次試驗以後，其到達吸收狀態之機率必為 1。為了分析方便起見，我們將吸收馬可夫鏈之吸收狀態集中在前面，而將非吸收狀態排列在後面，則可列出下面的標準型式，並推導出相關公式：

r 個狀態（行），s 個狀態（列）

$$P = \begin{bmatrix} I & O \\ \hline R & Q \end{bmatrix}$$
此一轉移矩陣共有 r 個吸收狀態及 s 個非吸收狀態
I 為 r×r 單一矩陣，O 為 r×s 零矩陣
R 為 s×r 矩陣，Q 為 s×s 矩陣

其高次轉移矩陣，根據 Chapman-Kolmogorov 方程式可推得：

$$P^n = \begin{bmatrix} I & O \\ \hline R + QR + QR^2 + \cdots + QR^{n-1} & Q^n \end{bmatrix}$$

由代數公式知：

$(I - Q)(R + QR + QR^2 + ... + QR^{n-1}) = I - Q^n = 1$

Q 矩陣內之元素均為小於 1 者，當 n 逐漸加大時，Qn 矩陣趨近於零矩陣

上式兩端各乘 $(I - Q)^{-1}$　可得 $I + Q + Q^2 + Q^n = (I - Q)^{-1}$　　　　　　（式6-18）

一般而言我們將 $N = (I - Q)^{-1}$ 定為基本矩陣（Fundamental matrix）[8]，而根據此基本矩陣，可以求知：1. 馬可夫鏈在每一個非吸收狀態之平均停留時間。2. 將 N 矩陣橫向就每一列求和，即得非吸收狀態開始到達吸收狀態平均所需之時間，其到達吸收狀態平均所需之時間（定義 t 為此項時間，e 為縱的求和向量，所有元素皆為 1，則 t = Ne）。3. 從非吸收狀態開始，其被某一特定吸收狀態吸收之機率（即 NR）。

---

[8]　基本矩陣（fundamental matrix）涉及反矩陣的計算，故有關其意義、概念與計算公式，請參閱矩陣計算相關書籍，此不贅述。

二、馬可夫鏈模型的範例解說

理論與數學模式的介紹十分抽象，理解不易，所以我們在此舉實例配合來強化解說。假設進行經濟地理議題中關於顧客消費地點偏好之研究，如果顧客消費地點僅限於京華城與微風廣場兩處百貨公司（即所謂有限狀態空間），又觀察出某一顧客在一年內進入京華城百貨公司（A）與微風廣場購物中心（B）的兩處購物更替過程如果是：「AAAAAAABBBAAAAAAAABBB」，則這些資料可以歸納爲四類：1. 以京華城（A）開始，繼續仍以京華城（A）爲購物地者，計有 13 次；2. 以京華城（A）開始，轉繼卻變爲微風廣場（B）爲購物地者，計有 2 次；3. 以微風廣場（B）開始，轉繼卻變爲京華城（A）爲購物地者，計有 1 次；4. 以微風廣場（B）開始，繼續仍以微風廣場（B）爲購物地者，計有 4 次；將這些數據化爲百分數就可以製成所謂馬可夫錬的「演變機率矩陣」（Transitional Probability Matrix，參見圖 6-10）。演變機率矩陣，雖然只能表示一個時期內的演變率，然而利用機率的相乘定律與相加定律，則進而可推演未來之演變，例如設顧客上次是在京華城（A）購物，則下一次（假設爲第一週）去京華城（A）與微風廣場（B）的機率依演變機率矩陣可知分別爲 0.9 與 0.1，那麼再下一次（假設爲第二週）去哪一家百貨公司購物的機率爲何呢？利用樹狀圖來解說（圖 6-11），我們可以得知第一週和第二週都在京華城（A）購物的機率爲 0.81（0.9*0.9），而第一週在微風廣場（B）但第二週轉回京華城（A）的機率爲 0.02（0.1*0.2），所以得知第二週在京華城（A）的機率爲 0.83，同理亦可推知第二週在微風廣場（B）的機率爲 0.17（0.9*0.1+0.1*0.8）；循此亦可知第三週在京華城（A）的機率爲 0.781，在微風廣場（B）的機率爲 0.219…。故我們可歸結並標註出 $\Pi(n) = [\pi A(n)\pi B(n)]$ 來代表發生在 n 時期間，其狀態機率（State Probabilities）的向量系統，並推導出這樣的一個公式：$\Pi(n + 1) = \Pi(n)P$。同樣地，利用上述的樹狀

	繼		
	A	B	總計
始 A	13	2	15
B	1	4	5
	14	6	20

→

	繼		
	A	B	總計
始 A	13/15	2/15	15/15
B	1/5	4/5	5/5

→

	繼		
	A	B	總計
始 A	0.9	0.1	1
B	0.2	0.8	1

$$\Rightarrow P = \begin{bmatrix} P_{11} & P_{12} \\ P_{21} & P_{22} \end{bmatrix} = \begin{bmatrix} 0.9 & 0.1 \\ 0.2 & 0.8 \end{bmatrix}$$

圖 6-10　利用數據製作演變機率矩陣流程圖

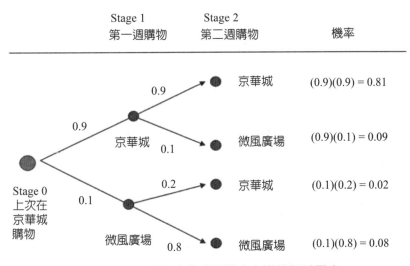

圖 6-11　民眾購物消費選擇機率之樹狀解說圖表

圖和公式我們亦可得知若顧客上次是在微風廣場（B）購物，則下一次（亦假設為第一週）去京華城（A）與微風廣場（B）的機率分別為 0.2 與 0.8，下下次（假設為第二週）去京華城（A）與微風廣場（B）的機率分別為 0.34 與 0.66 等。

　　利用樹狀圖來計算各階段的所有機率變化實較為繁雜，故倒不如改用矩陣自乘法來替代（梁蘄善，1985），例如下一階段（假設為第一週）可以用演變機率矩陣的一次方表示，下下週（即第二週）可以用演變機率矩陣自乘兩次的二次方表示，下下下週（即第三週）可以用演變機率矩陣自乘三次的三次方表示，其結果相同（參見圖 6-12），亦即重複自乘的演變機率矩陣可得到另一個代表該時期機率矩陣的變遷情形。然而如果我們一再重複自乘演變機率矩陣，則我們可以發現到機率變化會漸趨一定的數值而不再變化，不論是從京華城（A）或微風廣場（B）來開始購物，次數愈來愈多後，統計到最後至京華城（A）購物的機率會穩定在 0.667，而至微風廣場（B）的機率則會是 0.333（註：此解法可由 1.πA = 0.9πA + 0.2πB　2.πB = 0.1πA + 0.8πB　3.πA + πB = 1 聯立方程式求得），換句話說若該顧客有 1000 次外出購物，則有 667 次會去京華城，而去微風廣場購物是 333 次，這就是馬可夫鏈模式理論中所說的：經過長時期的演變後，會達到所謂的穩定狀態機率（Steady State Probabilities）。

公式 $\Pi(n + 1) = \Pi(n) P$

下下週的機率 $([\pi A(2)\ \pi B(2)]) = [\pi A(1)\ \pi B(1)] \begin{bmatrix} P_{11} & P_{12} \\ P_{21} & P_{22} \end{bmatrix}$

則原本在京華城，下下週的機率 $= [0.9\ 0.1] \begin{bmatrix} 0.9 & 0.1 \\ 0.2 & 0.8 \end{bmatrix} = [0.83\ 0.17]$

則原本在微風廣場，下下週的機率 $= [0.2\ 0.8] \begin{bmatrix} 0.9 & 0.1 \\ 0.2 & 0.8 \end{bmatrix} = [0.34\ 0.66]$

利用演變機率矩陣自乘法

則下下週的機率 $= P^2 = \begin{bmatrix} 0.9 & 0.1 \\ 0.2 & 0.8 \end{bmatrix} * \begin{bmatrix} 0.9 & 0.1 \\ 0.2 & 0.8 \end{bmatrix} = \begin{bmatrix} 0.83 & 0.17 \\ 0.34 & 0.66 \end{bmatrix}$

狀態機率 (P)		0	1	2	3	4 ...	∞
京華城	$\pi 1(n)$	1	0.9	0.83	0.781	0.747 ...	0.667
	$\pi 2(n)$	0	0.1	0.17	0.219	0.253 ...	0.333
微風廣場	$\pi 1(n)$	0	0.2	0.34	0.438	0.507 ...	0.667
	$\pi 2(n)$	1	0.8	0.66	0.562	0.493 ...	0.333

圖 6-12　利用公式與重複自乘的演變機率矩陣解說圖

　　進一步地探討馬可夫鏈模式的機率理論，我們也會發現自然事物中有時會存在著一種所謂零機率（Zero Probability）的狀態，即所謂全有或全無的情形而無任何機率可言，例如排班公車每日出發會存在著機件良好可以上路或機件故障需送修而暫時無法上路的風險機率；但也會有一種情形發生，即機件故障嚴重無法修復，需報廢而永遠無法使用的狀況，也就是說一旦系統進入這個狀態，它就無法再跳出這個狀態了，此情形即是前文所稱的吸收狀態（Absorbing State）。要計算這種吸收馬可夫鏈，需要使用到所謂的基本矩陣（fundamental matrix），此處舉一疾病地理的例子說明：設若某區發生禽流感（Avian Influenza）疫情，則可能有下列幾種情形：1. 健康存活沒被感染，2. 得病並且死亡，3. 受感染但不嚴重，生存機會大，4. 受感染且嚴重，死亡機會大。假定分析時間以一個月為單位，此時有 500 人正染病住院，300人為輕微者，200 人為嚴重者，那麼這些人將來康復出院或不幸死亡的人數為何？此問題配合下列求解步驟（圖 6-13）所求出之基本矩陣 N，表示狀況 3 受感染但不嚴重者，在轉換成康復或死亡（吸收狀態）前，維持著受感染但不嚴重者的平均情形的時間為 1.67 個月，而轉成受感染且嚴重，死亡機會大的機會則為 0.56；同樣地，狀

況 4 感染嚴重且死亡機會大者，轉成不嚴重者為 0.56，而維持於嚴重狀況則為 1.30。而 t〔2.23, 1.86〕則表示狀況 3 受感染但不嚴重者至康復或死亡的的時間為 2.23 個月，而狀況 4 感染且嚴重且死亡者至康復或死亡的的時間為 1.86 個月。另外 NR 則代表狀況 3 與狀況 4 轉為狀況康復（狀況 1）或死亡（狀況 2）的機率，所以 300 人為輕微者、200 人為嚴重者的 BNR 答案為有 415 人會康復出院，85 人則不幸死亡。

解：

Step1. 建立演變機率矩陣

1. 健康存活沒被感染
2. 得病並且病亡
3. 受感染但不嚴重
4. 受感染且嚴重

（各機率見矩陣所示）

$$P = \begin{bmatrix} P_{11} & P_{12} & P_{13} & P_{14} \\ P_{21} & P_{22} & P_{23} & P_{24} \\ P_{31} & P_{32} & P_{33} & P_{34} \\ P_{41} & P_{42} & P_{43} & P_{44} \end{bmatrix} = \begin{bmatrix} 1.0 & 0.0 & 0.0 & 0.0 \\ 0.0 & 1.0 & 0.0 & 0.0 \\ 0.4 & 0.0 & 0.3 & 0.3 \\ 0.4 & 0.2 & 0.3 & 0.1 \end{bmatrix}$$

Step2. 分割矩陣

	吸收狀態	不吸收狀態
吸收狀態	I	O
不吸收狀態	Q	R

$$\rightarrow P = \begin{bmatrix} 1.0 & 0.0 & \vdots & 0.0 & 0.0 \\ 0.0 & 1.0 & \vdots & 0.0 & 0.0 \\ \hdashline 0.4 & 0.0 & \vdots & 0.3 & 0.3 \\ 0.4 & 0.2 & \vdots & 0.3 & 0.1 \end{bmatrix}$$

*I：表示單位矩陣　O：表示零矩陣

Step3. 建立基本矩陣與計算

基本矩陣公式：$N = (I - Q)^{-1}$ 因 $(I - Q) = \begin{pmatrix} 1.0 & 0.0 \\ 0.0 & 1.0 \end{pmatrix} - \begin{pmatrix} 0.3 & 0.3 \\ 0.3 & 0.1 \end{pmatrix} = \begin{pmatrix} 0.7 & -0.3 \\ -0.3 & 0.9 \end{pmatrix}$

故 $N = (I - Q)^{-1} = \begin{pmatrix} 1.67 & 0.56 \\ 0.56 & 1.30 \end{pmatrix}$ (* 計算過程見相關文獻)

$t = Ne = \begin{pmatrix} 1.67 & 0.56 \\ 0.56 & 1.30 \end{pmatrix} \begin{pmatrix} 1 \\ 1 \end{pmatrix} = \begin{pmatrix} 2.23 \\ 1.86 \end{pmatrix}$

Step4. 求出 NR 與 BNR

$$NR = \begin{pmatrix} 1.67 & 0.56 \\ 0.56 & 1.30 \end{pmatrix} \begin{pmatrix} 0.4 & 0.0 \\ 0.4 & 0.2 \end{pmatrix} = \begin{pmatrix} 0.89 & 0.11 \\ 0.74 & 0.26 \end{pmatrix}$$

設 B 為兩個因子向量，即正染病住院者的種類，所以 B = [300 200]

$$BNR = \begin{bmatrix} 300 & 200 \end{bmatrix} \begin{pmatrix} 0.89 & 0.11 \\ 0.74 & 0.26 \end{pmatrix} = \begin{bmatrix} 415 & 85 \end{bmatrix} \rightarrow$$ 415 人會康復出院　85 人則不幸死亡！

圖 6-13　以吸收馬可夫鏈分析禽流感之疫情感染狀態預測

三、馬可夫鏈模型在地理學的應用

　　馬夫鏈理論雖最早被用於觀察物理現象，隨後則在管理科學（Management Science）與作業研究的決策分析上提供了頗多的助益，尤其近年來更廣泛應用在疾病醫療追蹤、金融保險探討、環境災害預測等自然與人文科學的相關領域上。而地理學門的引用也漸趨普遍，例如 Brown（1970）曾利用於人口遷移的預測，而 Kirkland 則用來分析加拿大 1953 至 1968 年安大略省 Kingston 市居民職業的變動情形，施正屏（2001）用來分析加入 WTO 後中共勞動力的轉移情形；Akintug and Rasmussen（2005）則運用來探討尼迦拉（Niagara）河的年河川水文補注量與氣候變動的關係，作爲乾旱時期的預測與防治。但整體而言，馬可夫鏈理論在地理學門的最大貢獻，還是在於地貌變遷及土地利用等課題之探討（Bourne,1976；LaGro and DeGloria,1992），例如 Aaviksoo（1993）應用航空照片與地理資訊系統並結合馬可夫鏈模式探討愛沙尼亞（Estonia）的三個小區域在 1950、1960 及 1980 年代各區不同土地利用變遷程度的趨勢，其運用轉變機率矩陣說明森林植披覆蓋與農田及農舍用地等各種土地利用數量的增減情形。Boerner（1996）研究美國 Ohio 州地區的土地利用變遷時，利用 1940、1957、1971 和 1988 年的土地利用資料，以馬可夫鏈模式分析比較此區之森林、農地、都市與工業用地等土地利用變遷狀況，也利用不同時間間隔的土地利用資料，比較運用馬可夫鏈模式預測未來土地利用分布狀況的差異。

　　國內部分學者林金樹（1996）、丁志堅（1997）、廖怡雯（2003）等都利用馬可夫鏈模式配合其他分析工具（如衛星影像、統群集分析）分別探討大臺南地區、雲林沿海地區及臺中市等地區的各種類土地利用（如建地、林地、濕地、農地等）的變化狀況以及發展趨勢。大陸方面，Baoquan（2004）以馬可夫鏈研究大陸新疆的綠洲地區 1982～1995 年期間土地利用的轉變，研究指出農作地、廢耕地、果園及沙地之間的轉移機率達 40%，綠洲整體的變化有逐漸擴大的趨勢，土地利用類型轉移的因素與當地的水源及綠洲的微氣候環境有關。Zhang and Li（2005）也利用二維馬可夫鏈和地理資訊系統（GIS）軟體來模擬中國雲南國家公園地區土地利用分類的變化情形，提供作爲空間不確定分析（spatial uncertainty analyses）與風險評估之參考。Huang et al.（2016）採用結合空間馬可夫鏈理論和貝葉斯估計的空間隱馬可夫鏈（spatial hidden Markov chain, SHMC）方法，有效地分析和處理新疆塔河地區的石油地層震測資料，提高石油估計儲藏量的預測精度。

　　土地變遷是一種在地表空間上的時間動態幾何變化，而進行空間分析首要考慮乃爲變遷型態的度量，研究者須先確實掌握土地使用改變的真實狀況，才能進一步的模擬及解釋土地使用的變遷。變遷型態的度量方法主要有：1. 量的度量，2. 空間型態的度量及 3. 衍生資訊的度量（丁志堅，2002；鄒克萬、張曜麟，2004）。所謂量的度量係指各類型土地利用種類所占的面積，在時間序列上的增減情形，是最基礎之量測數據；空間型態的度量則是以點、線和面三種空間單元，分析土地利用坵塊（land parcel）在不同時間中的幾何變化形狀，透過空間性幾何指標的運算，以量化方式呈現；衍生資訊的度量則是指將複雜的土地使用變遷資料，利用空間計量方法轉化爲有系統的空間資訊，來進一步探索空間資訊，而運用馬可夫鏈模式的重複自乘轉變機率矩陣，可以得知土地利用變遷是非單向過程，據而可比較土地利用的種類變化或變遷程度，作爲模擬未來土地利用狀況之依據。

　　在此本節舉一土地利用變遷的研究範例來作說明，圖 6-14 爲淡水地區不同時期的衛星影像圖，而理論上經歷一段時期後任何一種土地利用均可能轉變爲另一種土地利用型態，所以假設要分析 1987 年到 1999 年該區 12 年來土地利用的變化趨勢，其步驟一爲先利用遙測影像軟體（本文以 pg-steamer 之監督性分類處理）將此兩時期的圖之土地利用型態加以分類（如將 1987 年地圖粗分爲林地、建築用地與農地果園等半人工化的其他利用型態等三類，1999 年之地圖則比照此分類操作，圖 6-14）；步驟二爲分別計算其所占之面積（如果是採隨機抽樣調查，則需通過卡方檢定，證明是土地利用變化屬本質上之差異），並將此三個不同的土地依開發程度順序排列並轉換爲一個九元素的轉變矩陣；步驟三則是重複自乘轉變機率矩陣，求得其穩定機率值，來顯示各種類土地利用未來變化的理論趨勢。下列計算分析過程中，可得知 1987 至 1999 年林地面積由 40% 升爲 46%，建地由 32% 升爲 35%，而其他類型土地則由 28% 降爲 19%；其中對角線數據（畫底線）代表 1987 至 1999 年都未改變的土地利用面積（如林地在 1987 年爲 200 公頃占全部土地利用的 40%，到了 1999 年仍維持爲林地者是 160 公頃，占 80%；其他地爲 42 公頃，占 30%；建地爲 112 公頃，占 70%）；左下代表自然林地入侵置換了原來人工的開墾區，右上則代表人工的開墾區取代了自然林地的情況，例如第三行顯示建築用地在 1999 年有 174 公頃，其中 112 公頃建地是不變的，而有 20 公頃是以前的林地，另有 42 公頃則是由原來的農地、果園等所謂半人工化的其他土地利用型態轉變而來；而假設一切條件不變之情形，則下一階段（即 2011 年）的演變機率則爲 P 的平方，至於推演到最後穩定的狀

態機率則分別為 0.5、0.17 與 0.33（圖 6-15）[9]。

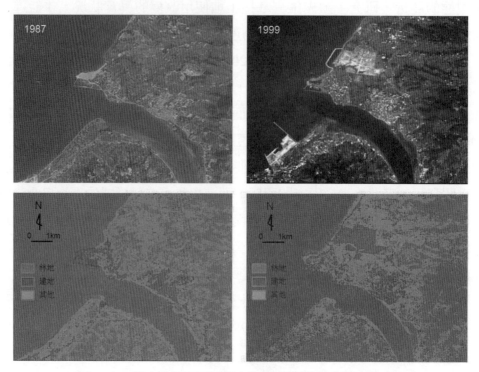

圖 6-14　淡水地區不同時期之衛星影像及土地利用變遷圖

		1999						1999		
		林地	其他	建地	總計			林地	其他	建地	總計 %
	林地	<u>160</u>	20	20	200		林地	<u>0.8</u>	0.1	0.1	0.40
1987	其他	56	<u>42</u>	42	140	1987	其他	0.4	<u>0.3</u>	0.3	0.28
	建地	16	32	<u>112</u>	160		建地	0.1	0.2	<u>0.7</u>	0.32
	總計	232	94	174	500		總計 %	0.46	0.19	0.35	1

（化百分比）

$$P = \begin{bmatrix} 0.8 & 0.1 & 0.1 \\ 0.4 & 0.3 & 0.3 \\ 0.1 & 0.2 & 0.7 \end{bmatrix} \rightarrow P^2 = \begin{bmatrix} 0.69 & 0.13 & 0.18 \\ 0.47 & 0.19 & 0.34 \\ 0.23 & 0.14 & 0.56 \end{bmatrix} \longrightarrow [0.50 \quad 0.17 \quad 0.33]$$

（穩定狀態機率）

圖 6-15　淡水地區土地利用的轉變矩陣計算圖

---

[9] 馬可夫鏈模型開始的假設一切前提條件為不變狀態所得之計算，然淡水地區因新市鎮和臺北港的開發等因素，造成本質上之差異而會影響其未來變遷之規律和穩定；故可加入不同年代的資料進行調整以利其預測之準確。

　　綜上所言，土地利用型態的變化在傳統上雖可利用面積量改變的計算方法來了解在時間序列中各類型土地的變化狀態，但卻無法掌握土地利用變遷的特性或提供深度的分析，Bourne（1976）與丁志堅（1997）都指出後來土地利用的狀況一定會受到先前土地分布狀況之影響，也就是其計算的基線（Base Line）往往存有差異的。而由馬可夫鏈模式運算的原理觀之，由於土地利用變遷狀況的理論趨勢值，是由空間單位內特定時期的各類土地利用變化為轉變機率矩陣所推算而得，而此一機率矩陣是否具有代表性，來代表空間單元影響土地利用變遷的各種營力，便會影響其推算而得知的模擬趨勢值，因此空間單元要能反映出某種程度的區域內的均質性與區域間的特殊性，就會成為選擇度量土地利用變遷程度之空間單元的首要考量，從上述淡水土地利用變遷的案例可知，在短時期自然營力變化不大的情形之下，人文活動（開發程度）的影響與形塑就是影響土地利用變遷的重要因子；近年馬可夫鏈模式發展也結合其他理論與工具（如類神經分類、模糊理論、細胞自動化、地理資訊系統軟體等），提供更多解讀地理和環境變遷的訊息和趨勢，也有助於人類未來永續利用的發展。

📖 主要參考文獻

一、中文文獻

丁志堅（1997）。運用馬可夫鏈模式度量土地利用變遷之研究。臺北：臺灣大學地理研究所碩士論文。

沈進成、朱家慧、葉語瑄、曾慈慧（2009）。原住民社區營造生態旅遊之發展潛力評估模式，農業推廣文彙，54：135-152。

林金樹（1996）。遙測資訊在生態環境變遷監測上應用之研究——以臺南地區為例。臺北：臺灣大學森林學研究所博士論文。

施正屏（2002）。加入 WTO 中共勞動力移轉對我國經濟影響之分析，農政與農情，118 期，臺北：行政院農業委員會。

徐承毅、黃光中、何明璋（2010）。以風水地理觀點探討購屋決策之影響，2010 創業成長營暨企業經營管理學術研討會，桃園：開南大學。

張政亮（2006）。馬可夫鏈模型（Markov Chain Model）在地理學研究之運用，國教新知，53(1)：72-86。

張政亮、王慶國（2011）。社會影響評估於海岸地區經營之決策：以宜蘭利澤工業區之擴建為例，工程環境會刊，27(7)：39-52。

梁蘄善（1985）。地理學計量分析，臺北：中國文化大學出版部。

畢威寧（2005）。結合 AHP 與 TOPSIS 法於供應商績效評估之研究，科學與工程技術期刊，1(1)：75-83。

郭文銓、宋益明、宋蕙茹（2000）。地理資訊系統應用於生活圈之道路路廊初步研選分析研究，臺北：內政部營建署。

郭靜如（2004）。旅遊安全性決策之研究——以臺北地區國民中學校外教學為例，臺北：臺灣大學地理環境資源研究所碩士論文。

陳耀茂（2011）。決策方法與應用。臺北：鼎茂書版社。

楊超然（1980）。作業研究，臺北：三民書局。

廖怡雯（2003）。運用馬可夫鏈模式於臺中市土地利用變遷之研究，臺中：逢甲大學土地管理所碩士論文。

褚志鵬（2003）。Analytic Hierarchy Process Theory 層級分析法 AHP。1-18，東華大學企業管

理學系（未出版）。

鄧振源、曾國雄（1989）。分析層級法的內涵特性與應用（上），中國統計學報，27(6)：5-27。

鄒克萬、張曜麟（2004）。土地使用變遷空間動態模型之研究。地理學報，35：35-52。

二、外文文獻

Aaviksoo, K. (1993). Changes of plant coyer and land use types (1950's to 1980's) in three mire reserves and their neighborhood in Estonia. *Landscape Ecology*, *8* (4): 287-301.

Akintug B., & Rasmussen P. F. (2005). A Markov switching model for annual hydrologic time series, *Water Resources Research*, 41(9) :W09424.

Anderson, D. R., Sweeney, D. J., & Williams, T. A. (2000). *An introduction to management science: Quantitative approaches to decision making*. Cincinnati, OH: SouthWestern.

Badri, M. A. (1999). Combining the analytic hierarchy process and goal programming for global facility location-allocation problem. *International Journal of Production Economics. 62*(3): 237-248.

Bourne, L. S. (1976). Monitoring change and evaluating the impact of planning policy on urban structure: a Markov chain experiment. *Plan Canada. 16*(1): 5-14.

Bremaud, P. (1999). *Markov Chains: Gibbs Fields, Monte Carlo Simulation, and Queues*. New York: Springer.

Brown L. A. (1970). On the use of Markov chains in movement research", *Economic Geography. 46* (2): 393-403.

Coyle, G. (2004). *The Analytic Hierarchy Process*. New York: Pearson Educational.

Foley, R. D., & McDonald, D. R. (2001). Join the shortest queue: stability and exact asymptotic. *The Annals of Applied Probability*. 11(3): 569-607.

Huang, H., Kao, M.J., Zhou, X., Liu, J.S. & Wong, W.H. (2004). Determination of local statistical significance of patterns in Markov sequences with application to promoter element identification. *Journal of Computational Biology*, 11: 1-14.

Huang, Xiang, Li, Jie, Liang, & Yuru, (2016). Spatial hidden Markov chain models for estimation of petroleum reservoir categorical variables. *Journal of Petroleum Exploration and Production Technology, 6:* 1-12.

Kim, S. S., Yang, I. H., Yeo, M. S. & Kim, K. W. (2005). Development of a housing performance evaluation model for multi-family residential buildings in Korea. *Building and Environment*, *40*(8): 1103-1116.

Kirkland, S. (2010). Fastest expected time to mixing for a Markov chain on a directed graph. *Linear Algebra and its Applications*, *433*(11-12): 1988-1996.

LaGro, J. A. & DeGloria, S. D. (1992). Land use dynamics within an urbanizing nonmetropolitan county in New York State (USA). *Landscape Ecology, 7*: 275-289.

Minhas, A. I. (2015). GIS based geo hazard assessment of Pakistan for future urban development using AHP. *International Journal of the Analytic Hierarchy Process, 7*(3): 405-426.

Saaty, T. L. (1980). *The Analytic Hierarchy Process*. New York: McGraw-Hill International.

Saaty, T. L. (1990). An exposition of the AHP in reply to the paper "Remarks on the analytic hierarchy process". *Management Science, 36*(3): 259-268.

Saaty, T. L. & Vargas, L. G. (1982). *The Logic of Priorities; Applications in Business, Energy, Health, and Transportation*. Boston: Kluwer-Nijhoff.

Saraoglu, H. & Detzler, M. L. (2002). A Sensible Mutual Fund Selection Model, *Financial Analysts Journal*, *58*(3): 60-72.

Vargas, L. G. (1990). An Overview of the Analytic Hierarchy Process and its Applications. *European Journal of Operational Research, 48*: 2-8.

Zhang, C., & Li, W. (2005). Markov Chain Modeling of Multinomial Land-Cover Classes, *GIScience and Remote Sensing, 42*(1): 1-18.

第七章　結構方程模式

統計工作不是把數字隨便地填到幾個格子裡去而已，而應當是用數字來說明研究的現象在實際生活中所呈現出來的各種社會態樣。

—— 蘇聯政治思想家列寧（V. I. Lenin）

第一節　引論

統計上，通常我們常以兩個變數（Variable）之相關係數（Correlation Coefficient）來衡量其相關程度，但相關係數並無法說明變數間是否存有因果關係（causal relationship），所謂「因果」，能夠引發其他變項發生改變的變項稱作是「因」（causes），被其他變項影響而產生改變的變項稱作是「果」（effects）。而路徑分析（Path Analysis）是遺傳學者 S. Wright 所提出用於因果關係研究上之方法，並於 1925 年用來分析玉米及毛豬價格的因果關係上（因飼料玉米變貴，導致毛豬價格隨之調漲的結果）；路徑分析主要是探討較先發生的變項是經由何種方式來影響其後發生的變項，在一系列變數中，如果變數 X_1 在時間上先於 Y_1，若我們假設 X_1 導致 Y_1（X_1 cause Y_1），其符號可寫為 $X_1 \rightarrow Y_1$，並容許有一誤差 ε 的存在，則此線性方程式可表示成 $Y_1 = \beta_0 + \beta_1 X_1 + \varepsilon$（$\beta_0$ 為常數，β_1 為斜率）；而此方程式其實就是等同第五章所曾提及的以自變數 X_1 來預測依變數 Y_1 的「迴歸方程式」。伸言之，路徑分析是基於文獻或理論所提出的一種假設架構，借用迴歸方程式的原理，將各個變數間的因果關係以方程式加以組合，形成結構化的模式，再用一系列的迴歸分析，找出並驗證能夠符合模式假設的徑路係數（即斜率、迴歸係數），求出「因」對「果」之影響效果，來解釋和驗證此假設之因果模式是否成立。但因以迴歸分析因果關係會有：1. 若多次執行迴歸之檢定，會造成統計錯誤率（type I error）膨脹的問題[1]，2. 只能檢定模式中各個路徑的顯著性問題，無法對整體的結構模式進行適合度估計（張偉豪、鄭時宜，2012），故早期在應用上常受質疑。

---

[1]　執行 n 次迴歸後，其信賴數係數 α 成為 0.95^n。因此執行愈多次迴歸，其模型之可信度愈低。

　　此外，針對資料龐雜、變數眾多的問題，若能歸納整合，簡化資料量，將有助於用來解釋這些相關變數間的複雜現象。所以因素分析（factor analysis）就是一種資料精簡技術（data reduction technique），在一群較多數量之相關變數中，透過統計分析技術，篩選並組合出一組數量較少的構面或因素，這些因數並非直接觀察而來的，而是經過適當引申和推敲而得，且這些「縮減」或「簡化」的因素組合足以掌握變項的群集概況和強度，亦仍能解釋變項間的相互關係。因素分析又可分為探索性因素分析（Exploratory Factor Analysis, EFA）與驗證性因素分析（Confirmatory Factor Analysis, CFA），探索性因素分析是缺乏在理論或結構未知之下，在眾多變數中找出因素的結構；而驗證性因素分析是在已知可能的結構下，驗證是否仍適用（即先設定構面，並且決定哪個變數落入哪個構面當中，再去檢測是否合適），但一般統計軟體如 SPSS 通常是用來進行探索性因素分析，以利建構效度，但卻難以驗證所蒐集到的資料與此模式的適配程度有多少。

　　上述的路徑分析與因素分析，其主要的特徵就是在分析每個變數與其他變數之間的共變關係，觀察其相關程度和影響情形，這就是一般所熟知的共變數分析（Analysis of Covariance），然這些統計方法除了有前文所提的問題外，尚有一些限制存在（潘瑛如、方崇雄，2010）：1. 模型的過度簡化，2. 假設所有變項都可觀察到或測量到，3. 所有變項的測量都假設沒有誤差的存在。這些缺失不僅與真實的現況有所出入，也使其應用受到不少的窒礙。1970 年代瑞士統計學者 K. Jöreskog 開啟以分析共變數（covariance）為基礎的結構方程模式（structural equation model, SEM），結構方程模式早期稱為共變數結構分析（Covariance Structure Analysis）或線性結構方程模式（Linear Structural Relationships, LISREL）[2]，它是一種結合了因素分析與路徑分析的多元統計技術，主要的原理是透過變項間的共變數矩陣，觀察多個連續變數間的關聯情形，並驗證理論模型所導出的共變數與實際觀測得到的共變數的差異（Kline, 1998）。結構方程模式（SEM）因可同時處理包含測量模式與結構模式，並提供共變與殘差的定量訊息，被稱為是第二代的多變量統計分析方法，隨著電

---

[2] Jöreskog 也是後來 LISREL 統計軟體的研發者；而結構方程模式（SEM）除以變數的共變數結構進行分析外，另外一種是由 H.Wold 於 1975 年所提出來的主成分形式結構方程模式，其採用的方法為偏最小平方法（Partial Least Squares, PLS），詳細內容參見：Lindberg, W., Persson, J.A. and Wold, S. (1983). Partial least-squares method for spectrofluorimetric analysis of mixtures of humic acid and lignin sulfonate. *Journal of Analytical Chemistry*. 55(4): 643-648.

腦功能的不斷提升使得結構方程模式的複雜計算與技術發展獲得突破性的進展，許多 SEM 的分析軟體（如 AMOS、LISREL、MPLUS、EQS 等）問世更提供研究的便利性，使得 SEM 大量的應用於社會科學及行爲科學的領域（Mueller, 1996），其中如觀光休閒、社區發展、人口移動等地理學相關的研究議題亦漸趨熱絡。

第二節　結構方程模式的理論與方法

　　SEM 是一個結構方程式的體系，在這些方程式裡包含有隨機變數（random variable）、結構參數（structural parameters）、以及有時也會包含非隨機變數（nonrandom variables）。隨機變項包含三種類型：觀察變數（observed variables）、潛在變數（latent variables，或稱爲結構變數）及干擾誤差變數（disturbance/error variables，尚無法解釋或測量的變異數）；上述變數所組成的 SEM 體系又可分爲兩個次體系：測量模式（measurement model）次體系與結構模式（structural model）次體系（黃芳銘，2004）。圖 7-1 顯示整個結構方程模式的架構，並說明如下：

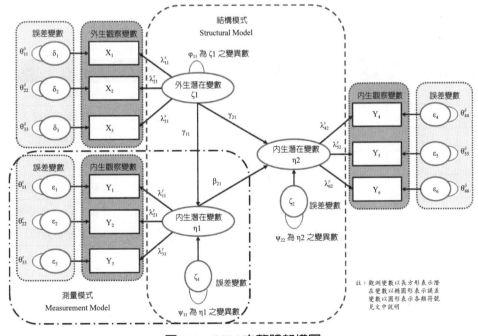

圖 7-1　SEM 之整體架構圖

（資料來源：作者整理繪製）

一、測量模式：是指實際觀察變數與其背後的潛在因素（潛在變數／潛在構面）的相互關係，潛在變數是無法直接測量的，例如：國力、滿意度、健康等是屬於較抽象的概念，難以直接觀測和說明，故必須藉由觀察變數來間接推測得知，像了解國力的強弱可以從一個國家每年的貿易總額、軍隊與武器的數量、國民的教育程度等具體可察知的數字加以衡量；而觀察變數除了可直接觀察或收集資料而得知外，也可由訪談、發放問卷等調查方式而取得。測量模型之目的在了解觀察變項與潛在變項間的關係，確認資料模式是否即為研究者所預期，故即是一般所謂的驗證性因素分析（Confirmatory Factor Analysis, CFA）。

測量模式中假設觀察變數屬於自變數（原因）性質時，此觀察變數又稱為外生觀察變數（exogenous observed variables）或獨立觀察變數（independent observed variables），一般使用 X 變數標示之；若觀察變數屬於依變數（結果）性質者，此觀察變數又稱為內生觀察變數（endogenous observed variables）或依賴觀察變數（dependent observed variables），使用 Y 變數標示之。故測量模式可以兩個方程式來描述，一個方程式說明潛在依變數與觀察依變數之間的關係，另一個方程式則是說明潛在自變數與觀察自變數之間的關係，其符號及基本假設見表 7-1[3]（模式可參見圖 7-1 左下綠框虛線之內容）：

表 7-1　測量模式的符號及其定義

符號	矩陣	英文	維度	定義
y			$p \times 1$	η 觀測指標
x			$q \times 1$	ξ 觀測指標
ε		Epsilon	$p \times 1$	y 測量誤差
δ		Delta	$q \times 1$	x 測量誤差
Λy	LY	Lambda y	$p \times m$	連結 y 至 η 的係數
Λx	LX	Lambda x	$q \times n$	連結 x 至 ξ 的係數
Θε	TE	Theta-epsilon	$p \times p$	ε 共變數矩陣
Θδ	TD	Theta-delta	$q \times q$	δ 共變數矩陣

（資料來源：黃芳銘，2004）

---

[3]　K. Jöreskog 在當時設計 LISREL 軟體時採用希臘字母來代表 SEM 模型的八個矩陣和七種變數的參數，然而在另外一種 SEM 軟體 AMOS 則是透過圖像來設置模型，因此免去這些繁瑣。

對依變數（y）而言，其測量方程式爲：

$$
\underset{(px1)}{\begin{bmatrix} y_1 \\ y_2 \\ y_3 \\ \vdots \\ y_p \end{bmatrix}} \overset{y}{=} \underset{(pxm)}{\overset{A_y}{\begin{bmatrix} \lambda_{y_{11}} & \lambda_{y_{12}} & \lambda_{y_{13}} & \dots \lambda_{y_{1m}} \\ \lambda_{y_{21}} & \lambda_{y_{22}} & \lambda_{y_{23}} & \dots \lambda_{y_{2m}} \\ \lambda_{y_{31}} & \lambda_{y_{32}} & \lambda_{y_{33}} & \dots \lambda_{y_{3m}} \\ \cdots & & & \\ \lambda_{y_{p1}} & \lambda_{y_{p2}} & \lambda_{y_{p3}} & \dots \lambda_{y_{pm}} \end{bmatrix}}} \underset{(mx1)}{\overset{\eta}{\begin{bmatrix} \eta_1 \\ \eta_2 \\ \eta_3 \\ \vdots \\ \eta_m \end{bmatrix}}} + \underset{(px1)}{\overset{\varepsilon}{\begin{bmatrix} \varepsilon_1 \\ \varepsilon_2 \\ \varepsilon_3 \\ \vdots \\ \varepsilon_p \end{bmatrix}}}
$$

（式 7-1）

對自變數（x）而言，其測量方程式爲：

$$
\underset{(qx1)}{\begin{bmatrix} x_1 \\ x_2 \\ x_3 \\ \vdots \\ x_q \end{bmatrix}} \overset{x}{=} \underset{(qxm)}{\overset{A_x}{\begin{bmatrix} \lambda_{x_{11}} & \lambda_{x_{12}} & \lambda_{x_{13}} & \dots \lambda_{x_{1m}} \\ \lambda_{x_{21}} & \lambda_{x_{22}} & \lambda_{x_{23}} & \dots \lambda_{x_{2m}} \\ \lambda_{x_{31}} & \lambda_{x_{32}} & \lambda_{x_{33}} & \dots \lambda_{x_{3m}} \\ \cdots & & & \\ \lambda_{x_{q1}} & \lambda_{x_{q2}} & \lambda_{x_{q3}} & \dots \lambda_{x_{qm}} \end{bmatrix}}} \underset{(nx1)}{\overset{\eta}{\begin{bmatrix} \zeta_1 \\ \zeta_2 \\ \zeta_3 \\ \vdots \\ \zeta_n \end{bmatrix}}} + \underset{(qx1)}{\overset{\delta}{\begin{bmatrix} \delta_1 \\ \delta_2 \\ \delta_3 \\ \vdots \\ \delta_q \end{bmatrix}}}
$$

（式 7-2）

　　相較於傳統上研究者在進行因素分析前，因未對資料的因素結構有任何了解，所以只能藉由統計數據來研判因素結構，此種探索式因素分析（EFA）帶有濃厚的嘗試錯誤的意味，而 SEM 中的驗證性因素分析（CFA）可讓研究者依據文獻、理論或經驗先提出某種特定的結構關係假設，再來證實資料的模式是否爲研究者所預期的形式，CFA 可找出不合適的題目（變項）予以刪除，並測試特定因素模型的適合度，故具有理論檢驗和因素確認的功能。在使用上，除了爲單一因素的一階驗證性因素模式外，亦可針對多因素（即兩個以上的潛在變項／因素構面）之間是否有相關進行分析（圖 7-2）；此外，CFA 應用於檢驗假設理論模式之時，基於理論模式複雜度的需要，因素之間可能存有更爲高階的潛在變項，亦即在一階驗證性因素分析中，觀察變項或測量指標可能受到某種潛在變項的影響，而這些潛在變項因素背後有著更高層次的共同因素（吳明隆，2006），此更高層次的共同因素稱爲「高階因素」（higher-under factor），例如二階驗證性因素分析即屬高階因素的驗證性因素分析（圖7-3）。

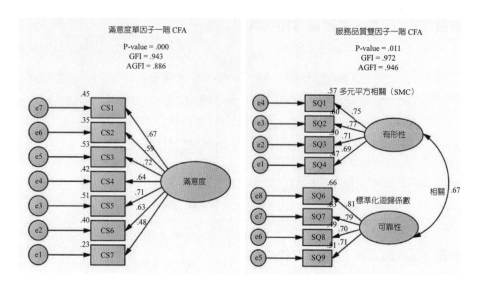

圖 7-2　單因子及多因子一階驗證性因素分析成果圖

（來源：依張偉豪，2011 年之資料再製）

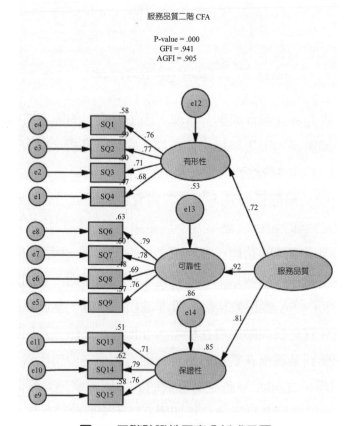

圖 7-3 二階驗證性因素分析成果圖

（來源：依張偉豪，2011 年之資料再製）

二、結構模式：SEM除了可進行證性因素分析外，另一個功能便是在驗證因果模式，一般因果分析的統計乃採「路徑分析」方式，將觀察變項間的關係以結構化的方式呈現，並透過一系列的迴歸分析來進行計算，但傳統的路徑分析無法處理潛在變項的問題，而SEM不但可敘述潛在變數間之因果關係、形容因果效果、指配解釋及未解釋變異，而且也能處理非遞迴模型（nonrecursive model，有相關的殘差假設，或是變項間是否具有回溯關係）的問題。簡言之，結構模型乃描述眾多潛在變數間的因果關係模式，模式中所假定的「因」即外生（Exogenous）潛在變數，「果」為內生（Endogenous）潛在變數，其符號及基本假設見表7-2，變數間之結構方程式為（模式可參見圖7-1中間紅框虛線之內容）：

$$\eta = B\eta + \Gamma\zeta + \zeta \qquad\qquad (\text{式 7-3})$$

$$\begin{bmatrix} \eta_1 \\ \eta_2 \\ \eta_3 \\ \vdots \\ \eta_m \end{bmatrix} = \begin{bmatrix} 0 & \beta_{12} & \beta_{13} & \cdots \beta_{1m} \\ \beta_{21} & 0 & \beta_{23} & \cdots \beta_{2m} \\ \beta_{31} & \beta_{32} & 0 & \cdots \beta_{3m} \\ \cdots & & & \\ \beta_{m1} & \beta_{m2} & \beta_{m3} & \cdots 0 \end{bmatrix} \begin{bmatrix} \eta_1 \\ \eta_2 \\ \eta_3 \\ \vdots \\ \eta_m \end{bmatrix} + \begin{bmatrix} \gamma_{11} & \gamma_{12} & \gamma_{13} & \cdots \gamma_{1n} \\ \gamma_{21} & \gamma_{22} & \gamma_{23} & \cdots \gamma_{2n} \\ \gamma_{31} & \gamma_{32} & \gamma_{33} & \cdots \gamma_{3n} \\ \cdots & \cdots & \cdots & \\ \gamma_{m1} & \gamma_{m2} & \gamma_{m3} & \cdots \gamma_{mn} \end{bmatrix} \begin{bmatrix} \zeta_1 \\ \zeta_2 \\ \zeta_3 \\ \vdots \\ \zeta_n \end{bmatrix} + \begin{bmatrix} \zeta_1 \\ \zeta_2 \\ \zeta_3 \\ \vdots \\ \zeta_m \end{bmatrix}$$

$$(mx1) \qquad (mxm) \quad (mx1) \qquad\qquad (mxn) \quad (nx1) \qquad (mx1)$$

表 7-2　結構模式的符號及其定義

符號	矩陣	英文	維度	定義
η		eta	M×1	內生潛在變數、潛在內生變數（latent endogenous y）
ξ		Xi	N×1	外生潛在變數、潛在外生變數（latent exogenous x）
ζ		Zeta	M×1	干擾（潛在誤差）、潛在內生變數的誤差項（error of latent y）
β	BE	Beta	M×m	內因潛在變數間的係數矩陣；兩潛在內生變數之間的相關係數（coefficient of η_i and η_j）
Γ γ	GA	Gamma	M×n	外因潛在變數間的係數矩陣；潛在內生變數與潛在外生變數之間的相關係數（coefficient of η_i and ξ_i）
Φ	PH	Phi	N×n	潛在外生變數之間的共變數矩陣
Ψ	PS	Psi	M×m	潛在內生變數的誤差項之間的共變數矩陣共變數矩陣

（資料來源：黃芳銘，2004）

往昔研究者僅需針對每一個內衍變數，利用統計軟體（如SPSS），進行多元迴歸，再將各自變數的迴歸係數填入路徑圖中，即可完成路徑分析的參數估計；然各變

數的直接、間接與總效果則必須以人爲的方式計算並整理成表格形式以利了解。但另外一方面，模式衍生相關、殘差相關與整體模型適配度等計算都十分繁雜，所以一般研究探討並不深，但隨著 SEM 的理論與技術進步迅速，在許多 SEM 分析軟體的協助下，這些模型適配指標與參數顯著性考驗都可以直接計算得出，因此近年來 SEM 的相關軟體已逐漸取代迴歸計算方式的路徑分析。在此舉例 Bryman and Cramer（1990）探討工作滿意度的結構模型做說明：若有一項研究發現，年齡與工作滿意度呈正相關，如果此項理論成立，則將導出一個奇怪的概念：即聘用員工時，選年齡愈高的會比較好？但進一步探索，眞正影響工作滿意度的因素其實應該是另外兩項因素：薪資和工作自主程度，因爲薪資爲隨著服務年資而成長，所以表面看起來年齡愈大對工作滿意度愈高；此外因年齡漸增經驗豐富，擔任高階或資深職務的機率也較大，不但自主程度高且薪水當然也高，故工作滿意度自然增加；故如果薪資並沒有增加、工作自主程度也不高，這些眞正的因素沒有發生，年齡變大應不會提升工作滿意度。因此在結構模型上以年齡爲自變項，工作滿意度爲依變項，自主程度、收入爲中介變項，設定以下路徑分析的假設及方程式（如圖 7-4 所示）。由圖中分析結果可知年齡與工作滿意度的總影響效果爲 0.37（直接效果 -0.08 + 間接效果 0.45），然而年齡與工作滿意度的直接相關是負的，可知年齡與工作滿意爲正相關現象其實是錯誤的，且模型中的自主程度與薪水收入兩個中介變項才是會影響工作滿意度的眞正自變項。

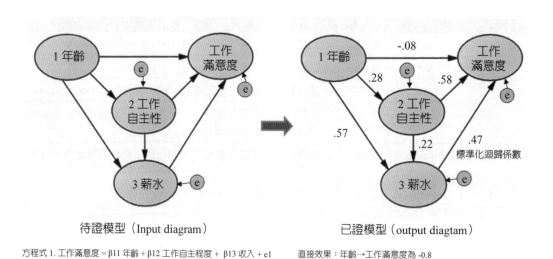

待證模型（Input diagram）　　　　　　　已證模型（output diagtam）

方程式 1. 工作滿意度 = β11 年齡 + β12 工作自主程度 + β13 收入 + e1　　直接效果：年齡→工作滿意度為 -0.8
方程式 2. 收入 = β21 年齡 + β22 工作自主程度 + e2　　　　　　　　　　間接效果：.26 + .16 + .03 = .45
方程式 3. 工作自主程度 = β31 年齡 + e3　　　　　　　　　　　　　　　（年齡→薪水→工作滿意度為 .57*.47 = .26
β：標準化迴歸係數，e：誤差（殘差，residual）　　　　　　　　　　　　年齡→工作自主性→工作滿意度為 .28*.58 = .16
　　　　　　　　　　　　　　　　　　　　　　　　　　　　　　　　　年齡→工作自主性→薪水→工作滿意度為 28*.22*.47 = .03）

圖 7-4　年齡與工作滿意度的路徑分析圖（Bryman and Cramer, 1990）

三、結構方程模式的矩陣與分析流程：完整的 SEM 包含了測量模式和結構模式，依據理論建立潛在變數（潛在因素）和潛在變數的迴歸關係，與及建構潛在變數和妥適的觀察變項間關係，而內生觀察變項 y（即為 η 之測量指標），與外生觀察變項 x（即為 ξ 之測量指標）的共變數矩陣公式如下所示：

$$\Sigma_{(p+q)(p+q)} = \begin{bmatrix} \Sigma_{yy} & \Sigma_{yx} \\ \Sigma_{xy} & \Sigma_{xx} \end{bmatrix} \tag{式 7-4}$$

$$\Sigma_{yy} = [\Lambda_y[(I-B)^{-1}(\Gamma\Phi\Gamma' + \Psi)(I-B')^{-1}]\Lambda'_y + \Theta_e] \tag{式 7-5}$$

$$\Sigma_{xx} = [\Lambda_x\Phi\Lambda'_x + \Theta_\delta] \tag{式 7-6}$$

$$\Sigma_{xy} = [\Lambda_x\Phi\Gamma'(I-B')^{-1}\Lambda'_y] = \Sigma_{yx} = [\Lambda_y(I-B)^{-1}\Gamma\Phi\Lambda'_x] \tag{式 7-7}$$

SEM 在操作與實施方面，依據 Kline（2011）的建議有以下幾個主要步驟（圖 7-5）：1. 模型設定——根據文獻和理論，先設定一個初始模型，分別指定變數間的關係，以利收集樣本資料，模型的設定包含要置入哪些因素構面（潛在變項），以及衡量這些構面的觀察變數，接著要考量構面之間關聯的方向（設定路徑方向），另外還要設定各參數的狀態，許多 SEM 的軟體（如 AMOS）會協助這些參數值的選定。2. 模型辨識——主要是模型所提供的訊息是否足夠用來估計參數，一般而言共變異數矩陣提供的訊息（自由度，DF）要大於估計參數（P），即 DF－P＞0，才有利於模型的估計。3. 選擇衡量工具——針對欲研究的問題，收集相關資料，須了解所選用的衡量工具（如問卷）真正要衡量的內容為何，思考如何建構其信度和效度，並藉由適當的資料收集過程（如簡單隨機抽樣方法），才能精準測量各構面的意義。4. 模型估計——所謂估計（Estimation）是指根據樣本的統計量，決定母群體的參數的近似值（如根據樣本的算術平均數，估計母群體的算術平均數），在 SEM 中模型的估計以最大概似估計法（Method of Maximum Likelihood, MLE）最為常用，其方法是將觀察（樣本）共變異假設與模型估計係數是一樣的，求取機率最大化，讓模型矩陣之估計盡可能與樣本矩陣接近，此法在資料為連續尺度及常態分配下表現較佳，但在模式設定有誤時，仍可提供較合理的配適指標，參數的估計偏誤也較小（Olsson et al., 2000）[4]。5. 模型檢定——了解模型與資料的配適，亦即理論模型是否受到樣本的支

---

[4] 依據上述的流程，在編製問卷與設定模型時，Bollen（1989）建議應注意幾個原則以利 SEM 的分析：(1) 問卷量表最好為七點尺度。(2) 問卷最好引用自知名學者，儘量不要自己創設。(3) 每個潛在構面至少要有

持，檢查模型的適配情形主要可分個別模型（測量模型和結構模型）以及整體配適度兩類。一般而言通常會先針對個別模型，例如在測量模型的適配度進行檢驗，若是可接受才實施整體配適度的檢驗，根據 Bagozzi and Yi（1988）及 Hair et al.（2009）等人的研究，測量模型和結構模型要符合表 7-3 的所設定的條件，才具良好的信度與效度，代表模型配適度較佳。而整體結構的配適度則可分為：(1) 絕對配適指標；(2) 增值配適指標；(3) 精簡配適指標；(4) 競爭配適指標四類，其詳細的個別指標見表 7-4 說明[5]，模型配適度如果不能達到一定的水準，則表示模型設定有問題，須進行模型修正後再重新估計。6. 成果報告──解讀估計成果並撰寫出報告，證明假設模型是否成立，其模型成果圖範例可參見圖 7-6 所示。

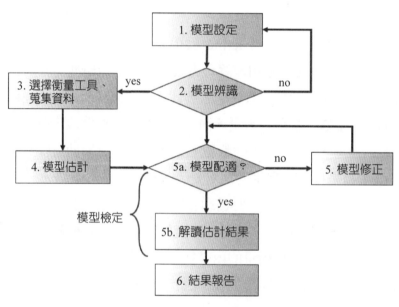

圖 7-5　SEM 分析流程圖

（參考 Kline, 2011；張偉豪等，2012 修繪）

三個題目（觀察變項），五到七題為佳。(4) 主要構面維持在五個以內，不要超過七個。(5) 每個指標不得橫跨到其他潛在變項。(6) 理論架構要根據學者之理論做修正為宜。

[5]　有關 SEM 的理論、操作應用、估計方式及各類配適度的解釋等介紹，國內外的論文和專書頗多，例如 Raykov & Marcoulides (2000). A first course in structural equation modeling. Mahwah, N J: Lawrence Erlbaum Association、Byrne (2010). Structural equation modeling with Amos: Basic concepts, applications, and programming. NY: Taylor & Francis Group、邱皓政（2003）「結構方程模式：LISREL 的理論、技術與應用」，雙葉書廊、黃芳銘（2002）「結構方程模式理論與應用」，五南、張偉豪著 (2011)「SEM 論文寫作不求人」，鼎茂書局等，受限篇幅故在此不多論述，相關資訊參見參考文獻。另外，一般 SEM 整體結構的配適度常使用的為絕對配適指標，但因仍未有公認及最佳的準繩，研究者可依其研究所需選擇一或兩類的相關指標呈現及說明。

表 7-3　測量及結構模式的配適度指標及判斷值（來源：整理自相關文獻）

指標名稱與性質	判斷值	適用情形
測量模式的配適指標		
組合信度 CR	>0.6	檢測測量模式的信度
觀測變數的 R 平方值	愈大愈好	檢測測量模式的信度
誤差變異數	無負值且達顯著	檢測測量模式的效度
多元相關係數平方（SMC），	>0.5	檢測測量模式的效度
因素負荷量	0.5～0.95	檢測測量模式的效度
平均變異數萃取量（AVE）	>0.5	檢測測量模式的效度
結構模式的配適指標		
路徑係數符號	+ 或 - 是否與研究預期	檢驗研究假設
參數估計值	t 值絕對值 >1.96	檢驗研究假設
R 平方值	>0.5	說明模式解釋力

表 7-4　SEM 整體配適度指標及判斷值（來源：整理自相關文獻）

絕對適配指標	建議值	解釋
χ^2 test	P>0.5	卡方值：理論模型與觀察模型的契合程度
χ^2/df	<3（<5）	卡方自由度比：考慮模式複雜度後的卡方值
GFI （goodness-of-fit index）	>0.9	適配度指標：模型可解釋觀察資料的比例
AGFI （adjusted GFI）	>0.8	調整後適配度指標：指將自由度納入考慮後所計算出的 GFI（考慮模式的複雜度後）
SRMR （Standardized root mean square residual）	<0.08 （<0.05）	標準化均方根殘差：樣本共變數矩陣與適配矩陣的差距
RMSEA （root mean square error of approximation）	<.06	平均近似平方誤根係數：比較理論模式與飽和模式的差
精簡適配指標	**建議值**	**解釋**
PGFI （parsimonious goodness-of-fit index）	>0.5	精簡適配度指標：說明模型的簡單程度
IPNFI （parsimonious normed fit index, PNFI）	>0.5	精簡規範適配度指標：說明模型的簡單程度

增值適配指標	建議值	解釋
NFI（normed fit index）	>0.9	規範適配指標：比較假設模型與獨立模型的卡方差異
NNFI（nonnormed fit index, NNFI）	>0.9	非規範適配指標：考慮模式複雜度後的 NFI
CFI（comparative fit index, CFI）	>0.9（>0.8）	比較適配度指標：假設模型與獨立模型的非中央性差異 (適合小樣本)
競爭性指標	建議值	解釋
NCP（Non-centrality Parameter）.	愈小愈好	非集中性參數：假設模型距離中央性卡方分配的離散程度
ECVI（Expected cross-validation index）	愈小愈好	期望複核效度指標（ECVI）：適合於效度複核非巢套模型之比較
BIC（Bayesian information criterion）	愈小愈好	貝氏資訊標準：適合於效度複核非巢套模型之比較
AIC（Akaike Information Criterion）	愈小愈好	赤池資訊標準：適合於效度複核非巢套模型之比較

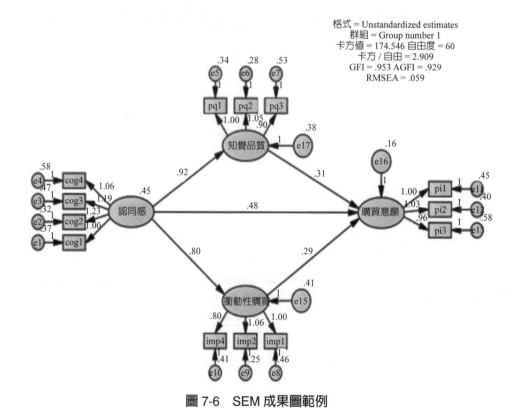

圖 7-6　SEM 成果圖範例

（資料來源：http://www.tutortristar.com/）

第三節　SEM案例分析——文化觀光之遊客行為模式研究[6]

　　休閒旅遊的概念日漸受到世人的青睞與重視，而在各類的觀光旅遊型態中，能呈現地域特色與價值的文化體驗也漸使觀光客駐足參訪。因此參加節慶活動、宗教朝聖、體驗風俗技藝及造訪歷史遺址遺跡的「文化觀光」活動正方興未艾，根據世界觀光組織（World Tourism Organization, WTO）的調查，國際的觀光活動有37%是以「文化觀光」為動機，且其需求每年將成長約10～15%（Richards, 2000），而在臺灣，根據交通部觀光局的統計，休閒遊憩的種類中，文化體驗活動由2008年的22.8%上升到2011年的29.7%，顯見文化活動結合觀光休閒在島內也逐漸受到大眾的喜愛。在多元的文化觀光體驗活動中，探訪名人故居的旅遊方式一直有著其獨特的觀光吸引力，因其可讓遊客得以透過參訪故居，憑弔歷史的記憶，追思前人的風采；例如到英國必訪莎翁故居、到丹麥必遊安徒生故居，所以名人故居猶如一個城市的人文景點，是一個城市珍貴的文化資產；若能經由這些文物古蹟再利用並結合觀光活動，進而帶動城市的再生與發展，勢將成為一種趨勢與風潮。

　　臺北市不但是臺灣的政治經濟中心，也是政商名流與文人雅士聚集之處，因此位在臺北市的名人故居數量為各縣市之冠[7]，在政府積極倡導之下，臺北市文化局提出「名人故居系列」的政策，經過古蹟或歷史建築指定之後，積極整修再利用，目前已有不少名人故居先後對外開放，且頗獲民眾的熱烈迴響（于國華，2003），顯見探訪名人故居不但成為政府推廣文化觀光的目標之一，也逐漸成為一般大眾休閒旅遊的選擇之一；然而陳國寧（2000）等人發現名人故居紀念館在經營與規劃時，常採用靜態展示的方式，缺少互動方式引導參觀者對其成就思維或人格風範有深入的認知；故近年來名人故居的經營理念開始有所轉變，名人故居被認為是小型的博物館，強調「人」與「物件」的共鳴與聯結，在提供各項服務與設施上，應重視遊客的體驗感受和滿意度，甚而期盼提升重遊意願（游書宜，2012）。探知遊客各項旅遊行為的反應才能增進觀光旅遊的持續發展，雖然許多研究曾針對風景區（如澎湖吉貝嶼、澄清

---

[6] 本節主要改寫自：張政亮、林谷蓉、王淑婷（2013）。文化觀光之遊客行為模式研究——以臺北市名人故居之參訪為例，2013全球運動管理高峰論壇 & WASM 年會論文集（2013 Global Sport Management Conference），臺北：真理大學。

[7] 根據臺北市文化局及文化資產局網站資料，至2012年止全臺列為文化資產之名人故居有29處，臺北市即占16個，數量超過半數以上。

湖）、特定博物館（如陶瓷博物館、自然科學博物館）等地點，進行參訪動機、服務品質、遊客滿意等旅遊行為之研究，但國內目前尚無以名人故居為主題，針對參訪遊客之各項旅遊行為變數，進行因果相關和結構模式等內容之探討，故此乃為本研究之主要動機與目的。

一、相關文獻的回顧

誠如 Urry（1990）所言：所有觀光活動都包含著對體驗的感知與產品消費的滿意情形，因此歸結一般文化觀光的探討，常會提及下列幾項遊客行為的變項，包含有：1. 遊客的旅遊動機；2. 遊客體驗品質；3. 遊客滿意度；4. 遊後行為意圖等（Baker & Crompton, 2000；Petrick, 2004；林怡伶，2006；周志冠，2010；李貽鴻、甘唐沖、陳宏斌，2010）[8]。旅遊動機被認為是支配旅遊行為最根本的驅力且是多重性的，本文綜合文獻認為遊客內在的主觀心理需求、外在的環境刺激與目的地吸引力乃為遊客產生旅遊行為的驅動力[9]，而旅遊的原因則包含有慕名嚮往、獲取知識、自我實現、人際社交、紓解壓力、好奇探險、提升自我價值、體驗地方特色和感官享受等，其中尤以「獲取知識」、「人際社交」、「紓解壓力」等三個構面最常被採用（Swarbrooke, & Horner, 1999；吳怡蓉，2008；梁育誠，2011）。而遊客體驗品質是指遊客從事旅遊活動的體驗過程中，個人的感官、知覺、心智和行為不斷和周遭環境產生互動時，內心所產生的主觀感受，並依此主觀感受對體驗活動的優越程度加以評判（Holbrook & Hirschman,1982; 高俊雄，1993；Otto, & Ritchie, 1996）。而依據 Pine 與 Gilmore（1998）的論點和黃佳慧（2005）的闡釋，國內研究者多採參與體驗、驚奇體驗、學習體驗、沉浸體驗、懸念體驗等五個構面進行探討。

至於遊客滿意度則為遊客依據其實際體驗旅遊活動後，與其旅遊歷程的事前期待，兩者比較後產生的一種主觀之整體性評價（Dorfman, 1979; Bigne, Sanchez, & Sanchez, 2001）。學者多認為消費者的滿意度為一廣泛的概念，除了衡量整體滿意度外，也應並採多元構面來分別評估消費者對產品各屬性之滿意程度，以符合實際；例如 Zeithaml 與 Bitner（2002）將顧客滿意度歸納出服務、產品、價格、情境因素和

---

[8] 另外學者提及的還有：忠誠度、再訪意願（intention to revisit）、知覺價值（Perceived Value）等，研究者通常舉其中數個當作潛在變項（latent variables）來加以探討，本研究依研究概念模式與理論架構選擇此四種變項進行分析。

[9] 旅遊動機的理論包含有：期望理論、需求層次論、推拉理論等，本文歸結而為上述定義。

個人因素等五個衡量構面，曾詩馨（2011）對臺南赤崁樓的遊客進行古蹟旅遊的遊客行為研究，將滿意度分為旅遊消費、服務設施、環境品質與整體滿意度四個構面，張和然與張菁敏（2011）在探討國立傳統藝術中心遊客滿意度對行為意圖影響，將遊客的滿意度分為服務價值、人員服務、服務環境和整體表現四個構面。另外，關於遊後行為意圖是意謂遊客在參與體驗或購買服務（產品）後，未來可能採取某種行為的傾向（Backer & Crompton, 2000; Ladhari, Brun & Morales, 2008；張和然與張菁敏，2011）。Bigne, Andreu 與 Gnoth（2005）在探討主題樂園體驗時，即將行為意圖分為忠誠度與支付更多的意願兩個構面進行剖析；陳福祥（2007）進行臺南古蹟旅遊研究時，則以重遊意願（忠誠度）、推薦他人與支付更多等三個題項來探討遊客的行為意圖。

綜上得知，提升服務設施與品質，能使到訪遊客有美好的體驗感受，不但滿意度能提高，也會正向影響行為意圖品質，增加重遊意願和口耳相傳推薦給親友之機會，如此便會使遊客數量增長，提高其收益，並獲得相關單位的政策支持與重視。至於這些「遊客行為」變項間到底有何相互影響與因果關聯，一直是研究的焦點與主題；國外研究如 Yoon and Uysal（2005）便嘗試採用結構模式（structural model）探討動機和滿意度對旅遊的忠誠度等變項間之影響，分析認為遊客滿意度對旅遊的忠誠度有正向影響，亦即滿意度愈高，重遊意願便愈強；Kim 等人（2010）探討美國北密西西比區域性音樂及藝術的嘉年華會，認為感知價值（perceived value）會影響到遊後行為意圖（重遊意願），且感知價值也會透過滿意度為中介變項而間接影響重遊意願，Navrátil, Pícha 和 Navrátilová（2012）在捷克南境波希米亞（Bohemian）地區，以結構方程模式（Structural equation modeling, SEM）探討該地列為文化襲產的城堡之訪客意向，結果發現遊客的感知品質會正向影響感知價值，感知價值則會正向影響滿意度，此外，感知價值透過現場體驗的重要中介變項來間接影響感知品質。

國內研究方面吳忠宏等人（2007）、梁家祐與蔡智勇（2008）亦以結構方程模式 SEM 分別探討遊客宜蘭賞鯨活動及澎湖石滬生態的旅遊行為，研究結果皆顯示遊客旅遊動機正向影響滿意度和忠誠度，滿意度亦會正向影響忠誠度；Chen, & Chen,（2010）研究臺南四個文化古蹟的訪客得知，體驗品質對重遊意願有正向因果關係，而觀光感知價值和滿意度則是兩者間重要的中介變項；王明元與陳信璋（2011）澄清湖風景區及梁育誠（2011）六堆客家文化園區的研究結果也證實遊客旅遊動機對滿意度和忠誠度皆有正向影響，而滿意度也會正向影響行為意圖。張良漢等人（2010）則

針對澎湖海洋牧場之遊客進行研究，結果顯示體驗品質對滿意度和行為意圖皆產生正向影響，同時體驗品質會透過滿意度對行為意圖造成影響；張和然、張菁敏（2011）對國立傳統藝術中心之遊客所做的研究結果也指出遊客體驗價值與滿意度有中度正向關係，對行為意圖則呈現正相關，滿意度與行為意圖亦存在正相關；此外，遊客體驗價值會受到滿意度中介效果的強化，進而正向影響行為意圖。高芸潔（2006）對北投溫泉博物館的遊客進行研究與及林忠孝（2008）對國立海洋生物博物館所進行的研究均證實遊客滿意度對忠程度有正向顯著的影響；張和然、張菁敏（2011）的研究亦肯定滿意度和行為意圖間存在正向相關。故歸結上述對各類博物館或其他文化旅遊景點的研究可得知有三個發現：1. 旅遊動機會正向影響體驗品質、滿意度和遊後行為意圖，但對於旅遊動機是否透過體驗品質和滿意度為中介變項影響遊後行為意圖，則少有相關之研究。2. 遊客參與旅遊活動所感受到的體驗品質對滿意度會產生正向影響，滿意度會正向影響遊後行為意圖；其中部分研究結果證實體驗品質會透過滿意度影響遊後行為意圖。3. 不論是古蹟旅遊或館舍之參訪，其研究結果都證實遊客滿意度會正向影響遊後行為意圖。名人故居因兼具古蹟旅遊與館舍參訪的特性，但與其之間的同質性與差異性為何？鮮少有相關文獻著墨於此，故依循前文之探討與發現，本研究依此提出下列待證之假設：

H1：旅遊動機對滿意度有正向顯著影響。

H2：旅遊動機對遊後行為意圖有正向顯著影響。

H3：旅遊動機對體驗品質有正向顯著影響。

H4：旅遊動機會透過體驗品質和滿意度為中介變項影響遊後行為意圖。

H5：體驗品質會正向顯著影響滿意度。

H6：體驗品質會正向顯著影響遊後行為意圖。

H7：體驗品質會透過滿意度為中介變項影響遊後行為意圖。

H8：滿意度會正向顯著影響遊後行為意圖。

二、研究設計與方法

依據前述之研究目的、相關文獻與假設，本研究建構名人故居之旅遊動機、體驗品質、滿意度與遊後行為意圖之關係模式架構，如圖 7-7 所示：

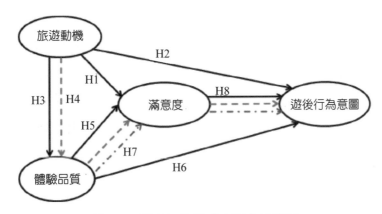

圖 7-7　遊客行為模式之研究架構圖

（註：虛線表示透過中介變項的影響路徑）

　　研究方法採問卷調查法（Questionnaire Survey），研究地點與對象選定為臺北市之胡適故居、錢穆故居與李國鼎故居之參訪旅客，問卷量表為「名人故居參訪活動調查問卷」，問卷編製依 Bollen（1989）建議原則及文獻歸納整理，在「旅遊動機」部分設定慕名嚮往與知識學習（7 題）、人際社交（5 題）與紓解壓力（4 題）三個構面共十六個問題；「體驗品質」部分分為「沉浸與情感體驗」（7 題）、「行動與關聯體驗」（5 題）與「思考體驗」（5 題）三個構面共十七個問題；「滿意度」以價格、服務、設施、環境、氣氛及整體滿意等六題為指標，合併為單一衡量構面；「遊後行為意圖」亦為單一衡量構面，設有重遊、參加故居其他活動、推薦親友、協助推廣及提供意見等五個題項。問卷初稿經專家效度進行內容效度之修正後，完成預試問卷的編製並實施預試，進行項目及信度分析，考驗各量表的鑑別力，並採李克特（Likert Scale）七等尺度為填寫量表，最後以正式問卷施行發放。

　　研究假說與模型的檢定是利用結構方程模式（SEM）進行分析，SEM 是一種有效整合路徑分析與因素分析的技術，是由變數之間相互關係所建構的模式，可用來進行驗證性及探測性的研究；此外 SEM 還可探討非顯性變數以及變數間的線性關係，且可對觀測變數與潛在變數之因果模式做假設檢定。SEM 除具備推定因果關係與可表達方向優點外，又可測知觀測變數與潛在變數間的關係，且可同時探討多個外生與內生變數之關係，因此在社會科學上的應用已日趨廣泛（Kline, 2011）。由於結構方程模式有兩個重要的組成：一是測量模型，旨在描述觀察變數與潛在變數之間的關係；二是結構模型，旨在分析潛在變數之間的關係（吳明隆，2006；張偉

豪，2011）；故本研究除在測量模型方面，將以驗證性因素（Confirmatory Factory Analysis, CFA）分析檢視各潛在變數的各構面與其觀察變數間的假設關係是否成立外，主要是以結構模型驗證本研究模型之因果關係與假說是否成立、配適度情形及其影響程度爲何 [10]。

三、研究成果與討論

問卷採隨機抽樣在三處地點發放，施測過程中，李國鼎故居之回收問卷數量偏少，故予已刪除。總計問卷發出 425 份問卷，扣除無效問卷 16 份，得有效樣本 409 份（胡適故居 201 份、錢穆故居 208 份），有效回收率爲 96.24%，已超過樣本推估值的最大值（341 份）；又因兩故居皆屬文人故居，其參訪之遊客性質上相近，故將兩個群體合併分析。本研究使用 AMOS 18.0 統計軟體進行結構方程模式（SEM）分析，以驗證研究之假設，主要研究發現爲：

1. 驗證式因素分析：因「滿意度」與「遊後行爲意圖」爲單一衡量構面故執行一階 CFA 模型分析。滿意度構面共有 7 題（S1～S7），經 CFA 分析後，S1 的因素負荷量沒大於 0.7，此變數缺乏信度，予以刪除。刪除後重新進行 CFA 分析，陸續發現 S5 和 S6 及 S4 和 S2 殘差不獨立，顯示有相似觀點的觀察變項，因此刪除 S6 及 S2 後，滿意度構面最後保留 4 個觀察變數，各題項標準化係數均超過 0.7 以上且未超過 0.95，殘差均爲正且顯著，顯見無違犯估計。組成信度爲 0.884，超過 0.7 的標準，平均變異數萃取量爲 0.656，超過 0.5 的標準，配適度也在可接受範圍，顯示測量模型具收斂效果，因此將此 4 題保留至下一階段分析。遊後行爲意圖構面共有 5 題（S8～S12），經一階 CFA 分析後，陸續發現 S11 和 S12、S9 和 S11 殘差不獨立，因此刪除 S11 及 S9，測量模型具收斂效果，無違犯估計，故最後保留 3 個觀察變數，如圖 7-8 所示。

---

[10] 受限於篇幅，有關問卷設計、預試及取樣方法、鑑別力考驗，以及 SEM 的配適度判別等施行細節不做詳述，讀者可參閱相關統計書籍介紹。

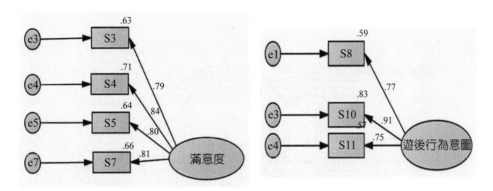

圖 7-8　滿意度與遊後行為意圖之一階驗證分析圖

　　「旅遊動機」與「體驗品質」為二階構面，故嘗試執行二階 CFA 模型分析。旅遊動機經過一階驗證式因素分析，慕名嚮往與知識學習、人際社交與紓解壓力三個構面共十六個問題（M1～M16）經刪去 M1、M3、M6、M7、M10、M15 及 M16 等題目後符合一階 CFA 模型，進一步經二階 CFA 分析後，三個構面的標準化因素負荷量中，慕名嚮往與知識學習為 0.58，雖未達 0.7 的標準，但在可接受的範圍，人際社交與紓解壓力的標準化係數均超過 0.7 以上且未超過 0.95，殘差均為正且顯著，顯見無違犯估計。組成信度為 0.778，超過 0.7 的標準，平均變異數萃取量為 0.544，超過 0.5 的標準，達到收斂效度的標準，配適度也在可接受的範圍，因此保留二階三個構面模型做為後續分析（圖 7-9）。至於體驗品質解構為沉浸與情感體驗、行動與關聯體驗及思考體驗三個構面十七個問題（Q1～Q 17）經刪去 Q1、Q4、Q6、Q7、Q8、Q12、Q13 及 Q14 等題目後符合一階 CFA 模型，進一步以二階 CFA 分析後，三個構面的標準化因素負荷量皆超過 0.7 以上且未超過 0.95，殘差均為正且顯著，顯見無違犯估計。組成信度為 0.904，超過 0.7 的標準，平均變異數萃取量為 0.758，超過 0.5 的標準，達到收斂效度的標準，配適度也在可接受的範圍，因此保留此二階 CFA 模型做為後續分析（圖 7-10）。

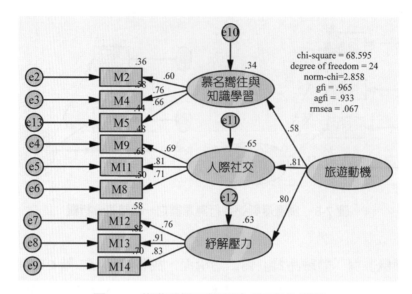

圖 7-9　旅遊動機二階驗證式因素分析圖

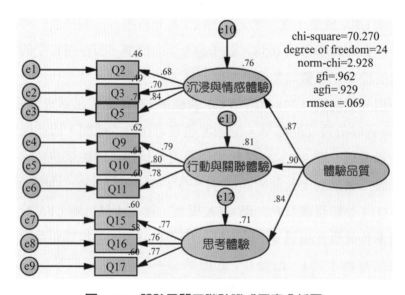

圖 7-10　體驗品質二階驗證式因素分析圖

　　2. 假設模型分析：依研究設計之架構圖（參見圖 7-7）及驗證式因素分析所得之資料數據，本研究模型採用最大概似法進行路徑參數之估計，經 AMOS 統計分析後，整體模型配適度與路徑分析如圖 7-11 所示。從圖 7-11 發現：1. 假設一（H1）：旅遊動機對滿意度有正向顯著影響，其路徑係數為 -0.52，t 值為 -1.682（p = 0.092），未達顯著水準，假設不成立。2. 假設二（H2）：旅遊動機對遊後行為意

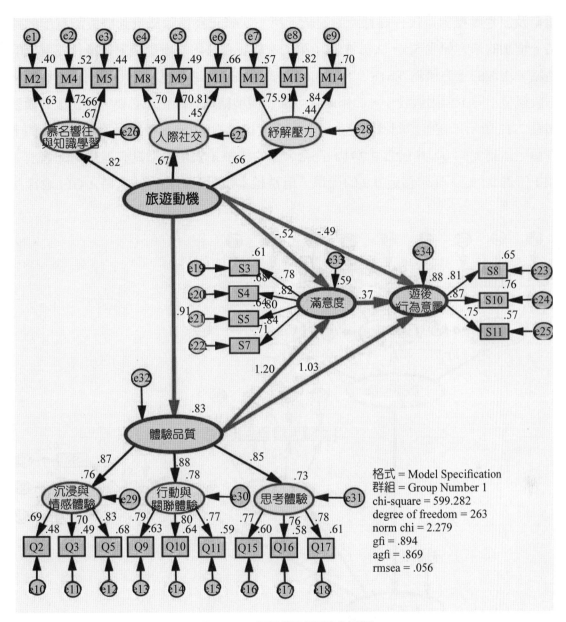

圖 7-11　初始模型路徑分析圖

圖有正向顯著影響，其路徑係數為 -0.49，t 值為 -1.648（p = 0.099），未達顯著水準，假設不成立。3. 體驗品質對滿意度和遊後行為意圖的標準化迴歸係數大於 1，顯示有違犯估計。由上述結果，顯示初始模型有修正與調整之必要。

　　本研究對假設模型的修正採用修正變數之間的相關，從初始模型可看出旅遊動機對滿意度和遊後行為意圖的正向影響不成立，因此依序移除旅遊動機與滿意度的

連結及旅遊動機對遊後行為意圖的連結。第一次修正為移除旅遊動機與滿意度的連結，增加的卡方值為 5.1，大於 3.84；第二次修正為移除旅遊動機對遊後行為意圖的連結，增加的卡方值為 5.616，大於 3.84；表示移除此二路徑會使得限制模型與原來假設模型不同，但因假設一、二不成立，顯示模型結構有修正之必要。修正後的模型如圖 7-12 所示，在整體配適度上，絕對配適度指標的 χ2/df 為考慮模型複雜度後的卡方值，本研究的 χ2/df 值為 2.291，符合 < 3 的標準，表示模型具有理想的配適度。GFI 值為 0.892，非常接近 0.9 的標準，但當樣本數大且自由度也大時，GFI 會產生

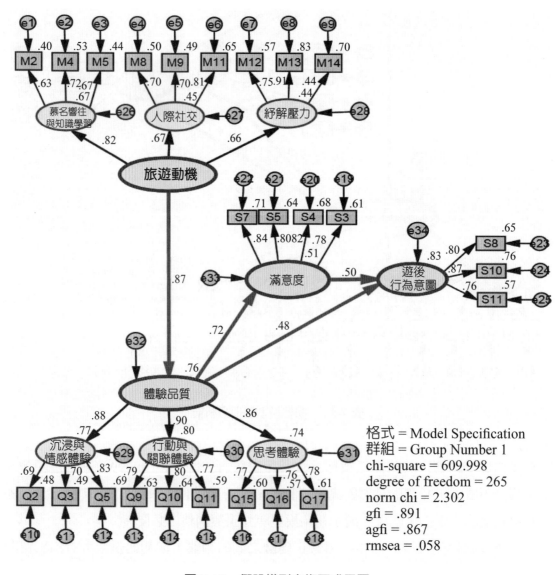

圖 7-12　假設模型之修正成果圖

向下偏誤（張偉豪，2011），故 CFI 值雖未達 0.9 的標準，但非常接近，算是可接受值。AGFI 值為 0.867，符合大於 0.8 的標準。一般來說 SRMR 的值小於 0.05 為良好配適，小於 0.08 為可接受配適，本研究模型的 SRMR 值為 0.0525，表示模型為可接受配適。，RMSEA 介於 0.05～0.08 之間，表示模型有不錯的配適度，本研究模型的 RMSEA 值為 0.056，表示模型配適良好。Hoelter N 值為 205，大於標準值 200，表示本研究模型的樣本數是適當的。另外，在精簡配適度指標方面，PGFI 值為 0.727，PCFI 值為 0.830，PNFI 值為 0.794，均大於 0.5 的標準，顯示模型配適良好，已達模型的精簡程度。增值配適度指標方面，TLI 值為 0.941、IFI 值為 0.941、CFI 值為 0.940，均大於 0.9 的標準，故配適度分析後證實修正後的模型符合 SEM 分析的標準。

　　3. 假設驗證分析：本研究所建構的關係模式，經結構方程模式分析後，獲得圖 7-11 初始模型路徑分析圖及圖 7-12 修正模型路徑圖。依據此結果，對本研究所提出的假設進行檢定，檢定結果如表 7-5 並說明如下：H1：旅遊動機對滿意度有正向顯著影響？因 t 值未達顯著水準假設不成立。H2：遊客參訪名人故居的旅遊動機對遊後行為意圖有正向顯著影響？因 t 值未達顯著水準假設不成立。H3：遊客參訪名人故居的旅遊動機對體驗品質有正向顯著影響？修正模型的分析結果顯示，旅遊動機對體驗品質的標準化路徑係數為 0.873，t 值達統計上顯著水準，旅遊動機對體驗品質的解釋量為 76%，假設成立。H5：遊客參訪名人故居的體驗品質對滿意度有正向顯著影響？修正模型結果顯示，體驗品質對滿意度的標準化路徑係數為 0.717，t 值達顯著水準，體驗品質對滿意度的解釋量為 51%，顯示體驗品質會正向顯著影響滿意度，假設成立。H6：遊客參訪名人故居的體驗品質對遊後行為意圖有正向顯著影響？修正模型結果顯示，體驗品質對遊後行為意圖的標準化路徑係數為 0.480，t 值達顯著水準，體驗品質對遊後行為意圖的解釋量為 23%，顯示體驗品質會正向顯著影響遊後行為意圖，假設成立。H8：遊客參訪名人故居的滿意度對遊後行為意圖有正向顯著影響？修正模型結果顯示，滿意度對遊後行為意圖的標準化路徑係數為 0.505，t 值達顯著水準，滿意度對遊後行為意圖的解釋量為 25%，顯示滿意度會正向顯著影響遊後行為意圖，假設成立。此外，H4：旅遊動機透過體驗品質和滿意度為中介變項正向影響遊後行為意圖，以及 H7：體驗品質透過滿意度為中介變項正向影響遊後行為意圖，都可由圖 7-12 之修正模型圖證明假設成立。

表 7-5　整體模式結構路徑與假設檢定

路徑關係	假設關係	路徑係數	t 值	檢定結果
H1：旅遊動機→滿意度	正向	-0.52	-1.682	不成立
H2：旅遊動機→遊後行為意圖	正向	-0.49	-1.648	不成立
H3：旅遊動機→體驗品質	正向	0.873	9.010***	成立
H4：旅遊動機透過體驗品質與滿意度正向影響遊後行為意圖	正向	—	—	成立
H5：體驗品質→滿意度	正向	0.717	11.614***	成立
H6：體驗品質→遊後行為意圖	正向	0.480	7.871***	成立
H7：體驗品質透過滿意度正向影響遊後行為意圖	正向	—	—	成立
H8：滿意度→遊後行為意圖	正向	0.505	8.474***	成立

資料來源：研究者整理（***P < .001）

四、結論

　　本研究以旅遊動機、體驗品質、滿意度及遊後行為意圖，建構遊客參訪名人故居的旅遊行為模式，透過結構模型分析的結果顯示：1. 旅遊動機對體驗品質有正向顯著的直接影響。2. 體驗品質對滿意度和行為意圖有正向顯著的直接影響。3. 體驗品質透過滿意度為中介變項影響行為意圖。此結果與前人研究對比歸結，多數相同但仍有相異之處，就名人故居的遊客而言，旅遊動機對滿意度和遊後行為意圖沒有正向直接的影響，旅遊動機必須透過體驗品質為中介變項，才會對滿意度和遊後行為意圖產生間接影響。這顯示旅遊動機僅是驅使遊客前來故居參訪的推動力，而精彩的參訪體驗，才是提高遊客的滿意度和遊後行為意圖的關鍵，意即體驗品質在旅遊行為中實扮演舉足輕重的角色。

📖 主要參考文獻

一、中文文獻

于國華（2003）。建築價值與人文精神的移轉。建築師，29(5)：66-67。

王明元、陳信瑋（2011）。澄清湖風景區遊客旅遊動機、滿意度與忠誠度之關聯性研究，商業現代化學刊，6(1)：277-290。

吳忠宏、謝旻熹（2006）。遊客之旅遊動機與其對解說服務需求之實證研究：以鹿港古蹟景點為例，環境教育研究，3(2)：77-121。

吳怡蓉（2008）。遊客旅遊動機與滿意度之研究——以安平港歷史風貌園區為例，開南大學觀光與餐飲旅館學系碩論。

吳明隆（2006）。結構方程模式——SIMPLIS 的應用。臺北：五南書局。

李貽鴻、甘唐沖、陳宏斌（2010）。臺北縣鶯歌陶瓷博物館觀光動機與滿意度之研究，運動與遊憩研究，4(4)：63-80。

周志冠（2010）。臺南市遊客觀光意象、滿意度與重遊意願關係之研究——以國定古蹟為例。臺南：立德大學休閒管理研究所碩論。

林忠孝（2008）。博物館之服務品質、遊客滿意度、忠誠度之影響研究——以國立海洋生物博物館為例。高雄：國立高雄師範大學人力與知識管理研究所碩論。

林怡伶（2006）。國立傳統藝術中心參訪者動機與滿意度之研究。臺北：國立臺北大學民俗藝術研究所碩論。

邱皓政（2003）。結構方程模式：LISREL 的理論、技術與應用。臺北：雙葉書廊。

高芸潔（2006）。以服務品質與遊客滿意度探討地方文化館經營管理之研究——以北投溫泉博物館為例。臺中：逢甲大學都市計畫所碩論。

高俊雄（1993）。休閒參與體驗形成之分析。戶外遊憩研究，6(4)：1-12。

張良漢、陳俊宏、吳楠菁、陳顯瑋（2010）。從知覺價值、顧客滿意度的觀點探討澎湖海洋牧場之體驗品質與行為意圖的關係，休閒產業管理學刊，3(2)：38-58。

張和然、張菁敏（2011）。體驗價值、顧客滿意度對行為意圖影響之研究——以國立傳統藝術中心為例。島嶼觀光研究，4(1)：49-68。

張政亮、林谷蓉、王淑婷（2013）。文化觀光之遊客行為模式研究——以臺北市名人故居之參訪為例，2013 全球運動管理高峰論壇 & WASM 年會論文集（2013 Global Sport

Management Conference），臺北：眞理大學。

張偉豪（2011）。SEM 論文寫作不求人。臺北：鼎茂書局。

張偉豪、鄭時宜（2012）。與結構方程模式共舞。新北市：前程文化事業有限公司。

梁育誠（2011）。遊客旅遊動機、滿意度與行爲意向之研究——以六堆客家文化園區爲例。
　　屏東：國立屏東教育大學生態休閒教育學位學程碩論。

梁家祐、蔡智勇（2008）。澎湖石滬生態旅遊動機、遊憩體驗與服務品質對滿意度與重遊意
　　願之分析，運動與遊憩研究，2(3)：94-109。

陳國寧（2000）。談名人故居紀念館的經營與規劃。臺北畫刊，388：7-9。

陳福祥（2007）。古蹟旅遊體驗品質、知覺價值、滿意度與遊後行爲意圖之研究——以臺南
　　市爲例。嘉義：華南大學旅遊事業管理研究所碩論。

曾詩馨（2011）。古蹟旅遊遊客體驗、遊客動機、目的地意象、滿意度與遊後行爲意圖之關
　　係研究——臺南市赤崁樓遊客爲例。高雄：國立高雄應用科技大學觀光與餐旅管理研究所
　　碩論。

游書宜（2012）。史蹟博物館之情境再現探討——以建築現象學理論來解析名人故居。博物
　　館學季刊，26(2)：67-87。

黃佳慧（2005）。體驗品質、滿意度及行爲意向關係之研究——以華陶窯爲例。臺中：朝陽
　　科技大學休閒事業管理系碩論文。

黃芳銘（2004）。結構方程模式理論與應用。臺北：五南圖書。

潘瑛如、方崇雄（2010）。部分最小平方路徑分析法在教育研究上的應用，教育與發展，
　　27(5)：95-108。

二、外文文獻

Bagozzi, R. P., & Yi, Y. (1988). On the evaluation of structural equation models. *Academy of Marketing Science, 16*(1): 76-94.

Baker, D. A. & Crompton, J. L. (2000). Quality, satisfaction and behavioral intentions. *Annals of Tourism Research, 27*(3): 785-804.

Bigne, J. E., Andreu, L., and Gnoth, J. (2005). The Theme Park Experience: An Analysis of Pleasure, Arousal and Satisfaction. *Tourism Management, 26*(6): 833-844.

Bigne, J. E., Sanchez, M. I., & Sanchez, J. (2001). Tourism Image, Evaluation Variables and After Purchase Behavior: Inter-Relationship. *Tourism Management, 22*: 607-616.

Bryman, A., & Cramer, D. (1990). *Quantitative data analysis for social scientists*. London: Rout ledge.

Byrne, B. M. (2010). *Structural equation modeling with Amos: Basic concepts, applications, and programming* (2nd Ed.*)*. New York, NY: Taylor and Francis Group.

Chen, C. F., & Chen, F. S. (2010). Experience Quality, Perceived Value, Satisfaction and Behavioral Intentions for Heritage Tourists. *Tourism Management, 31*(1): 29-35.

Diamantopoulos, A., & Siguaw, J. A. (2000). *Introducing LISREL: A guide for the uninitiated*. Thousand Oaks, CA: Sage.

Dorfaman, P. W. (1979). Measurement and Meaning of Recreation Satisfaction: A Case Study of Camping. *Environment and Behavior, 11*(4): 483-510.

Hair, J. F., Black, W. C., Babin, B. J., & Anderson, R. E. (2009). *Multivariate data analysis*. NJ: Prentice Hall.

Holbrook, M. B., & Hirschman, E. C. (1982). The Experiential Aspects of Consumption: Consumer Fantasies, Feelings, and Fun. *Journal of Consumer Research, 9*(2):132-140.

J..oreskog, K. G. (1973). Analyzing psychological data by structural analysis of covariance matrices. In D.H. Krantz, R.D. Luce., R.C. Atkinson & P. Suppes (Eds.) *Measurement, psychophysics and neural information processing*. Volume II of Contemporary developments in mathematical Psychology. San Fransisco: W. H. Freeman and Company.

Kim,Y. H., Kim, M., Ruetzler, T., & Taylor, T.(2010). An examination of festival attendees' behavior using SEM. *International Journal of Event and Festival Management, 1*(1): 86-95.

Kline, R. B. (2011). *Principles and practice of structural equation modelling* (3rd. ed.). New York: Guilford Press.

Kline, R. B. (1998). Software programs for structural equation modeling: Amos, EQS, and LISREL. *Journal of* Psychoeducational Assessment, 16: 343-364.

Ladhari, R., Brun, I., & Morales, M. (2008). Determinants of Dining Satisfaction and Post-Dining Behavior Intention. *International Journal of Hospitality Management, 27*: 563-573.

Lindberg, W., Persson, J. A., & Wold, S. (1983). Partial least squares method for spectrofluorimetric analysis of mixtures of humic acid and lignin sulphonate. *Journal of Analytical Chemistry*. 55(4): 643-648.

Mueller, R. O. (1996). *Basic principles of structural equation modeling*. New York, NY: Springer.

Navrátil, J., Pícha, K., & Navrátilová, J. (2012): Satisfaction with visit to tourism attractions. *Tourism, 60*(4): 411-430.

Olsson, U.H., Foss, T., Troye, S. V., and Roy D. Howell (2000). The Performance of ML, GLS and WLS Estimation in Structural Equation Modeling Under Conditions of Misspecification and Nonnormality. *Structural Equation Modeling, 7* (4): 557-595.

Otto, J. E., & Ritchie, R. B. (1996). The Service Experience in Tourism. *Tourism Management, 17*(3):165-174.

Petrick, J. F. (2004). The roles of quality, perceived value and satisfaction in predicting cruise passengers' behavioral intentions. *Journal of Travel Research, 42*(4): 397-407.

Pine II, B. J., & Gilmore, J. H. (1998). Welcome to the Experience Economy. *Harvard Business Review, 4*(1): 97-105.

Raykov, T. & Marcoulides, G. A. (2000). *A first course in structural equation modeling. Mahwah*, N J: Lawrence Erlbaum Association.

Richards, G. (2000). Tourism and the world of culture and heritage, *Tourism Recreation Research, 25(1)*: 9-17.

Swarbrooke, J., & Horner, S. (1999). *Consumer Behaviour in Tourism*. Oxford: Butterworth-Heinemann.

Yoon, Y., & Uysal, M. (2005). An examination of the effects of motivation and satisfaction on destination loyalty: A structural model. *Tourism Management, 26* (1): 45-56.

Zeithaml, V. A., & Bitner, M. J. (2002). *Service Marketing: Integrating Customer Focus across the Firm*. New York: McGraw-Hill.

第三篇　理論

「理論是科學的皇冠，藉由理論的闡釋我們得以認知所處之世界」

Theories are the crown of science, for in them our understanding of the world is expressed.

——Rom Harré [1]

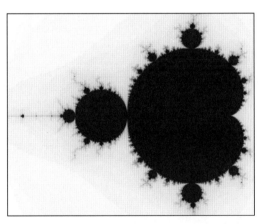

利用碎形理論所繪製出 Mandelbrot Set 圖形

---

[1] 羅姆・哈瑞（*Rom Harré*）是紐西蘭籍的著名科學哲學及社會心理學家，2010 年獲得美國心理學協會終身成就獎，原文載於《The *Philosophies of Science*》一書。1984，二版，頁 168。

第八章　模糊理論的方法與應用

科技若要能解決人類經驗的問題，就需要有人類思考的方式。

—— 扎德（L. A. Zadeh）

第一節　緒論

理論（theory）是指能對某一現象提出合理的解釋，也是我們人類看待或思考世界的一種簡要方式。若以科學的定義而言，理論就是一群「眞」（暫時接受）命題的集合，而命題可以包含：公設（axiom）、事實（fact）和定理（theorem）等[1]。換言之，人類對自然與社會現象，按照已有的實證知識、事實、法則、定理、演繹推理以及經過驗證的假說等的方法，進行合乎邏輯的推論性總結，就是理論。理論是科學的核心，協助認識我們這個繽紛世界、擴展吾輩對經驗事實的理解，並讓人類得以探索未知和解決問題。

模糊理論（fuzzy theory）又稱爲模糊集合理論（fuzzy set theory），是一門以量化方法處理模糊概念的學說，接受模糊現象存在的事實並以研究此不確定事物爲目標。模糊（fuzzy）意旨含混不清、模稜兩可、不明確性的意思，在眞實世界中，許多事物的性質是模糊的、關係是模糊的，甚至人類生活中有許多語言和思維也都是模糊的，例如「那個女生很漂亮」、「今天天氣很熱」、「這些年輕人」、「開車開的有點快」、「這個花園很美」、「他很厲害」等敘述，都是模糊的語意詞彙（fuzzy linguistic terms），因爲溫度多高才算熱呢？怎樣才稱爲漂亮呢？年齡多少才算年輕呢？每個人對它們的定義都不同，也就是說這些語意或事物的狀態，大都和人主觀感覺及經驗判斷有密切的關係，雖然只能從其語意做大概的判斷和猜測其意思，但是之間的差距並不大，人腦都可以很容易地處理並理解，故仍能「心領神會」達到彼此溝通之目的而不至於產生誤解和歧異。

1965 年美國加州大學柏克萊分校的扎德（L. A. Zadeh）教授在探討人

---

[1] 引自林峰田，科學哲學課程講義。myweb.ncku.edu.tw/~ftlin/course/ 科學哲學 / 何謂理論 .doc

類主觀或思考過程中，如何採定量化處理的方法時首先提出「模糊集合」（Fuzzy Sets）的概念，以「隸屬函數」（membership function）來表達事物的模糊性，此舉突破了 19 世紀末笛卡爾（R. Descartes）的經典集合理論，奠定模糊理論的基礎（楊敏生，1994），隨後 P. N. Marinos 和 Zadeh 等人陸續發表模糊邏輯及模糊推理的相關研究，使模糊理論漸成為一個熱門的顯學。1974 年英國的 E. H. Mamdani 首次用模糊邏輯和模糊推理實現了世界上第一個實驗性的蒸汽機控制，並取得了比傳統的直接數據控制演算法更好的效果，從而宣告模糊控制（Fuzzy Control）的誕生[2]（Mamdani, 1974），1980 年丹麥的 L. P. Holmblad 和 Ostergard 在水泥窯爐採用模糊控制並取得了成功，這是第一個有實際意義的商業化模糊控制器；1987 年模糊自動控制應用於日本仙台市的地鐵自動駕駛系統，成為第一個成功應用模糊控制的大型工程。隨後模糊理論的應用愈來愈廣，從資訊科技領域、電機電子控制領域、商業金融領域、空間科學到社會科學與都有相關的研究，也連帶促進人工智慧（artificial intelligence）和類神經網路（artificial neural network）技能的蓬勃發展。

第二節　模糊理論的原理與方法

　　模糊理論是依照資訊對人類主觀表現的概念做大略的定量化處理。在傳統控制中必須建立精確嚴謹的數學模型來達成控制，但如果要控制複雜的系統必定要花費相當多的時間、人力去建立數學模型，才有可能達到所需的動作；然而我們又不可能把整個控制系統的所有變數列出來，只能去控制一些影響系統較大的因素。要去控制這些因素又必須有明確的控制量被決定，但在實際上，有些情形是無法明確的決定其數值，也就是很難去建立系統的數學模型（陳嘉文，1999）。基於上述的種種問題，Zadeh 教授嘗試以人類的思維方式去簡化問題的複雜度，故提倡模糊理論並期望達到與傳統控制方法相同之目的。

　　模糊集合理論之所以廣泛地受到研究的矚目並成功地應用在多種領域上，主要是因為其簡單性並突破窠臼、創造人類科學思維的革新。在傳統集合論中，一般會描

---

[2]　模糊控制是以模糊集合論、模糊語言變量及模糊邏輯推理為基礎的計算機智能控制。該機制的輸入是透過模糊化將原本 0 和 1 的資料變成 0 到 1 之間的數值，雖然在推論的過程中資料為模糊的，但透過去（解）模糊化的步驟，可使得輸出為精確值。

述：從全集 X 上任意給定一個元素 x 及任意一個子集合 A，則元素 x 與子集合 A 之間的關係若不是 x 屬於 A（即 $x \in$ A），就是 x 不屬於 A（即 $x \notin$ A），二者只能擇一且僅有其一成立。若用數學上的特徵函數 I_A 來表示：若 x $\in$ A，則 $I_A(x) = 1$；若 $x \notin$ A，則 I_A(x) = 0，也就是只有「0」或「1」兩種狀況；這種明確集合（crisp set）論發展出二值邏輯理論，配合著笛卡兒的方法論不僅架構出明確及客觀的科學方法，也進而開發了數位電腦，創造今日資訊科技的文明時代（楊敏生，1994）。但有時這種非 0 即 1、非黑即白的二值邏輯絕對性與人類的感知世界是存有差距的，舉天氣的舒適度為例，設若中央氣象局對天氣舒適度指數分級：「寒冷」定義在溫度 19℃ 以下，「舒適」定義在溫度 20 至 26℃ 之間，「燜熱」則定義在溫度 27℃ 以上。若當溫度在18℃ 時，若以傳統明確集合來作判斷，從圖 8-1 可以看出明確集合會將其歸類於「寒冷」，而不屬於「舒適」類別；但實際上人類對此溫度只是感覺比「舒適」的程度稍冷一點，並非不舒適也不至於到「寒冷」的地步，故這種若非「舒適」即是「寒冷」的二者擇一的邏輯判斷有時實不近「人性」，悖離人類的主觀認知及情感世界。

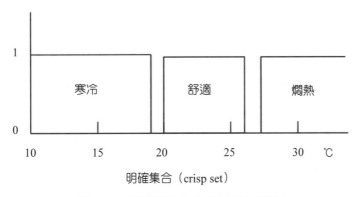

明確集合（crisp set）

圖 8-1　以明確集合定義天氣舒適度

　　而扎德教授在處理此不確定性與模糊的現象，乃簡單地將具有 0 及 1 兩個值的特徵函數 I_A(x) 擴展成 [0,1] 區間連續值函數 $u_A(x)$，即對 x $\in$ X，$u_A(x) \in$ [0, 1]，而稱此函數為隸屬函數（membership function），隸屬函數的值正可表示元素 x 隸屬於集合 A 的程度，如此一來，就可將介於 0 與 1 之間的所有數值表示出來，打破非 0 即 1 的分類。換言之，從 0 到 1 之中介過渡沒有明確的概念都可被隸屬函數表示出來，而中介過渡沒有明確的概念正是所謂的「模糊概念」，故使用明確且嚴謹的數學方法來刻劃描述模糊的現象，就稱之為模糊理論。同樣舉前述的例子，若採用此模糊集合（fuzzy set）來作區別，見圖 8-2 所示，我們可以定義每一溫度給予一個對「舒適」而言的所屬程度（也就是隸屬度），例如溫度 16℃的「舒適」所屬程度值爲 0.3（相對地，寒冷程度可能爲 0.7），溫度 18℃的「舒適」所屬程度值爲 0.8（相對地，寒冷程度可爲 0.2），溫度 21℃的「舒適」所屬程度值爲 1（相對地，寒冷程度爲 0）等，隨著不同的溫度，其程度也慢慢變化，如此所作的區分也比較符合人類的主觀及思考模式；而藉由此種概念和思維，可以運用到冷氣機及暖氣機等家電產品的控制，例如溫度 10℃時比 14℃要讓壓縮機運轉速率提高多一些，以便產生更多的暖氣，隨著溫度的高低程度控制風速、壓縮機運轉作些微的調整，使有模糊控制的暖氣機改善了傳統暖氣機的不能維持溫度平穩和浪費電源等缺點。

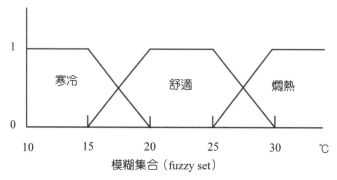

圖 8-2　以模糊集合定義的天氣舒適度

　　所謂的不確定性（uncertainty）有不同的面向，有可能是一種誤差、有可能是一對多的含混（ambiguity）關係，在統計上探討的是指發生與否的不確定，也就是隨機性，屬於機率測度函數（probability measure function），而模糊（fuzzy）的不確定性是一種認知模糊性的隸屬函數，所以其代表的不確定性是有所不同，例如某甲候選人會不會當選總統，這是機率的不確定性，至於他有沒有「勤政愛民」的治國能力，恐怕是見仁見智的模糊不確定性問題，故機率論與模糊理論等面向可相輔相成，使不確定性的領域更臻完備。歸而言之，模糊集合理論突破非 0 即 1 的二分法，也貼近人類普遍的感覺與思維，扎德進一步舉例指出在人類語言中到處可看到模糊特性，例如年輕、年老、非常老等都是模糊模糊的概念，所以他以年齡爲全集 X，並將年輕、年老及非常老的隸屬函數表示如下列之公式（Zadeh, 1973）。舉例而言，若某乙爲 17 歲，則隸屬度是 $0 \leq x \leq 25$ 之間，是屬於值爲 1 的百分百年輕人，然若某丙年紀爲

35 歲，則非 $0 \leqq x \leqq 25$ 之隸屬度內，故需帶入式 8-1 的公式計算，經計算後的答案為 5 的負一次方，故爲隸屬度 0.2 的年輕人；同理，若某丁爲年紀 60 歲的人則需帶入式 8-2 計算得爲 0.8 的年老人，若帶入式 8-3，得到的解答就是 0.64 的非常老之人。

$$\mu_{年輕}(x) = \begin{cases} 1, & \\ \quad 0 \leq x \leq 25 & \\ \left(1 + \left(\dfrac{x-25}{5}\right)^2\right)^{-1} & \\ \quad 25 < x \leq 100 & \end{cases} \qquad （式 8\text{-}1）$$

$$\mu_{年老}(x) = \begin{cases} 0, & \\ \quad 0 \leq x \leq 50 & \\ \left(1 + \left(\dfrac{x-50}{5}\right)^{-2}\right)^{-1} & \\ \quad 50 < x \leq 100 & \end{cases} \qquad （式 8\text{-}2）$$

$$\mu_{非常老}(x) = \begin{cases} 0, & \\ \quad 0 \leq x \leq 50 & \\ \left(1 + \left(\dfrac{x-50}{5}\right)^{-2}\right)^{-2} & \\ \quad 50 < x \leq 100 & \end{cases} \qquad （式 8\text{-}3）$$

　　利用模糊（fuzzy）理論去解決實際問題，其關鍵是要如何找出一個恰當的隸屬函數，許多研究學者在隸屬函數的建立方面盡了很大的努力，希望能找到系統性的方法，以便建立出比較客觀的隸屬函數。但隸屬函數雖然是客觀事物的屬性，但是卻往往存在著個人的主觀意識，一般而言並無通用的定理或公式，通常是需根據經驗、智慧或統計來加以確定；一般的處理方式是會先建立粗略的隸屬函數，然後透過演練和嘗試錯誤，逐步修正和調整，使隸屬函數更臻於完善也更加客觀。常用表達隸屬函數的類型有：1. 數值定義方式（離散化隸屬函數）和 2. 函數定義方式（連續化隸屬函數）。連續型隸屬函數的優點是可微分，對於需要利用學習機制（例如類神經網路運算），做隸屬函數調整的事件，其功能會較離散型隸屬函數好；而較常使用的連續化隸屬函數可以設定如吊鐘形（Bell shape，或稱爲高斯型）、梯形（Trapezoid）、三角形（Triangular shape）、S 函數（S function）、Z 函數（Z function）等[3]；高斯型

---

[3]　上述資料引自宋志元，模糊理論課程講義。網址：ee2.cust.edu.tw/~hao/fuzzy%20theory/fuzzy%20theory1.ppt

隸屬函數其曲面較為平滑，因此具有較佳的非線性特性，而三角形隸屬函數與梯形的隸屬函數對電腦而言，所需的計算量較少，故採用性高。以下為梯形（Trapezoid）和三角形（Triangular shape）的片段連續式（piecewise continuous）隸屬函數與計算公式之示範：

$$\mu_A(x) = \begin{cases} 0 & for\, x \leq a_1 \\ \dfrac{x - a_1}{a - a_1} & for\, a_1 \leq x \leq a \\ 1 & for\, a \leq x \leq b \\ \dfrac{b_1 - x}{b_1 - b} & for\, b \leq x \leq b_1 \\ 0 & for\, b_1 \leq x \end{cases} \qquad （式 8-4）$$

梯形隸屬函數

$$\mu_A(x) = \begin{cases} 0 & for\, x \leq a_1 \\ \dfrac{x - a_1}{a - a_1} & for\, a_1 \leq x \leq a \\ \dfrac{b_1 - x}{b_1 - b} & for\, a \leq x \leq b_1 \\ 0 & for\, b_1 \leq x \end{cases} \qquad （式 8-5）$$

三角形隸屬函數

　　模糊集合之運算可透過補集（Complement）、交集（Intersection）和聯集（Union）等方式進行（萬絢、林明毅、陳宏杰，2006）[4]，由於近年來模糊理論的研究與進展十分快速，許多的應用公式和電腦軟體也紛紛出現，對於模糊理論的的相關應用也有很大的幫助，茲舉「Fuzzy tech」套裝電腦軟體的操作範例來說明模糊理論的運算及應用歷程[5]：如果銀行欲進行客戶信用可靠程度的評估，首先會查閱客戶其經營之事業是否持續性或連續性地（Continuity）與銀行往來交易、其收入和支出（Inc_Exp）的狀態，然來利用這兩個變項，作為第一個準則，來觀察該客戶資金流通性（Liquidity）的情況，因此軟體以連續性（Continuity）和收支（Inc_Exp）作為輸入變項，以模糊邏輯系統建立「規則方塊」（rule blocks）來估算，並與輸出變項流通性（Liquidity）進行相關評估。此外，程式也可以增加系統元件，如增加交易安全性

---

[4] 模糊集合的運算和相關公式頗多，在此無法一一列舉，可參閱相關研究及書籍，例如：萬絢、林明毅、陳宏杰（2006）。模糊理論應用與實務。臺北：儒林書局。

[5] 關於 Fuzzy tech 的程式及範例可參考該公司網站：http://www.fuzzytech.com/

（Security）的輸入變項並將原先的資金流通性（Liquidity）作中介變項，以此兩個變項來做爲第二個準則，建立第二個「規則方塊」進行模糊邏輯的統計與分析，探討輸出變項——客戶財務狀況（Financial）的評估情形，其整體的模糊邏輯結構如圖 8-3 所示。在變項的操作上可依其特性設定隸屬函數，例如連續性（Continuity）可依頻率設 1 至 0 之間，並以低中高來區分（如 0.25 以下爲低，0.5 爲中，0.75 以上爲高）及調整模糊值，收支（Inc_Exp）情形因與金額有關，其間距可改爲負 2 萬美元至正 23 萬美元間，低中高值可分別設四萬五以下、10 萬和 17 萬美元以上，至於安全性的隸屬函數爲 -1 至 2 之間（-0.2 以下爲不佳，0.5 爲普通，大於 1.2 爲良好），見圖 8-4 所示。

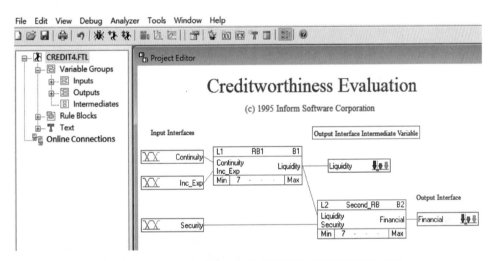

圖 8-3　Fuzzy tech 所建構的信用評估模糊邏輯系統圖

（資料來源：自行操作）

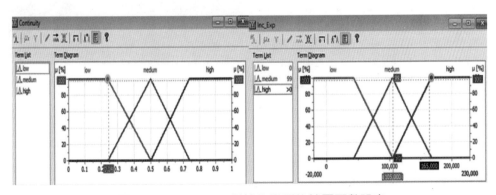

圖 8-4　Fuzzy tech 對輸入變項的隸屬函數設定

（資料來源：自行操作）

　　在「規則方塊 1」（RB1）和「規則方塊 2」（2ed RB）的方框點入後，可進行矩陣演算及用試算表的規則編輯器進行調整（如信賴程度 DoS 和術語選擇）並可使用公用程式修改，確立輸入與輸出變項間之關係（IF 和 THEN，如：若 Continuity 為 low、Inc_Exp 為 high 則 Liquidity 為 medium）；而在輸出變項如流通性（Liquidity）部分，可在變數編輯器裡面以視覺化方式展現反模糊化的過程（轉回到一般的數值變數），圖表中的 Term 顯示模糊邏輯規則推論的結果，虛色箭頭顯示每個隸屬函數的最大值，而正確程度則是由實心的箭頭填滿。最後透過除錯模式進行修正，並以 3D-Plot 繪圖分析器、時間繪圖記錄器、統計分析器和檔案記錄器來進行逐步進行修正、訓練和建立評估之預測。例如透過多筆測試後的檔案記錄器可以發現：Klein 先生之事業往來的連續性（Continuity）若為 0.71（高）、收支（Inc_Exp）為正 10 萬 2 千多元（中），則資金流通性（Liquidity）會是 0.83（高），若其交易安全記錄（Security）是 1.1（良好）則其財務狀況（Financial）的評估是「優良的」（0.86）。同理，若 Lefitte 小姐的事業的連續性（Continuity）為高（0.81）、收支（Inc_Exp）偏低（2 萬多元），則資金流通性（Liquidity）不高（0.21），若其交易安全記錄（Security）是普通（0.4），則其財務狀況（Financial）的估測是比較「較差的」（0.35），綜整各項資料便能據此逐步建立評估準則（圖 8-5）。

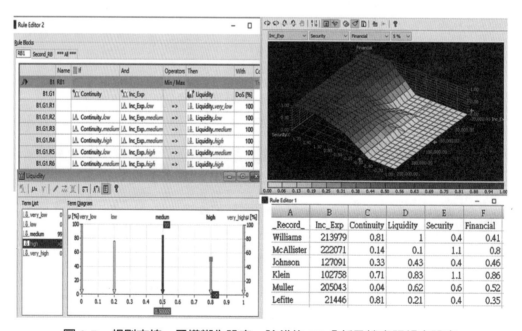

圖 8-5　規則方塊、反模糊化設定、除錯的 3D 分析及檔案記錄之設定

（資料來源：自行操作）

第三節　模糊理論的應用與實例

一、模糊理論在地理學的相關研究

　　模糊理論除了在商業經貿及電子機械等方面的應用外，在空間科學領域如地理學的研究也漸受重視，例如 A. Karabegovic 等人（2006）在探討波士尼亞的圖茲拉（Tuzla）地區的土地利用時，認為傳統地理資訊系統（GIS）的坡度分級無法反映實際狀況，例如若以坡度 10 度為平地之界線則若 10.1 度將會被視為非平地實待商榷，且不同的土地利用型態（如旱田和水田）對坡度要求應有差異，因此運用模糊理論的邏輯計算重新定義坡度範圍再結合 GIS 作為土地利用適宜性分類和決策運用的參考。另外，模糊理論在遙測（Remote Sensing）的影像分類探討亦十分熱絡，G. Droj（2007）與及 Venkateswaran et al.（2013）等人均提出利用模糊運算的功能來比較監督和非監督分類的成效差異，研究成果顯示加入模糊理論（如 Fuzzy C-means 分群法），明顯對於遙測影像的分類效果較佳；Yang et al. (2013) 及 T. Sarath and G. Nagalakshmi（2014）也分別探討增加馬可夫隨機的 Fuzzy C-means 分類以及用模糊最大概似法（Fuzzy Maximum Likelihood），都能提升影像分析的品質，對地表物體判識和土地利用分類的精確度有所幫助，顯示模糊邏輯理論對空間分析科學具重要且優異之貢獻。

　　在國內部分，林誌銘（1993）針對 GIS 空間距離和疊圖分析的問題，以「模糊空間距離關係分析模式」的概念，透過隸屬函數將空間距離關係轉換成具連續性的數值，並以緊急疏散民眾集結點設置的問題為案例，驗證「模糊疊圖法」比起傳統疊圖分析，較能減少資訊的流失及滿足決策者的真正需要。張晉瑞（2009）以模糊理論 α-cut 的概念為基礎進行泥砂粒徑邊界值的劃分，並據此探討曾文溪河口近岸地形及沉積物粒徑分布的關係，研究顯示 0.063～0.11mm 明顯的集中在水深 15～20m 處，而粒徑值 0.125～0.18mm 則明顯的集中在 0～10m，故可得證粒徑較細的沙被沖到較遠的地方而且分布的範圍較為廣泛。莊宗南、張嘉良（2009）藉由文獻探討、專家訪談與專家問卷的方式，得到十七項觀光資源與六項觀光型態組成「標竿港埠觀光」組態，並藉由模糊理論（模糊 TOPSIS 法）之模糊關係合成做整合運算並評估準則的權重和排序，研究發現高雄港埠地區觀光發展方向可以景觀遊覽型（18.1%）和購物消費型（18.1%）為主，美食享樂型（17.2%）和遊憩育樂型（15.8%）次之，最後則為

知性文化型（17.2%）和宗教朝聖型（13.5%）。王芳婷、張政亮（2014），利用模糊層級分析法（Fuzzy AHP）評估大漢溪下游河岸休憩廊道之環境規劃，研究認為河岸景觀規劃主要考慮因素中以「生態保育」為首要，其次為「功能價值」的需求，而後續的「管理經營」則居第三，至於「區位抉擇」相對的重要性最小。蔡明達、陳啟南等（2015）則探討模糊理論在不動產估價的應用，研究利用問卷將臨道路的寬度與及鄰近學校、市場、車站、公園等價格影響程度計算出模糊權重及模糊數函數，再將模糊權重的模糊函數與最大和最小隸屬度產生交集進行模糊評判 UT(t)，最後利用迴歸分析計算出影響價格因素的權值函數；文中並以桃園八德市為案例，結合 GIS 進行環域分析，以選取離道路 10 公尺至 20 公尺、離學校 150 公尺以內、離市場 250 公尺以內之條件下，所成交樣本數有 126 筆，依其公式計算出最後每坪的實價與預估值誤差在正負 0.72 萬元之間。

二、模糊德爾菲法的應用案例

德爾菲法（Delphi Method）是彙整專家意見所做成的預測法，如同第五章所言德爾菲法是一種群體決策的預測方法，其發展是在 1950 年代初美國藍德公司（Rand Corporation）的 N. Dalkey 及 O. Helmer 兩位學者所研發用來因應冷戰時期美蘇可能發生各種衝突的預防策略，其主要的實施流程是：編製主題問卷，接著郵寄問卷給專家請其表示意見，最後綜合歸納並採專家的共識（眾數或平均數）為依據的一種決策方法。德爾菲法兼具有擷取問卷調查和會議兩者之優點（Rowe et al., 1991），然而相關的研究也指出，使用傳統的德爾菲法會有：1. 需來回多次彙整專家意見達一致性，耗時久、成本高、效率低；2. 所謂專家意見一致，只是代表專家意見落在某一範圍中，而此範圍隱含了模糊性，但在處理的過程中卻未將此模糊性納入考慮；3. 在求取專家意見一致過程中，容易扭曲專家意見，亦即會系統性的削弱對手的意見與抑制不同的想法（Hwang & Lin, 1987）等缺點（陳曉玲，1995；黃有傑、羅紹麟，2001）。故針對上述的缺失，G. Klir 與 T. Folger 在 1998 年提出的平均數之一般化模式導入德爾菲法，以問卷之專家評估值建立三角模糊函數，其一般化平均數中之極小值（a）、極大值（b）為專家共識三角模糊函數得知兩端點，以幾何函數（m）代表專家群體對此影響因素評估之共識（取代平均數），最後由研究者依研究目的決定門檻值，以選出適當的評估因子，此方式稱之為模糊德爾菲法（許香儀、葉昭憲，2005；林佩瑩，2006）。圖 8-6 為三角模糊數的函數圖型，其中 a 與 b 為專家回應之

最小值與最大值，X 軸中的 m 為指定值，$\mu n(x)$ 軸上隸屬值 1 為所有專家回應的幾何平均數。當以 m 為基準向上延伸至 $\mu n(x)$ 軸隸屬值為 1，與 X 軸 a、b 兩點構成三角形面積，即模糊數涵蓋範圍。

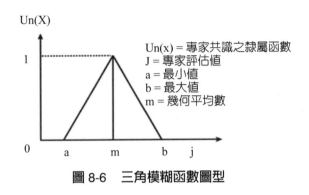

圖 8-6　三角模糊函數圖型

　　本節茲舉第六章第三節的宜蘭利澤工業區之擴建為例[6]，針對工業區開發對當地可能的衝擊，先透過群體提案評估法（NGT），在當地利澤育英國小邀請當地不同背景的社區居民參與公眾集會，聽取開發後對當地的正負面意見及可能的因應改善之道並整合成相關意見，並訪談里長、廠區代表等「利害關係人」，找出此地所關注的問題和利益訴求，以利德懷術問卷之製作，再利用模糊德懷術法函請地理環境與公共決策學者、地方仕紳及廠區管理者等三項領域的專家學者共 12 人，展開匿名的反覆性問卷調查。此部分主要分為兩個階段，進行的方法是請專家依其個人之主觀價值判斷，針對各個指標之重要性加以評估並給予評分，若在第二次問卷時即已達完全的一致或呈現極端的兩極化時，則問卷只需進行兩次（Martino, 1972；Rowe et al., 1991；游家政，1996；林佩瑩，2006），本研究採林佩瑩（2006）的方式以幾何平均數（G）和四分位差（Q）來代表專家對評估值的集中和分散的狀況。在第一次問卷時以四分位數 Q1 和 Q3 來計算各個問項的重要性，做為回饋問卷之選項取捨的依據，第二次問卷時利用幾何平均數（G）表示專家意見之一致性，並且以 K-W 檢定量（H）來計算專家學者對於各問項間整體評定重要性認知的一致程度；只要 K-W 大於 5.99，表示有差異性或幾何平均數小於 6.00 即代表缺共識，就予以刪除，其成果如表 8-1 所

---

[6]　內容擷取自：張政亮、王慶國（2011），社會影響評估於海岸地區經營之決策：以宜蘭利澤工業區之擴建為例，工程環境會刊，27(7)：39-52。

示，其中的 1-3、1-10、2-1、2-3、2-7、3-4、3-5 等題項因幾何平均數小於 6.00 故予以剔除。由此模糊德爾菲法的結果加上地方訪談的綜整，基本上可以得知專家們評估工業區三期建廠最大的衝擊也是汙染議題，且專家了解光電廠設置最大的問題是水的汙染而非廢氣排放問題，所以設置汙水處理廠比環保監測儀器、限定低汙染性工廠進駐及訂嚴格環保標準更為迫切。此外，藉由專家問卷也認為工業區設置後，就業人口考慮汙染和生活品質等因素並不會居住於附近，故不會使社區地價上升，但居民凝聚力反會因注意工安意外及居家安全而加強；雖然強調應保障當地就業，但考量當地居民人口特色（缺乏青年人、亦不符高科技所需之學經歷人才），對擴大就業並無太大幫助；另外，地方里長也指出空氣和廢水汙染常利用夜間或雨天等特定時間排放以掩人耳目，故監測設備宜 24 小時監控且公開資訊。至於對於景觀與生態的破壞、是否要收取回饋金、是否設置醫院公園、施工或生產是否會有噪音與工安等危害，則出現領域認知的歧異性；而利害團體的運作對決策選項當然有一定程度之影響。

表 8-1　第二階段專家問卷回饋表

指標變項	統計量 K-W	當地仕紳	學者專家	廠區開發者	幾何平均 G	刪除
1-1 增加就業機會	1.734	6.69	8.16	8.88	7.9	
1-2 增加經濟收入	2.220	6.21	7.56	8.88	7.49	
1-3 促進聯外交通便利	5.621	3.30	6.40	7.37	5.55	●
1-4 汙染增加，影響身體健康	0.200	7.11	7.92	6.69	7.35	
1-5 交通事故增加，影響道路安全	1.971	5.77	7.76	8.62	7.37	
1-6 粉塵增加，製造髒亂	1.533	7.37	8.14	6.87	7.56	
1-7 空氣汙染增加，縮短壽命	0.179	6.46	7.89	6.69	7.15	
1-8 土壤汙染，無法農耕	1.763	5.24	7.71	6.21	6.54	
1-9 水汙染，無法依靠漁業維生	0.293	6.46	7.89	5.65	6.82	
1-10 發生工安事件，影響生命財產安全	0.113	6.46	7.95	7.83	7.48	●
2-1 視覺景觀變差，遊憩資源減少	0.682	5.19	6.94	2.71	4.96	●
2-2 環境品質變壞，物種減少	0.393	6.21	6.97	5.65	6.38	
2-3 自然景觀（濕地）破壞消失	0.595	5.43	7.16	3.11	5.29	●
2-4 外勞增加，治安敗壞	0.455	6.46	5.65	6.21	6.02	
2-5 促進社區居民交流	3.941	8.43	5.21	5.65	6.07	
2-6 商店增加，促進生活機能	1.476	5.85	7.26	8.57	7.16	

指標變項	統計量 K-W	當地仕紳	學者專家	廠區開發者	幾何平均 G	刪除
2-7 促進當地繁榮，人口增加	1.308	3.42	7.53	6.60	5.86	●
2-8 促進社區發展，促使地價上漲	5.051	3.91	7.16	7.11	6.06	
3-1 規劃社區公園，美化環境	1.055	8.57	7.13	6.69	7.37	
3-2 設置基金，支援社區活動	1.299	8.57	6.94	6.30	7.16	
3-3 優先任用當地居民	1.156	8.57	6.55	8.24	7.51	
3-4 設置賣場，收入由居民共享	0.542	6.84	6.49	3.42	5.53	●
3-5 設置圖書館，促進文化教育	0.418	5.13	6.94	3.68	5.38	●
3-6 提供機會，輔導就業	0.821	7.83	7.46	8.57	7.85	
3-7 提升當地醫療設備及水準	0.809	6.30	7.28	8.57	7.32	
4-1 設置減速墊，降低車速	3.500	7.37	6.72	8.62	7.38	
4-2 多設監視器，防範犯罪	3.256	7.94	6.92	9.28	7.78	
4-3 限定只能低汙染性工廠進駐	2.281	8.88	7.91	9.28	8.53	
4-4 設置監測儀器，公布檢測數據	0.117	8.57	8.04	8.24	8.24	
4-5 設置汙水處理廠，汙水集中處理	5.140	9.65	8.09	10.00	8.99	
4-6 訂嚴格環保標準，違反即停工	0.558	8.96	8.29	8.24	8.46	
4-7 提供回饋金，定期健檢	2.354	9.28	7.63	4.48	6.96	

註：K-W 大於 5.99，表示有差異性，幾何平均數小於 6.00 代表缺共識，均刪除。

三、模糊 AHP 的應用案例

　　第六章所提及的分析階層程序法（AHP）在施實上當階層級數增加時，則所有評估準則間的成對比較次數將呈指數型態成長，容易使評比者因回答問題過多而思緒混淆，造成模式精確度降低，而且現實的世界誠如前文所述，常存模糊狀態以致評估結果可能與事實有所出入（Ruoning and Xiaoyan, 1992），針對此問題 Laarhoven 與 Pedrycz（1983）應用模糊集合理論及模糊算數，融入 Saaty 的傳統 AHP 法，發展模糊分析階層程序法（Fuzzy AHP, FAHP）以提高精確度並對具有模糊性的決策問題進行有效的處理；其作法是先以三角模糊函數來對兩要素間之成對比較值加以模糊化，找出各決策準則的模糊權重；接著在各決策準則下求出各替代方案的模糊權重；最後經由各層級的串聯，即可獲得各替代方案的模糊分數，以做為選擇之標準[7]（郭英峰、

---

[7]　FAHP 除了可採三角模糊函數處理外，也可用其他不同類型的隸屬函數處理，例如 Buckley（1985）也提出可採用梯型模糊函數以及幾何平均法來計算各替選方案的模糊權重。

陳邦誠，2006）。在研究上除了依公式自設程式計算外，目前市面上已經有處理 FAHP 的商用軟體程式，本文以「Power Choice」多層級決策支援分析軟體為例，進行案例的應用與分析；Power Choice 軟體基本上與 Saaty 所研發的 Expert Choice 軟體在公式設計和操作介面並無太大差異，主要是增加搭配三角模糊函數理論（Fuzzy AHP），並多出前端配合的德爾菲法（Delphi）和折衷排序法（VIKOR）等。Power Choice 主要是採正三角模糊數（Positive Triangular Fuzzy Number）的模糊分析方法，有關三角形隸屬函數與計算公式可參閱前文的公式 8-5，而其三角模糊函數圖型與模糊德爾菲法是一樣的，茲說明和計算如下所示[8]：

1. 正三角模糊數（Positive Triangular Fuzzy Number）：圖 8-7 為 Power Choice 所採 FAHP 的三角模糊數的函數圖型（與圖 8-6 概念相同），設位於中間位置的 a 為指定值，b 為最大值，c 為最小值。而以 a 為基準向上延伸的頂點完全屬於值 1 的 y 值，與 x 軸上的 b、c 兩點所構成的三角形面積，即為模糊數所涵蓋的範圍。

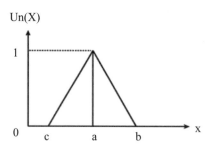

圖 8-7　FAHP 三角模糊函數圖型

2. 模糊數的運算：依據模糊數之特性及其擴張原則，假設 $A = (c_1 , a_1 , b_1)$ 與 $B = (c_2 , a_2 , b_2)$ 為兩個三角模糊數，則其運算如下：

$$加法：\widetilde{A} \oplus \widetilde{B} = (c_1 + c_2 , a_1 + a_2 , b_1 + b_2) \qquad （式 8-6）$$

$$乘法：\widetilde{A} \otimes \widetilde{B} = (c_1 \times c_2 , a_1 \times a_2 , b_1 \times b_2) \qquad （式 8-7）$$

$$倒數：\widetilde{A}^{\frac{1}{n}} = (c_1^{\frac{1}{n}} , a_1^{\frac{1}{n}} , b_1^{\frac{1}{n}}) \qquad （式 8-8）$$

---

[8]　資料來源：參考 Power Choice V2.5 引導手冊，臺北：中崗科技，2009。

3. 解模糊化（Defuzzification）：將模糊集合轉成一個明確值的方法即爲解模糊化，在許多解模糊化的方法中，以重心法的運算方式最爲簡單且無須加入決策者之個人偏好。依 Teng 及 Tzeng（1993）所提出之重心法（Center of Gravity Method），其原理即求解三角形之重心，亦即求得模糊集合的中心值來代表整個模糊集合。其運算方法如下式：

設 $\widetilde{A_{ij}} = (L_{ij}, M_{ij}, R_{ij})$ 爲一三角模糊數，其解模糊權重值 DF_{ij} 爲：

$$DF_{ij} = \frac{(R_{ij} - L_{ij}) + (M_{ij} - L_{ij})}{3} + L_{ij} \qquad (式 8\text{-}9)$$

　　本節亦沿用第六章第三節的宜蘭利澤工業區之擴建爲例，將原來使用的 Expert Choice 軟體所分析的 AHP，改爲 Power Choice 軟體進行 Fuzzy AHP 的計算，在開啓 Power Choice 後，會有「AHP」及「Fuzzy AHP」兩個選項，點選 Fuzzy AHP，進入模糊參數設定的選項，選擇兩兩成對比較時的權重模糊值，本文採預設值（最大和最小值的正負 1.5，例如權重值若選 2，則模糊值介於 0.5 至 3.5，見圖 8-8），然後鍵入所有項目和待選方案，並進行成對比較，所有的步驟與 AHP 相同，只是表格下方會出現 Fuzzy 值的範圍（圖 8-9）。最後檢查 CR 值是否小於 0.1 並選群組計算，便可得 FAHP 的選擇方案優先順序和各構面準則的比重，由圖 8-10 可看出利澤工業區的第三期開發仍是可以光電太陽能科技廠爲優先考量，其相對優勢爲 44.0%（先前的 AHP 爲 43.4%），以傳統產業的工廠進駐爲考量次之，爲 31.2%（AHP 爲 30.6%），不開發而爲自然生態環境之評估意見則爲 24.8%（AHP 爲 26.1%）。又依分析數據的比率長條圖觀察：開發案對居民影響層面的權重最大（53.5%），其次是對生態環境的影響層面（24.6%），最後才是對土地狀況的考慮層面（21.9%）。對比 AHP 和 FAHP 之研究成果可以發現這些準則和選項排序之順位均無差異，僅權重值有差距[9]，此結果與江季如（2009）、陳勇廷（2015）的研究相同，然而 FAHP 不具有放縮作用且標度間隔差較小，能避免被少數的極端值所干擾（甘海龍、楊寶貴等，2006），且納入人類語意描述的模糊性考量，較能表達決策者偏好的不確定性，有利於提高決策分析的可靠性。

---

[9] 因爲 Power Choice 軟體的成對比較只能輸入整數（Expert Choice 可輸入非整數），故其數據會有些微差異。

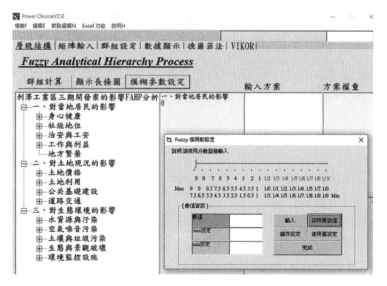

圖 8-8　Power Choice 的操作介面及模糊參數設定

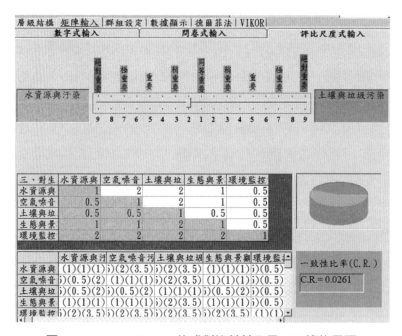

圖 8-9　Power Choice 的成對比較輸入及 CR 值的呈現

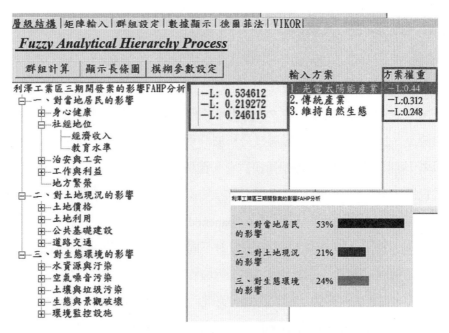

圖 8-10　Power Choice 呈現的主要構面和選擇方案權重值

📖 主要參考文獻

一、中文文獻

不著撰人（2009）。Power Choice V2.5 快速引導手冊，臺北：中崗科技。

王芳婷、張政亮（2014）。利用模糊層級分析法評估大漢溪下游河岸休憩廊道之環境規劃，2014 新世紀休閒創意論壇暨國際學術研討會，苗栗：育達科大。

甘海龍、楊寶貴、陳磊、辛春波、張曉衛、李志友（2009）。基於 AHP 與 FAHP 確定因素權重比較探討。（2015-10-20）。http://www.paper.edu.cn。

江季如（2009）。應用 AHP 及 FAHP 手法探討不同族群對保險項目重要性之研究──以面板廠個案公司爲例，桃園：元智大學工業工程與管理研究所碩論。

林佩瑩（2006）。高雄愛河綠廊功能之探討，臺北：國立臺灣師範大學地理學研究所碩論。

林誌銘（1993）。模糊理論應用在 GIS 影響圈及疊圖分析之研究。新竹：交通大學土木工程研究所碩論。

秉昱科技（2006）。模糊邏輯與類神經模糊在商業和財政的應用。臺北：儒林書局。

張政亮、王慶國（2011）。社會影響評估於海岸地區經營之決策：以宜蘭利澤工業區之擴建爲例。工程環境會刊，27(7)：39-52。

張晉瑞（1997）。應用模糊理論與地理資訊系統探討海底沉積物粒徑分佈與地形關係，高雄：國立中山大學海洋環境及工程研究所碩論

莊宗南、張嘉良（2009）。應用模糊理論於港埠地區觀光發展方向之研究，環境與生態學報，2(2)：61-89。

許香儀、葉昭憲（2005）。都市重劃區土地使用變遷模式建構之研究──以臺中市 11 期重劃區爲例。臺灣土地金融季刊，42(3)：161-187。

郭英峰、陳邦誠（2006）。應用模糊層級分析法分析消費者對行動加值服務之偏好，電子商務學報，8(1)：45-64。

陳勇廷（2015）。基於 AHP 及 FAHP 架構之山難事故風險評估及救災方案專家系統。高雄：國立高雄應用科技大學土木工程與防災科技研究所碩論。

陳嘉文（1999）。模糊邏輯在機械設計之應用。桃園：元智大學機械工程研究所碩論。

陳曉玲（1995）。航空站區位選擇評估程序之研究，臺南：國立成功大學交通管理科學研究所碩論。

游家政（1996）。德懷術及其在課程研究上的應用。花蓮師院學報，6：1-24。

黃有傑、羅紹麟（2001）。模糊德爾菲法在林業行政管理上之應用──以林務局企業精神指標之研究爲例。林業研究季刊，23(4)：57-72。

楊敏生（1994）。模糊理論簡介。數學傳播，18(1)：7-11。

萬絢、林明毅、陳宏杰（2006）。模糊理論應用與實務。臺北：儒林書局。

蔡明達、陳啓南、陳慧茹、林玉菁（2015）。模糊理論應用於不動產估價之研究。南榮學報，18：1-15。

二、外文文獻

Droj, G. (2007). The applicability of fuzzy theory in Remote Sensing Image classification. *Studia Univ.Babes-Bolyai, Informatica, LII*(1): 89-96.

Harré, R. (1984). *The* Philosophies of Science. (2nd ed). New York: Oxford.

Hwang, C. L., & Lin, M. L. (1987). *Group Decision Marking under Multiple Criteria*. New York: Springer-Verlag.

Karabegovic, A., Avdagic, Z., & Ponjavic, M. (2006). *Applications of Fuzzy Logic in Geographic Information Systems for Multiple Criteria Decision Making*, CORP 2006, 11th International Conference on Urban Planning & Regional Development in the Information Society. Vienna, Austria.

Klir, G., & Folger, T. A. (1988). *Fuzzy Sets, Uncertainty and Information*. Englewood Cliffs, N J: Prentice Hall.

Laarhoven, P. J. M. & Pedrycz, W. (1983). A Fuzzy Extension of Saaty's Priority Theory, *Fuzzy Sets and Systems, 11*(3): 229-241.

Mamdani, E. H. (1974). Application of fuzzy algorithms for control of a simple dynamic plant. *Proc. IEE*, 121:1585-1588.

Martino, J. P. (1972). *Technological forecasting for decision making*. NY: American Elsevier Publishing Company.

Rowe, G., Wright, G., & Bolger, F. (1991). Delphi: A reevaluation of research and theory. *Technology Forecasting and Social change, 39*(3):235-251.

Running, X., & Xiaoyan, Z. (1992). Extensions of the analytic hierarchy process in fuzzy environment. *Fuzzy Sets and Systems, 52*: 251-257.

Sarath, T., & Nagalakshmi, G. (2014). An Land Cover Fuzzy Logic Classification By Maximumlikelihood. *International Journal of Computer Trends and Technology*, *V13*(2):56-60.

Shivakumar, B. R., & Pallavi, M. (2013). Fuzzy Logic Based RS Image Classification Using Maximum Likelihood and Mahalanobis Distance Classifiers. *International Journal of Current Engineering and Technology*, *3*: 378-382.

Teng, J. Y. & Tzeng, G. H. (1993). Transportation investment project selection with fuzzy multiobjectives. *Transportation Planning and Technology*, *17*(2): 91-112.

Yang, H.L., Peng, J. H., Xia, B. R., & Zhang, D. X. (2013). Remote sensing classification using fuzzy c-means clustering with spatial constraints based on markov random field, *European Journal of Remote Sensing*, *46*: 305-316.

Zadeh, L. A. (1965). Fuzzy sets. *Information and Control*, *8*(3): 338-353.

Zadeh, L. A. (1973). Outline of a new approach to the analysis of complex systems and decision process, *IEEE Trans. Syst. Man Cybern*, *3* (1): 28-44.

第九章　碎形理論（一）

碎形無所不在（Fractals Everywhere）。

—— Michael F. Barnsley[1]

第一節　緒論

　　「Fractal」譯為碎形、分形或殘形，此詞源於拉丁字「Fractus」指破碎、部分、不規則之意，一般定義其為：「一個粗糙或零碎的幾何形狀」。1967 年法裔美籍數學家曼德布洛特（B. Mandelbrot）在著名的《Science》期刊中發表了〈英國的海岸線有多長（How long is the coast of Britain）？〉一文，揭櫫了碎形維度（Fractional dimension）的觀念並打破了傳統的歐基里德幾何學（classical Euclidean geometry）；經過後續的研究與發展，曼德布洛特於 1975 正式使用「碎形」（Fractal）一詞，來詮釋在不規則中仍蘊藏某種秩序的自然幾何學[2]。早在 1961 年英國數學家 L. F. Richardson 發現估計同一個國家的海岸線長度時，竟然有百分之二十的誤差，而這種誤差是因為他們使用不同長度的量尺所導致的。例如使用尺規撐開比例尺為 200 公里的單位長，然後沿著英國的海岸線行進測量，尺規會忽略小於 200 公里的海岸線扭曲與轉折的長度，這時我們可得到海岸線折線長度為 2400 公里（200 公里 ×12 個折線段 = 2400），若我們將尺規的距離調小為 100 公里，再次測量海岸線時，因為量尺可以掌握更多海岸線的細節，因此必定會得到比原先所測量的長度有更長的海岸線長度（2800 公里，同理若以 50 公里為間距，則海岸線增為 3500 公里；圖 9-1）[3]，Richardson 發現這種不尋常的現象，利用間距標度（s）、線段數（α）和海

---

[1]　邁克爾·巴恩斯利（Michael F. Barnsley）是英國數學家，對碎形的研究頗有貢獻，他利用碎形的自我相似性和自我仿射性原理重複迭代出著名的巴恩斯利蕨（Barnsley's Fern）之自然圖案（如文句後之圖示）。Fractals Everywhere 即是他所撰寫的碎形專書書名，表示碎形的樣態和圖形到處存在於我們所處的環境中。

[2]　Mandelbrot 也於 1986 年給予碎形以下的定義：「碎形是以某種方式，將相似的部分擴展並組成為整體的形態。」（A fractal is a shape made of parts similar to the whole in some way.），見本書第十章說明。

[3]　Fractal 在臺灣港澳地區譯為碎形，大陸則多稱為分形。而圖中之範例只是做概要性的說明，一般測繪的英格蘭海岸線長為 4480km（2800 英里）。

岸線長（L）求出一個關係式：$L(s) = \alpha \times s^{1-D}$，經其計算挪威東南部海岸線的 D 值爲 1.52。

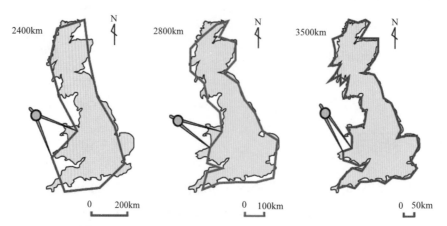

圖 9-1　利用不同比例尺所得出的英國海岸線長度值

（資料來源：參考 Bovill, 1996 重繪）

　　Mandelbrot 根據 Richardson 的發現進一步探討 D 值的意義，因爲他認爲若使用的測量間距愈小，總長度愈長，因此海岸線的長度在某個意義下會變爲「無限長」，這與歐幾里得的幾何定理出現矛盾，因爲依照歐幾里得的幾何定律，線段的維度值應爲 1，也就是當 D 爲 1 時[4]，上述的關係式的 L 長度應等於總段數 α（即若測量的間距標度趨近於 0 時，則海岸線長度應爲本身且爲一固定值），因此 Mandelbrot 在 1967 年發表「英國的海岸線有多長？」一文中，將此計算出介於 1 跟 2 之間的 D 定義爲碎形的維度值（分維值）；他又根據 Richardson 的公式分析澳大利亞海岸線的 D 值爲 1.13、英國西海岸爲 1.25 等，故海岸線愈曲折，其 D 值就會愈大（Mandelbrot, 1967）。

　　碎形的維度可以不必是整數，這個打破歐幾里德幾何學過於簡單的圖形概念，讓科學家陸續發現：海岸線、山脈輪廓、雲朵型態、樹葉、河系、血管、雪花、斷層分布、星團等，這些最平常的自然圖案原來都是碎形體，它們的維度都不是整數；因

---

[4]　所謂維度（dimension）是觀察已趨近於零的尺度，對一集合做量測時，此集合所表現的行爲（Mandelbrot，1983；賴逸少、吳瑞賢，1993）。依據歐幾里得的幾何定律，一條線某一點的位置需要一個座標，其維度值爲 1；平面某一點的位置需要兩個座標 (x, y)，維度值爲 2；空間某一點的需要三個座標 (x, y, z) 來呈現三維立體空間，故維度爲 3。

此 Mandelbrot 使用碎形幾何的概念提供了描述自然界中的不規則及複雜現象中之秩序和結構的新方法。換言之，碎形的研究和其理論的建立乃試圖解釋過去科學忽略的非線性現象與大自然的複雜結構，例如層卷多變的雲朵並非圓形的排列組合、蜿蜒曲折的海岸線也不是直線的聯結拼湊、重巒山嶺更不是圓錐的依次堆疊，這些種種無定型物體的解釋在早期幾何學是被規避與忽略的，而碎形幾何卻科學地闡明這些複雜性並提供新的概念和方法，因此近年來此理論已廣泛地運用到如生物學、物理學、天文學、地理學、地質學以及經濟學、社會學等各種領域，成為一個跨學科的研究風潮。

第二節　碎形的理論與方法

　　碎形的理論認為大自然形態的複雜雜性不是隨機和偶然的，這些奇形怪狀是有意義的，是自我相似的且是跨越不同尺度對稱的，而這其實是理解事物本質的關鍵；所以碎形理論的重要原理原則即是：「自我相似性」（self-similarity）原則和反覆迭代（或譯為疊代，Iterative）生成原則（Mandelbrot，1983）。易言之，碎形主要用於研究複雜系統的自我相似性（self-similarity），借此可透過少量資訊來重現原來的研究物件，具有指定資訊少、計算容易和重現精度高的特點。關於碎形介紹常見的標準範例即是科赫曲線（Koch curve）[5]，如圖 9-2 所示：1. 先取長度為一單位的直線，即 $L(s) = 1$，並標以 $n = 0$。2. 然後將這線段分為三等份，去掉中間的一份，並以正三角形的兩條邊來取代之，於是此線就成了由四條原先單位長度的 1/3 線段所組成的曲線了，此時標以 $n=1$ 為記，而其總長度為 $4 \times (1/3)=4/3$。3. 循此，當 $n = 2$，每一線段的長度為 $s = (1/3)^2$，而線段的數目則為 $N= 4^2$；故總長度 $= L(1/9) \times N(16) = (1/3)^2 \times 4^2 = (4/3)^2 = 16/9$；4. 依此類推可得公式 $L(s) = (4/3)^n$，因為 $n = -(\ln s/\ln 3)$，所以代入 n 值，取對數後 $L(s) = (4/3)^n = \exp [-\ln s(\ln 4-\ln 3)/\ln 3]$，故若令 $D = \ln 4/\ln 3$（或 $\log 4 / \log 3$），則上式可得到 $L(s) = s^{1-D}$ 此一關係式。而這個 D 值經計算 $\ln 4/\ln 3 = 1.26$，便是碎形的維度值（即分維值）[6]。

---

[5] 科赫曲線是瑞典數學家 Helge von Koch 於 1904 年所創設的曲線，因其形態似雪花，故又稱科赫雪花、雪花曲線。科赫曲線後來成為碎形中最常被研究與討論的典型範例，透過此過程中，數學家們研發出了一套繪製碎形的主要方法。

[6] 因為 $\log_e x = \ln x$，所以也可用一般對數（$\log$）來取代自然對數（$\ln$）：$\ln 4 /\ln 3 = \log 4 / \log 3 =1.26$。此種用純粹數學規則轉換式的碎形維度一般稱為豪斯多夫維度（Hausdorff Dimension，因數學家豪斯多夫於 1918 年首先發現此關係式），其公式：$D = \log N / \log s$；式中 N：個數（產生之新單元數），s：尺規標

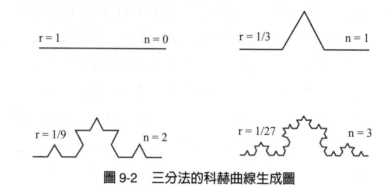

圖9-2　三分法的科赫曲線生成圖

科赫曲線與碎形維度的計算：

$$L(s) = (4/3)^n \quad （式 9\text{-}1）$$

$n = 0$	$r = 1$	$L = 1$	
$n = 1$	$r = 1/3$	$L = 4/3$	➡
$n = 2$	$r = 1/9$	$L = 16/9$	

$$\therefore n = -(\ln s / \ln 3)$$

$$\because L(s) = (4/3)^n = \exp[-\ln s(\ln 4 - \ln 3)/\ln 3]$$

令 $D = \ln 4/\ln 3$　得 $L(s) = s^{1-D}$ 　（式 9-2）

若取對數　　　$N(s) = s^{-D}$ 　（式 9-3）

$\therefore$ 亦可得　$D = \log N/\log s$ 　（式 9-4）

　　上述的科赫曲線範例有一個重要的原理就是說明「自我相似性」原理，亦即取出曲線的一小部分加以放大（或縮小），其仍與曲線整體的形狀是一樣的，從圖 9-2 中也可看出曲線任何一小部份都是整體的縮影，它的型態、複雜程度和不規則的特徵都不會因放大或縮小而改變，所以碎形維度也稱爲相似維度（張志三，1999）。碎形另一個特徵——「迭代法」是透過設定一個初始值函數，然後運用一個簡單規則進行反覆運算，科赫曲線的迭代就是單位長線段去掉中間的三分之一，代之以底邊在被除去的線段上的等邊三角形的另外兩邊；以後每一步迭代都是上次圖形中的每一折直線段中去掉中間三分之一，代之以類似的等邊三角形的另外兩邊，所以第一次迭代（n = 1）長度 4/3，第二次迭代（n = 2）長度 16/9，第三次迭代（n = 3）長度 64/27……，

　　度倍數（原來單元相對於新單元之比例倍數），例如科赫曲線的每一部分都由 4 個跟它自身比例爲 1：3 的形狀相同的小曲線組成，那麼它的豪斯多夫維度即爲 log4 / log3 = 1.26。

其曲線變化亦如圖 9-2 所示，簡單的線條迭代運算，卻能產生豐富多變的圖形，頗富饒趣。

以此類推可迭代無數次而將曲線長無限延長下去，但當 N 變為無限大時，曲線的長度變為發散的，其長度變成不是有用的度量，所以從科赫曲線觀察，碎形的物體是粗糙的、破裂的而沒有平滑的特性，相較於一個圓而言，因其是光滑的曲線故在任何一點都可以畫出一條切線，但科赫曲線在轉折的方向上都是突然且粗糙的，所以無法畫出切線。物體的光滑性能顯示物體的特徵長度，故可以度量出物體確切的形狀，所以人工製品都有他們的特徵長度，但大自然的形狀很難想像出他們具有特徵長度，例如連綿的山川、飄浮的雲朵、岩石的裂面、大腦的皮層等。碎形理論揭示雜亂、破碎、混沌等極不規則的複雜現象內部所蘊涵的規律，從無序中發現有序；也讓人類重新思考個別與整體的關係，個別元素可以具有整體的性質，而整體也可以反映個別元素的特性。

從三分法的科赫曲線公式中，有利於計算曲線的碎形維度，在確定的比例標度下，只需要測量出覆蓋曲線的線段數目 N(s)，便可從公式 9-3 中計算其碎形維度值，當然也可利用公式 9-4 以產生的新單元數除以尺規標度比例之對數值求得。碎形維度值最大的特色就是維度值不為整數，而碎形的圖形也不斷推陳出新，較常見的經典圖形除了科赫曲線外，還有康托（Cantor）粉塵碎形、閔可夫斯基（Minkowski）曲線碎形、謝爾賓斯基（Sierpinski）三角和地毯碎形和曼德布洛特集合（Mandelbrot Set）碎形等（圖 9-3）。以謝爾賓斯基三角（Sierpinsk itriangle 的）碎形為例，其作法步驟 1. 取一個實心的等邊三角形，2. 沿三邊中點的連線，將它分成四個小三角形，3. 去掉中間的那一個小三角形，4. 對其餘三個小三角形重複步驟 1 的方式並依此迭代下去。因為此圖形產生之新單元數為 3 個新三角形（N），尺度倍數縮小二分之一（s），故套用公式 9-4：$D = \log N / \log s = \log 3 / \log 2 = 1.585$，其碎形維度值（豪斯多夫維數）即是 1.585。在現代電腦程式與繪圖軟體的輔助下，這些繽紛的碎形圖案除了可以成為美麗豐富的藝術創作外（圖 9-4），在自然科學的研究也日益彰顯出其重要性，例如根據 Mandelbrot 的說法便認為科赫曲線是非常貼近真實的海岸線形狀，是用來代表粗糙且不規則海岸線很好的模型。

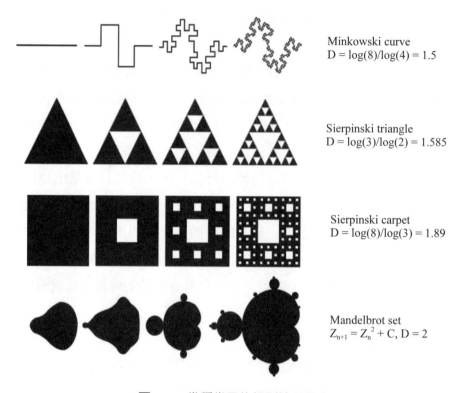

Minkowski curve
D = log(8)/log(4) = 1.5

Sierpinski triangle
D = log(3)/log(2) = 1.585

Sierpinski carpet
D = log(8)/log(3) = 1.89

Mandelbrot set
$Z_{n+1} = Z_n^2 + C$, D = 2

圖 9-3　幾種常見的規則碎形圖案

圖 9-4　利用電腦軟體所繪出的繽紛碎形圖案

資料引自：http://www.shutterstock.com

第三節　碎形理論在海岸線量測之應用

一、海岸線的量測方法與相關研究

上一節介紹的科赫曲線（Koch Curve）或者是謝爾賓斯基（Sierpinski）三角圖形，因很容易看出它們自我相似的結構單元，所以利用公式 $D = \log N / \log s$，便可以計算出豪斯多夫（Hausdorff）的碎形維度。但大自然中有許多的碎形卻不太容易區分其自我相似的型態，因此爲了便於度量碎形維度，也有一些簡化和改良的方法，常見的如「逐步量測法」（stepwise）、「盒計法」（box-counting）和「相關法」（correlation）等（Batty & Longley, 1988；Klinkenberg, 1994；Annadhason, 2012）來求碎形維度。而碎形在海岸線的實際計測，一般常用逐步量測法或稱爲步進法、定規法、結構步長法（divider method; walking-divider method or structured walk method），其方法如圖 9-5 所示，即把海岸曲線的一端做爲起點，並以起點爲圓心畫一半徑 s 爲尺標長度間距（標度間距），則半徑 s 會與海岸線交會於一點，再以此點爲圓心繼續畫半徑（r）繞回至原起點（或終點），然後計算畫圈的個數乘上 s 值便會得到海岸線全長，也就是總長 L＝圈數（count）× 尺標長度（step）。而根據 Richardson 等人的理論，尺標的標度間距長度愈小，海岸線便會愈長，所以利用不同的尺標長度（X）便會有一個相映的總長度座標值（Y）的出現。而根據科赫曲線的關係式可得 $L = count \times step = $ 常數（c）$\times s^{1-D}$，如果將這些座標值兩邊取對數即 $\log L = c + (1 - D)\log(s)$；則對數座標圖的斜率即爲 $(1-D)$，所以求得 $Y = aX + b$ 迴歸方程式便可得到海岸碎形的維度的 D 值（即斜率 $a = 1-D$）[7]，如同前文所言 Richardson 對挪威東南海岸線的測量結果，當標度間距愈小，海岸線愈長，標度趨近於零時，海岸線變成無限長，經對 X 與 Y 軸取對數後求得 D 值爲 1.52（圖 9-6）。

---

[7] 因爲此方法的 D 值是用統計迴歸法求得，所以又稱統計碎形維度（葉寶安、李錫堤，1994）。另也有人將此逐步量測法（定規法）視爲是一種「盒計法」（張志三，1999），關於盒計法的介紹與說明見本書第十章。

海岸線

圓半徑測量折線

圖 9-5　逐步量測法的繪製原理

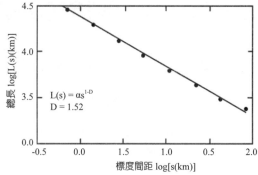

$$L(s) = \alpha s^{1-D}$$
$$D = 1.52$$

圖 9-6　挪威東南海岸線的量測與碎形維度

　　Mandelbrot（1967）根據 Richardson 的公式陸續分析澳大利亞海岸線的碎形維度值（D 值）為 1.13、南非海岸線為 1.04、英國海岸為 1.24 等，德國和葡萄牙則均為 1.12（圖 9-7），而後陸續有學者沿用此方法在各地海岸進行量測、型態分類和特徵劃分等工作，例如：Feder（1988）計算出挪威南部海岸的碎形 D 值亦為 1.52；Turcotte & Newman（1996）則指出美國馬裡蘭州 Dear Island 的岩石海岸 D 值為 1.4；Kaye（1994）分別計算英國東海岸 D 值為 1.2，西海岸則為 1.3；而大陸渤海的 D 值為 1.019 至 1.25 之間、江蘇海岸為 1.087、福建海岸為 1.175（引自王建等，2003）。綜觀這些研究的歸納可知，碎形分維的 D 值變化可以代表海岸線曲折的程度，亦即海岸線愈平直，D 值愈小並趨近於 1，而若海岸線愈曲折富變化則 D 值便跟著提高，故這種碎形的幾何特徵恰反映著其海岸的自然特性。例如從上述的資料可以觀察出侵蝕海岸類如岩石海岸、峽灣（Fjord）海岸及谷灣海岸，如 Dear Island、英國、挪威與福建海岸等，都有較高的碎形分維，其中以挪威的峽灣海岸的 D 值 1.52 為最高；而堆積型的砂質海灘或多海崖、斷層的海岸等地區，如江蘇與南非海岸的碎形分維便相對低了許多，所以碎形的分維能提供一個海岸分類的有效參考指標。

　　海岸線碎形維度的探討，可以說是一個既古早又新穎的問題。由於海岸位於海洋和陸地兩種不同屬性系統的交界帶，許多能量和物質在此進行交互作用，所以海岸線最明顯的反應即是呈現海洋侵蝕優勢或是陸地堆積優勢的動態表現。既然海岸線的變化可以用碎形維度（碎形分維）來解釋，馮金良、鄭麗（1997）便指出碎形維度可深入剖析海岸線的自然屬性數及其所隱含的地質、物理等意義，例如他們認為河北、天津等海岸的侵淤之間已達到一個平衡狀態的無序運動，所以碎形維度很小近乎於 1.0，而英國西岸面對大西洋，海洋侵蝕力較強，所以分維值較東岸高。Andrle

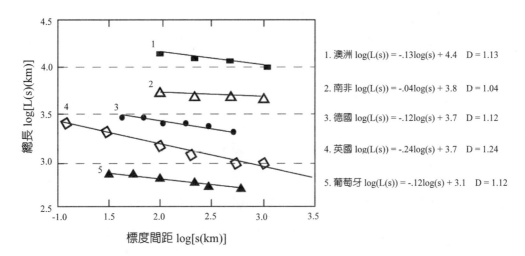

圖 9-7　利用不同標度間距與海岸線總長之關係式所求的各國海岸碎形維度

（資料來源：參考 Mandelbrot，1967）

（1994）與 Bartley et al（2001）也認為海岸是各種複雜海陸營力與生化物質交流之處，因此在分類系統上不僅需考慮尺度問題，還需兼顧各種影響因子，所以 Andrle 設計出一套新的海岸線複雜測量方法 —— AMT（angle measure technique），這種地形線的量測方法已將自然營力納入縮尺範圍的考量；而 Bartley 則加以修改應用到墨西哥海岸的研究，並將其區分不同海岸地段來探討潮流、波浪、生物棲息、時間、物理與化學作用的差異性。朱曉華、查勇與陸娟（2002）則利用中點隨機位移的方法對海岸線進行了碎形模擬研究，來推算過去歷史時期的海岸線或預測未來海岸線形狀。另外朱曉華、潘亞娟（2002）應用碎形理論以 GIS 工具進行海岸類型進行判定的可能性，研究中也發現岩石海岸線的碎形分維大於平原海岸線等特性。王建、陳霞、巫錫良等（2003）指出：海岸線發育受到兩組或者多組不同方向斷裂的影響，並且影響程度相當或者比較接近，那麼海岸線的分維值較大；如果海岸線傾向於由單一方向的一組斷裂控制，那麼海岸線的分維值較小。例如福建海岸主要受到 NE 向和 NW 向兩組斷裂的控制，因此海岸線的分維值較大，而臺灣東海岸受單一方向（NNE 向）大斷裂的控制，海岸線分維值接近於 1.0。

二、臺灣各區的海岸特性與碎形維度

臺灣位於呂宋島弧北端與歐亞大陸邊緣之碰撞弧陸，活躍的碰撞作用仍持續影響

著本地區之各種地質現象與環境變化；以海岸地區為例，許多地形、地質、生態、人文之改變十分顯著而快速；故若將臺灣比做一個天然的海岸環境變遷實驗室，則在很短的時間內便可得到解析度極高的實驗結果；這對於了解全球環境變遷或是世界板塊碰撞帶的海陸構造變化，都有著極大的助益。緣此，探究臺灣海岸的特色、形成與分類，自然是一件非常重要的研究要項；由於臺灣海岸受波浪、海流、潮汐、氣候、海岸線剖面型態、岩性與地盤運動構造所影響，故海岸頗富變化，各區海岸地形也各具特色（林朝棨，1957；Hsu，1962；石再添，1980；王鑫，1980）。因此除了相關領域的研究外，晚近新興的碎形理論也應能提供多元角度的分析與詮釋，可惜此方面的研究迄今並不多見，例如碎形應用於臺灣海岸的特色的分析僅見於葉寶安、李錫堤（1994）曾利用半區間法、定規法和移動圓法來測量臺灣海岸線的碎形幾何特性，文中指出以定規法求得臺灣 17 段的海岸碎形維度介於 1.0016 至 1.1598 之間，其中以蘇花斷層海岸較低、北海岸的碎形維度較高，且金山以南及以北的值有所差異，其中又以金山往南到三貂角的分維值最高，表現出沉降海岸的特性。然而誠如相關研究者所強調，碎形非僅局限在用幾何特徵的去描述海岸線的形狀特性，而是要進一步去探究分維值內所隱含的地質、物理意義或透過比較、分析來深入剖析海岸線的自然屬性，進而加以應用與發展。

緣此，本節首先介紹碎形的觀念與海岸線碎形維度的量測方法，然後將在此舉臺灣海岸為例，說明其碎形維度的差異及所蘊含的海岸特性，並以此觀點延伸，提出其分類的相關議題[8]。

1.臺灣海岸線的特徵與分類

臺灣四周環海海岸線全長約 1140 公里，全島面積約 35760 平方公里，平均每平方公里僅有 0.032 公里的海岸線，與其他島嶼型國家相比甚低（例如英國為 0.047，日本為 0.089，冰島 0.057，紐西蘭為 0.059），但由於臺灣位處板塊碰撞帶，持續活躍的地殼運動，不僅深深地影響著本地區之各項地質現象與環境變化，對海岸的型態和特徵也有顯著性的影響，再加上波浪、海流、潮汐、氣候等營力作用，使臺灣海岸頗富變化，各區海岸地景也各具特色。歸結林朝棨（1957）、石再添（1980）、王鑫（1980）等學者歷年來的研究，基本上我們可以將臺灣海岸線劃分為四類（圖

---

[8] 本節主要擷取及改寫自：張政亮（2005），碎形分維在臺灣海岸線分類的特性及其在地圖簡化上的應用，中國地理學會會刊，no.35，47-71。

198

9-8）：1. 北部海岸——沉降海岸、對置海岸、岬灣海岸：北起淡水河口，東抵三貂角，海岸線長約 85 公里，地質構造上屬新生代第四紀以來的地殼隆起的褶曲地形。因地質構造線與海岸線相交，又海當東北季風首衝，海蝕營力大，海蝕地形發達，岬灣地形顯著，爲本島海岸最曲折的一段。2. 西部海岸——堆積海岸、離水海岸：北起淡水河口，南抵楓港，海岸線長約 400 公里，河流堆積作用顯著，大多爲沙質或泥質海岸，沿海平原廣闊，海底坡度不緩，海岸線單調平直，沙灘綿長；沙洲、沙丘與潟湖羅列，其中以曾文溪口附近堆積進夷最爲顯著。3. 南端海岸——珊瑚礁海岸：位於恆春半島，西起屏東楓港，東至旭海，海岸線長約 90 公里，沿海裙礁發達，多珊瑚礁地形。4. 東部海岸——斷層海岸：北起三貂角，南至旭海，海岸線長約 380 公里。蘇花海岸、花東海岸之斷層緊臨深海，崖差陡高；又因冬季迎東北季風，夏、秋季常爲颱風首衝，海蝕地形顯著，因地勢陡峻，崩壞頻繁，侵蝕劇烈，局部地區河流沖積旺盛，故在蘭陽、南澳、和平、立霧、卑南等溪口形成沖積扇三角洲。

　　另外，徐鐵良（Hsu，1962）則根據華倫亭（H. Valentin）分類法以海水面與陸地間的互動關係，如上升、下沉、堆積與侵蝕之消長情形，而將臺灣海岸劃分成 10 個區段（圖 9-9）：A. 由桃園觀音至三貂角；B. 三貂角－頭城；C. 頭城－北方澳；D. 北方澳－花蓮（D1）及臺東－出風鼻（D2）；E. 花蓮－臺東；F. 出風鼻－楓港；G. 楓港－林園；H. 林園－曾文溪口；I. 曾文溪口－大肚溪口和 J. 大肚溪口－觀音。此 10 區分別可歸結成四大類別：1. A、E、F、H 爲陸地上升，但受到侵蝕的海岸；2. B 與 D 爲海陸相對無起伏或沉降之靜止海岸線，但因侵蝕而陸地逐漸後退；3. C 與 G，蘭陽溪口與高屏溪口海岸地形爲陸地略下沉且受侵蝕的海岸；4. I 與 J，屬臺灣西海岸，爲陸地上升且海埔新生地擴張亦日廣的海岸。然而值得注意的是西南沿海乍看之下似成長的海岸，但海岸的增長常受制於陸地的上升、沿岸漂沙與河川沉積物的供應等，例如 1973 年曾文水庫完工後，河川沉積物的供應減少，加上養殖漁業超抽地下水使地層下陷，引發近年來西南部的離岸沙洲消失與海岸後退危機。

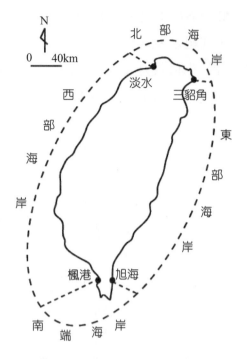

圖9-8　臺灣海岸四類型區分圖

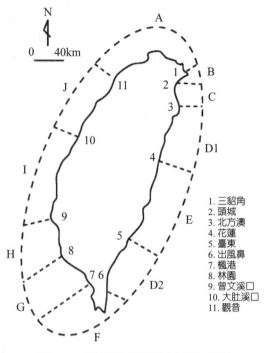

圖9-9　徐鐵良的臺灣海岸區分圖

2. 碎形維度值在海岸線特徵的意義

　　長度之測量是地圖應用常見的分析方法，例如兩地距離、邊界與周長等，這些資料經由對比與分析可作爲型態與分類的依據。舉例而言，昔日對於海岸線複雜程度的判定或檢視一個國家擁有海洋資源的豐富與否，常以海岸係數（即單位面積的海岸線比值）爲據，如前文所提及的臺灣單位面積的海岸線爲 0.032 公里，英國爲 0.047，日本爲 0.089 等；但是如果一個國家面積較大或形狀近似如圓形，則其比值就會自然縮減而無法反映實際狀況，例如若面積相同，因長方形的周長大於圓形，比值便有差異，又如澳洲面積爲 768 萬平方公里，海岸線爲長 36735 公里，故海岸係數僅爲 0.0048，如果純依此數據而認爲其海洋資源匱乏或海岸線平直單調實並不盡客觀。然而若考慮相對折曲率（relative sinuosity，指實際海岸和簡化平滑後的線長比），雖可以顯現一地海岸線的曲折情形，但採用不同尺標的平滑線長，便會有極不同的比值差異；換言之，因兩點間的直線如無客觀的選定，便難以成爲各國間海岸線的比較參考，尤其對於彎曲過大或環形海岸而言，其差異性將更大。表 9-1 顯示在臺灣各段海岸中，北部的岬灣海岸和南端的珊瑚礁海岸有較高的相對折曲率，可以視爲該兩地的海岸線較爲曲折，而東部與西部的海岸則因相對折曲率較小，故屬於平直與單調

的海岸線，但是對照容許值 2km 與容許值 10km 時的相對曲線率，可以觀察出其相對曲線率值之差異頗大，例如以容許值 2km 為標尺時北部海岸為 1.044 而西部海岸為 1.036，差值僅有 0.007，但當容許值提高至 10km 時，北部海岸相對曲線率擴大為 1.456，而西部海岸僅略升為 1.093，差值達 0.323，拉大近 52 倍；即便是同一比例尺的地圖，若地區或國家大小差異較大而影響其容許值的選取，則對於海岸線曲折程度與否的比較便難客觀的評定。

表 9-1　臺灣四個區域的海岸相對曲線率

位置	北部海岸	西部海岸	南端海岸	東部海岸
海岸特性	岬灣海岸	離水海岸	珊瑚礁海岸	斷層海岸
相對曲線率（容許值 2km）	1.044	1.036	1.288	1.011
相對曲線率（容許值 5km）	1.400	1.082	1.364	1.055
相對曲線率（容許值 10km）	1.456	1.093	1.656	1.082

註：以 1/250000 地圖為量測基圖

　　而碎形維度值的求取是依不同單位的尺標所量得的長度以對數函數轉換而來，所以不易存在面積、形狀與不同尺度衡量所產生的差異，又因其在不同比例尺地圖的量測差距亦小，故可以反映海岸線的性狀與特徵；此外依據碎形法則運用其自我相似性和少數資料可以放大去符應或模擬複雜物件的特性，也很適合作為統計分析與性狀比較的參考。本研究利用內政部出版的二十五萬分一與五萬分之一的臺灣海岸地區地形圖為基圖，並利用「逐步量測法」（定規法，Walking-Divider method），以不同尺標長度（為便於量測，尺標長度參考比例尺圖例所示之間距為原則，例如比例尺二十五萬地圖採 2、5、10 公里，比例尺五萬地圖則分別採 0.5、1、2、3、4 公里）求取海岸線長，以計算兩對應值的對數及迴歸方程式並求取斜率值，其目的在換算求知各海岸線段的碎形維度 D 值和了解其差異的變化情形 [9]。

　　表 9-2 與圖 9-10 乃為藉由上述研究方法與量測數據，求得相關方程式與碎形維度 D 值的結果歸納，從中可以得知在 25 萬與 5 萬分之一的兩種不同比例尺圖中，全島海岸線的碎形維度值差異並不大，分別為 1.063 與 1.061，若以四個海岸線類型為

---

[9]　本研究海岸線量測時的標準：濱外沙洲、潮間埔地不列入海岸線計測，潟湖以潮流口、河口以最突出的兩岸連線為海岸線；人工建物如為沿岸海堤與港口則沿其輪廓線，突出的海堤則不計，其目的在儘量反映原有海岸線之自然特徵為前提。

區分，則北端岬灣對置海岸分別為 1.213、1.121，西部離水的沙泥質海岸為 1.034、1.065，南端珊瑚礁海岸為 1.151、1.080，東部斷層海岸為 1.043、1.036。綜觀而言，世界各國的海岸線，分維值約在 1～1.3 之間，平均值約為 1.24（馮金良、鄭麗，1997），故相較之下臺灣海岸線的分維值相對較低，確實呈現本島海岸線屬平直少變化、曲折程度較低的特性，但其中北端與南端海岸分維值較大，多高於 1.10 以上，而西部與東部海岸，則低近於維度值 1.05 以下，形成兩類極值型態。

此外，若依徐鐵良的十區四大類分區法分析，則四類海岸碎形的分叢現象並不明顯（圖 9-11），圖 9-12 顯示 A 段（桃園觀音至三貂角）的北部海岸、F 段（出風鼻至楓港）的南端海岸與 I 段（曾文溪至大肚溪口）西南海岸的分維值較高，可歸為一類，其餘均落於 D 值 1.05 以下的群集，又 B 段（三貂角—頭城）與 D2 段（臺東—出風鼻）因是具斷層構造的海岸，分維值低於 1.03 更趨似直線。然值得一提的是，從表中兩不同比例尺的 D 值差可以發現，北端、南端、A 段與 I 段等分維值較高的地區，D 值差也較高；換言之，海岸線愈曲折的地方，其在不同比例尺圖中的分維量測差異便會增加，這可能是和使用基圖的簡化程度有別所致，例如北部與南端等海岸在大比例尺圖幅中，海岸曲折的地形易呈均質的散布，減少了碎形的歧異度，但在簡縮的小比例尺中，許多細微的曲線被簡化拉直，形成大型岬灣曲率相對顯著地放大，所以一旦尺標長度加大，量測的圈數便縮減較劇，故碎形維度值便會提升；反之，在較平直的西部海岸各區域（如 H、I、J 段），若以大比例尺放大觀察，則原來許多被刪簡的海濱埔灘與海堤、港灣等人工建物均一一現形，增加了海岸的曲折程度，也提高了在大比例尺圖幅的碎形維度。因此地圖在不同比例尺的簡化縮放中，易對碎形維度值的量測產生影響。

表 9-2　臺灣各地海岸之碎形維度值一覽表

地點 \ 碎形維度值	1/250000 地圖之 D 值	r 值	1/50000 地圖之 D 值	r 值	D 值差
全島海岸	1.063 (Y=3.0095-0.0625X)	0.99	1.061 (Y=3.0016-0.0607X)	0.97	0
北端海岸	1.213 (Y=2.0764-0.2127X)	0.94	1.121 (Y=1.9832-0.1213X)*	0.99	0.09
西部海岸	1.034 (Y=2.6389-0.0336X)	0.96	1.065 (Y=2.6481-0.0647X)	0.91	0.03
東部海岸	1.043 (Y=2.5887-0.0429X)	1	1.036 (Y=2.5708-0.0359X)	0.98	0.01
南端海岸	1.151 (Y=1.9135-0.1513X)	0.93	1.080 (Y=1.9557-0.0795X)	0.99	0.07

地點＼碎形維度值	1/250000 地圖之 D 值	r 值	1/50000 地圖之 D 值	r 值	D 值差
A. 桃園觀音至三貂角	1.167 (Y=2.2094-0.1674X)	0.93	1.114 (Y=2.1377-0.1139X)	1	0.05
B. 三貂角—頭城	1.050 (Y=1.4298-0.0498X)	1	1.026 (Y=1.4490-0.0260X)	0.97	0.02
C. 頭城—北方澳	1.036 (Y=1.5085-0.0358X)	0.94	1.048 (Y=1.4811-0.0481X)	0.97	0.01
D1. 北方澳—花蓮	1.099 (Y=1.9599-0.0992X)	0.94	1.040 (Y=1.9425-0.0402X)	0.96	0.05
D2. 臺東—出風鼻	1.037 (Y=1.9700-0.0365X)	1	1.024 (Y=1.9638-0.0235X)	0.98	0.01
E. 花蓮—臺東	1.030 (Y=2.1728-0.0296X)	1	1.049 (Y=2.1865-0.0492X)	0.98	0.02
F. 出風鼻—楓港	1.152 (Y=1.8709-0.1515X)	0.98	1.112 (Y=1.8540-0.1117X)	0.95	0.03
G. 楓港—林園	1.045 (Y=1.6820-0.0445X)	0.93	1.049 (Y=1.7138-0.0492X)	0.98	0
H. 林園—曾文溪口	1.036 (Y=.8960-0.03589X)	1	1.040 (Y=1.8668-0.0395X)	0.89	0
I. 曾文溪—大肚溪口	1.050 (Y=2.1920-0.0497X)	0.98	1.117 (Y=2.2085-0.1170X)	0.91	0.06
J. 大肚溪口—觀音	1.037 (Y=2.0905-0.0373X)	1	1.046 (Y=2.0822-0.0458X)	0.99	0.01

註：1. D 值差取至小數點後二位；r 值爲迴歸的相關係數。
　　2. 北端海岸可以金山岬區分爲二，金山至三貂角的 D 值爲 1.149，而金山至淡水則爲 1.074。

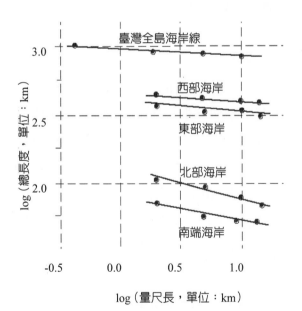

圖 9-10　臺灣四類海岸線的碎形量測圖

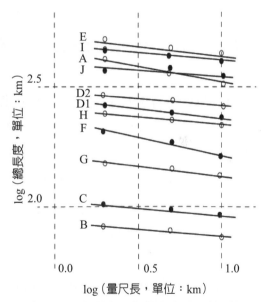

圖 9-11　臺灣十區段的海岸碎形量測圖

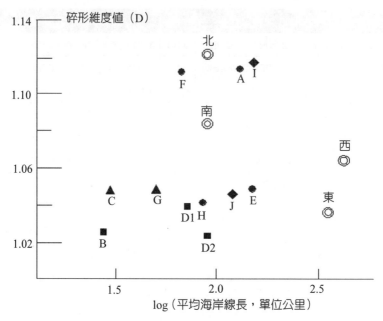

圖 9-12　臺灣各區段的碎形維度分布圖

3.臺灣各區段海岸線的地質構造與維度值的變化關係

　　從上述碎形維度計算的結果可以得知，並非單純的岩石海岸即有較高的維度值，例如被歸類為岩岸的花蓮至臺東間的海岸，其分維值便低於曾文溪至大肚溪口的沙岸，所以岩石海岸不一定就是曲折多彎的；而最曲折的北部岩岸，若進一步分析亦可發現金山岬以東和以西的海岸，也因地質構造和岩性的不同，使其量測之分維值也顯露出差異，例如金山至三貂角的 D 值為 1.149，而金山至淡水只有 1.074，故海岸線的變化實與其屬性特徵（如地質構造、地層岩性、海面升降與海陸營力等）有密切的相關，因此本節首先檢視各區段海岸的構造與地質特徵，進而尋求其在碎形維度值所產生的變化及所代表之意涵。

　　地形是地質的表徵，因此地殼的變動對於海岸地形的特徵扮演著重要角色。當地層受力後會發生褶曲變形，常見的地貌如向斜和背斜構造等，當變形達到一定程度時，岩體便會遭到破壞而產生破裂，如果沿破裂面沒有發生顯著的位移，便稱為節理；如果有顯著的位移，則稱之為斷層。而在海岸地帶，由於碎裂線是抗蝕力最差的位置，故海岸線容易沿著地層受擠壓後所產生的向斜凹谷或斷裂帶發育。而按照力學性質，常見的破裂面走向有和主壓力平行的伸張斷裂與和主壓力斜交的兩組剪切斷裂等，所以海岸線的碎形性質可藉由地層的斷裂體系來進行以下的解讀：1. 依碎形自

我相似理論，由兩組相互垂直的斷裂所控制的海岸，當垂直兩方向的長度相等、數目相同之斷裂線所影響的海岸，則分維值 log8/log4=1.5，然而如果兩方向長度比爲 4：2，則分維值降爲 1.29，故若沿兩組不同斷裂方向發育的海岸線比值漸增，則分維值便會跟著縮小。2. 由兩組以上的斷裂線所控制的地區，例如由一組伸張斷裂與兩組呈 60°的剪切斷裂共三種方向的構造應力所組成，其比值依圖示可得 1.29（圖 9-13）。3. 若兩組剪切斷裂所夾的角度漸增或僅剩下一組平直於海岸的斷裂線，則分維值將趨向於 1.0。

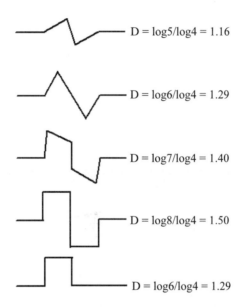

圖 9-13　各種不同海岸走向所組成的碎形維度值

　　循此模式檢視臺灣海岸，可以發現分維值最高的北部海岸，其海岸線的發育深受地層的斷裂體系的主導，尤其從三貂角至金山岬的海岸地帶，來自第四紀地殼運動的東南方力源擠壓，造成本區內地層產生許多褶曲及斷層；此一運動本質原爲褶曲運動，但當地層受壓應變超過可塑性限度後便產生斷裂，這不僅使得地層成覆瓦狀，也使區域內產生許多因俯衝而成的逆斷層構造線，如崁腳斷層、基隆斷層、深澳坑斷層、甲脈斷層、鼻頭向斜、蚊子坑背斜、蚊子坑斷層、澳底斷層、枋腳斷層及鶯仔瀨向斜等依序垂交海岸線且並列。歸納林朝棨（1957）、黃鑑水（1988）、劉明錡（1994）等人的研究，此區凹凸相間的岬灣海岸生成有兩個特色：1. 爲褶曲構造的背斜山脊多位於兩斷層線之間，向海洋延伸成凸展的岬角，其方向則呈東北—西南走

向，如基隆斷層與深澳坑斷層之間為八斗子與深澳岬，甲脈斷層與龍洞斷層之間為鼻頭角，岬角上為鼻頭向斜經過，龍洞斷層至蚊子坑斷層之間為龍洞角，龍洞角上則為蚊子坑背斜經過等（圖 9-14）；2. 至於相對凹陷的海灣與港澳則為向斜的溺谷或斷層弱線受海水入侵影響而成，例如深澳灣、龍洞灣、基隆港、瑪鍊（萬里）港等。此外，在節理的發育方面，由於金山以北的地質屬於火山熔岩，所以此區由熔岩臺地延伸的麟山鼻與富貴角，其所生成的節理並不顯著。而金山以東的金山角、野柳岬、八斗子、深澳岬與三貂角的節理數均為二組，節理走向相似，多為東北與西北相交；鼻頭角之節理數為四組，節理走向亦多呈正交，其中兩組走向各為北偏東 10、北偏西 80 度，另兩組走向北偏東 50 度、北偏西 40 度；龍洞角之節理數為三組，節理走向一組北偏東 50 度一組為北偏西 40 度，第三組北偏東 10 度（表 9-3）；故本區之節理數除鼻頭角組數較多之外，其餘個岬角多為 2 組；節理軸多呈共軛，其中一組節理方向會與岬角的走向約略一致。

表 9-3　臺灣北部海岸岬角地質層態表

岬角名稱	出露地層	傾角	走向	節理組數	節理間距	節理走向
麟山鼻	安山岩層					
富貴角	安山岩層					
金山角	五指山層	8°SE	N30°E	2	0.6～2.0m	N30°W；N45°E
野柳岬	大寮層	20°SE	N50°E	2	2.0～4.2m	N30°W；N45°E
八斗子	大寮層	24°SE	N76°E	2	2.0～4.0m	N45°W；N30°E
深澳岬	南港層	21°SE	N73°E	2	1.2～3.8m	N45°W；N30°E
鼻頭角	鼻頭層	8°SE	N50°E	4	0.7～4.8m	N80°W；N10°E；N40°W；N50°E
龍洞角	蚊子坑層	12°SW	N50°W	3	0.3～2.2m	N40°W；N50°E；N10°E
三貂角	大桶山層	14°SW	N54°E	2	0.7～3.2m	N70°W；N20°E

資料來源：劉明錡（1994）

　　總括而言，北部海岸的斷層與節理等斷裂線構造方向多為近似於東北與西北的兩組方向，如果假設海岸走向完全符合東北與西北兩垂直共軛的地層構造，意即若簡化本區海岸線的走向，以斷裂線構造取代海岸線的形狀與方向，則單純的一個岬灣海岸可由兩條東北向與三條西北向的線段所組成，而從先前量測海岸地形圖中的線段走向分布頻率來觀察，則可發現從三貂角至金山岬的 68 公里海岸線，西北走

向（N30°W～N80°W）與東北走向（N50°E～N10°E）的線段長度比值約為 2：1（39：19），因此若設總長為 1 的線段，分別以 1/3 和 1/6 代表西北和東北的線段走向，依碎形自我相似性來模擬海岸線輪廓，則其型態如圖 9-14 右邊所示並可求得碎形維度 D 值為 1.228；對照觀之，此型態與實際海岸略有相仿，碎形維度亦相近（北部海岸的 25 萬比例尺地圖 D 值為 1.21），說明了海岸線發育受地質斷裂體系的控制十分顯著。當然海岸線發育是許多複雜要件的組合，除斷裂體系、地層構造影響外，還受海陸營力的侵淤作用及岩石抗蝕性等因素的左右，故與純化模擬情況會有出入，例如波浪的營力易使岬角侵蝕後退並將海灣填塞淤積，而造成曲折程度降低，所以理論模擬之分維值往往較實測值為大；至於在岩性方面，先前所提及的金山以北往左至淡水河口的海岸為火成安山岩層區，岩性較為堅硬與均質，因此不僅節理不顯著，抗風化侵蝕的能力也較強，相對的金山以南往右至三貂角的沉積岩層區，砂頁岩夾雜其間，岩性複雜多變，故易受風化而修飾其外貌，加上地層構造之影響，故海岸線自然較為複雜，碎形分維也隨之提高。

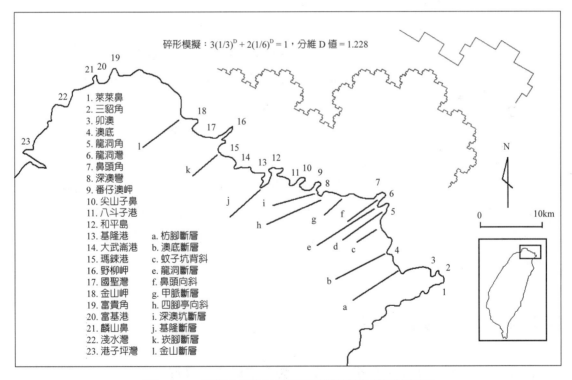

圖 9-14　臺灣北部海岸線的型態與碎形模擬比較圖

　　依上述的理論推演本島海岸線分維值次高的南端恆春珊瑚礁海岸，我們也可以發現恆春半島此區地質原為海溝沉積物的墾丁層和巨大外來的傾斜岩塊，隨造山運動隆起而成為陸地，整個地層亦受強烈的擠壓而褶曲斷裂並造成與海岸線垂直相交的恆春斷層、滿州斷層等構造，這些斷裂體系共同形塑了貓鼻頭與鵝鑾鼻等兩大突延於海洋的岬角；而後隨地層隆升的石灰岩海階與沿海岸發育的珊瑚裙礁則易受海水的物理與化學作用而溶蝕成海蝕溝，進而擴大成為裂灣，所以海岸線容易彎曲延綿，這解釋其分維值較大的原因，也說明斷裂構造主控海岸線的型態，而溶蝕營力作用則進一步修刻出更蜿蜒曲折的海岸線的輪廓。

　　相對於同屬岩石海岸的東部海岸則是屬於斷層構造海岸，北北東方向且長達 300 公里的構造線走向幾乎與海岸位置成直線重疊，顯見海岸線受單一斷裂方向的主控影響很大，所以其分維值為 1.036 已頗接近 1.0 的直線狀；尤其在三貂角至頭城間的礁溪斷層海岸、蘇澳至花蓮間的清水斷層海岸與臺東至出風鼻間的大武斷層海岸等，都是非常陡峻的海蝕斷崖，除了局部地區如火成硬岩的凸岬與海蝕灣澳的曲線修飾外，海岸多筆直緊臨深海；但本區亦可見許多弧狀三角洲的海岸線發育，此乃因東部局部地勢陡峻，崩壞頻繁，侵蝕劇烈，河流沖積旺盛，故在海陸營力的調配下，於蘭陽、南澳、和平、立霧、卑南等溪口形成沖積扇三角洲，除了蘭陽溪因受地質沉降作用而稍顯內凹外，其餘河口附近均成微緩外凸的弧形扇狀海岸，這些弧狀的沖積扇三角洲和斷層崖便共同組成了線條變化較少、碎形分維值低的東部海岸線。

　　至於綿亙的西部海岸線則為沖積海岸平原，西北部屬砂礫質海岸、西部為沙質海浦灘地、西南部呈現沙泥質的海岸並伴隨沙洲和潟湖的地形，這些地區地質構造的影響要素已趨式微而匿跡，取而代之則是海陸營力的交互作用，一旦侵淤作用漸達到平衡，海岸線便漸趨平直穩定，碎形維度值便會下降，本區海岸線除原本朝侵淤平衡的演化發展外，近期在人為因素的強力干擾下（如築堤闢港、開墾埔地等），海岸線變化受制約，漸失其自然規律。

第四節　臺灣海岸線分類問題的再探討

　　檢視先前臺灣海岸的分類研究，對比現今之研究與實況則發現，這些分類成果仍未能充分反映臺灣不同地區的海岸特色，例如北部海岸統稱為沉降海岸或對置海岸，其實前述章節已提及北部海岸以金山為界，東西兩岸的地質與地形均頗多差

異，又依近期的水準點觀測資料（陳惠芬，1984）亦發現金山以西的地層為上升段，以東才屬於沉降帶，所以籠統地劃歸為相同的北部海岸區或稱之為沉降海岸、對置海岸，略有欠妥也無法顯現北部海岸的特色與差異；同樣地長達 380 公里的東部海岸而用斷層海岸來含括，則會忽視如宜蘭、臺東等海岸沖積平原存在的事實。另外，若依華倫亭的分類法，則也觀察出以海陸升降、侵淤之關係所區分出的十項四類海岸帶與現況有些出入，且列屬此四大海岸類型內的彼此間型態差異性也很大，例如 A 類的桃園觀音至三貂角與 E 類的花蓮至臺東海岸實非純然的陸地上升但受到侵蝕的海岸；D 類的北方澳至花蓮也非無升降之靜止海岸線；而 I 與 J 項的曾文溪口至觀音的海岸地帶，多數地區現因河川沉積物減少、超抽地下水問題而使地層下陷日益惡化且發生海岸後退等危機，實難再歸為陸地上升且海埔地漸增的海岸類型。

　　所以本文以海岸的線型觀點切入，既然地形是地質現象的反映，因此不同的海岸線形態應蘊含有其特殊的屬性特徵（如構造和營力），可參酌援用為辨識不同海岸區段的分類指標；故利用碎形在海岸線的逐步計測法中，選取較大的半徑 r 值尺標作為與實際海岸對比的折曲率，因前述理論說明增加容許值可更明顯放大一地海岸的彎曲程度以利於辨別。緣此，圖 9-15 即以半徑 10km 尺標所求出的臺灣全島海岸線之折曲率分布圖，依其相對所在的屬性特徵與相對折曲率大小，便可解析出 14 個不同的海岸類別並進而求得其個別的碎形分維 D 值，這些區段分別為：no.1 三貂角－金山、D 值 1.149，no.2 金山－淡水、D 值 1.074，no.3 淡水－大安溪、D 值 1.034，no.4 大安溪－曾文溪、D 值 1.086，no.5 曾文溪－枋山、D 值 1.056，no.6 枋山－海口、D 值 1.023，no.7 海口－旭海、D 值 1.156，no.8 旭海－太麻里、D 值 1.018，no.9 太麻里－秀姑巒溪、D 值 1.085，no.10 秀姑巒溪－花蓮溪、D 值 1.029，no.11 花蓮溪－南澳、D 值 1.070，no.12 南澳－北方澳、D 值 1.161，no.13 北方澳－頭城、D 值 1.037，no.14 頭城－三貂角、D 值 1.024（圖 9-16）。

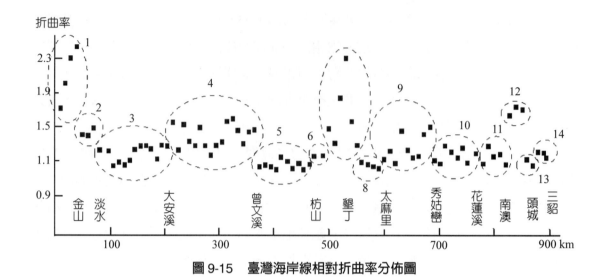

圖 9-15　臺灣海岸線相對折曲率分佈圖

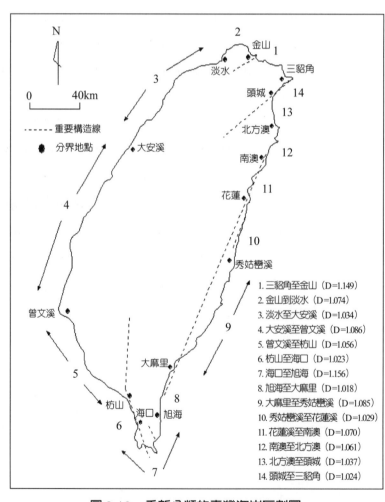

圖 9-16　重新分類的臺灣海岸區劃圖

進一步分析，北端海岸依地層斷裂體系、岩性與海岸折曲率的大小可區分成兩類：no.1 三貂角－金山，金山以東屬於地質構造與海岸垂交的岬灣型海岸，灣澳與岬角接序相間分布，地層擠壓皺裂、岩性複雜多變加上與海陸營力地修飾，故發育出曲折程度甚大的海岸線（D 值 1.149）；no.2 金山－淡水，金山以西屬於火山岩質型海岸，除了富貴角與麟山鼻係由安山熔岩流所構成的外凸岬角外，岩性均質堅硬，海岸線較為平直，所以折曲率與碎形分維值便明顯下降（D 值 1.074）。西部海岸從淡水至枋山一帶，大體上屬於沙質海岸，如同前文所提及的由於沙岸質地的抗蝕性低於岩岸甚多，因此海陸營力的交互作用取代地質構造並主導海岸線的型態發育，陸上堆積與海浪侵蝕營力雖然短時間內作用頻仍且影響海岸線的變動十分迅速，但就長期律動的波頻而言，兩者營力常因互補而相互消長，使海岸線便易修整而漸趨平衡穩定，故一般而言，較岩石海岸有著更低的折曲率與碎形分維值。但整個綿延的西部海岸因各區海岸的剖面地形與質地粒徑有別（石再添，1980），濱灘演育與濱線曲直程度也不同，所以依其特徵，可分為以下三種類型：首先是 no.3 淡水至大安溪間的沙礫質海岸，由於此段丘陵臺地鄰近海岸，海岸平原較為狹窄，臺地礫岩與丘陵土石經河川短暫搬運即堆積於海濱，故灘面淺窄坡陡、沙礫夾雜散布、淘選程度極差，此種海岸因濱堤廣布礫層，無疑形成一道海岸的自然屏障，加上海灘陡窄，致使海水侵蝕有限，又本區近期陸地抬升運動幾近停滯，河流亦屬短小，故陸地沖淤也並不顯著，所以侵淤之間趨於平衡穩定的狀態，海岸朝較平直的線型發育，碎形分維值也因而減少（D 值 1.034）。

其次是 no.4 大安溪至曾文溪間沙泥質的洲潟型海岸（liman coast），本區因接鄰寬廣的嘉南大平原，地勢低窪、海底平淺，又接納大甲溪、濁水溪等大河充沛之供沙，故沙泥堆積旺盛，加上本段高達四至五公尺的潮差影響，導致沿潮間帶形成廣闊的潮埔，此外海岸外面又有濱外沙洲（offshore bar）發育，羅列而形成洲潟海岸景觀，洲潟海岸是屬於成長型的海岸地形，隨著泥沙堆積而不斷增長，港灣與洲汕亦不斷變化，例如曾文溪河口曾每年向外伸展達 35 公里以上，清末時的臺江灣（今臺南安平區）、倒風內海（臺南北門、佳里）、鯤身沙洲島（今安平古堡至喜樹沿岸）都是此類海岸地形的典型，再者濱外沙洲所包圍的潟湖與沙洲內側，因水淺浪小而使泥質細沙在此淤積，這些平均粒徑為 2.25f（直徑小於 0.2mm 以下）的細沙環境，非常易受營力作用所左右，所以海岸線自然曲折多變；雖然今日因埔地開墾、河海築堤、輸沙減少且養殖業超抽地下水的關係，使原來離水進夷的海岸日漸下沉後退，但較其

他類型的沙岸而言，此區仍有較高的曲折率與分維值（D 值 1.086）。最後，no.5 曾文溪到枋山間的海岸則歸屬為沙質的扇洲型（沖積扇三角洲）海岸，因本段海岸除高雄港附近有珊瑚岩礁的出現外，大部分仍是與沖積平原接壤，海岸地帶更顯現低平的三角洲環境，但本區因面臨的海域較深，且高屏溪沖積扇三角洲的河口地區為溺谷型之沉降海岸，所以濱蝕作用旺盛且灘面坡度較大，泥質細沙不易存留，故本區沙粒較粗，平均粒徑在 1.7f（直徑小於 0.5mm）左右；此外局部的潟湖如大鵬灣等，因達演育末期，濱外沙洲靠攏消失、潟湖因淤積而縮小，僅剩狹窄的潮流口與外海相通，這已說明了本區的海岸曲線變化小，分維值亦趨低的特性（D 值 1.056）。

南端海岸從枋寮以南的枋山至旭海，常習以珊瑚礁海岸名之，但珊瑚裙礁（fringing reef）分布的位置實多集中在車城以南至佳樂水沿岸，其餘如楓港、海口、九棚一帶僅有零星的帶狀分布；依海岸的曲折型態與屬性特徵，此區可分為二類，一是 no.6 枋山到海口段，此區最主要的構造係受延伸荖濃溪斷層往南的恆春斷層切過所影響，因斷層山地緊鄰海岸，僅局部地區有狹小的礫灘分布，所以本區海岸屬於分維係數很低的平直斷層海岸（D 值 1.023）。二為 no.7 海口至旭海間的海岸，除了凸展至海中的貓鼻頭與鵝鑾鼻二大岬角外，中央山脈末端的恆春東方丘陵，其東北走向的山脈亦與海岸線斜交，計有海口灣、貓鼻頭、南灣、鵝鑾鼻、港口灣、出風鼻、南仁鼻、八瑤灣、港仔鼻、牡丹灣、觀音鼻等依序環繞海岸，故造就出本區為曲折程度甚佳的岬灣型海岸，當然隨後沿海岸生成的珊瑚裙礁則易受海水的溶蝕而共同修飾出複雜分歧、碎形分維值更高的海岸線型態（D 值 1.156）。

本島東部從旭海至三貂角的海岸，一般統稱為斷層海岸，但其類型與屬性卻頗為複雜，在地質構造上屬於東臺灣大斷層（花東縱谷斷層）在此被區隔為兩段，一為南段 no.8 從旭海至太麻里的大武斷層海岸（D 值 1.018），而後斷層沿花東縱谷東側（即海岸山脈西側）北上，至花蓮溪口的美崙一帶又復合於海岸地區，形成另一段所謂花蓮溪至南澳的蘇花斷層海岸，兩者相似之處是共同的斷裂構造又決定了海岸呈現平直的線性發展，但 no.11 的花蓮溪至南澳段因有立霧溪和南澳溪等的扇州發育，地形曲折增加，碎形分維也提高（D 值 1.070）。花連至臺東的沿海則有海岸山脈所控制，海岸山脈為海洋板塊逆衝擠升的島弧，主要地質為都巒山火成岩與大港口砂頁沉積岩，在分布上可以秀姑巒溪為界，以南地區的 no.9 太麻里—秀姑巒溪地殼隆升率較高、局部平原較為寬廣，擁有許多上升海階、外伸的沖積扇和抗蝕性較強的硬岩地形，如卑南沖積扇、都蘭鼻、三仙台岬、長濱沖積扇等組成了較彎曲的海岸線（D

值 1.085），因其海岸多爲巨厚岩體或是原地岩層風化的礫石所組成，顆粒普遍較粗大，故可稱爲岩岸礫石型海岸；北段地區 no.10 秀姑巒溪至花蓮溪，山脈逼臨海岸、平原發育狹小，受海蝕影響，海蝕凹壁與波蝕棚十分常見，海岸線變化不大，尤其花蓮溪口以南的鹽寮至磯崎一帶，應爲蕃薯寮逆斷層延伸的斷層崖海岸，常見陡直海崖分布其間（D 值 1.029）。

　　至於南澳以北的宜蘭海岸，乃由中央山脈、雪山山脈和所包夾的陷落平原等三個部分所組成的，其中 no.12 中央山脈北段南澳至蘇澳的北方澳間之海岸除因山脈斜交於海岸外，沉水作用與斷層崖侵蝕明顯，致使本區產生許多具規模的港灣與海岬，南澳、烏石鼻、東澳、猴猴鼻、南方澳、北方澳鼻穿插分布，形成碎形分維值甚高的海岸（D 值 1.161）；no.13 北方澳至頭城的蘭陽海岸平原，則是以蘭陽溪爲主之河流在山麓出海處，漸次沖積而成的複合沖積扇三角洲，海岸線形狀大致平直（D 值 1.037），除蘭陽溪口附近往海堆淤外，整體因受海蝕與地殼沉陷的影響而呈微向西凹的弓形海岸；至於 no.14 頭城至三貂角的海岸，係由匹亞南（Piyanan）構造線沿雪山山脈往東北海岸延伸的礁溪斷層海崖，除少數地區受海水侵蝕而內凹外，海岸線平直單調變化少（D 值 1.024）。

　　透過上述的探討，可以得知以海岸型態的曲折程度，配合其屬性特徵及所求得的碎形分維值，能在一定尺度上有效地區劃出臺灣各區的海岸類型並闡明其特色，圖 9-17 便是此 14 個海岸區段的碎形維度分析圖。綜觀而論，臺灣的海岸可依構成物質分爲岩岸和沙岸兩大類，受構造、營力和地殼變動所產生的海水升降陸地進退等交互影響下，形成了岬灣、火成岩、沙礫、斷層、扇洲、珊瑚礁、洲潟及岩礫等八類型海岸；其中構造及地形走向和海岸線斜交的岬灣及易受溶蝕作用的珊瑚礁海岸，海岸線曲折率大、碎形分維普遍較高，代表的海岸有 no.1、no.12 及 no7。而火成岩和岩岸礫石亦常有較堅硬的岬角，因此碎形分維值會稍微增加，如 no2.、no.9；另外西南海岸因有大河出海成外伸的三角洲且攜帶豐富泥沙形成的洲潟海岸，使海岸線較爲彎曲，亦提升了碎形分維值，例如 no.1。至於與海岸幾乎成平行的斷層海岸，往往使海岸線成平直的發育，碎形分維值較近於 1，如 no.6、no.8、no.10、no.11 及 no.14；另外海陸營力的交互作用影響力較大的沙岸，如沙礫質海岸和規模小的扇洲海岸，因質地鬆軟、抗力較差，容易受營力的修飾而平衡穩定，使海岸的線條彎曲程度縮小，故碎形分維值也不大，代表海岸有 no.3、no.5 及 no.13（圖 9-18）。

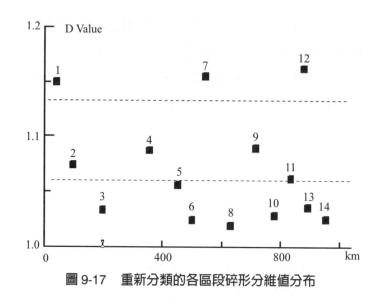

圖9-17　重新分類的各區段碎形分維值分布

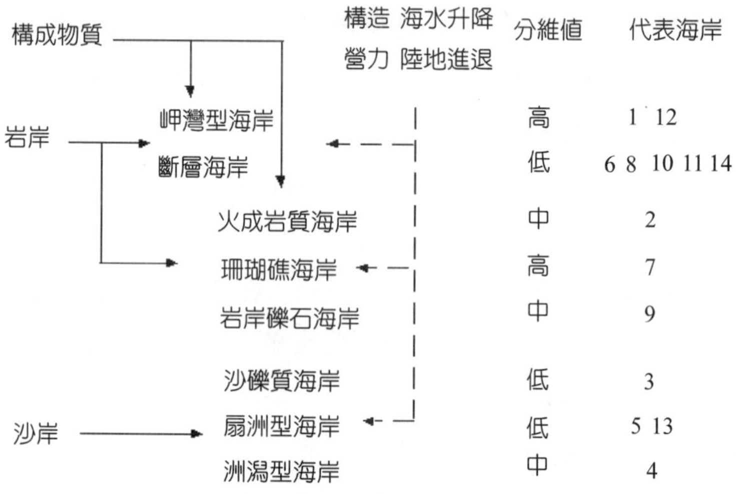

構成物質	構造 海水升降 營力 陸地進退	分維值	代表海岸
岬灣型海岸		高	1　12
斷層海岸		低	6 8 10 11 14
火成岩質海岸		中	2
珊瑚礁海岸		高	7
岩岸礫石海岸		中	9
沙礫質海岸		低	3
扇洲型海岸		低	5 13
洲潟型海岸		中	4

圖9-18　八種海岸的分類與其相對的碎形分維值

　　總結而言，海岸線的探討是碎形維度創設與發展的起點，其許多議題也值得反覆地推敲，故本文首先介紹碎形理論在海岸線的量測方法並求知本島各海岸線段的碎形分維值及其差異狀況；接著由碎形維度的變化，來剖析海岸線的自然屬性特徵，藉由地形是地質與營力的函數觀點切入，得知地質的斷裂構造體系和海陸侵淤營力的動態消長是影響海岸線曲直的重要因素；因此本文進而以海岸型態的曲折程度、屬性特徵及所求得的碎形分維值，重新區劃出臺灣14個海岸區段並可進一步歸納爲：岬灣、

斷層、火成岩、珊瑚礁、岩礫、砂礫、扇洲、洲潟等八大類型海岸（圖 9-18）。透過碎形維度的分析，能提供具體的數據分析海岸線的變化情況，使海岸帶的分類由往昔定性的屬性識別轉換為定量的歸類，有利於該地區的監測和管理。當然海岸的複雜性是很難以簡單的類別模式全然概括，例如本島的東部海岸影響因子眾多，故僅能優勢屬性型態代表，而許多隱而未明的海岸屬性特徵也待持續挖掘和解釋，這些深藏在海岸線內的奧妙與變化，形塑出臺灣海岸地形之美（圖 9-19），也值得後續更多的探索。

圖 9-19 臺灣四周的海岸空拍照片

（資料來源：齊柏林，從空中看臺灣，2006）

📖 主要參考文獻

一、中文文獻

王建、陳霞、巫錫良（2003）。斷裂體系對海岸線分形性質與分維值的影響，海洋地質與第四紀地質，23 (2)：39-42。

王鑫（1980）。臺灣的地形景觀，臺北：渡假出版社。

石再添（1980）。臺灣西岸的剖面地形與灘沙粒度，臺灣師大地理研究報告，10：1-36。

石再添、黃朝恩（1980）。臺灣四周的海岸地形，科學研習，19(1)：7-12。

朱曉華、查勇、陸娟（2002）。海岸線分維時序動態變化及其分形類比研究——以江蘇省海岸線為例，海洋通報，21 (4)：37-43。

朱曉華、潘亞娟（2002）。GIS 支持的海岸類型分形判定研究，海洋通報，20(4)，頁 49-53。

林朝棨（1957）。臺灣地形，臺北：臺灣省文獻委員會。

張志三（1994），漫談碎形，臺北：牛頓出版社。

張政亮（2005）。碎形分維在臺灣海岸線分類的特性及其在地圖簡化上的應用。中國地理學會會刊，35：47-71。

陳惠芬（1984）。從三角點檢測的成果見到臺灣地盤升降，經濟部中央地質調查所特刊，3：127-140。

陳樹群、陳聯光（1999）。碎形在地形幾何上之應用，水土保持學報，31(1)：29-39。

馮金良、鄭麗（1997）。海岸線分維的地質意義淺析，海洋地質及第四紀地質，17(1)：45-51。

黃鑑水（1988）。臺灣地質圖說明書——臺北與雙溪圖幅，臺北：中央地質調查所。

葉寶安、李錫堤（1994）。臺灣海岸線的碎形幾何特性，地質，14(2)：167-182。

齊柏林（2006）。從空中看臺灣——空中攝影集，臺北：貓頭鷹出版社。

劉明錡（1994）。臺灣北部海岸岬角之地形學研究，臺北：臺灣師範大學地理研究所碩士論文。

劉繼生、陳彥光（1999）。城鎮體系空間結構的分形維數及其測算方法。地理研究，18(2)：45-51。

二、外文文獻

Anderson, D. R., Sweeney, D. J., & Williams, T. A. (2000). *An introduction to management science: Quantitative approaches to decision making.* Cincinnati, OH: SouthWestern.

Andrle, R. (1994). The angle measure technique: A new method for characterizing the complexity of geomorphic lines. *Mathematical Geology*, 26(1): 83-97.

Annadhason, A. (2012). Methods of fractal dimension computation, International Journal of Computer Science, *Information Technology, & Security, 2*(1): 166-169.

Barnsley, M. (1998). *Fractals Everywhere.* San Diego: Academic Press.

Bartley, J. D., Buddemeier, R. W., & Bennett, D. A.(2001). Coastline complexity: a parameter for the functional classification of coastal environments. *Journal of Sea Research, 46*(2):87-97.

Batty, M., & P. A. Longley (1986). The Fractal Simulation of Urban Structure. *Environment and Planning A, 18*: 1143-1179.

Bovill, C. (1996). Fractal geometry in architecture and design. Boston: Birkhauser.

Box, G., & Jenkins, G. (1970). *Time Series Analysis: Forecasting and Control,* San Francisco: Holden-Day.

Brown, R. G. (1956). Exponential smoothing for predicting demand. Presented at the Tenth National Meeting of the Operations Research Society of America, San Francisco, November 16.

Feder, J. (1988). *Fractals.* New York: Plenum Press.

Hsu, T. L. (1962). A study on coastal geomorphology of Taiwan, *Proceedings of The Geological Society of China, 5*: 29-45.

Kaye, B. H. (1994). *A Random Walk Through Fractal Dimensions*, (2nd ed.), New York: Wiley.

Klinkenberg, B. (1994). A review of methods used to determine the fractal dimension of linear features. *Mathematical Geology, 26*(1): 23-46.

Longley, P. A., & M. Batty (1988). Measuring and Simulating the Structure and Form of Cartographic Lines. In J. Hauer, H. J. P. Timmermans, and N. Wrigley (Eds.), *Contemporary Developments in Quantitative Geography,* Dordrecht, Holland: Reidel Publishing.

Mandelbrot, B. B. (1967). How Long is the Coast of Britain? Statistical Self-Similarity and Fractal Dimension. *Science, 156*: 636-638.

Mandelbrot, B. B. (1983). *The Fractal Geometry of Nature.* San Francisco: Freeman.

Turcotte, D. L. (1992). *Fractals and Chaos in Geology and Geophysics*, Cambridge, UK：Cambridge Press.

Turcotte, D. L., & Newman, W.I. (1996). Symmetries geology and geophysics. *Proceedings of the National Academy of Sciences of the United States of America. 93:* 14295-14300.

第十章　碎形理論（二）

一一微塵中，各現無邊刹海；刹海之中，復有微塵；彼諸微塵內，復有刹海；如是重重，不可窮盡。

——《大方廣佛華嚴經》

第一節　緒論

前章節提及碎形的基本特徵是它的自我相似性（self-similar）、迭代生成與其維度（dimension）不必是整數。因此其組成部分與整體之間具有某種相似性，故將其部分加以放大或縮小後，仍和整體形狀完全或幾乎相似，因此 Mandelbrot 於 1982 年即採自我相似性的概念將碎形的定義爲：「碎形是以某種方式，將相似的部分擴展並組成爲整體的型態。」（A fractal is a shape made of parts similar to the whole in some way）。在人類所處的環境中，許多物質或形體多有自我相似性質，從花草樹木、山川雲雪、日月星辰，這些事項與物質在其內部的各個層次上都存相同的結構，所以無論在線條、平面或立體的宇宙時空間中都存在著隱藏的碎形維度，反覆不斷延展，故佛經乃曰：「刹海之中，復有微塵；彼諸微塵內，復有刹海；如是重重，不可窮盡……。」

大自然存在許多的碎形相貌，但是存在完全自相似性的碎形或規則自我相似性的定率碎形（Deterministic Fractal），如科赫曲線（Koch curve）或謝爾賓斯基三角形（Sierpinski triangle）其實是少見的。因此碎形的研究者嘗試改變其不同方向的比例來製造仿自然型態的碎形，常見的方法稱爲自我仿射性（self- affinity），所謂自我仿射性是指對物體的部分在不同的方向上放大不同比率的倍數後，其型態仍與整體相同或相似。例如將 $f(x，y)$ 的垂直方向尺度的 Y 軸改變爲 $f(rx，rHy)$，其型態相似也不因此改變碎形維度，例如巴恩斯利蕨葉（Barnsley's Fern）每次迭代的規則是仿射變換（affine transformation）於組內四個公式，而每次迭代的所選的規則是隨機決定

的，這有助於其型態更接近自然狀態[1]。

　　換言之，在嚴格的定率碎形中加入隨機因素，更能符合在自然界所常見的各種現象和形貌，而此類圖形不是完全的自我相似，但在某種意義上可視爲相似，故稱爲隨機碎形（Random Fractal）或序率碎形（Stochastic. Fractal），隨機碎形並不具備尺度的不變性（scale-invariance），而是僅在一定的比例範圍內才能表現出碎形的性質，超過限定範圍之外的碎形特性便不存在（圖 10-1），故也有學者稱其爲統計自相似性碎形（Hutchinson, 1981）。一般大自然界多數所看見的物象實以隨機碎形占大多數，以地形而言，除了第九章所探討的海岸線外，水系和山脈也分別呈現平面或立體的碎形維度，這些碎形特徵其實也反映地形的侵積過程和演育狀態；另外，碎形的自我相似性亦提供做爲地圖在縮小比例尺時進行簡化的有效參考（Carstensen, 1989；聞祝達、石慶得，1990），近年來隨著製圖科技、遙測影像與地理資訊系統（GIS）的進展，有關碎形應用於海岸線和河系簡化的研究及地形分類之探討（Muller, 1987；Knight,1997；Rodrìguez-Iturbe & Rinaldo, 1997；Kim & Paik, 2015）等亦日趨熱絡。緣此，本章針對碎形維度在地形的簡化與相關應用進行分析與討論。

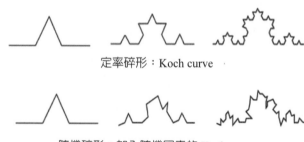

定率碎形：Koch curve

隨機碎形：加入隨機因素的 Koch curve

定率碎形：Sierpinski triangle　　隨機碎形：Bansley's Fern

圖 10-1　定率碎形和隨機碎形的差異比較圖

---

[1]　Barnsley's Fern 繪製的程式可參閱：http://blog.sina.com.cn/s/blog_8db50cf70101cfv4.html

第二節　碎形理論在海岸動態變化與地圖簡化之應用

一、盒子維度的計算與其在海岸線變化之應用

　　在大自然中常出現的隨機碎形，因不易區分其自我相似的形態，故難依公式 9-4 之 D = log N/log s（N 為產生之新單元數，s 為尺規之比例倍數）來計算 Hausdorff 的碎形維度值，又因為許多物體並非像海岸線一樣為單一線條，例如河流型態是如樹枝狀的平面蔓延空間，故也難以採「逐步量測法」求出碎形維度，因此研究者採用另一種碎形維度的計算方法，稱之為「盒子計數法」（Box-Counting）的維度值求法（Mandelbrot, 1982）。盒子計數法的原理是在平面上區劃成適當大小的網格，計算物體所占據的所需覆蓋數目，然後依次調整網格的大小尺度，再計算其覆蓋數目的變化情形；假設方格的邊長是 s，而碎形圖案佔據了 $Nb(s)$ 個方格，當 s 的值調整至很小的時候，我們可以循前述第九章的科赫曲線計算方法，將 s 與 $Nb(s)$ 的關係寫成這樣：$Nb(s) = k \times (1/s)^D$，取對數 $\log(Nb(s)) = \log(k) + D \times \log(1/s)$，若 s 的值趨近於零，則可以忽略 k ，則上述的關係式就成為 $\log(Nb(s)) = D \times \log(1/s)$，因 $\log(Nb(s))$ 和 $\log(1/s)$ 會呈線性關係，故求方程式解，其直線斜率即是 D，而 D 就是所謂的「盒子維度」（Box Counting Dimension，圖 10-2）。

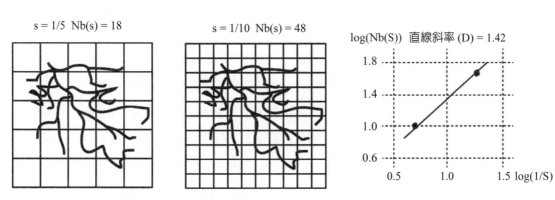

圖 10-2　利用盒子計數法所求得的碎形維度示範圖

（資料來源：作者自繪）

　　盒子計數法的概念與計算並不複雜，所以常常被實際應用於在物理學與地理學之中，像布朗運動、小波變動、海岸線、河川主流、水系網等。本節主要之目的是延伸

碎形分析模式在海岸議題上的應用範疇，一般海岸碎形的維度值分析多藉由數化地圖座標並輸入於程式語言所計算而得（如 Stevens, 1989；Lam & De, 1993 等人所設計），而「逐步量測法」（stepwise）因其半徑值（s）係由不同的海岸線段所求的，可歸屬為向量式（vector）的電腦繪圖方法；然而線段與其平方的面積（A）是相關的，即 $s \propto A^{1/2}$，故以方格長度（ε）和其面積的方格數目（N）來取代原先線段度量法是可成立的，所以「盒子計數法」其實是「逐步量測法」的變形版，即碎形公式可改為：$N(\varepsilon) \propto \varepsilon^{-D}$，兩邊再取對數 log 便能求得碎形分維的 D 值，盒子計數法是以不同網格來覆蓋海岸線，所以又稱為網格法，在電腦軟體上即可運用成為所謂點陣式（raster）的繪圖模式，相當便利。尤其近年來隨著製圖科技、遙測影像與地理資訊系統的進展，許多分析空間資料與屬性的電腦軟體不斷推出，這些軟體有些是以點陣式系統為主（如 ERDAS IMAGINE、GRASS），有些則是向量式繪圖為考量（如 WINGIS、ARCVIEW 和 Mapinfo），這兩類系統各有其優劣，而藉由碎形理論能使向量式的線段與點陣式的網格系統在 GIS 領域中有效統合，不僅能提供兩者間的資料轉換，對於簡化後特徵值的保留也有很大的助益，因此利於不同比例尺或從同幅地圖中的各國或地區進行數位化的比較和研究。

為了觀察不同碎形維度計算法之差異，本文除採用法國 P. Frankhause 教授所開發的「Fractalyse」碎形計算軟體，選擇 Box counting 的功能計測外，另依「逐步量測法」（stepwise）之原理，自行開發撰寫之軟體程式來進行海岸線的碎形維度 D 值之比較（其操作與展示如圖 10-3 及圖 10-4 所示），研究選取的地區為嘉南地區朴子溪至曾文溪口的海岸，除了比較兩種方法的碎形維度值之差異，也進一步觀察其 1926 年、1954 年及 1990 年此海岸地區 60 年來的時序動態變遷情形，其海岸線和碎形維度的變化如圖 10-5 所示。從維度值觀之，盒子計數法（box counting）計算 1926 年、1954 年及 1990 年三個時期的海岸線碎形維度分別為 1.238、1.192 和 1.181；而逐步量測法（stepwise）則為 1.121、1.083 和 1.069；整體而言，盒子計數法所算得的碎形維度值均比逐步量測法來得大，Gazit et al.（1997）就已指出盒子計數法其計算的海岸線分維值通常會比較大，當然因兩者皆屬統計碎形維度，本身就存在一定的誤差，而且跟尺標間距（或 box size 的大小）、圖片掃描的品質等均有影響；然而，兩者的整體變化趨勢則是一致的，斜率差異不大，顯著地呈現不同時期海岸線碎形維度變化迅速，且隨著時間的挪近其分維值有逐漸變小之趨勢。

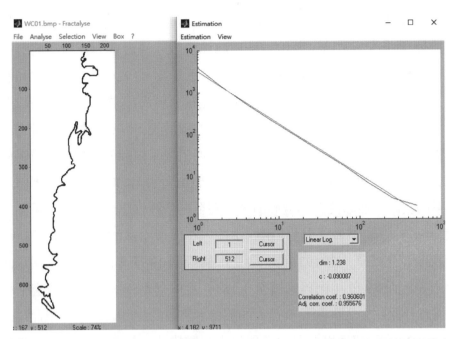

圖 10-3　利用「Fractalyse」軟體，採 box counting 法所得的海岸線碎形維度

（資料來源：作者自行操作繪製）

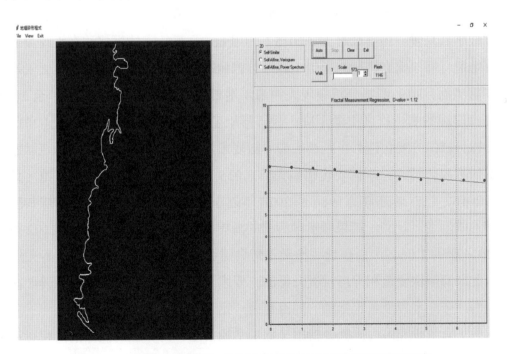

圖 10-4　利用自編軟體，採逐步量測法所得的海岸線碎形維度

（來源：作者自繪）

　　這些海岸線型態快速更迭變化的事實顯示，相較於岩岸而言，沙質海岸地區屬於相當敏感且變化快速的地區，陸地堆積或海洋侵蝕的侵淤營力作用在此交互地進行動態的演化，雖然各地侵淤進退有別，但從整體來看，1926年以前在水利設施未興的時期，大量山區被沖刷的沙泥，由河川快速搬運至海岸堆積，加上陸地上升、地勢平緩與沿岸漂沙等有利沉積物的供應與堆積的環境裡，陸積優勢明顯存在，於是廣大的三角洲、潮埔地、濱外沙洲、沙嘴與潟湖便組成了向海外延展的曲折海岸，所以提高了其碎形的分維值（D值為1.238）；隨後由於海埔地的圍墾、水圳壩堤的修築與養殖漁業的興起，而漸使洲潟地形消失，甚至在沙源供應減少與地層下陷的雙重影響下，使得海岸線轉由海水侵蝕作用成主控，在侵增淤減的相抵及人工建物的修飾下，碎形維度（分維值）由1926年的1.238驟降到1954年的1.192，顯示此時其海岸線變化劇烈，而1990年則再緩減至1.181，意味著海岸的曲折度漸趨平緩，這些變化實與人為作用的介入與修整有很大的關係。許多的相關研究也呼應此現象，例如朱曉華等人（2002）認為岩岸是由堅硬的岩石所構成，抗蝕性強故為較曲折的不規則形態，碎形維度較大且穩定，而經岩石風化和河流攜帶所堆積而成的沙岸，顆粒細小、結構鬆軟、岸坡平緩，海岸線較具動態性，但因容易被營力及人工所修飾，故碎形維度較小且易變。馬小峰等人（2015）利用box counting的網格法在大陸東北及海南島等地進行海岸線之研究亦指出：碎形分維值的大小依序為基岩岸線、人工岸線及砂質岸線；而且透過個案分析發現大連海岸地帶因人工開發，從2009年至2013年間原先海岸線的曲折程度不斷下降，故碎形維度也日益減小；李朦等人（2015）認為海岸線分維值的變化趨勢可判斷出海岸線變遷是否處於動態平衡中的穩定狀態，而根據其研究泉州灣的分維值變化幅值大於0.035，表示海岸線沖淤程度嚴重。葉小敏等人（2016）也對渤海灣從1986至2014年近30年來的水域面積、海岸線長度和海岸線碎形維度進行計測，結果顯示渤海灣的海岸線碎形維度從1986的1.1102逐步下降至2014年的1.0649，而經證明漁業養殖場建造、填海造陸和港口建設等人為活動是造成此區海岸線變遷和碎形維度降低的主要因素。這些成果對於提出以碎形維度作為衡量海岸帶開發程度量化指標的理論實有一定之助益。

　　另外，有關研究區海岸線會持續後退嗎？換言之，海岸線的侵淤消長和變遷趨勢如何掌握？藉由碎形網格分析模式可提供建設性的解答，圖10-5右邊圖形乃為1954年與1990年朴子溪至曾文溪口的海岸線疊合圖，網格點代表此時期具有顯著侵淤變化的位置，例如東石、布袋與臺南安平沿海的海岸後退明顯，而馬沙溝一帶的潟湖則

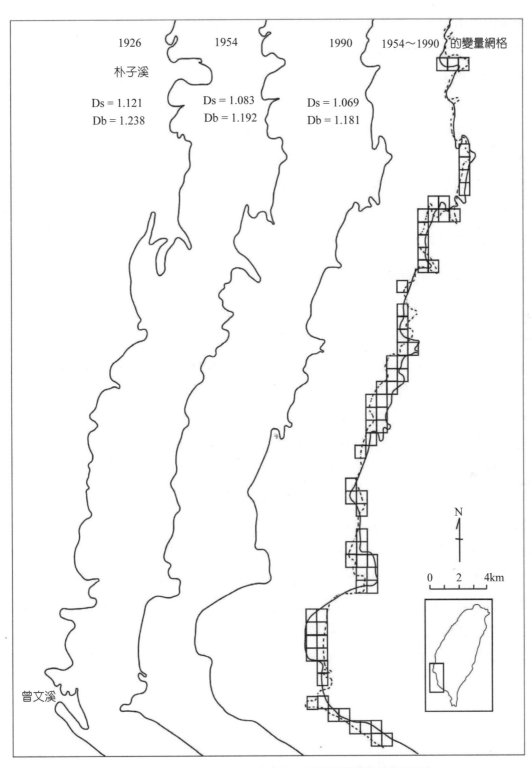

圖 10-5　朴子溪至曾文溪口歷年來的海岸線變遷與分析圖

（來源：作者自繪）

因圍墾而進夷陸化，除非人力強力進行干預（如築堤或停止圍墾開發）否則其演育趨勢不易更迭（張政亮，2005）。透過本研究及上述相關案例之探討可知，海岸線碎形維數的變化大小，可直接反映自然海岸線的人為改變程度；海岸線在自然演化過程中，最終會漸趨於固定值，然而港口建設、漁業養殖及築堤工程等大型人工海岸工程將使局部海岸線迅速發生變化，影響碎形維數的大小。隨著地理資訊系統（GIS）、遙測技術（RS）和全球定位系統（GPS）的地理 3S 技術之進展，碎形幾何的變化可以配合海岸地形演育在 3S 的相關分析軟體中進行座標確認、面積求取、侵淤分類、損害程度分級與預測評估等任務，對於海岸的環境監控、資料分析與管理經營，均能提供重大積極的貢獻。

二、碎形理論在海岸線地圖之簡化研究

　　碎形分析方法中以「逐步量測法」（stepwise）所連結的海岸線段，此種設計本身即是一種地圖線條簡化的方法。而關於海岸線地圖線條的簡化方法很多，例如：Jenks 演算法、Lang 演算法、Reumann-Witkam 演算法、Point Relaxation 演算法及 VectGen 演算法等，但一般普遍認為道格拉斯－龐格（Douglas & Peucker）演算法則的簡化效果較佳也廣受採用（圖 10-6），但許多學者的研究亦認為，道格拉斯－龐格在容許值較大時會將原應保留的特徵刪除，造成不佳的視覺效果、且若地形過於複雜，經簡化後易產生自身連接和交錯之情形，故其適用範圍主要為中等程度以下的簡化；此外，資料輸入方式不同亦會影響特徵點的選擇，進而對簡化效果產生影響（McMaster, 1987；聞祝達，1995；林譽方、孫元軍，1999）。道格拉斯－龐格法的容許值要如何設定才合理一直是一個值得討論的問題，聞祝達（1995）曾以座標點數的保留率及面積變形率的關係來求取最佳容許值[2]，研究發現北部海岸線（如新北市的麟山鼻地區）較為曲折，故採的最佳容許率較高，計算求得為 3.2 公尺，但座標點及面積變形率較大可達 17.5%；相較而言，海岸線較為平直的東部地區（如臺東縣的金崙地區），求出的最佳容許率較低，為 1.8 公尺，座標點及面積變形率很小，只有 5.9%。

---

[2]　道格拉斯－龐格法屬於「整體性常式」法則，而「最佳容許值」則是由座標點保留率與面積變形率相交而求得，關於這些解釋與運算的細節，請參閱：聞祝達（1995），地圖線條簡化之研究－以臺灣地區海岸線為例，文化大學地研所博論。

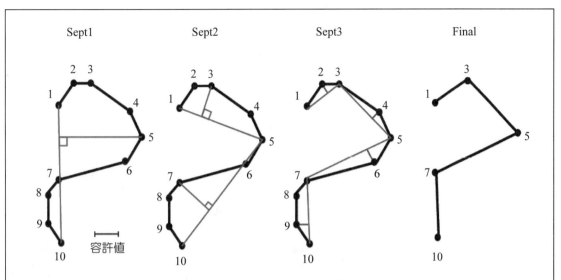

將一條曲線的首末端點連成一條直線，找出各點中與該直線的垂直距離最大者（dmax），然後比較此 dmax 與所設定的容許值（例如容許值可設為所有各點至此直線的平均值 d）之大小：(1) 若 dmax < d，則這條曲線上的中間點全部捨去；(2) 若 dmax ≥ d，則保留 dmax 對應的座標點，並以該點為界，把曲線分為兩部分，對這兩部分重複使用前述方法操作，直至 dmax < d 時停止。

圖 10-6　Douglas-Peucker 簡化法則說明（參考 Douglas & Peucker,1973）

　　碎形的自我相似性特徵因放大和縮小都不會改變其形狀和維度值，故對於線條的簡化提供了便利和有效的方法，Muller（1986）對不同比例尺的地理線條（如海岸線、國界等）進行測試，發現在簡化過程中碎形維度值發生改變代表著這些線段的地形特徵正發生變形或破壞（如凸出的岬角或內凹的海灣被修整為平直），所以碎形維度的維持對於地圖自動簡化的過程扮演關鍵地位。另外 Muller（1987）也進一步研究發現：利用碎形的「逐步量測法」也是諸多地圖簡化方法中可考慮採行的方法，因為此法所顯示出的維度不變和統計上的自我相似特性，是其他簡化演算方法所無法做到的，而且其對於線條彎曲變形和位置偏移也不大，故不失為是一種良好的地圖簡化方法；為了讓簡化後的地理線條更能保留其特徵型態，Muller 也提出「逐步量測法」應用在地圖簡化時的修改法則（圖 10-7 所示），此種方法可有效對特徵點進行保留，故可輔助修正碎形簡化過程中的若干瑕疵。

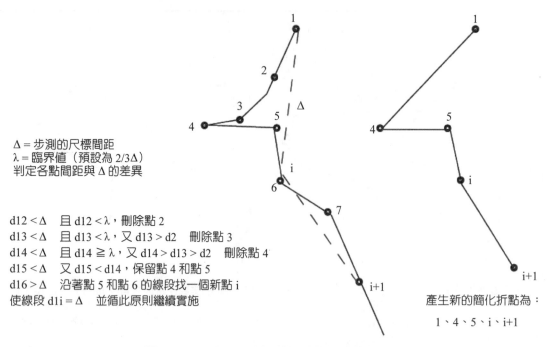

圖 10-7　Muller 提出的碎形簡化法修訂法則

（資料來源：Muller，1987）

　　為求對照碎形簡化法與道格拉斯－龐格簡化法的異同，本文也嘗試以五千分之一地圖的北端海岸麟山鼻海岸線段為簡化對象，藉由 Muller（1987）的經驗式，以總數化圖點的二十分之一為簡化的間隔點，故以 42 點（848 / 20）連結的海岸形狀如圖 10-8 所示，另外考量其為大比例尺地圖，故也以數倍的 84 點來探討其與道格拉斯－龐格之 3.2 公尺最佳容許值簡化圖之差異，從圖中觀察碎形簡化法與精緻的道格拉斯－龐格簡化法，其形狀差異並不大，也能維持與實際測繪製海岸相似的輪廓，但因繪測點數大幅減少，有利於在電腦繪圖上的資料負荷量，故 Muller 所律定出的碎形簡化法則不僅在相容的向量式（vector）電腦繪圖或 GIS 分析軟體中，成為地圖自動簡化之參考，對於不同比例尺地圖間的圖形轉化與線條美化，也有一定的貢獻。

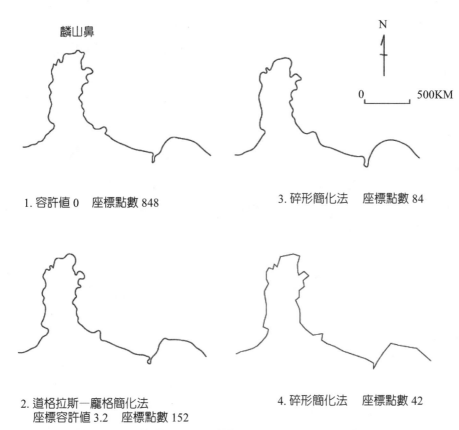

1. 容許值 0　座標點數 848

2. 道格拉斯—龐格簡化法
   座標容許值 3.2　座標點數 152

3. 碎形簡化法　座標點數 84

4. 碎形簡化法　座標點數 42

圖 10-8　利用不同地圖線條簡化法所得出的麟山鼻海岸線

（來源：作者自繪）

　　除了 Muller 的改良方法之外，Longley & Batty（1989）也進一步說明「逐步量測法」應用在地圖線條的簡化上也有一些其他的修正和改良的方法（圖 10-9），例如：1. 等步多邊連線法（equipaced polygon method）——由 Kaye（1978）所提出，不需依尺度計算出新的點數進行連線，而是每次刪除中間的節點，例如刪除 2、4 等點位而保留 1、3、5、7 的點數做相連折線。2. 雜異化步長法（hybrid walk method）——乃為 Clark（1986）所提出，其保留了一些逐步量測法和等步多邊連線法兩者的有利形狀特徵值，主要方法是當尺度間距未達另一端點時，保留此端點並將線段延伸至此點，若另一端點小於尺度間距則依傳統的逐步量測法設立新的線段端點。3. 網格計數法（cell count method）——即前述的盒子計數法，隨著電腦及演算法的發展，Goodchild（1980）等人將其運用在陣式（raster）的繪圖模式中，雖然相當便利，但因其非向量式（vector）資料，所以只呈現水平或垂直的線段，故仍需進行修正。總

而言之，上述的簡化方法雖各有其優劣，例如「逐步量測法」和「雜異化步長法」雖然能維持較佳的線條性狀，但「雜異化步長法」和「網格計數法」則有利於電腦快速的資料處理和呈現，但無論如何對於發展中的「數位地圖學」而言，碎形分析的理論與方法無疑是一種重要的運用工具。

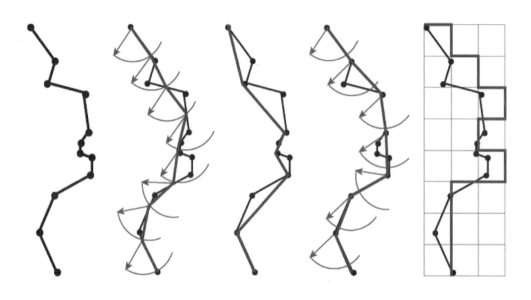

原始線段　　（a）逐步量測法　　　（b）等步多邊線法　　（c）雜異化步長法　　　（d）網絡計數法

圖 10-9　幾種碎形測量法進行的線段簡化示意圖

（改繪自：Muller，1987）

第三節　碎形理論在水系網的分析與探討

一、水系網的碎形維度計算

　　蜿蜒的河道所表現的就是一種自然的碎形線條，而由主流加支流所形成的水系網脈，如同樹枝狀延展，每條支流又有各自的支流，各支流亦持續蔓延拓展下去，故其水系網呈現出 2D 平面的自我相似性特徵，可視為一種典型的碎形現象，因為河流反映著內外營力的交互作用，故其水系型態所呈現的碎形維度有其分析與探討的意義。有關河川水系網的計算常用的方法有二：

　　1. 採前節內文所述，以「盒子計數法」（Box-Counting）求其維度值（參見圖

10-2 說明），因為碎形特徵對流域面積是沒有影響的，因此只要計算主支流總長度的碎形維度，就能得出水系網絡密度的碎形維度，故可以參照先前類似單一河道的網格法來計算碎形維度，亦即選擇不同的比例尺比值 s，對水系網中的主支流總長度進行測量，可以得到不同的測量次數 Nb(s)，然後取對數 log(Nb(s)) = D×log(1/s)log，點繪兩者並計算回歸方程式，通過其方程式的直線斜率就可以估算水系網的碎形維度 D 值（Garcia and Otalora, 1992；Tarboton, 1996），圖 10-10 即利用 Fractalyse 軟體

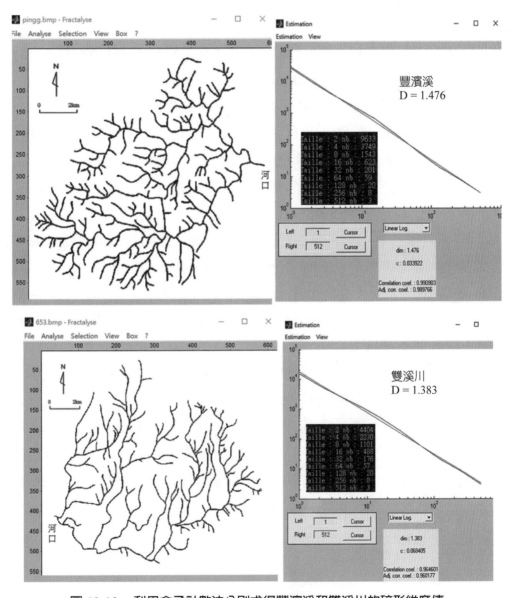

圖 10-10　利用盒子計數法分別求得豐濱溪和雙溪川的碎形維度值

（來源：作者自行操繪）

的盒子計數法分別求得比例尺五萬分之一地形圖東海岸的花蓮豐濱溪水系和台北大屯火山南側的雙溪川水系，其以盒子計數法求的碎形維度 D 值分別為 1.476 與 1.383[3]。Nikora（1991）指出水系的碎形維度值是介於線形的一維與面形的二維間，即 1 < D < 2，河系網路發育的程度愈好，水系分岔愈複雜其碎形分維值也就愈大。愈接近 2 時表示河網水系充滿了整個流域平面。故兩河流的碎形維度有別，推測乃因花蓮豐濱溪流經的地質區多屬砂頁岩區，河流發育狀態良好、河階發達，碎形維度值高；相較而言，臺北雙溪川流經堅硬的火成岩區，深切熔岩臺地，側蝕不易，故水系網路未完全發育，碎形維度較低。

　　2. 另一種水系河網的碎形維度計算方法是依河川的水文定律所推導而出的，La Barbera 和 Rosso（1987, 1989）依 Horton 的河川等級定律（law of stream order）為基礎發展出水系的碎形維度：$D = \log R_b / \log R_l$，即取對數後的河流分歧率除以流長比[4]。分歧率（Bifurcation ratio）出自於 Horton 的第 1 定律，說明河流數目隨河流等級增加而呈幾何級數減少的關係。其定律為 $N_u = R_b^{k-u}$（參見第二章公式 2-1），而所謂 Rb（分歧率）乃為不同河流等級的河流數目比值（$R_b = N_u / N_{u+1}$），例如若第一級河段的河流數目有 34 個，第二級河段的河流數目有 9 個，則其 Rb 值為 3.8。而流長比（length ratio）源於 Horton 的第 2 定律，說明河流長度隨河流等級增加而呈幾何級數增加的法則。其定律為 $L_u = L_1 R_L^{u-1}$（參見第二章公式 2-2），所謂 R_l（流長比）乃為不同河流等級的河流平均長度比值（$R_l = L_{u+1}/L_u$），例如若第一級河段的河流平均長度為 0.6km，第二級河段的河流的河流平均長度為 1.8km（累加第一級河段的河流平均長度），則其 R_l 值為 3.0。

　　有關 $D = \log R_b / \log R_l$ 的公式推導如下（La Barbera & Rosso, 1989；陳樹群、錢滄海、馮智偉；1995；馮平、馮焱；1997）：令 k 階的河川水系之主流長度為 L_k，由 Horton 的河川長度定律（式 2-2）可知 u 階（$u < k$）的河川平均長度為 $L_k(1/R_l)^{k-u}$，且由 Horton 的河川數目定律（式 2-1）得知 u 階的河川數目 N_u 為 R_b^{k-u}，故 u 階的河川總長度應為 $L_k(R_b/R_l)^{k-u}$，若將所有階序的河川全部加起來，則總個流域的總長度為：

$$L = \sum_{u=1}^{k} L_k \left(\frac{R_b}{R_l} \right)^{k-u} \qquad （式 10-1）$$

---

[3] 取此兩條河流計算盒子計數法的碎形維度是因可和後面的不同計算方法進行比較。

[4] 另外 Feder（1988）依 Horton 的定律亦導出河川主流長的碎形維度公式為 $d = 2\ln R_l / \ln R_b$。

或

$$L = L_k \frac{\left[1 - \left(\frac{R_b}{R_l}\right)^k\right]}{\left[1 - \frac{R_b}{R_l}\right]}$$

（式 10-2）

由式 10-1 可以得知水系中的河川總長度乃爲 R_b/R_l 的等比級數，若 $R_b/R_l < 1$，則當 k 階趨近無窮大時，級數和會收斂至 L，此時碎形維度的 D 值會等於 1，但一般的流域其分岐率（R_b）與流長比（R_l）的比值通常會大於 1，所以當 k 階趨近無窮大時，式 10-1 是會發散的。當考慮 k 階河川等級爲很大的流域，河川水系的總長 L 與 R_b/R_l 成正比，即：

$$L \sim L_k(R_b/R_l)^{k-1}$$

（式 10-3）

一般習慣上，通常會以河川等級的第 1 階之平均長度當作量尺，此乃因第 1 階河川長度較短，可增加測量準確性，故：

$$L \sim \overline{L_1} R_b^{k-1}$$

（式 10-4）

其中

$$\overline{L_1} = L_k (1/R_l)^{k-1}$$

（式 10-5）

將（式 10-5）兩邊取對數則

$$k - 1 = -\frac{\log(\overline{L_1}/L_k)}{\log R_l}$$

（式 10-6）

代入（式 10-4）得 $L \sim \overline{L_1}^{\,1-(\log R_b/\log R_l)}$　參照第九章科赫曲線 $L(s) = s^{1-D}$（式 9-2）

故求得：

$$D = \frac{\log R_b}{\log R_l}$$

（式 10-7）

根據陳樹群、錢滄海、馮智偉（1995）以臺灣鯉魚潭水庫集水區之水系分別以盒子計數法（網格法）和依河川的水文定律所推導的 $D = \log R_b/\log R_l$（式 10-7），所計算出的碎形維度分別爲 1.51 和 1.487（log3.215/log2.194），兩種方法所計算出的碎形維度值頗爲接近（差值爲 0.023），差異並不大。另張瑞津（1977、1979）曾針對臺灣東部海岸地區的豐濱溪、馬武窟溪及臺灣北部大屯山地區的雙溪川進行河流等

級的相關研究，除描繪比例尺五萬分之一及二萬五千分之一地形圖的水系圖外，並區分上述河流的等級、計算各等級之河流數目、河流長度、及求出其分歧率和流長比等數據（表 10-1）；緣此，本研究依此資料進行分析水系的碎形維度分析，依表 10-1 之數據得知花蓮豐濱溪二萬五千分之一地圖中的 $D = \log R_b / \log R_l =$ (log3.54/log2.09) 為 1.71，在五萬分之一的地圖 D 值（log3.71/ log 2.40）為 1.50；而臺北大屯火山南側的雙溪川在二萬五千分之一地圖之 D 值 (log3.63/log2.24) 為 1.60，五萬分之一的地圖 D 值 (log 3.31/ log 2.14) 為 1.57。由此可觀察出不同比例尺所求的碎形維度值存有差異，其中豐濱溪的變化值頗大，維度值差距達 0.21，而雙溪川的差距只有 0.03，變化不大，較為相近。因依碎形的自我相似性特徵，不同比例尺地縮放應不會影響其維度值，故此差異是否來自於不同比例尺的地圖在簡化過程中的資料篩選有別，致使河川等級數目和河流長度測量產生誤差，而影響其分歧率、流長比和碎形維度值之計算，仍待進一步探討。另外，比較五萬分之一地圖，利用盒子計數法所求得之 D 值豐濱溪為 1.476，大於雙溪川的 1.383，但是依分歧率與流長比所發展的水系計算 D 值豐濱溪為 1.50 反而小於雙溪川為 1.57；然而若依二萬五千分之一所計算的分歧率和流長比，豐濱溪的 D 值 1.71 是大於雙溪川的 1.60，雖然較盒子計數法的 D 值為大，但兩者的趨勢是一致的（即豐濱溪大於雙溪川）且差異亦較為近似，而從圖上也可觀察位於砂頁岩區的豐濱溪比流經堅硬火成岩區的雙溪川，其水系網絡較為發達，故碎形維度值較大方屬合理。

表 10-1　豐濱溪和雙溪川在不同比例尺地圖中的統計資料

水系	1/25000 地圖						1/50000 地圖					
	等級	河流數目	分歧率	河流長度	累加均長	流長比	等級	河流數目	分歧率	河流長度	累加均長	流長比
豐濱溪	1	159		99.1	0.6		1	169		87.2	0.5	
	2	36	4.4	41.8	1.8	3.0	2	34	5.0	43.0	1.8	3.6
	3	9	4.0	18.8	3.9	2.2	3	9	3.8	22.6	4.3	2.4
	4	3	3.0	10.9	7.5	1.9	4	2	4.5	18.9	13.8	3.2
	5	1	3.0	4.1	11.6	1.5	5	1	2.0	1.1	14.9	1.1
回歸式	logy =2.69-0.55x		3.54	logy = -0.45+0.32x		2.09	logy =2.71-0.57x		3.71	logy = -0.56+0.38x		2.40

		1/25000 地圖					1/50000 地圖			
雙溪川	1	170		107.9	0.63	1	108		85.30	0.79	
	2	42	4.05	38.48	1.55	2.46	2	27	4.00	38.70	2.22	2.81
	3	10	4.20	31.90	4.74	3.06	3	6	4.50	15.80	4.85	2.18
	4	3	3.33	16.70	10.31	2.18	4	2	3.00	14.10	11.90	2.45
	5	1	3.0	3.73	14.04	1.36	5	1	2.00	3.40	15.30	1.29
回歸式	logy=2.75-0.56x		3.63	logy= -0.49+0.35x		2.24	logy=2.47-0.52x		3.31	logy= -0.35+0.33x		2.14

資料來源：整理自張瑞津（1977，1979）

　　造成此種差異的原因，除了可能是地圖繪製所產生系統誤差（如投影）、實際測量時所產生測量誤差以及地圖簡化過程中人為的資料篩選所造成偏差[5]，而致使碎形維度值計算的差異性外；另值得一提的是其採用的理論依據，如前述公式 $D = \log R_b / \log R_l$ 是依據 Horton 的河川水系定律所推導的，其中有關河流長度與河流流域面積的關係乃為一冪函數，即 $L = aA^b$，此乃為此乃為 Hack 於 1957 年研究馬里蘭和維吉尼亞的河川時所發現的河川定律（Hack, 1957），因為實測的 b 值為 0.6 而非歐基理德幾何學幾何學的 0.5，Mandelbrot（1982）對此則認為這是因主河道具有碎形的特性而造成的差異（高鵬等，1993），所以該公式的成立是假設水系具碎形的尺度不變性，且集水區面積不會隨地圖比例尺改變而改變為前提，而研究者因視水系為碎形，故把此 Hack 的經驗式視為主流長度（L）與流域面積（A）的碎形關係式（即 b = 0.6 = D/2）。但此理論頗受到質疑，Robert 與 Roy（1990）在加拿大伊頓（Eaton）河等諸多河川的研究發現不同比例尺（1：20,000，1：50,000，1：125,000）所導出來的 b 值分別為 0.546、0.635、0.648，認為此經驗式 b 的差異與不同比例尺有關（即不同比例尺會造成地圖扭曲而影響指數 b），因此認為此定律此屬異速生長模型，而非碎形模型，故無法導出流域的碎形特質，Nikora（1991）研究蘇聯 46 條河流平面型態的分形結構，也認為只有在一定比例範圍內才存在自我相似性，故無法用純

---

[5]　例如表 10-2 可以看出豐濱溪在二萬五千分之一的地圖中，求得的分歧率為 3.54，而在五萬分之一的地圖中分歧率卻增為為 3.71；但雙溪川則恰巧相反，在二萬五千分之一的地圖中，其分歧率為 3.63，而在五萬分之一的地圖中分歧率減為 3.31。流長比也同樣有此種情形，由此可以明白在地圖簡化中，對於不同等級的河流之保留與否存在著不一致性，因從資料中可以看出豐濱溪在五萬的地圖中，一級河川的數目反而比二萬五千分之一地圖中的一級河川還更多（兩者分別為 169 與 159），此有違簡化原則，顯見地圖精度會影響地形計量之成果。

粹碎形理論分析[6]。Dodds 等人（2001）亦認爲：$D = \log R_b / \log R_l$ 是有疑問的，因爲令 $D = 2$ 的水系最密狀態之假設是受非議的（D 只會「趨近」2，故不可能爲2），也與 Scheidegger's model $D = 3/2$ 不符，而且 La Barbera 和 Rosso 乃「假設」分歧率和流長比在不同比例尺度中均是不變的，此種純粹理論值在實務上並不存在，故此計算式存有疑點。陳彥光、劉繼生（2001）也認爲上述水系的碎形分維方程及其數理之關係並不困難，困難在於分維的實測技術，而 $D = \log R_b / \log R_l$ 只是一種經驗關係，沒有理論依據，物理意義很不明確；而因研究者常混淆了水系的等級結構維數和空間結構維數，等於混同了廣義空間維數和現實空間的對應維數，故使得實測的水系碎形維度與理論的預測結果產生不一致性。綜上所論，本文歸結認爲其實大自然中的水系型態並非「定率碎形」，故並無存在嚴格的自我相似性，故單純運用理論來推導，可能會存在某些窒礙並與現實狀態產生落差，若能將水系型態理解爲一種機率碎形，僅在一定的比例範圍或局部區間內才能表現出碎形的性質，也才會具備尺標不變的自我相似性，此外也需考慮不同比例尺地圖的精度和誤差，如此方有利於用統計或公式等方法求得其碎形的維度值並解釋其所代表的意義和現象。

二、水系網的碎形特徵及其應用之探討

雖然對於水系網的碎形維度計算方法和推導方式存有不同，但多數地理學者仍認爲河川及水系網是存在碎形的特徵；且有關水系網的碎形特徵及其相關探究頗多，例如 Masek and Turcotte（1993）以有限擴散聚集（diffusion-limited aggregation, DLA）的模式[7]，在劃定的二維網格中以隨機移動（random walkers）方法所產生的脈絡與自然界的河系網十分類似，該模式還具預測統計功能，其所計算出的分歧率爲 3.98，流

---

[6] 當時 Hack 所求得的 a 爲 1.4，b 值爲 0.6，後續學者所做的相似研究雖然 b 值有所不同但都大於 0.5，對此差異 Hack 個人的解釋是流域形狀隨著面積的增加而變長所造成的。另此 Hack 定律其實也能從 Horton 的第二定律（河川長度定律）和第四定律（河川集水面積定律）推導出來，參見陳彥光、劉繼生（2001）之研究。其實有關碎形的推導公式頗爲雜異，例如 Feder 求出主流長的碎形維度公式爲 $d = 2\ln R_l / \ln R_b$（流長比／分歧率），Nikora（1993, 1994）等人則提出 $d = 2\log R_b / \log R_a$（分歧率／面積比），有關主流長（d）和全體水系網（D）的碎形關係 Tarboton 依 Feder 公式提出 $D = d(\log R_b / \log R_l)$ 而 Barbera 則修改爲 $\log R_b / \log R_l = D(2-d)$，因此用不同公式所得碎形維度值便有差異且與實測值往往也有不一樣，又若主流長度（L）與流域面積（A）的碎形關係式被認定有問題，則公式所推導出的 D 值也失去意義。

[7] DLA 是 Written & Sander（1981）所引進的方法，主要概念是建構在一個包含許多細小正方格（cell）之格網上，假設有方格單元已被粒子占據，再以該黑點爲圓心畫一大圓。若隨機從大圓任一點放進一新的粒子，粒子則可以依布朗運動軌跡隨意移動，直至粒子離開大圓範圍以外或抵達該黑點粒旁的小方格，即視爲與既有圍粒混合，該新的粒子停止活動。重複多次此一邏輯過程，即可建構一組由黑點源爲中心，相互連接的擴散軌距集合；參見 Falconer（1990）。

長比為 2.09，依碎形維度公式（$\log R_b / \log R_l$）所得之 D 值 = 1.87，此與實際水系的測量值非常相近。Philips（1993）強調：水系的形成受物理、化學和生物等三要素的長時間影響，故水系網的碎形分析只從公式推導存有盲點，需考慮地質構造、營力環境等自然要素才有意義。Tarbotona 等人（1989）利用 DEM 技術，以逐步量測法、盒子計數法、超出數機率法探討水系的碎形特徵並據此驗證公式 $D = \log R_b / \log R_l$ 的妥適性；Sagar 等人（1998）則提出基於碎形架構的河道網絡模型（Fractal-skeletal based channel network model, F-SCN）其主要概念認為水系網的結構複雜，而在流域內水系網路主要受到地質構造所主控，而初始的河谷盆地的外圍輪廓是由所有一級河系的起伏型態所決定的，又根據 Hack 的法則流域面積和主流長度具有冪函數的關係，因此水系網絡的碎形維度值除與分歧率、流長比有關外，也與流域面積比有關，所以建立起河谷盆地（流域）的碎形架構，便能萃取出河道網絡特徵和求得其碎形維度，故知河谷盆地和河道網絡的分維值是成正比，例如五邊形河谷盆地的分維值為 1.72，河道網路的分維值 1.63；而八邊形河谷盆地的分維值為 1.85，則河道網路的分維值 1.77。Khanbabaei, Karam & Rostamizad（2013）則探討伊朗札格羅斯（Zagros）地區的 Sarkhoun、Sabzkouh 和 Rahdar 三個河谷盆地，經公式（$\log R_b / \log R_l$）計算其碎形維度分別為 1.94，1.54 和 1.25，造成此差異的原因除了流域面積大小的影響外，形狀因子也具有重要因素 Sarkhoun、Sabzkouh 比較屬於長方形水系其分維值比圓形的 Rahdar 流域來的大。另外，Rahdar 流域乃位於乾燥地區，水源不足而導致其支流發育不佳，使其分歧率減少，故碎形維度最小，由此可知水系在地形演育和變化，可藉由碎形模式來加以闡釋。

　　馮金良、張穩（2006）利用盒子計數法對中國華北的灤河和海河水系的碎形維度進行調查指出海河水系的分維 D 值為 1.49，灤河水系為 1.46，研究亦認為水系分維對流域地理環境要素及流域地貌發育歷史有一定的關聯或依賴性，其中水系分維與流域徑流模數間存在正線性相關關係，故需考察其局部水系分維，例如山區水系其分維值會較平原區為大。王世俊和黃勝偉等人（2007）針對中國南方珠江河網的碎形維度研究認為：潮汐優勢型河道較逕流優勢型河道的碎形維度大，此乃因潮汐優勢型之河道形成與維持動力的機制較多樣化，而在洪水期時以逕流動力為主導，枯水期時則潮汐動力佔優勢；另外，對比不同時期的地圖顯示 100 多年以來，珠江網河區分維值逐漸降低，1883 年網河分維值最高（1.339），隨後逐漸減小，1986 年的碎形維度值 1.193，2001 又降至 1.182，其主要原因是人類活動促使珠江網河水系

的簡化，呈現的型態主要有支流堵塞和河道固化，使河道原有分支逐漸消失而新的支流則難以發育。原曉平與劉少峰等人（2013）利用數值高程模型（digital elevation model, DEM）提取青藏高原的格爾木河的水系資料，並以盒子計數法探討其碎形維度值的變化，研究發現當匯流累積量閾值（confluence accumulation threshold）從3000 增加到 6300 時，水系分維由 1.777 遞減爲 1.645，降幅明顯；而當匯流累積量閾值由 6300 增加到 8000 時，水系分維由 1.645 減少爲 1.592，遞減趨勢較爲平緩，但總體上還是呈現遞減趨勢，說明同一流域匯流累積量閾值與其碎形維度間存在著負相關，也說明水系分維值有效地反映了流域的型態特徵，而其迴歸方程式爲 y = -0.194log x + 3.3441；另外，因格爾木河流域水系分維值大致處於 1.6～1.8 之間，綜合文獻判斷其地貌之發育階段處於壯年期，並向壯年晚期發展。

　　藉由上述的分析可以歸結出：地表水系的碎形維度大小可反映流域地貌的侵蝕發育程度，水系網絡的密度與碎形維度大小呈正相關，碎形分維數愈大，河網密度愈大，河流發育愈成熟；例如世界流域面積最大、流量及支流最多的南美亞馬孫河，其碎形維度值高達 1.85，中國的閩江受地形構造控制，主支流大致成直角相交的格子狀，水系亦十分發達，碎形維度值也有 1.67，而世界第一長河的埃及尼羅河，因位於少雨區的沙漠、支流較少，碎形維度值只有 1.4（高安秀樹，1994），因此利用水系的碎形維度可作爲該區流域地貌型態碎形特徵的具體量化指標。

　　在國內的研究方面，臺灣因位於東亞季風區，降水量豐沛加上地勢陡峭，故河川坡陡流短但水系網發達，依據官方公告全島共有 129 條水系、195 條河川，總長度有4.2 萬多公里，河川面積占全台面積三分之一，平均每平方公里擁有 1.17 公里長的河流。有關河流的相關研究頗多，其中針對河川及水系進行碎形探討的如：陳樹群、錢滄海（1992），陳樹群、錢滄海、馮智偉（1995）曾採臺灣 16 條河川的主流長度進行碎形分析，藉由逐步量測法測量兩萬五千分之一、五萬分之一和十萬分之一地圖的河川長度求取其碎形維度，求得其維度值介於 1.02 至 1.24 之間，平均值 1.079 接近Mandelbrot 的預測值 1.136。其中鹽水溪因河川短小，且多發育在平地上，蜿蜒度不高故維度最低爲 1.02，而山區河川受地形控制蜿蜒度較平地高，故一般維度值較高，例如像德基水庫上游的集水區維度值便大於 1.1。賴逸少、吳瑞賢（1993）以 10 萬和 25 萬分之一的地圖分析臺灣八個河川區段（非全部河長）的蜿蜒碎形維度，其中以基隆河由士林到七堵區段的碎形維度最高（1.28），八掌溪從河口到外溪洲的維度值最低（1.08），平均值爲 1.19，文中也提醒自然界的河川並非完美的碎形而是在一

定的尺度範圍內才具碎形特徵，且可能有其他變數之控制而使其具自我仿射性。李宗仰、林淑眞、劉長齡（1994）分別利用 Koch 曲線和 Wodaski（1993）的「碎形實像」等兩種碎形理論的方法來模擬基隆河、大甲溪和濁水溪等 5 條河川的部分區段流路，並經由盒子計數法所得的實際量測比對後，也發現河川愈蜿蜒其碎形維度值愈高，故其方法可良好描述河川之彎曲或蜿蜒的程度。周沛樂（1996）則認爲河川流域本身是屬於自我仿射的結構（非自我相似）；且隨著比例尺縮小（例如從 1/100,000 到 1/250,000），自我仿射的特性越趨於明顯。

上述的研究多以臺灣河川的單一主流河道進行碎形的線形分析，至於對平面空間的水系網碎形特徵之探討則較少見，原因應與河川水系網的繪製擷取和相關參數的量測計算不易，需耗費許多人物力和時間才能克竟全功地取得資料和數據。黃朝恩（1980）及張瑞津（1981、1982）曾針對臺灣島的所有河川進行系統性的普查，計測出河川流域的水流等級和水系網的各項比值（如分歧比、流長比、坡降比和落差比），資料完整且豐富。緣此，本研究沿用此數據進行分析，因臺灣河流等級最高爲 7 級河共 6 條、6 級河 12 條、5 級河 24 條、4 級河 38 條、3 級河 20 條（依 Strahler 等級區分及五萬分之一地圖計算）；考量平原型河川多受人工影響而改變其原有形態且相同等級之水系網較利於比較對照，故本研究依張瑞津（1981）的準則，在主要的 100 條河川中，選取非平原型的 4 級河及屬於 5 級以上的河流上游或支流的 4 級河共 69 條進行水系網之碎形分析，其位置及資料見圖 10-11 及表 10-2 所示。由表中的分歧率（R_b）、流長比（R_l）可以用 Barbera 和 Rosso 的公式（$\log R_b/\log R_l$）求知臺灣水系網的碎形維度值介於 1.11 至 1.79 之間。依張瑞津（1981）的經驗法則若臺灣水系網之分歧比大於 4 和流長比大於 2.6 顯示水系發育屬壯年期，循此可知碎形維度值可以 1.45 爲界[8]，大於此值顯示河川屬壯年期，小於此值則屬幼年期（或老年期），依此準繩則臺灣半數以上（52%）的河流仍未達谷坡平緩的壯年期，進一步依地形類別進行分析[9]，其中只有丘陵型的水系平均碎形維度值 1.48 大於 1.45 屬於壯年期河

---

[8] 依張瑞津（1981）歸結美日等學者的研究認爲壯年期的河流數目最多，故分歧比多大於 4，至於流長比對應分歧比時，其值應爲 2.25，但考量臺灣諸流域的其他比值關係（如面積比、流長比分別與分歧比之關係），分歧比應修正爲 2.6，又因本研究聚焦於碎形之分析，故其他水系網的比值資料如坡降比、面積比和落差比等數據不呈現於表 10-2 中。另外，大陸學者何隆華、趙宏（1996）以盒子計數法在大陸的試點研究則是以碎形維度值 1.6 爲壯年期之分界。

[9] 地形劃分是依高度 700m 及 80m、坡度 25° 和 5°、相對高度 400m 和 50m 來區分山地、丘陵和平原，並據此再依高度和坡度之四分位差爲 X 與 Y 軸進而細分爲山地、丘山、山丘、丘陵和丘原五類，詳細劃分方式詳見：石再添、張瑞津、黃朝恩（1980）。而 69 條河川中以丘陵型最多，占 34 個，丘原型最少只有 2 個。

川，因其峻嶺淵谷已漸變成低丘寬谷，下蝕作用逐漸減弱而側蝕作用加強，支流易於發育使地形被河川主支流切割得十分破碎，意謂河川水系網的複雜程度愈大，故碎形維度值會較高；而山地、丘山和山丘型等地勢較高且坡度較陡的水系，平均碎形維度值分別為 1.44、1.42 和 1.43，差異並不大但均略小於臨界值 1.45，再參照其水系之坡降比和落差比均較鄰近的日本為大，說明這些水系仍屬侵蝕發育的幼年期階段，反映出臺灣地殼隆升快速、侵蝕與堆積作用十分旺盛，因這些山區的水系發育較日本年輕，河流深切侵蝕劇烈往往造成河谷崩塌頻繁、土石流淤積迅速而易釀禍成災。至於發育在更低緩地區的丘原型水系（如鹽水溪支流和二仁溪支流）平均碎形維度值更低，只有 1.38，代表低緩平地區缺乏山勢控制，河川的自律平衡加上人工修治，使其支流少且蜿蜒曲折度也不若山區大，故一般碎形維度值較低。

　　一般而言，除地形因素外，地質構造也常影響水系的分布狀態和形態特徵，然由表 10-2 觀之，不同地質區的碎形維度值差異並不大，其中以膠結較差、結構鬆散的紅壤堆積層，其碎形維度值最大（平均 D 值為 1.54），其次依序為安山岩（1.52）、砂頁岩（1.51）、珊瑚礁（1.50）、片岩（1.46）、泥頁岩（1.45）、板岩（1.41）、集塊岩（1.40）。依學理分析水系網分布的密度高通常以軟性岩層與構造為主要成因（王翠萍，2015），例如像紅壤堆積層和泥岩區的地層易受侵蝕，溝谷密布的現象會較其他岩層明顯，故地形較為破碎、水系網分布發達而使碎形維度值偏高；在硬岩區或受人為整治的河川，其水系的密度值偏低，碎形維度值會趨小；但依上述資料顯示純依地質岩性的區分並無顯著之差異，原因不僅因為河流流經的地質區十分複雜，除了岩性外，還受到層態、節理、褶曲、斷層、走向等許多地質構造所控制，所以即使是相同岩性的水系其差異性亦很大，例如 69 條水系中多數發育於輕度變質的板岩區（28 條，約 40%），但同樣板岩地區其碎形維度值的變化卻很大，例如大安溪上游的大雪溪維度值只有 1.11，但台東大武鄉的安朔溪碎形維度值卻高達 1.76，差值達 0.65，顯見岩性的軟硬會造成水系密度分布及型態特徵之差異，進而影響碎形維度值的變化，但仍需視其他地質構造及地形樣態等諸多要素的綜合交互作用而定。

表 10-2　臺灣水系網的主要比值、碎形維度及地質地形分類表

名稱	分歧率	流長比	D 值	地形	地質	名稱	分歧率	流長比	D 值	地形	地質
1 雙溪上游	4.721	2.553	1.66	山丘	砂頁岩	36 出風溪	3.112	2.317	1.35	丘陵	砂頁岩
2 員潭溪	2.649	1.799	1.66	丘陵	安山岩	37 九棚溪	3.491	2.523	1.35	丘陵	砂頁岩
3 磺溪	4.246	2.427	1.63	丘陵	安山岩	38 港仔溪	3.221	2.265	1.43	丘陵	板岩
4 八連溪	3.000	2.275	1.34	丘陵	安山岩	39 安朔溪	4.335	2.296	1.76	丘陵	板岩
5 公司田溪	2.999	2.128	1.45	丘陵	安山岩	40 朝庸溪	2.912	1.901	1.66	丘陵	板岩
6 札孔溪	4.121	2.5	1.55	山地	板岩	41 大武溪	4.699	2.864	1.47	丘山	板岩
7 紅水仙溪	3.784	2.291	1.61	丘陵	紅壤堆積	42 大溪	4.467	2.5	1.63	丘山	板岩
8 南崁溪支流	3.589	2.388	1.47	丘陵	紅壤堆積	43 金崙溪	4.634	2.985	1.4	丘山	板岩
9 鳳山溪上游	4.055	2.877	1.32	山丘	砂頁岩	44 大麻里溪	5.297	3.177	1.44	山地	板岩
10 頭前溪支流	3.963	2.735	1.37	山地	砂頁岩	45 知本溪上游	3.034	1.945	1.67	山地	板岩
11 客雅溪上游	4.335	2.958	1.35	丘陵	泥頁岩	46 大南溪	4.677	3.532	1.22	丘山	板岩
12 中港溪支流（八卦力溪）	3.664	2.421	1.47	丘山	砂頁岩	47 太平溪	3.327	2.636	1.24	丘陵	板岩
13 後龍溪支流（雞隆溪）	4.667	2.588	1.62	丘陵	砂頁岩	48 卑南溪支流	4.207	2.818	1.39	山地	片岩
14 烏眉溪支流	3.581	2.249	1.57	丘陵	泥頁岩	49 泰源南溪	3.908	2.594	1.43	丘陵	砂頁岩
15 通宵溪上游	3.281	2.143	1.56	丘陵	泥頁岩	50 新港溪	2.825	2.228	1.3	丘山	集塊岩
16 大安溪上游（大雪溪）	3.733	3.289	1.11	山地	板岩	51 水母丁溪	4.027	2.518	1.51	丘山	集塊岩
17 合歡溪（大甲溪）	4.246	2.999	1.32	山地	板岩	52 馬霍拉斯溪（秀姑巒溪）	3.999	3.112	1.22	山地	板岩
18 水長流溪（大肚溪）	3.945	2.582	1.45	丘陵	板岩	53 丁子漏溪	4.027	2.404	1.59	丘陵	砂頁岩
19 霍薩溪（濁水溪）	4.178	2.218	1.79	山地	砂頁岩	54 蕃薯寮溪	2.564	2.123	1.25	丘陵	砂頁岩
20 北港溪支流	3.499	2.529	1.35	丘陵	泥頁岩	55 水璉溪	3.776	2.218	1.67	丘陵	砂頁岩
21 補子溪支流	3.548	2.317	1.51	丘陵	泥頁岩	56 萬里橋溪	4.56	2.642	1.56	山地	片岩
22 八掌溪支流	4.111	2.63	1.46	丘陵	泥頁岩	57 美崙溪	3.724	2.404	1.5	山丘	片岩
23 急水溪支流	3.784	2.57	1.41	丘陵	泥頁岩	58 三棧溪上游	3.083	2.223	1.41	山地	片岩
24 岡子林溪（曾文溪）	4.92	2.858	1.52	丘陵	泥頁岩	59 托博闊溪（立霧溪）	2.965	2.259	1.33	山地	片岩
25 鹽水溪支流	3.802	2.704	1.34	丘原	泥頁岩	60 卡納岡溪（仁和入海）	2.999	2.28	1.33	山地	片岩
26 二仁溪支流	3.451	2.399	1.42	丘原	泥頁岩	61 布蕭丸溪（和平溪）	3.707	2.393	1.5	山地	板岩

名稱	分歧率	流長比	D 值	地形	地質	名稱	分歧率	流長比	D 值	地形	地質
27 高屏溪支流	4.074	2.71	1.41	山地	板岩	62 南澳南溪	4.71	2.999	1.41	山地	片岩
28 東港溪上游	3.357	2.265	1.48	山地	板岩	63 東澳溪	3.516	2.056	1.74	丘山	片岩
29 瓦斯魯溪（林邊溪）	3.589	2.723	1.28	丘山	板岩	64 蘇澳溪	3.75	2.541	1.42	丘陵	板岩
30 土文溪	4.217	2.594	1.51	山地	板岩	65 新城溪	3.936	3.221	1.17	丘山	板岩
31 坊山溪	3.664	2.797	1.26	山丘	板岩	66 米摩登溪	3.516	2.249	1.55	山地	板岩
32 楓港溪上游	4.385	3.177	1.28	丘陵	板岩	67 頭城溪支流	2.891	2.193	1.35	丘陵	板岩
33 四重溪上游	4.246	2.844	1.38	丘陵	板岩	68 梗枋溪	3.221	1.995	1.69	丘陵	砂貢岩
34 保力溪上游	3.776	2.735	1.32	丘陵	珊瑚礁	69 大溪川	3.573	2.183	1.63	丘陵	砂貢岩
35 良巒溪（港口溪支流）	3.516	2.113	1.68	丘陵	珊瑚礁						

資料來源：引自張瑞津（1981），D 值為依公式計算求得

　　碎形的碎形維度除了可作為水系流域的型態和演育之量化指標外，對於河道沉積物結構、河川侵蝕滲流模式等也有相關論著分析（高鵬等，1993）。此外，基於水系具有自我相似性的碎形特徵，任何一個部分都是整體的縮影，故對地圖水系網之簡化亦提供了一種新的思索方向；因依 Horton 河川級序的平面型態，河川發育常為樹枝狀的分岔增長，故依碎形尺度不變性原則逆向回推，便能得到簡化的結果（圖 10-12(a)）；Jiang, Liu and Jia（2013）即藉由數化的資料在黃土高原山西省將水系網依河流等級進行分類，從中可以得知水系是可依河川的水文定律具冪次定律的分布（power law of distribution）特徵，說明河流數目隨河流等級增加而呈幾何級數減少的關係（Horton 第 1 定律），而河流長度則隨河流等級增加而呈幾何級數增加（Horton 第 2 定律），故比例尺愈大的地圖，內容愈詳細，精度愈高，呈現的水系網就愈密集，隨著比例尺愈小（設分子為 1，若分母愈大，比例尺就愈小），簡化的方式即可將最初等級的河川移除（通常一級河數量最多、最短），而依碎形的特性放大縮小是不影響其維度值的，故隨比例尺愈小而依序移除較低等級的河道不失為一種簡化（Simplification）的方式（圖 10-12(b) 至圖 10-12(f)），當然此種簡化的方法是基於嚴格的定率碎形（Deterministic Fractal）上才具意義。而另外一種簡化的方式是可依「盒子計數法」（Box-Counting）的原理進行，隨著網格不斷放大，涵蓋的線條便會減少，同一網格內的線段便須合併（僅保留較長且連續的線段），圖 10-13為其簡化的範例。有別於一般常用的水系網簡化的選取方法，如 Topfer 的方根定律

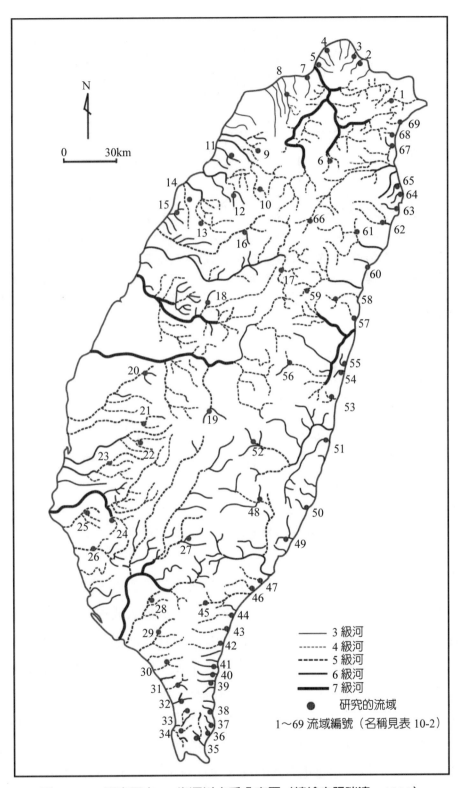

圖 10-11　研究區之 69 條河川水系分布圖（轉繪自張瑞津，1981）

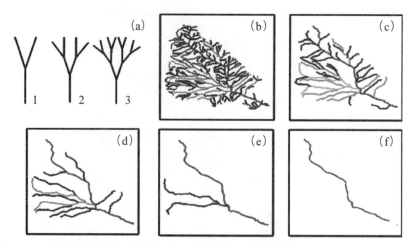

圖 10-12　圖（a）是基於碎形的自我相似性所複製的水系發育示例，由 3 反向至 1 便是一種由繁化簡的歷程。圖（b）～（f）為 Jiang 等人（2013）據此原則將山西省河水系依序移除較低等級的河道的成果圖，提供做為一種水系簡化的參考（註：地圖之比例尺尚未作調整）。

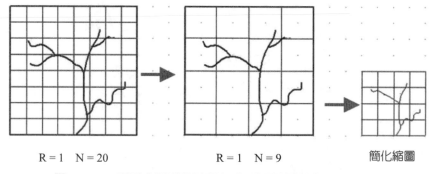

圖 10-13　利用盒子計數法進行水系網地圖簡化的示例

（Radical law）、回歸分析統計、模糊圖形理論等（林譽方，1996），利用碎形進行水系的簡化原理是基於尺標不變的自我相似性，故放大或縮小無損其特徵，然而前文已經提及河川水系網並無存在完全的自我相似性，所以若隨比例尺縮小而逐一去除較低級的所有河川數目，恐會與事實產生落差，而且簡化不僅是依河川級數，而且還須考量：河道長短、重要特徵性、特殊地質地形及單一河道線條也有其簡化原則（如海岸線的簡化）等諸多要素。圖 10-14 與圖 10-15 乃舉花蓮四級河的美崙溪為例，分別利用碎形盒子計數法及一般簡化法所得出的水系簡化結果，提供比較參考。有關水系的碎形特色和簡化方式的探討也仍有不少探討，例如 Turcotte（1997）認為可依 Horton 等人的河川系統順序不斷循環複製新的分岐支流而構成整個平面的

水系網，Tokonaga（2003）不僅闡釋流域的碎形理論，也提出了二維的謝爾賓斯基空間（serpinsky space）的論點並建立區域的跨流域法則（inter-basin law）來說明水系網的發育歷程。

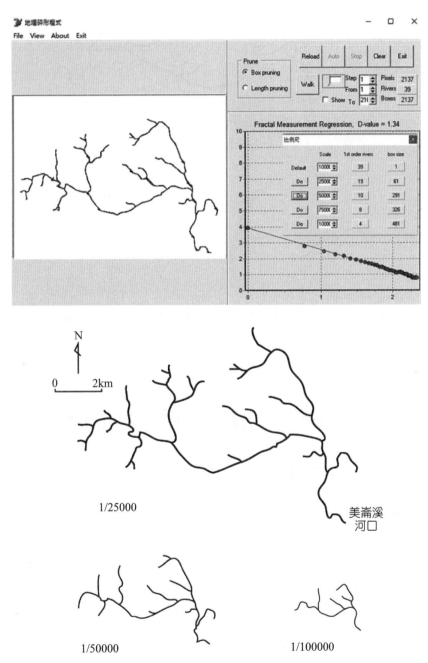

圖 10-14　利用碎形盒子計數法所繪製的美崙溪不同比例尺縮圖

資料來源：自編程式繪製（上圖為計算流程與結果）

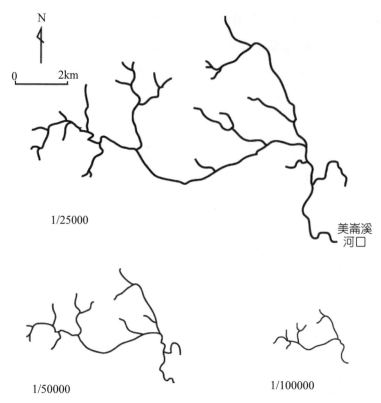

圖 10-15　利用一般簡化法所繪製的美崙溪不同比例尺縮圖

資料來源：轉繪自林譽方（1996）

第四節　碎形理論在地形的分析及其他領域上之應用

一、3D 的地形碎形維度計算

　　利用碎形幾何的方法除了可以模擬和分析一維線狀的海岸線和二維面狀的水系網外，也可以用來模擬三維立體空間變化，對於重巒疊嶂的地形也可提供另一種的描述和分析。地表複雜的起伏結構是否蘊含著某些特徵或意義，一直是科學家想探索、理解和解釋的議題，歷年來許多學者常使用地形計測的相關參數（如平均坡度、起伏比、高度積分、水系密度等）作為分析地形特性的依據，然而因為地形是內外營力交互作用下所形塑而成的，其複雜的結構實難用某一、二個參數、數學公式或定律來完整地描述其特徵；自從 1970 年代碎形理論的發展，因其提供傳統地形計測所無法的參數，故成為描述大自然地勢起伏變化的一種新方式。而除了盒子計數法外，常見

用來計算地形的碎形維度方法如：三角柱頂表面積法（Triangular prism surface area method）、變異曲線法（Variogram Method 和能量頻譜法（ Power Spectrum Method ）等多種（Mark, 1984; Clarke, 1986；Klinkenberg, 1992；葉寶安，1994；趙培文，1995；黃怡靜，2007；Annadhason, 2012），茲概要介紹如下：

1. 三角柱頂表面積法：是依自我相似原理的碎形量測法，主要是由 Clark（1986）所研發利用數值地形模型（DTM）取得高程資料，再依不同尺度所得的基準面積（A_0）來量測地形面而得到不同的總面積（A），兩邊取 LOG 後利用統計迴歸法而得到碎形維度 D 值（參見圖 10-16），其公式為：$logA = C + (2-D)logA_0$（式 10-8）

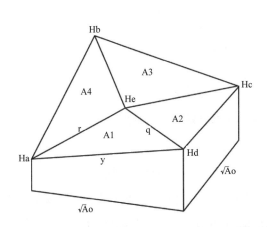

已知四點高度：Ha, Hb, Hc, Hd

平均高度：He = (Ha + Hb + Hc + Hd)/4

可求得總面積：A = A1 + A2 + A3 + A4

測量之基準面積：A0

A1 面積 = $\sqrt{sc(sc - y)(sc - q)(sc - r)}$

SC = 1/2(r + y + q)

圖 10-16　三角柱頂表面積法所量測之碎形維度示意圖

資料來源：參考 Clark（1986），葉寶安（1994）

2. 變異曲線法：是一種自我仿射的曲線碎形量測法，首先計算任意兩點間之距離為 l（or lag）時所有高度差之期望值，然後對不同的 l 值與高度差期望值分別取對數後，再利用最小平方迴歸法可求得該切取垂直剖面線的碎形維度值（式 10-9），若是進行地形面分析可對一地形面切取各方向剖面取點或全部取點，其公式為式 10-10 並參見圖 10-17 說明。

(1) 剖面的碎形維度：高度差期望值：$E\left[(Z_{i+h} - Z_i)^2\right] \propto |l|^{2H}$；$D = 2 - H$（式 10-9）

(2) 地形的碎形維度：設二維地形面的高度為 Z(X, Y)，則依式 10-9，高度差期望值與水平距離的關係可為：$E\left[\{Z(x + \Delta x, y + \Delta y) - Z(x, y)\}^2\right] \propto |l|^{2H}; D = 3 - H$（式 10-10）

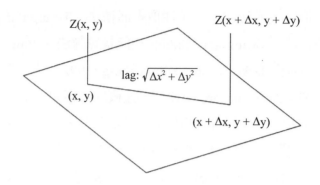

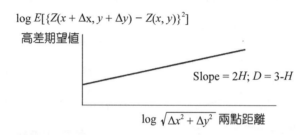

圖 10-17　變異曲線法求地形碎形維度之示意圖（參考：葉寶安，1994）

3. 能量頻譜法：又稱功率譜分析法，也是一種自我仿射的曲線碎形量測法，是基於隨機的布朗運動（Brownian motion）概念發展而出的。主要是將每一條的地形剖面的距離視為時間序列，剖面的高度視為振幅，藉由快速傅立葉轉換（fast Fourier transformed）後，可得到不同頻率的能量頻譜密度，並將能量頻譜密度和頻率兩邊取對數（log）求得斜率 β，而其斜率與碎形維度間存在著關係為公式 10-14 並參見圖 10-18：

能量頻譜密度：

$$p(0) = P(f_0) = 1/n^2 |c_0|^2 \; ; \; p(f_c) = P(f_{n/2}) = 1/n^2 |c_{n/2}|^2$$

$$P(f_k) = 1/n^2 [|c_k|^2 + |c_{n-k}|^2]; \; k = 0, 1, \dots (n/2\text{-}1) \hspace{2cm} （式 10\text{-}11）$$

$$頻率：f_k \equiv 2f_c \frac{k}{n} ; k = 0, 1, \dots n/2 \hspace{2cm} （式 10\text{-}12）$$

$$\Rightarrow P(f) \propto f^{-\beta} \hspace{2cm} （式 10\text{-}13）$$

$$D_f = 7/2 - \beta/2 \hspace{2cm} （式 10\text{-}14）$$

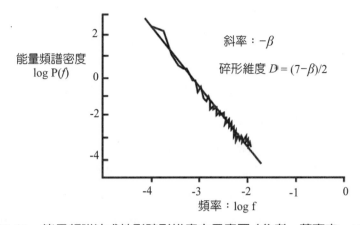

圖 10-18　能量頻譜法求地形碎形維度之示意圖（參考：葉寶安，1994）

　　因爲每一種碎形維度的計測原理並不相同，故同一地形區採用不同的碎形量測方法所得的結果也不盡相同（ Gallant et al., 1994; Turner et al., 1998 ）。例如根據葉寶安（1994）、黃怡靜（2007）等人研究發現即指出採用三角柱頂表面積法所得的碎形維度值一般會比變異曲線法及盒子計數法所得的維度值低；而三角柱頂表面積法較能反映地形的坡度及高程變化，變異曲線法則較能呈現地表的起伏頻度。然根據 Santis et el. (1997) 比對變異曲線法和能量頻譜法後認爲三角柱頂表面積法對於地表碎形維度值的計算是較爲合理、可靠且迅速的方法，尤其對於運用於電腦的運算，而且對於高度、坡度和地形起伏度等地形參數也能確實地呈現；此外，Klinkenberg（1992）、趙培文（1995）等人利用變異曲線法並以一地區中最大高度差與最大距離的比值作爲起伏度指標（relief index）參數，以探討截距（γ）、變異曲線直線段的範圍（R）及碎形維度（D）之相互關係，研究發現碎形維度（D）主要是顯示地形的起伏頻率和地形粗糙度，但與地形起伏的大小（高低）無關，而截距（γ）是與地形起伏度呈現強烈的正相關，直線段的範圍（R）則與取樣有關，樣區太小會呈現不穩定甚至無法求取碎形維度，樣區太小則會產生代表性的問題，如何取捨值得探討。綜言之，誠如 Feder（1988 ）所言：因爲地表的變化是複雜且不規則的碎形現象，故可應用碎形理論來描述和模擬地形的特性，而利用不同方法來其測量碎形維度時，碎形維度值會有所差異，原因乃基於不同的碎形計算特性所導致的結果。

二、地形的碎形幾何特性探討

　　Klinkenberg（1992）首先利用碎形的維度值和 24 個傳統地形參數進行分析，發

現其相關性都很弱，此表示碎形幾何能獲取到地表其他具獨特性的特徵參數，而透過變異曲線法發現截距（γ）和某些地形參數是有相關的，特別是坡度的關係最爲明顯，所以藉由碎形維度的 D 值和截距（γ）的呈現，能提供地形計量分析的新參數。Lifton and Chase（1992）提出在實際地形中，一地區地形之碎形維度和面積高度積分值皆會受到地質構造、岩性、氣候等參數交互作用而產生變化，其中更以岩性及氣候效應影響地形之碎形維度最爲明顯。Zhong and Bao（1994）回顧相關的文獻認爲碎形對於地形時空現象分布及地形演育過程的幾何特徵具有一定的解釋力，也引領應用地形學方法的新知能與新方向，在沿海地形、河流地形、岩溶地形、冰川地形和土地景觀等研究都有一定之進展，未來的研究方向可朝碎形幾何與地形演變的規模、範圍和機制等相關之研究並探究其預測的可能性。

在國內的相關研究方面，咎大偉、宋國城（1992）採用剖面採樣法分析某一地區之碎形維度，並利用其產生之玫瑰圖來說明一地區之碎形特性。研究中發現臺灣地形呈東北－西南長波長地形，此結果與剖面採樣法在中距離時以東北－西南具有最大碎形維度之結果相符。葉寶安（1994）利用三角柱頂表面積法和變異曲線法分析臺灣北部大屯火山地形的碎形特姓，認爲三角柱頂表面積法能反映地形與坡度的差異，而竹子山、小觀音山和大屯山等地區地勢起伏較大，故碎形維度值較高；變異曲線法則是反映起伏的頻度，故碎形維度值較高的地方不在山區而是在放射狀水系（如石門溪、八連溪、礦溪）的河川中下游近海處，顯示這裡主要是以侵蝕作用爲主，有較密的水系網，整體而言，金山斷層以北的碎形維度值較大，推測可能和金山斷層的近期正斷層活動造成該區侵蝕速率較快有關。趙培文（1995）以 40×40m 的數值地形模型（DTM）資料，藉由變異曲線法分析臺灣各地質區的地形並以碎形玫瑰圖呈現其地形特徵，研究顯示各地質區中的碎形玫瑰圖多以東南－西北方向有較大的碎形維度值，此結果與板塊運動方向及區域大地應力方向吻合；此外泥岩、頁岩地區發育的惡地有較大的碎形維度值，變質岩地區的碎形維度值較小，又火成岩地區較有均向之碎形玫瑰圖而褶皺衝撞帶的沉積岩及變質岩區具有非均向之碎形玫瑰圖。

陳彥傑、宋國城（1999）認爲以變異曲線法的截距值 r、碎形維度值 D 與碎形玫瑰圖上的異向性（Anisotropy）可以反映岩性與構造等地質之特徵，故亦以 40×40m 的 DTM 資料及此三個碎形參數配合統計的 K 均值法（K-means Clustering），嘗試將臺灣分爲 A 至 I 共九個地形區，其中 A、B、C 區相當於等高線 500m 以上的山地地區，D 區爲丘陵地區，E、F 區屬於丘陵與平原區的交界，G、H、I 區屬於地勢較

低的盆地、沖積平原及離岸沙洲地區。而 r 值在山地區比平原區部分大，D 值是由山地區往平原區漸大，而麓山帶因局部地區有許多重要的新期構造線（如活動斷層等）分布，造成部分空間單位呈現強烈的異向性。Cheng, Lee and Lee（1999）從碎形自我相似尺度的觀點出發，採 3D 盒子計數法分析臺灣島 40×40m 的 DTM 數據，認為碎形的自我相似性維度與海拔高度成負指數關係，其中西部平原碎形維度值為 2.0，西部山麓介於 2.25 至 2.5 之間，中央山脈維度值為 2.75，北部大屯火山區為 2.5，臺灣東部海岸山脈地區則介於 2.3 至 2.4 之間。黃怡靜（2007）以三角柱頂表面積法來探究臺灣本島地質分區之地形碎形特性，研究顯示位於臺灣西部及東部縱谷屬於沖積層、階地堆積的碎形維度最小為 2.000 至 2.004；西部麓山帶屬於沉積岩（礫岩、石灰岩、砂岩及頁岩）之碎形維度次之，為 2.001 至 2.023；北部及海岸山脈屬於火成岩（安山岩、玄武岩）之碎形維度為 2.010～2.026；位於中央山脈東西兩翼屬於變質岩（板岩、片岩、大理岩、片麻岩及變質砂岩）的碎形維度值最大，為 2.020 至 2.038。

綜合上述的討論可以得知碎形維度確實能夠反應地表特徵的變化，對於解釋複雜的地表構造和過程提供另一種詮釋的方法，然有鑑於上述國內的研究均是以 40×40m 的 DTM 作為分析的基礎，並多認為使用更高的解析度應會有較佳的結果呈現（昝大偉、宋國城，1992；葉寶安，1994）。緣此，本文以內政部出版之全臺灣 TWD97 座標系統 20×20 公尺為網格間距的數值地形模型（DTM）嘗試進行臺灣不同地形的碎形幾何特性探討，地形分區是依參考陳培源（2006）的區劃，將本島分為 A 至 F 六區 [10]，方法上則因三角柱頂表面積法一般被認為較為合理、可靠且迅速，對於地形起伏度的變化也能確實反映，故採用之並以隨機取樣的網格（4×4 公里）點進行分析（參見圖 10-19、圖 10-20）。從圖中的分析可觀察出中央山脈、雪山山脈和玉山山脈等高山區（A 區），海拔多高於 1000 公尺，高山峻嶺使河川坡陡流急、切割侵蝕旺盛，故地形起伏劇烈，呈現的碎形維度也大，其值介於 2.36 至 2.31 之間；海拔介於 1000 至 500 公尺的中海拔山區（B 區），如西部麓山帶、大屯火山、花東海岸山脈地區等，高度雖然降低，但河川侵蝕與堆積作用仍十分旺盛，整體而言其維度比高

---

[10] 臺灣地形區的劃分法不少，本文採陳培源（2006）較新近的分類，但因預測時發現過細的分類並無明顯之區隔差異，故本文採大項目的分類（即分為高山、丘陵及平原等 6 項，不含離島），另外因前文的山地、丘山、山丘、丘陵和丘原等分類是依水系流域而劃分，與此文之目的不同，故亦不採取此項目之劃分法。

山區略小（D 值介於 2.33 至 2.29 之間），但局部地勢起伏仍劇、高差變化大，碎形維度並不亞於高山區。地勢較低緩的丘陵和山阜地區（C 區），如基隆－臺北－三峽一帶的丘陵區、新竹－苗栗丘陵區及恆春丘陵區等，因坡緩谷寬，側蝕作用取代下蝕營力，使地表切割較為複雜破碎，地形的發展趨向壯老年期，雖然地勢起伏和坡度已較緩和，使碎形維度值漸趨變小（D 值介於 2.31 至 2.27 之間），但因側蝕作用增強，使地表被主支流分割而造成破碎和崎嶇，所以有些地區的起伏度仍大，碎形維度值依然偏高。隆升的臺地地區（D 區），如八卦臺地、大肚臺地和林口臺地，此地形區之地勢雖高但坡度平緩，除了受河流切割而形成落差外，地表起伏並不顯著，故碎形維度值在 2.23 至 2.20 之間。至於臺中、臺北等盆地區（E 區）和嘉南平原、宜蘭和屏東平原等沖積平原區（F 區），地形多低平單調、變化及起伏度很小，所以碎形維度值均不太大，採樣區所計算的維度值介於 2.09 至 2.14 之間，趨近 2.0 的平面幾何維度。

　　透過本研究的成果顯示：地表坡陡崎嶇、起伏度大且粗糙不平之區，所呈現的碎形維度愈大，故臺灣地形區的碎形維度值大小排名依序為：山地、丘陵、臺地及平原，此與葉寶安（1994）、Cheng, Lee, and Lee（1999）及黃怡靜（2007）等人之研究成果相似。然而本文所採之三角稜柱表面積法之值雖如前文所提會比盒子計數法及變異曲線法所得之 D 值較低，但卻比採用相同方法（葉寶安，1994；黃怡靜，2007）所得之值較高，原因可能是使用較高的解析度（20×20 公尺）之 DTM 能獲得較大的碎形維度差距值，而有利於區辨地勢起伏的細部變化；此外，在中海拔山區和丘陵區的測試中也發現，雖高度與坡度較低緩，但局部地區因側蝕劇烈、地形切割較為破碎、水系網分布較密，致使起伏頻度和粗糙係數增加，使碎形維度增高甚至不遜於高山地區的維度值，此也反應變異曲線法的碎形維度特徵（葉寶安，1994；陳彥傑、宋國城，1999），即地形切割愈破碎、水系網密度高，會使起伏度變大，故在河川發育較良好的丘陵和低山地區，反而會有較高的碎形維度值出現。

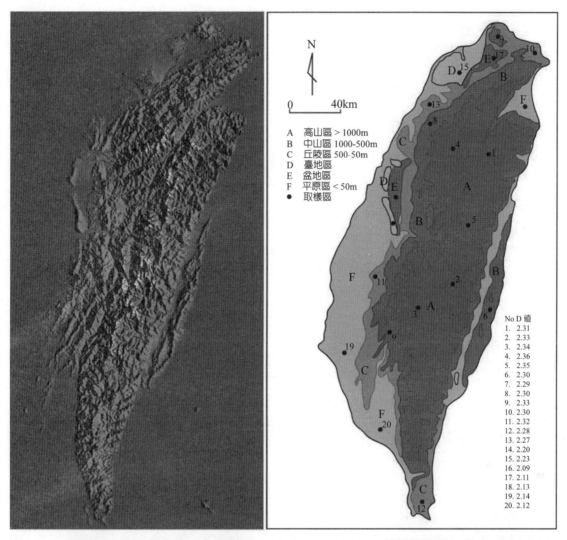

圖 10-19　臺灣島 20 公尺網格之 DTM 資料（左）及不同地形分區所隨機抽樣之碎形維度值（右）

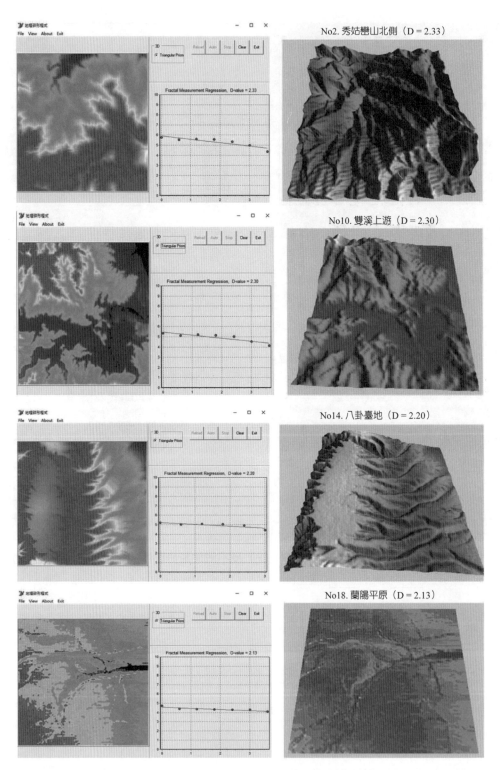

圖 10-20　利用三角柱頂表面積法所計算出抽樣區的碎形維度及其 3D 立體圖

（資料來源：自編程式繪製）

三、碎形理論在其他地理學上的應用及其發展

　　除了在海岸線、水系網和地勢起伏等地形幾何特徵和演育歷程的探究外，地理學學者也運用碎形理論來「揭示」許多地理的空間現象與分布特性，例如聚落的空間結構、交通網絡型態、土地景觀變遷以及地震和土石流等自然災害的防範等面向。例如 Batty（1991）首先以整體分布受限模式（Diffusion Limited Aggregation, DLA Model）探討英國 Cardiff 城鎮的人口碎形維度變化，研究發現城鎮的人口平均半徑之碎形維度值為 1.786，由市中心向外漸減，最遠半徑之碎形維度值為 1.570；而許玉琴（1994）沿用 DLA Model 來分析臺北市的人口發展，研究也認為 60 年至 80 年間人口密度與分布大致是以市中心為主沿重要幹道呈輻射狀分布，以 75 年為例，市中心的碎形維度值接近 2，郊區值為 1.55，平均值為 1.758 與 Batty（1991）的實證值相近。但是 White and Engelen（1993）等人卻認為 DLA Model 跟都市實際成長歷程並無緊密關聯，故改以細胞自動機（Cellular Automata）的方法來分析美國城市都市的發展，研究區分空地、住宅區、商業區和工業區等四種土地利用型態，從 1875 年到 1980 年四種土地利用型態的變遷可以發現亞特蘭大、辛辛那提、密爾瓦基和休士頓等四座城市都顯示出具相似的碎形維度值。劉妙龍、黃蓓佩（2004）以半徑維度測算法分析 1990 年至 2002 年上海交通網絡的碎形時空特徵演變，雖然認為碎形維度值是由市中心向外漸減，但核心區的黃埔、靜安、虹橋等區，1990 年的碎形維度值是 1.7251，至 2002 年只增至 1.7377，顯見該地原有道路已有相當規模，故維度值雖大但變化較小，相較而言，徐匯、閘北、楊浦等內緣區 1990 年的維度值只有 1.2319，2002 年則上升至 1.5018，碎形值遞增達 20%，意味著此區因城市拓展迅速，使交通和建設大幅進步，而外緣區的寶山和嘉定之維度值也都達 1.49 以上，可知上海交通網路結構雖然在演化上的尺度和速率有別，但整體乃朝向優化方向進展。

　　王素芬、陳永寬、鄭祈全（1999）利用 Olsen et al（1993）提出「修正碎形維度」來探討地表景觀變化的情況，研究顯示天然混合林的碎形維度值大於草地、人工純林、崩塌地與建築物，因此碎形維度值可為地景多樣性之指標；另外道路對森林地景而言為一種干擾，會降低碎形的維度值。蔡厚男、呂慧穎（2003）也利用修正碎形維度來探討臺北市文山區土地利用與地景變遷的歷程，研究指出當影像資料網格的解析度愈高時，碎形維度值便會增大，此乃因為在較高的解析度中，嵌塊體的邊緣形狀會較複雜，且小型離散的聚落會出現於綠地系統之中，增加其形狀的複雜度。雖然碎

形理論強調在不同比例尺下，均有其自我相似之特性；但面對聚落空間則被認為是兼具碎形與歐基里得幾何之雙重特性，稱之為準碎形結構（semi-fractal）；而文山區各分區的綠地碎形維度變化大致為 1994 年大於 1986 年，而 1986 年大於 1978 年，代表著平原的水田及旱田及山林等綠地均逐漸被釋放為聚落之建地，使聚落及綠地系統的鑲鉗反映地表的複雜性，而增加碎形的維度值，此也意味著都市化對地景造成破碎化的影響。Pailoplee and Choowong（2014）根據 2004 年蘇門答臘和 2011 年日本東北地震的資料，認為地震的「頻率－幅度分布」（frequency-magnitude distribution, FMD）乘冪定律（$\log(N) = a-bM$）的和碎形維度值（Dc，相關積分 correlation integral 與距離 d 的回歸斜率），有助於地震的分析與預測，研究選定中南半島 13 個地震帶地區進行調查，發現係數 b 和 Dc 蘊含著地震構造壓力的變數，故透過 Dc 和 b 的相關性分析，得知 Sumatra-Andaman Interplate（A 區）、Sumatra-Andaman Intraslab（B 區）、Andaman Basin（D 區）和 Sumatra Fault Zone（E 區）等地震帶有相對較低的 b 值和高的 Dc 值，表示積累了很高的構造應力，故可能在未來有產生大地震的風險，建議相關單位宜備有預警機制和疏散等應變計畫。

隨著碎形理論的廣泛應用，其技術、方法和理論也不斷更新，例如有關水系網的碎形 D 值計算主要是依水文定律所推導的維度公式（$\log R_b / \log R_l$）或盒子計數法來求得，但水文定律的公式頗受質疑，而盒子計數法也常因水系型態及各等級河流的河寬極度不規則（河道寬度會影響網格計點的大小）而易產生變動，且計算方法亦頗為繁瑣（需一直計算縮小比例網格至無窮小為止）；宗永臣（2007）藉由有限擴散聚集（diffusion-limited aggregation, DLA）模型和盒子計數法的結合概念，進一步推導出 DLA 模型碎形維度的新計算方法，因為 DLA 乃由點連成線，然後再由線連成面的幾何圖線模型，故若採盒子計數法的觀點，則碎形維度值可改寫為：$D = \lim$（圖形中盒子總數的對數／水平或橫向投影最長盒子數的對數）[11]，而經過由點轉換為線的計算和相關參數的考慮，DLA 模型的「點」碎形維數 d 可以表示為如式 10-15 所示，而根據其研究表示，此方法可進一步運用於單寬線維度、多寬線維度和面維度的計算，取

---

[11] DLA 模型的原理於本章第三節已有介紹，而其碎形維度可以原點為中心，設 r 為半徑，計算其中共有 N 粒子數以求其密度，然後依不同大小的 r 來求出不同的密度值 C(r)，再採用盒子計數法的概念，兩者取對數（log），便能求得斜率及計算出其碎形維度。而盒子計數法的概念是 D = lim（log 盒子總數／log 邊長的倒數），因分母是依不斷縮小的邊長，被認為是最大盒子（整個圖形）和最小盒子（無窮小）邊長的比值對數，故可被視為是水平或橫向投影最長盒子數的對數，相關之詳細說明參見：宗永臣（2007）。

代盒子計數法需分割至無窮小和用最小平方法求迴歸分析來取得碎形維度值，且驗證之結果其差異性不大，故具有簡單、省時的便捷性。

$$d_i = \frac{\log(\sqrt{1 + t^2} \times n \times \sqrt{1 + c^2})}{\log(2^m / b)} \text{（當 b = 0.75～1.50）}$$ （式 10-15）

t：圖形長寬比，b: 比例係數（點的正方形長和格子長的比值），n：為點數

c：填充係數，若 b ≦ 1 則 c = b；b > 1 則 c = b/2，$2^m/b$：為水平或橫向點數中最多的個數

　　張政亮、張瑞津（2007）則嘗試結合小波分析（wavelet analysis）應用於碎形地形的分析，做法是先利用 Haar 離散小波轉換的技術來萃取臺灣地區 DTM（40×40m）數據，方法上主要是將數值由空間域轉變成頻率域，在對於各個數值使用相加相減的方法，這些資料會構成高低不同的頻率。然後根據這些資料的不同重要性分別做處理，例如相加後的值會愈來愈大，值愈大也就表示該值愈重要，這個部分會非常明顯，所以相加的部分就是低頻的部分；相反地，相減後的值代表著兩高程之間的差距，當遇到地勢的邊緣時，高程間的差值就會很大，當遇到地勢平滑的地方時，則高程間的差值就會很小，所以在 Haar 函數離散小波轉換中相減的部分，會明顯的強調出地勢轉換的邊緣，地勢平滑的部分就相對地不明顯，所以相減的部分是高頻的部分。在設計上研究將小波內定四層（平原、臺地、丘陵和山地）處理，利用小波轉換與逆轉換所求得的周遭四組訊號分別隱含著低頻分量保留著原始地形的大致趨勢，可視為一經平滑處後的地形分區，高頻部份可理解為 DTM 中數據（高程）變化較大的地方，很可能是特徵點（地形區開始轉換）所在之處，如此不僅能作為平原、臺地、丘陵和山地的區辨，也進而提供做為各分區進行碎形維度的計算（圖 10-21）[12]。

---

[12]　因平原與臺地較無高度上限，故先用起伏度決定是否平穩；丘陵和山地若也先用起伏度分，那會有許多較平緩的高山被歸為丘陵，故先用高度上限區分山地與丘陵，再用起伏度來區分其地形。

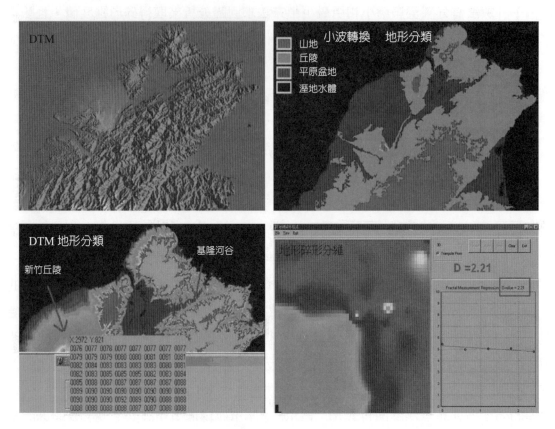

圖 10-21　利用 DTM 轉換為小波理論的臺灣地形分區（局部）與碎形分維之計算

（資料來源：張政亮、張瑞津，2007）

　　此外，學者們從碎形的廣泛研究後，也都逐漸體認：真實世界的自然現象與事物中，其比例尺度往往是非均質性並具有多個碎形維度的特性。例如 Nikroa（1991）在對蘇聯 46 條河流的平面形態之分形結構研究中就表明河流平面形態只在一定尺度內具有分形特徵，並認為只有在內分形尺度（Internal Farctal Scale）和外分形尺度（External Fractal Scale）的兩個尺度內，河流平面型態才具有分形結構，此突破了前人對河流平面形態描述的單一描述方法。Rodríguez-Iturbe and Rinaldo（1997）對河川流域的深入探討也認為自然界的河川流域地形是屬於多重碎形（Multi-fractal）的，除會受土壤侵蝕外，也與岩性、地質構造和氣候等因素的非線性相互作用有關；De Bartolo, Gabriele and Gaudio（2000）在義大利南部卡拉布裡亞（Calabria）地區的五條河川水系研究中，使用有效的廣義盒子計數法獲得廣義分形維數的光譜 D(q) 和質量指數序列 τ(q)，並藉由 Legendre 轉換推導出多分形光譜 f(α)，不僅支持

水系網的性質是多重分形，也分析其維度 D 值介於 1.76 和 1.89 之間。而 Lavallée et al.（1993）及趙培文（1995）也指出利用碎形原理所模擬出的 3D 地形與真實地形仍有一段差距，主要就是因為真實地形的尺度上具有非均質性及具多重碎形維度之特性，而單一的分形維數無法描述型態的全部特徵，故必須使用多碎形測度或維數的連續譜來反映系統測度分布的非均勻性和幾何形態的各向異性。因此所謂多重碎形（Multifractal）便是描述這類在不規則、非均勻和相異性的碎形空間上之質量分布的定量化工具；簡言之，多重碎形是將一個複雜的碎形分割成許多具有不同奇異程度（不規則程度）的小區域來研究，先求出個別的碎形維度（α）再組合起來，故能分層次地來了解分形的內部精細結構[13]。圖 10-22 即是利用 Frankhause 教授所設計的

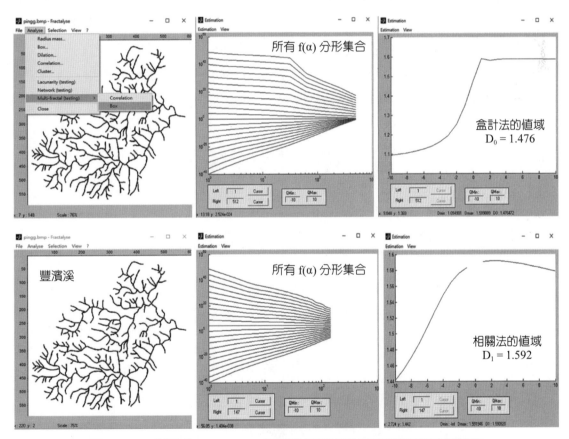

圖 10-22　利用「Fractalyse」軟體進行豐濱溪多重碎形的維度值計算

（註：上為盒計法，下為相關法）

---

[13] 多重碎形迄今仍未有明確之定義，因受限於篇幅，無法詳細說明多重碎形的公式、內容及計算方法，相關資料可參閱，如曹漢強等人（2004）：〈多重分形及其在地形特徵分析中的應用〉之內文說明。

「Fractalyse」碎形計算軟體，分別選擇 Multifractal 中的「盒計法」（box-counting）和「相關法」（correlation）兩種多重碎形的計算方法來進行豐濱溪的碎形維度；藉由許多 α 的小盒計的集合，求出盒計法的多重碎形維度值為 1.476（1.095～1.590），此值與第三節用單一盒計法的維度值並無明顯差異，而相關法的多重碎形維度值則為 1.592。歸結言之，多重碎形不僅有助理解碎形的細部結構，更豐富了碎形的研究內涵，提供地理學一個新的思維方向與詮釋語法，來解說地表上繁複的自然和人文現象；而近年來碎形的研究也延伸至天文物理、化學、醫學和生物學等多元領域的應用上，研究成果十分豐碩，無怪乎美國物理學家 John Wheeler 便曾說過：「我們有理由可以相信，誰若不熟悉碎形，誰就不能被認為是科學上的文化人。」顯見碎形理論在複雜系統科學上實具有舉足輕重的角色與地位。

📖 主要參考文獻

一、中文文獻

王世俊、黃勝偉、王華、羅傑（2007）。珠江河網分形機理研究。熱帶地理，27(2)：111 - 114。

王素芬、陳永寬、鄭祈全（1999）。地理資訊系統和碎形維度於森林地景空間變化上之應用，航測及遙測學刊，4(2)：33-53。

王翠萍（2015）。區域地質與構造影響河川水系發育之研究──以曾文溪流域為例，臺南：成功大學地球科學系碩論。

石再添、張瑞津、黃朝恩（1980）。臺灣島諸流域高度、坡度及相對高度的分析研究。地理學研究，4：5-13。

朱曉華（2002）。江蘇淤泥質海岸海岸線分形機理研究。海洋科學：26(9)：70-73。

朱曉華、查勇、陸娟（2002）。海岸線分維時序動態變化及其分形類比研究──以江蘇省海岸線為例。海洋通報，21(4)：37-43。

朱曉華、潘亞娟（2002）。GIS 支持的海岸類型分形判定研究。海洋通報，21(2)：49-54。

何隆華、趙宏（1996）。水系的分形維數及其含義。地理科學，16(2)：124-128。

李宗仰、林淑眞、劉長齡（1994），與尺度無關之河川蜿蜒量化指標──蜿蜒碎形維度，臺灣水利，42(3)：12-21。

李朦、林從謀、黃逸群（2015）。泉州灣海岸線變遷的分形分析。華僑大學學報（自然科學版），2：211-214。

沈步明等譯（1994）（高安秀樹原著）。分數維。北京：地震出版社。

周沛樂（1996）。河川流域自我仿射碎形特性之研究，桃園：中央大學土木工程學系碩論。

宗永臣（2007）。河網系統的非線性特性及其分形研究，天津：天津大學環境科學研究所碩論。

林譽方（1996）。地圖水系網簡化模式之研究──以臺灣地區河川為例，臺北：臺灣師範大學地理研究所博士論文。

林譽方、孫元軍（1999）。臺灣地區地圖海岸線簡化之研究。地圖，10：137-154。

林譽方、張瑞津、石再添（1994）。水系網簡化模式的製圖學研究──以臺灣東部花東海岸域之河流為例。中國地理學會會刊，22：125-140。

昝大偉、宋國城（1992）。Fractal Dimension of Topographic Surface of Taiwan and Its Geomorphic Implications。中國地質學會會刊，35(4)：389-406。

原曉平、劉少峰、田貴中、陳李、喻靜（2013）。基於 DEM 的格爾木河流域水系分維分析。國土資源遙感，25(1)：111-116。

馬小峰、鄒亞榮、劉善偉（2015）。基於分形維數理論的海岸線遙感分類與變遷研究。海洋開發與管理，32(1)：30-33。

高鵬、李後強、艾南山（1993）。流域地貌的分形研究。地球科學進展，5：63-70。

張政亮（2005）。碎形分維在臺灣海岸線分類的特性及其在地圖簡化上的應用。中國地理學會會刊，35：47-71。

張政亮、張瑞津（2007）。應用小波理論與碎形幾何於地形簡化之研究——以臺灣地形區分類為例，2007 年全球華人地理學家大會暨論文發表會，高雄：高雄師範大學。

張瑞津（1977）。臺灣東部花東海岸域的河流等級研究。國立臺灣師範大學地理研究報告，3：253-268。

張瑞津（1979）。地圖縮尺與河流等級之關係——以臺北雙溪川為例。國立臺灣師範大學地理研究報告，5：131-144。

張瑞津（1981）。臺灣的水系網比值。臺灣師範大學地理研究報告，7：37-60。

張瑞津（1982）。臺灣島諸流域的水流等級及水系網比值。臺灣師範大學地理研究報告，8：113-156。

曹漢強、朱光喜、李旭濤、夏文芳（2004）。多重分形及其在地形特徵分析中的應用。北京航空航太大學學報，30(12)：1182-1185。

許玉琴（1994）。臺北市都市空間結構發展探討與碎形應用模式之初探，臺北：淡江大學土木工程研究所碩論。

陳彥光、劉繼生（2001）。水系結構的分形和分維——Horton 水系定律的模型重建及其參數分析。地球科學進展，16(2)：178-183。

陳彥傑、宋國城（1999）。以碎形為基礎的臺灣地形分區。環境與世界，3：1-15。

陳培源（2006）。臺灣地質，臺北：臺灣省地質技師公會委託科技圖書公司出版。

陳樹群、錢滄海（1992）。臺灣河川主流長之碎形分析。農林學報，41(3/4)：1-16。

陳樹群、錢滄海、馮智偉（1995）。臺灣地區河川形態之碎形維度。中國土木水利工程學刊，7(1)：63-71。

馮平、馮炎（1989）。河流形態特徵的分維計算方法。地理學報，52(4)：324 - 329。

馮金良、張穩（1999）。海灤河流域水系分形。泥沙研究，2：62-65。

黃怡靜（2007）。臺灣本島地質分區之地形碎形特性研究。臺南：成功大學資源工程學系碩論。

黃朝恩（1980）。臺灣島諸流域特徵及其相關性的研究。臺北：中國文化大學博士論文。

葉小敏、丁靜、徐瑩、劉宇昕（2016）。渤海灣近30年海岸線變遷與分析。海洋開發與管理，36(2)：56-62。

葉寶安（1994）。臺灣北部大屯火山區地形之碎形幾何特性及其地質意義。桃園：中央大學應用地質研究所碩論。

聞祝達（1995）。地圖線條簡化之研究──以臺灣地區海岸線爲例，臺北：文化大學地研所博士論文。

聞祝達、石慶得（1990）。地圖資料簡化之探討。中華民國地圖學會會刊，1：27 - 41。

趙培文（1995）。臺灣地形之碎形幾何特性與地形模擬，臺南：國立成功大學地球科學研究所碩論。

劉妙龍、黃蓓佩（2004）。上海大都市交通網絡分形的時空特徵演變研究。地理科學，24(2)：144-149。

蔡厚男、呂慧穎（2003）。都市化對景觀碎裂影響的碎形分析。臺灣園藝，49(2)：233-248。

賴逸少、吳瑞賢（1993）。碎形法則在分析單一河川平面上之應用。臺灣水利，41(2)：75-85。

二、外文文獻

Annadhason, A. (2012). Methods of fractal dimension computation, *International Journal of Computer Science and Information Technology & Security, 2(1):* 166-169.

Batty, M. (1991). Generating urban forms from diffusive growth. *Environment and Planning A, 23:* 511-544.

Carstensen, L. W. (1989). A fractal analysis of cartographic generalization. *The American Cartographer, 16*(3): 181-189.

Chang, J. C. (1982). *A Study On Stream Order and. Stream Net Ratios of Drainage Basins in Taiwan.* 師大地理系叢書第6號。

Chase, C. G. (1992). Fluvial land sculpting and the fractal dimension of topography, *Geomorphology, 5:* 39-57.

Cheng, Y. C., Lee, P. J., & Lee, T. Y. (1999). Self-Similarity dimensions of the Taiwan Island landscape. *Computers & Geosciences, 25:* 1043-1050.

Clark, N. N. (1986). Three techniques for implementing digital fractal analysis of particle shape. *Powder Technology, 46(1):* 45-52.

De Bartolo, S.G., Gabriele, S., & Gaudio, R. (2000). Multifractal behaviour of river networks. *Hydrology and Earth System Sciences, 4* (1): 105-112.

De Santis, A., Fedi, M., & Quarta, T. (1997). A revisitation of the triangular prism surface area method for estimating the fractal dimension of fractal surfaces. *Annals of Geophysics, 40*(4): 1189-1200.

Dodds, P. S., & Rothman, D. H. (2000). Scaling, universality, and geomorphology. *Annual Review of Earth and Planetary Sciences, 28*(1): 571-610.

Dodds, P. S., & Rothman, D. H. (2001). Geometry of river networks I. Scaling, fluctuations, and deviations. *Phys. Rev. E. 63(1):* 1-10.

Douglas, D. & Peucker, T. (1973). Algorithms for the reduction of the number of points required to represent a digitized line or its caricature. *The Canadian Cartographer, 10*(2): 112-122.

Falconer, K. (1990). *Fractal Geometr: Mathematical Foundations and Applications*, New York: John Wiley and Sons.

Feder, J. (1988). *Fractal,* New York: Plenum Press.

Gallant, J. C., Moore, I. D., Hutchinson, M.F., & Gessler, P. (1994). Estimating fractal dimension of profiles: A comparison of methods. *Mathematical Geology, 26*(4): 455-481.

Garcia-Ruiz, J. M. and Otalora, F. (1992). Fractal trees and Horton's laws. *Mathematical Geology, 24*: 61-71.

Gazit, Y., Baish, J. W., Safabakhsh, N., Leunig, M., Baxter, L. T., & Jain, R. K.(1997). Fractal characteristics of tumor vascular architecture during tumor growth and regression. *Microcirculation, 4*: 395-402.

Goodchild, M. F. (1980). Fractals and the accuracy of geographical measures. *Jour. Math. Geology, 12(1)*: 85-98.

Hack, J. T. (1957). Studies of longitudinal stream profiles in Virginia and Maryland, US *Geological Survey Professional Paper* 294-B: 45-97.

Hutchinson, J. E. (1981). Fractal and self-similarity. *Indiana Univ. Math, 30:*713-747.

Jiang, B., Liu, X., & Jia, T. (2013). Scaling of geographic space as a universal rule for map generalization. *Annals of the Association of American Geographers, 103* (4): 844-855.

Kaye, B .H. (1978). Specification of the ruggedness and/or texture of a fine particle profile by its fractal dimension. *Powder Technology, 21(1)*:1-16.

Khanbabaei, Z., Karam, A., & Rostamizad, G. (2013). Studying Relationship between the Fractal Dimension of the Drainage Basin and Some of the Geomorphologic Characteristics. *International Journal of Geosciences, 4*: 636-642.

Kim, J., & Paik, K. (2015). *Generalized functional formulation for multi-fractal representation of basin hydraulic geometry,* EGU General Assembly 2015, Vienna, Austria.

Klinkenberg, B. (1992). Fractals and morphometric measures: is there a relationship? *Geomorphology*, 5: 5-20.

Knight , J. L. (1997). *GIS Based Compactness Measurement Using Fractal Analysis.* Virginia: George Mason University Fairfax.

La Barbera, P., & Rosso, R. (1987). Fractal geometry of river networks. *Eos. Transactions. AGU 68(44)*, 1276.

La Barbera, P., & Rosso, R. (1989). On the fractal dimensions of stream network. *Water Resource Research*, 25(4)　735-741.

Lam, N. S. N., & De, C. L.(1993). *Fractals in Geography.* Englewood Cliffs, NJ: Prentice Hall.

Lavallée, D., Lovejoy, S., Schertzer, D., & Ladoy, P. (1993). Nonlinear variability and landscape topography: analysis and simulation. In N. Lam and L. De Cola (Eds.), *Fractals in Geography* (pp. 158-192.). Englewood Cliffs, NJ: Prentice Hall.

Lifton, N. A., & Chase, C. G. (1992). Tectonic, climatic and lithologic influences on landscape fractal dimension and hypsometry: Implications for landscape evolution in the San Gabriel Mountains, California. *Geomorphology*, 5: 77-114.

Longley, P. A., & M. Batty (1989). Fractal measurement and cartographic line generalization. *Computers and Geosciences, 15*: 167-83.

Mandelbrot, B. B. (1982). *The fractal geometry of nature.* New York: W. H. Freeman.

Mandelbrot, B. B. (1986). Self-affine fractal sets. In L. Pietronero and E.Tosatti (Eds.), *Fractals in Physics* (pp. 3-28). Amsterdam: North-Holland.

Mark, D. M. (1984). Automated detection of drainage networks from digital elevation models.

Cartographica, 21: 168-178.

Masek, J.G., & Turcotte, D.L.(1993). A diffusion-limited aggregation model for the evolution of drainage networks, *Earth and Planetary Science Letters, 119*: 379-386.

McMaster, R. B. (1987). Automated line generalization. *Cartographica, 24*(2): 74-111.

Muller, J. C. (1986). Fractal Dimension and Inconsistencies in Cartographic Line Representations. *The Cartographic Journal*, 23: 123-130.

Muller, J. C. (1987). Fractal and automated line generalization. *The Cartographic Journal*, 24(1): 27-34.

Nikora, V. (1991). Fractal structures of river plan forms, *Water Resource Research, 27(6)*: 1327-1333.

Nikora, V. & Sapozhnikov, V. B. (1993). River network fractal geometry and its computer simulation. *Water Resources Research, 29:* 3569-3575.

Nikora, V. (1994). On self-similarity and self-affinity of drainage basins. *Water Resources Research, 30:* 133-137.

Pailoplee, S., & Choowong, M. (2014). Earthquake frequency-magnitude distribution and fractal dimension in mainland Southeast Asia. *Earth, Planets and Space, 66*: 8。

Phillips, J. D. (1993). Interpreting the fractal dimension of river networks. In N. S. Lam and L. De Cola(eds.), *Fractals in Geography*. Englewood Cliffs, NJ: Prentice-Hall.

Robert, A., & Roy, A. G. (1990). On the fractal interpretation of the main-stream length drainage area relationship. *Water Resources Research, 26*(5): 839-842.

Rodríguez-Iturbe, I., & Rinaldo, A. (1997). *Fractal River Basins. Chance and Self-Organization*, New York: Cambridge Univ. Press.

Sagar, B. S. D., Omoregie, C., & Rao, B. S. P. (1998). Morphometric relations of fractal-skeletal based channel network model. *Discrete Dynamics in Nature and Society, 2*(2): 77-92.

Stevens, R. T. (1989). *Fractal Programming in C.* New York: Henry Holt.

Tarboton, D. G., (1996). Fractal River Networks, Hortons laws and Tokunaga cyclicity," *Journal of Hydrology, 187*(1/2): 105-117.

Tarboton, D. G., Bras, R. L. Rodriguez-Iturbe, I. (1988). The fractal nature of river networks. *Water Resources Research, 24*: 1317-1322.

Tarboton, D. G., Bras, R. L. & Rodriguez-Iturbe, I. (1989). Scaling and elevation in river networks,

Water Resources Research, 25(9): 2037-2051.

Tokunaga, E. (2003). Tiling properties of drainage basins and their physical bases. In I. S. Evans, R. Dikau, E. Tokunaga, H. Ohmoria, M. Hirano (Eds.), *Concepts and modeling in geomorphology: international perspective* 日 *s*(pp. 147-166.). Tokyo: Terrapub.

Turcotte, D. L. (1997). *Fractals and Chaos in Geology and Geophysics,* 2nd. Cambridge: Cambridge University Press.

Turner, M. J., Blackledge, J. M. & Andrews, P. R. (1998). *Fractal Geometry in Digital Imaging*. San Diego, Calif: Academic Press.

White, R., & Engelen, G. (1993). Cellular automata and fractal urban form: a cellular modelling approach to the evolution of urban land-use patterns. *Environment and Planning A, 25(8)*: 1175-1199.

Zhong, J. & Bao, H. (1994). Fractal geomorphology - review and propect. *Geographical Research, 13(3):* 104-112.

第四篇　系統

「在所謂開放、動態與無序的寰宇現象中，系統科學的理論與研究，有助於提供整體與規律的詮釋和解析。」

——*L. D. Kiel*[1]

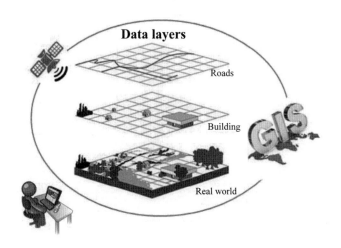

地理資訊系統（GIS）的圖層疊合結構示例

[1]　基爾（Kiel）爲美國德州大學奧斯汀分校的公共事務學院院長，曾擔任各種政府部門的生產力顧問，專門從事資訊系統和成本核算系統的整合探討。

第十一章 系統動力學與海岸工程設計分析系統

一個優良的系統能夠縮短與目標之間的距離。

A good system shortens the road to the goal.

—— 馬登（O. S. Marden）[2]

第一節 導論

誠如第二章引用科學哲學家巴謝拉（G. Bachelard）所言：科學知識是用來發現問題並提出解決之道，然而解決問題的方式往往涉及許多因果關係和邏輯的推演，尤其是面臨複雜的問題，可能不僅只是幾個單純變數的連接關係，而是一連串變數的鏈結與交互作用，甚而存有時間的延滯情形，因此若用過度簡化或直線式的思考方式，常會忽略關鍵且微妙的互動或反饋關係而導致推論的結果遠離現實（楊朝仲、張良正等，2007）。因此若能了解問題或事物本身的各組成要素之結合結構和相互關聯情形，將可使問題迎刃而解，且收事半功倍之效；系統科學的產生即是將眾多邏輯推導的定律、模式和理論綜合統一起來，並其利用有序的體系，來解決錯綜複雜的棘手問題和闡釋這個多彩多姿世界。

系統論的創始人貝塔朗菲（Bertalanffy）便提出：系統是由相互聯繫、相互作用的要素（部分）所組成的，乃具有一定結構和功能的整體；而且此系統本身往往又是屬於一個更大系統的組成部分。而系統之所以複雜除了是包含許多要素和大小系統所組成外，還因爲系統具有下列之特性[3]：1.動態性——系統中的每個組合要素都隨時間之消長而變化；2.關聯性——系統中的每個要素彼此間是密切地互相影響；3.反（回）饋性（feedback）——個體的行動會影響系統的狀態，而系統狀態的改變亦會反過來影響系統中的每個要素；4.非線性（nonlinear）——原因和結果有時並不直接

---

[2] 馬登（Marden）是美國著名作家，強調系統性學習的重要性，其論著以勵志和鼓舞身心靈的成長爲旨趣，並創辦了《成功》雜誌，被譽爲是美國成功學的奠基人和偉大的心靈導師。

[3] 整理歸結自：郭進隆譯（1994）（Peter Senge 原著）的《第五項修練》一書，臺北：天下文化出版社。

相關，因此各組成要素的關聯可能是非線性和違反直覺的（counterintuitive）；5. 歷史相依性（history dependent）──採取一個行動與方式，就會排擠了其他的做法，同時也決定了最後的結果，許多行動造成的影響是不可逆轉的。6. 自我組織性（self-organizing）──在沒有外部的來源或引導之下，系統內部會自行轉換或改變其狀態。7. 自我調適性（adaptive）──系統中的組成要素會隨著內外在環境的變革而調整其行為及結構，以適應新的環境。綜上歸結而言，系統可定義為：一組共同運作且相互關聯之各部門的集合體，而形成的各部門（或稱為元件、要素、單元、次系統）需有實體或邏輯上的聯結，且系統及其次系統應有其功能和目的，彼此間存在著動態、互為因果及相依的關聯性，並會自我變革與調適。

因此面對規模龐大、結構複雜、目標多樣、因素繁多的大型工程建設或政策規劃，傳統的思維模式或處理方式常顯捉襟見肘的疲態，而系統思考（Systems Thinking）已漸取代並成為決策分析與評估的重要思考方式，因為許多建設與規劃是由許多相關要素及彼此互動關係所構成的，具整體性與系統性，倘若只擷取局部的要素與有限的關係，是無法獲得對該問題適當的理解，甚至扭曲問題的本質而無法提出有效解決方案。愛因斯坦便曾云：由「現有思考方式」所造成的問題，是無法透過「現有思考方式」來解決的。故隨著近年來系統論的發展，其方法和技術日益成熟多元，許多方程式、公式、模式與理論都以模組化的方式整合成電腦軟體，可以依不同的目的和功能，執行運算與模擬，進而提供為系統分析和決策支援的利器，故其運用的領域也日益廣泛；而地理學家利用系統科學的方法和技能來探討紛雜的地理現象，以拓展地理學的應用體系與範疇亦已漸成趨勢。緣此，本篇主要的內容即是藉由成熟的系統技術，採電腦模擬和應用軟體來研究不同的地理與環境系統主題。本章節先透過系統動力學（System Dynamics）詮釋其處理複雜及動態系統的建構歷程與分析模式，並以基隆港市發展為例進行說明；接著介紹海岸工程設計和分析系統（Coastal Engineering Design and Analysis System, CEDAS）的多階層空間流體動力模型，並舉其中的次系統模組來探討海岸的突堤效應與地形變遷。

第二節　系統動力學的理論與實務

一、系統動力學的介紹與模組分析

　　系統動力學（system dynamics, SD）是由美國麻省理工學院（MIT）史隆管理學院的 J. W. Forrester 教授所創設的。1958 年時他分析生產管理及庫存管理等企業問題時，發現產業因處於動態和複雜的狀態，常涉及時間上的滯延效果及時間長短不同的效應等問題，造成廠商對貨物配銷的反饋資訊產生錯誤認知而造成損失，因其難用傳統的作業研究或模擬計算的方法解決（黃昭仁，2005），故 Forrester 教授將電腦科學及工程科學中的「反饋控制系統（feedback control system）」等相關知識引入，藉以檢視系統中複雜的因果回饋關係，提升對於動態性複雜問題的覺察，此舉對工業生產控制和企業經營管理有很大的助益。1961 年 Forrester 教授將研究成果集結發表成《工業動力學》（industrial dynamics）一書，不僅成為經典著作，也擴大了其應用的範圍，舉凡生產活動、組織管理、都市發展、自然資源及環境保護等問題都有相關的探究，因此便漸成了一門矚目的新學科——「系統動力學」。

　　系統動力學針對前述的系統特性進行設計，結合了控制論（Cybernetics）、系統論（System Theory）、信息論（Information Theory）、決策論（Decision Theory）及電腦模擬（Computer Simulation）等理論與方法，因此具備處理非線性問題（Non-linearity）、資訊反饋環路（Information Feedback Loop）、時間滯延（Time delay）、動態性複雜（Dynamic complexity）的能力（Forrester, 1961）；Wolstenholme（1990）便認為系統動態學是：「藉由對一個複雜問題的質性描述、運作流程、資訊傳遞與組織邊界的定義，而建立量化模型，以進行組織結構及功能的設計」。換言之，系統動力學提供一種定量分析的方式，對於較複雜的動態、反饋且具時間滯延的問題，能提供整體、長期且較周延的解決方法。因此系統動力學可視為是一種嚴謹的研究方法，用於描述、探索和分析在複雜系統內流程、訊息、組織疆界與策略，並透過定量化的系統模擬與分析進行系統結構與行為之研究；根據 Forrester 教授（1976）的主張，系統動力學具有以下的優點：1. 能藉由變數（要素）間因果關係的確認以說明系統的結構與問題，並將複雜的管理問題予以系統化的表示。2. 以因果關係為基礎，透過定義積量變數（Level Variable）與率量變數（Rate Variable）及其交互影響關係形成決策的回饋環路。3. 導入訊息回饋的系統概念，並在模式建構中將決策過程所

運用之訊息、訊息延遲及行為延誤的現象予以具體表達，並可模擬真實系統的運作狀況。4. 可動態模擬一真實系統之訊息放大及干擾、時間延遲等現象，建立系統的發展歷程，提供給系統分析者改變模式中之參數組合以觀察系統行為所產生的變化，提供管理決策之參考。所以系統動力學是一門認識系統問題和解決系統問題的綜合學科，也成為一種管理的新方法、新工具和新概念。劉弘雁（1997）與 Sterman（2000）都指出處理具有高度動態性、複雜性及非線性解決的最好工具就是系統動力學。

　　而有關系統動力學實際運用的分析流程與建模步驟，Sterman（2000）認為雖然可依個別需求而有不同的建模與方式，但大致可依循：1. 界定問題及範圍，2. 提出因果關係的動態假設，3. 建立模型，4 模型測試，5. 政策設計和評估等五項原則來建置系統動力模型。張婉茹（2006）則建議分為「問題定義」、「系統描述」、「因果回饋圖」以及「可能策略研擬」等建模步驟。吳士民（2007）及楊朝仲、張良正等（2007）進一步歸納綜整而提出系統動力學建模與分析流程的主要步驟為：「問題的定義」、「系統的描述」、「因果回饋圖的繪製」、「系統動力流（量）圖的建立」以及「模式驗證與情境模擬」，而本文則增加「政策應用與分析評估」，各步驟之功能定位及相互關係如圖 11-1 所示。此流程可區分為兩大分析類別，即問題概念分析與模型模擬分析，問題概念分析的目的是希望透過「問題的定義」、「系統的描述」與「因果回饋圖的繪製」這三個步驟來了解系統問題發生的原因與造成的影響，並進一步提出解決問題的思維或邏輯；模型模擬分析的目的則希望透過「系統動力流圖的建立」、「模型驗證與情境模擬」以及「政策應用與分析評估」這三個步驟將問題的思維或邏輯加以模型化，並藉由模型於不同情境設計下的模擬測試來進行修正及改善，最後分析歸結出適宜的解決策略；其步驟的功能定位與相互間的關係簡介如下：

　　1.「問題的定義」為明確呈現要解決的問題，需先利用目標、現況、差距等名詞來思考系統中問題組成的主要變數及範圍設定為何，接著再繪製主要變數隨時間變化的圖形來判斷其隨時改變的趨勢會造成何種類型的問題發生。一旦問題的型態與內涵妥善定義，接著便可以依假設或理論同步進行「系統的描述」與「因果回饋圖的繪製」這二項步驟。

　　2.「系統的描述」為描述造成這種問題趨勢產生的系統，其內部主要組成元件、元件間的相關聯性與元件構成的流動型態為何。一般我們在系統分析時常會繪製的系統圖，即可視為是這項步驟的具體表現。

　　3.「因果回饋圖的繪製」爲將「問題的定義」中所提及的各種變數，利用因果關係與回饋的概念來串接成「因果回饋環」，並藉由此回饋環圖形的繪製，清楚了解各變數的因果關係與作用方向及系統結構的特性。因果回饋圖是一種動態的「質性模式」，其資訊有助於進一步設計出解決問題的思維與邏輯。問題隨時間變動的趨勢可視爲是系統元件的流動（系統圖）與變數間資訊傳遞的流動（因果回饋圖）於每個時刻交互作用的綜合影響。

　　4.「動態流（量）圖的建立」，系統圖與因果回饋圖當作是系統動力模型的設計藍圖，接著再利用系統動力學所設計出一套特有的物件（符號）來描述上述藍圖構思下的系統動力模型；這種用物件（符號）描述模型的圖，便稱爲系統動力的動態流量圖，系統動力流量圖是一種「量化模式」，藉由表函數的使用可精確地描述兩者間數值化的對應型態。

　　5.「模式驗證與情境模擬」則是透過系統動力流圖各物件內所輸入相關資料與數學方程式，調整各項參數並進行運算使其成爲一個可以進行各種情境模擬的系統動力模型，此步驟是測試模型之建置與眞實狀態是否適切，以符合模型建置的功能和目的。

　　6.「政策應用與分析評估」，前述步驟完成後，我們便可藉由模型於不同情境設計下的模擬結果，分析或驗證原先的動態假說或理論是否成立，若有問題則返回原來的問題概念分析中，重新修正相關設定再進行模擬、反覆（iterative）測試，以利研擬各項政策之成效分析與評估，進而能輔助決策者進行規劃方案的選擇或提出適切的解決策略。

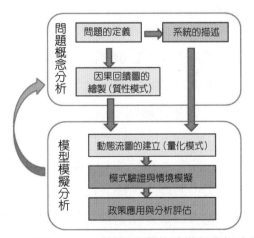

圖 11-1　系統動力學的建模與分析流程

（修改自：吳士民，2007）

　　由前述的說明可以得知系統動力學的基礎主要是基於「因果環路圖」及「動態流量圖」的建構上，並藉由此兩種圖形迅速呈現關於系統動態形成原因的假說（理論）和模型的架構，以作爲分析和模擬之依據，茲進一步說明如下（Sterman, 2000；朱奕魁，2012）：

　　1. 因果回饋圖（causal loop diagram, CLD）：透過因果關係之間正確的邏輯，以箭頭方式串連各因子以表現其因與果的關係稱之爲因果鏈，且因果鍵可具正（＋）、負（－）之極性，說明是屬於正向或負向的因果關係；又許多因果鏈會形成封閉迴圈（loop），致使系統產生反饋的環路，即爲因果回饋圖。因果回饋圖爲表達系統反饋結構之重要工具，讓我們清楚了解各變數的因果關係與作用方向，並了解系統結構的特性。例如闡釋出生人口數與總人口數之間的關係，當因果鍵之箭號方向由出生人口數畫向總人口數，代表著總人口數的增減（果）是受到出生人口數的增減（因）所影響；，若於箭號的前端標記（＋），代表兩者呈現正向關係，即出生人口數愈多則總人口數就會愈多，而出生人口數愈少則總人口數將會隨之減少（圖 11-2 左上方的曲線箭頭）。反之，因果鍵之箭號由死亡人口數畫向總人口數，代表著總人口數的增減是受到死亡人口數的增減所影響，而箭號的前端標記爲負號（－），代表兩者呈現反向關係，表示死亡人口數愈多則總人口數即會減少，而死亡人口數愈少則總人口數將會相對增加（圖 11-2 右上方的曲線箭頭）。

　　此外，許多因果鏈結合成封閉迴圈，即爲一個因果回饋的環路圖，回饋環路圖亦有正回饋環路（Positive Feedback）與負回饋環路（Nagative Feedback）兩種型態；正回饋環路亦稱爲加強型迴圈（Reinforcing loop），此類型迴圈如滾雪球般，不斷的加強愈滾愈大或不斷地無止境變小，如圖 11-2 左迴圈所示，若總人口數愈多而出生人口數將會進而增加，而出生人口數的增加亦使得總人口數也隨之增加，故人口不斷的增加；相反的，若總人口數降低則出生人口數會隨之下降，出生人口數下降又進而影響總人口數，使總人口愈少，而人口數不斷地下降，最終將會降至零爲止；此類行爲正向回饋亦稱爲加強型迴圈，於因果回饋圖中以「＋」或「R」來表示。反之，負回饋環路亦稱爲平衡型迴圈（Balancing loop），此類型迴圈如天平般，使系統最終會達到均衡狀態，如圖 11-2 右迴圈所示，若總人口數愈多而死亡人口數將會進而增加，死亡人口數的增加將使得總人口數減少，總人口數的減少亦使得死亡人口數相對減少，死亡人口數減少，代表著總人口數是相對地增加，總人口數因此會反覆的增加減少而上下震盪，呈現動態收斂過程，不斷縮小差距會朝某一穩定值趨近，故此類的

負向回饋又稱之為平衡型迴圈，於因果回饋圖中以「－」或「B」來表示。

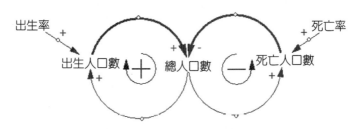

圖 11-2　因果回饋圖之繪製範例

（資料來源：研究者繪製）

2. 系統動態流量圖（stock and flow diagram）：系統動態流量圖，主要建立於因果環路圖的邏輯基礎之上，加入變數間的關係式，以利用微分方程組來解答變量間所呈現的交互作用及隨時間而變化的趨勢，據此建立動態模擬系統。換言之，系統動力學是利用流（flow）以及「積量」（level）、「率量」（rate）、「輔助變數」（auxiliary）[4]等元素的組成單元，來表示這些方程組（Forrester, 1961；汪維揚，1996）。所謂「流」（flow）就是流量圖的組成樣態，可分為實體流（material flow）與資訊流（information flow）來表示，實體流（material flow）包含訂單、人員、金錢、設備和物流等，資訊流則是指可虛擬化、數位化的交換訊息；此乃一般組織或企業運作所包含的基本結構，在模式中「流」有其起點、終點與中間數個不同狀態的過程，起點與終點並不一定表示是真實世界中的起點與終點，而是表示模式或系統的範圍與邊界，而中間的狀態表示其由起點向終點之演變、轉換的重要階段過程；資訊流則表示系統中資訊的流動情形，是形成決策的來源，能傳遞與交換其他流的資訊並能加以控制，資訊的起點必定來自積量或外在變數，而其終點必匯歸至控制其他流的率量。

至於元素則可視為構成系統動力學的基本元件，包括「積量」（level）、「率量」（rate）、「輔助變數」（auxiliary）。其意含分別簡述如下（表 11-1）：(1)「積量」（level or stock）：積量表示真實世界中可隨時間傳遞而累積的事或物，其中包含可見與不可見，可見的積量如訂單、存貨、人員的數量等；不可見的積量如壓

---

[4]　不同的系統動力電腦軟體採用的名稱會有一些差異，例如 VENSIM 用 Level 來表示積量，STELLA 則用 Stock；VENSIM 用 Rate 表示率量，STELLA 用 Flow；VENSIM 用 Auxiliary 表示輔助變數，STELLA 則改用 Converter 一詞。

力、對資訊的知覺程度等，此表示某一時點環境變數的狀態，是由流入的流量與流出的流量之間的差經過一段時累積所形成的，是以其淨率量對時間積分的數學形式存在，因此，當流入與流出不相等時，其狀態將隨著時間的推移而不斷的改變，於是形成動態系統的來源，亦是資訊產生之由來。(2)「率量」（rate）：率量表示某一種流的流動速率，及在單位時間內的流量，是直接決定積量狀態的控制點，表示決策行動的起點，其透過資訊的收集與處理形成對某一特定流中某一狀態的流入與流出而與積量共同存在，並且是以其相連接的積量對時間微分之數學形式存在。(3)「輔助變數」（auxiliary variable）：輔助變數在模式中主要有三種涵義，第一爲表示資訊處理的過程；第二爲某些特定的環境參數值，爲一常數；第三爲系統的輸入測試函數或數值。前兩種情況都可視爲率量的一部分，其與率量共同形成某一特定目的管理控制機制，最後一種則是用以測試模式行爲的各種不同的情況。

表 11-1　系統動力學元件及其數學意義

定義	數學意義	概述
積量	Y	具有累加儲存的功能，可藉由率量的流入與流出改變其數值
率量	dy/dt	以加減乘除等數學方法表示，並結合運算常數、係數以及資料。
輔助變數	C、X、$F(y)$、$F(t)$、$F(x)$	可輸入各操作單元之原始資料及其數值。

資料來源：屠益民等（2010）

　　以上各項元件與基本概念相結合便會產生系統動態流量結構圖，因系統動態行爲特質的產生是來自於自我封閉的環路，故回饋環路即是系統的基本建構單位，而回饋環路的基本結構則是積量和率量，以圖 10-3 爲例的結構中，出生率是輔助變數（auxiliary）代表計算方程式中之特定參數值，而變數中的總人口數是優先考慮的積量（level），表示目前的狀態，而此積量變數之變化是流入與流出的率量（流量）之間的差值所累積而成的（即出生人口數－死亡人口數）；而出生人口數是入流的率量（rate），不僅是直接決定積量狀態的控制點，也是用來改變系統狀態的一種成長變數，因出生人口數（總人口數 × 出生率）的增強會促成下一段要素（即總人口數）的增加，進而使兩者（出生人口數、總人口數）建構爲一個持續成長的正向回饋環路（圖 11-3 左圖）。而死亡人口數是出流的率量（rate），因其增加會降低總人口數，所以是一個衰退變數，與總人口數構成一個持續衰退的負向回饋環路；此負向回饋環路會使系統狀態隨時間而趨向某一定值（圖 11-3 右圖）。設若某地區 1971 年的人口

數為 42 萬 5 千人，若年粗出生率為千分之 7.8，而年粗死亡率為千分之 5.3，若不考慮社會的人口流動等因素，則依據前述公式及參數設定，便可模擬得知 1985 年的人口數持續增長達 44 萬人以上；但若反之年粗死亡率為千分之 8.3，大於年粗出生率的千分之 6.8，則 1985 年的人口數將遞減為 41 萬 6 千人（參見圖 11-3 下圖）。

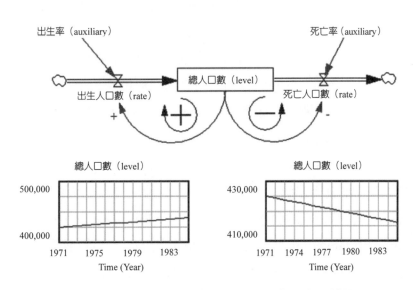

圖 11-3　人口案例之流量圖繪製及情境模擬之比較圖

（資料來源：研究者繪製）

二、系統動力學的發展與相關研究

Forrester 教授除了在 1961 年出版《Industrial Dynamics》一書，將系統動力學運用於工業上的製造業實務與流程外，1969 年再出版了《Urban Dynamics》，據以說明城市的興衰與發展也可採用系統動力學之概念；1970 年因困惑於世界面臨人口增長與資源枯竭等問題，羅馬俱樂部（The Club of Rome）[5] 的成員與 Forrester 教授一起合作，在麻省理工學院（MIT）的團隊提供財政支持，進行世界模型的研究任務，並於 1971 年出版了《World Dynamics》書，將其方法拓展至探討世界性的議題而備受關注。在後續研究者的支持與推廣下，系統動力學漸成為認識系統問題和解決系

---

[5]　羅馬俱樂部是義大利學者型的企業家 Aurelio Peccei 及蘇格蘭科學家 Alexander King 於 1968 年發起成立的；其成員多由關注人類未來、致力社會改進的各國科學家、經濟學家、商人、現任和卸任的國家領導人等所組成的，這些菁英成員出版了不少描述人類未來的書籍，如《成長的極限》（Limit to Growth）等，引發世人的震撼和省思。

統問題的綜合性學科，應用範圍日益擴大，1983 年則成立全球性的系統動力學學會（System Dynamics Society），並出版專門探討系統動態學理論與運用的學術期刊《System Dynamics Review》，加上近年來相關的電腦模擬軟體，如 Vensim、Stella/ithink、Powersim 等陸續地被研發出來，輔助了研究的便利性與普及性，故其研究領域已含括企業管理、產業發展、環境資源、教育學習、交通運輸及國防政策等且產生許多豐富的成果（劉培林，2015），致使系統動力學受到了世界各國的矚目和青睞，2010 年 6 月華人學者也創設中華系統動力學學會（Chinese System Dynamics Society），致力於系統動力學的理論和應用之探究與推廣。

　　有關系統動力學的相關研究頗多，Cooper, K.（1980）便採用系統動態模型，探討美國一項大型軍事造船工程成本超支的原因，這是系統動力學在大規模工程管理最早的運用案例。1990 年 Forrester 教授的學生 Peter M. Senge 從系統與整體的角度，運用系統動態學的理論與方法，對學習型組織的特點進行全面的描述與分析，出版《第五項修練：學習型組織的藝術與實務》（The Fifth Discipline: The Art & Practice of The Learning Organization）一書，不僅奠定其管理大師的地位，也使系統動力學聲名大噪。而與地理學科較有關聯的研究，如 Guo et al. 在 2001 年將系統動力應用於自然環境的區域規劃和管理，研究者分別建立人口子系統、工業子系統（區域內的紡織、化纖，紙漿、食品加工、水泥和皮革等工廠）、汙染控制子系統及水質子系統來探討中國雲南洱海地區在快速社會經濟成長下所可能遭受的環境衝擊，透過前述四項子系統的反饋和交互作用的動態模擬，發現 1996 至 2010 年的 15 年間洱海地區因經濟發展導致汙染物排放至環境中的情況逐漸增加；研究另以：1. 環境和經濟目標間維持平衡、2. 強調工業發展及 3. 工業用的水汙染控制等三個選項進行模擬，則顯示第三種方案的水汙染控制規劃雖會使工業產值稍微下降，但對於廢水排放、水中化學需氧量（COD）等水質汙染的風險是最小的，此種模擬和評估有利於決策行為之參考。Dacko（2010）利用 Volterra 的「獵食者—獵物」方程動態模型[6]，來探討經濟成長與環

---

[6] 此概念主要是認為獵物（兔子）的增長會遭受獵食者（野狼）的出現而減少，然一旦獵物減少，獵食者也會因其食物減少而影響其族群的成長，而此結果反又有利於獵物的增長。Lotka 和 Volterra 兩位學者於 1925 年與 1926 年將兩者族群規模的消長歸結成下列的方程組：1. $dx/dt = x(\alpha-\beta y)$，2. $dy/dt = -y(\gamma-\delta x)$；其中 x 是獵物的數量，y 是獵食者的數量，dy/dt 與 dx/dt 表示上述兩族群相互對抗的時間之變化，t 表示時間，α、β、γ 與 δ 表示與兩物種互動有關的係數獵物族群規模的改變。第 1 個方程式表示獵物（兔子）族群規模的改變，源於本身受到獵食者（野狼）的捕食而產生成長衰減；第 2 個方程式表示獵食者（野狼）族群規模的改變，端賴獵物（兔子）族群的成長及減去獵食者自然死亡的部分。

境消耗的相關研究，研究者依循 Bajerowski 的架構和行為模式分為四個考量項度：
1. 反映生態系統生長和繁殖能力的環境潛力，2. 經濟對環境資源的汲取強度，3. 經濟在環境資源的作用程度，4. 經濟對環境惡化的敏感性以及對資源的消耗情況。並以系統動力學的軟體 Stella 分別設定參數值，來分析由生態（Vecol）和經濟（Vecon）的各累積變項間之互動影響及其所聚合的數值；在模擬發展週期為 100 年的情況下，若能提升 4% 的經濟有效性和 1% 的經濟節約，則系統能提前 21 年便達到永續發展階段，此成果說明一個更有效能的經濟模式，能減少環境資源的消耗，故若能改變思維和管理模式，就可平衡生態環境保護和人為經濟開發，持續人類永續發展。

在觀光的探究方面，Patterson 等人（2004）以加勒比海的多米尼克島國為例，藉由生態（如土地利用類型、動植物棲地、土地承載力），經濟（如觀光收入、農產及製造業外銷、政府支出及舉債、國內生產總值）和社會（如人口、遷徙、社會網絡）三個系統間的交互作用，以 Stella 的系統動力學軟體作為分析架構的工具來評估該地旅遊的發展，研究指出旅遊活動確實會對當地經濟、生態和社會造成影響，例如觀光產業會使當地商業化作物（如香蕉）的增加，對森林和傳統作物的面積產生排擠，旅遊活動也會使珊瑚礁棲地環境受到影響；而地方引以為自豪的島民身分和利用狩獵來加強社交網絡的方式也會受外來觀光客的文化和經濟衝擊，此外，隨著觀光人潮而帶來的移民問題，是否造成薪資分配失衡甚至失業等社會問題也值得討論；經模型驗證後發現從 1980 年至 2000 年間，觀光發展對多米尼克國內生產總值（GDP）確有提升，但對地方收入和薪資卻無顯著增加，主要是因為這些收益多回歸到國外的投資者身上，而觀光客的增加也對於當地生態環境和傳統社會生活帶來負面影響，這些理論和數據有助於未來觀光發展的參考及省思。Vetitnev 等人（2015）也採系統動力學探討俄羅斯黑海邊的克拉斯諾達爾（Krasnodar）度假勝地的市場情況，Krasnodar 擁有風景秀麗的高加索山脈、柔軟迷人的沙灘、翠綠的亞熱帶植物和溫度變化不劇烈的氣候，使得該地成為俄羅斯著名的休閒和療養勝地，研究透過健康旅遊供求情況的各項指標之建模顯示 2006 年至 2012 年期間，健康旅遊（醫療、休閒、美容等）的人數和休閒養生等會所的收入可能減少，主要的關鍵因素是受到廉價外國度假村的價格競爭，而影響該旅遊服務的市場。另外在土地利用的研究方面，Pfaffenbichler 等人（2010）認為土地利用因受到經濟發展而日漸都市化，而傳統的研究上常採用土地利用運輸交互模式（land use transport interaction, LUTI），即基於土地利用和運輸兩個系統間的相互作用和時間滯後產生動態行為，來預測經濟發

展和運輸需求對都市土地利用產生變化，但 LUTI 模式較重視硬體的設施（如建築物和道路建設）且聚焦於各種活動事項的配置，而較忽略整體性經濟的活動和外部的特定影響因素（例如就業因素）；因此 Pfaffenbichler 等人提出都會活動再定位模擬（Metropolitan Activity Relocation Simulator, MARS）模式，採系統動力學的計量模型，考量的要素包情境、策略、運輸（如通勤）、土地利用（房地產與工廠的開發與遷移）、燃料排放、評估和數據輸出等 7 個模式。MARS 系統在歐洲的測試計畫已有 10 多年的歷程，Pfaffenbichler 等人據此基礎選擇，以 Vensim 系統動力模擬軟體測試英國里茲（Leeds）區域內的 33 個城鎮的車輛通勤與人口成長之分析，經模擬結果與實際值十分貼近，決定係數 R 平方值分別達到 0.896 與 0.9075，具相當程度的解釋力；因此系統動力學的模式有利於運用在土地利用之情況測試、策略優化及決策培訓等方面。

　　國內的相關研究亦十分熱絡，除了中華系統動力學學會定期舉行論文研討會外，許多期刊、學術研討會與學位論文等也常見運用系統動力學為方法來探討各項議題；而與地理領域較有關連的如：洪豐偉（2004）分析及整理相關研究文獻後將墾丁南灣海岸地區管理因素，區分為社會經濟、環境、生態與管理等四項子系統，並以 Stella 系統動力軟體，建置為決策支援系統，進行互動模擬及參數調整，探討各項政策施行之成效，研究分別以開發建設管理措施、汙水處理措施、漁獲量管制措施、收費措施設計等四個政策變數進行情境分析，而根據 10 年為週期的模擬結果顯示：南灣地區不宜大量開發建設，而汙水處理措施與漁獲量管制措施皆能減低珊瑚礁生態系受到人為干擾；此外，收費措施也可能是一個很有用的管理工具，可減緩遊客成長量並且獲得推動政策之預算來源，有助於經濟發展與環境生態並存的永續發展目標。許睿翔（2006）運用 Vensim 系統動力軟體建構桃園大圳之灌溉模擬系統，研究依照桃園灌區灌溉營運辦法，並視水稻生長時期對水分的需要排水口之高度，擬定灌溉的規劃方案，經由模擬調整灌溉區排水口高度之灌溉湛水高度參數，評估較良好之灌溉供水方式，改善桃園大圳灌區之缺水情形，以提升水資源之使用效益。吳士民、葉昭憲、楊朝仲等人（2006）則以系統動力學應用於德基水庫集水區治理規劃之評估，透過環境資料的建立、衛星影像的判釋、土地利用現況、土壤沖蝕模式及地理資訊系統（GIS）的疊圖分析計算，推估研究區中各個子集水區的土壤沖蝕量、崩塌量，進而計算出坡面泥砂量、河道泥砂量與兩者的遞移率，並鍵入 Vensim 系統建立之模型中，來推估水庫淤砂量及分期治理後的變化情形（圖 11-4），而在研究治理規劃方

面，採用 1977 年至 2001 年共四期的德基水庫整體之泥砂減量分析，模擬認為若第四期治理結束後（2001 年）未再予以治理，則推估在 2017 年德基水庫淤砂量就會超過設計淤砂量，因此在未來亦需持續加以整治，才可維持水庫之預期壽命。

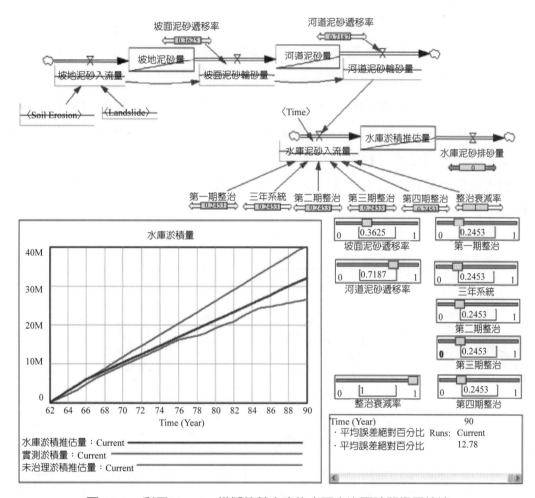

圖 11-4　利用 Vensim 模擬德基水庫集水區之治理時間變異情境

資料來源：吳士民、葉昭憲等（2006）

　　林均逸、張揚祺、屠益民（2007）依聯合國環境與發展委員會（UNCED）所提之「驅力－狀態－回應（Driving forces-State-Response, DSR）」永續概念為基礎，蒐集相關文獻資料，研擬海岸地層下陷之評估因子，再透過層級分析法（AHP）的專家問卷，篩選出重要因子及對應的權重值，探討屏東平原地層下陷的驅力（社會驅動力、經濟驅動力、環境壓力）、狀態（生態系統、環境狀態、人民生活福祉）及回應

（政策法令、監控管理）的指標架構評選結果，再利用系統動力學 Stella 軟體，發展一套整合不同面向之海岸地層下陷區模擬模式；在透過政策測試與情境驗證後，結果發現四項政策中，以開發人工湖對減緩地層下陷幫助最大，其次是發展循環水養殖技術、設置地下水管制區以及設置海岸保護區，故此方法有助於評估公部門對地層下陷所擬定政策之管理成效，促進海岸地區之永續發展。另外，朱奕魁（2012）以系統動力學建立高雄房地產市場之住宅供給需求模擬系統，研究以人口、住宅需求、住宅供給為子系統，藉由 Vensim 軟體繪製因果環路及系統流量圖（圖 11-5、圖 11-6），在人口為高、中、低的推估模式，與及屋齡已達 40～50 年之準淘汰戶數具 10%、8.5%、7% 淘汰率為假設下，共可得九種模擬的情境，研究結果發現：1 若開發商維持與過去十年相同住宅供給量，在人口高推估下，住宅需求戶數自然會隨之呈正成長，但人口低推估且準淘汰戶數的淘汰率 7% 的情境下，模擬至 2030 年，住宅需求

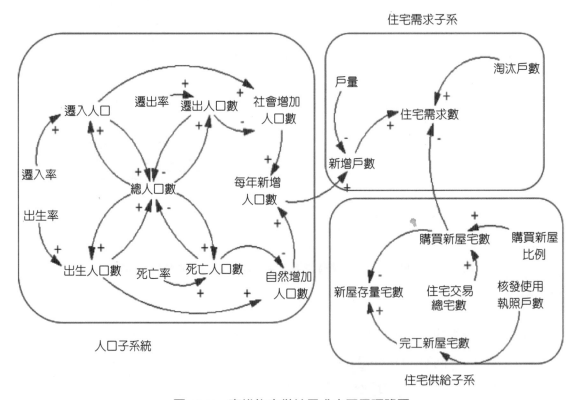

圖 11-5　高雄住宅供給需求之因果環路圖

（資料來源：朱奕魁，2012）

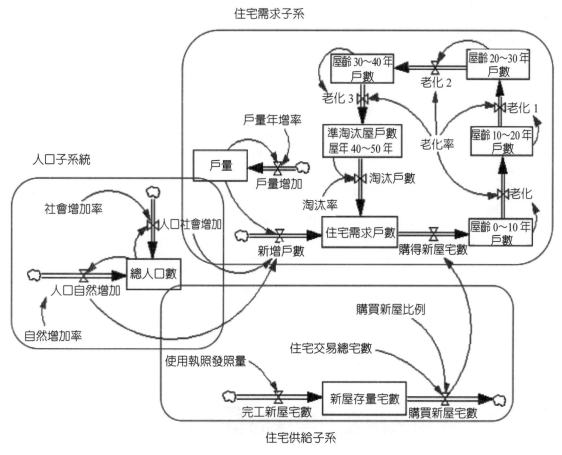

圖 11-6　高雄住宅供給需求之系統流量圖

（資料來源：朱奕魁，2012）

戶數每年皆呈現負成長（圖 11-7），在此住宅供需失衡下，可能嚴重影響開發商的生存。2.高雄市總人口數在達到最高點後乃呈現下滑趨勢，造成人口紅利的消失與戶數需求的減少，故房價長期而言很可能將會往下修正。近年來，系統動力學也結合其他分析工具，應用在許多實務的案例分析上，張維庭（2014）即利用系統動力學以建立漂移力與搜尋半徑之模組，建構一套搜尋與救難目標漂移模式系統以達到成功搜救目標，研究主要是以洋流、潮汐流、風驅流及風壓差等數據來計算漂移方向與漂移速率（漂移總和），搜尋區域則是以漂移推算位置為圓心、以漂移總誤差為半徑所畫的圓來搜尋目標，在方法上則是將需要尋找相關對應之參數建立資料庫，以系統動力學模組輸入參數所計算出之漂移量與搜尋半徑，再透過地理資訊系統（GIS）模擬展示漂移路徑並標示出搜尋區域。綜合上述分析可以得知系統動力學具處理複雜問題之

特性，而人類所處的社會環境系統往往正是錯綜複雜、渾沌非線性以及具時間變化等特性，因此系統動力學運用在政策評估、經營管理和環境規劃等多方面的學術研究日益受到重視。

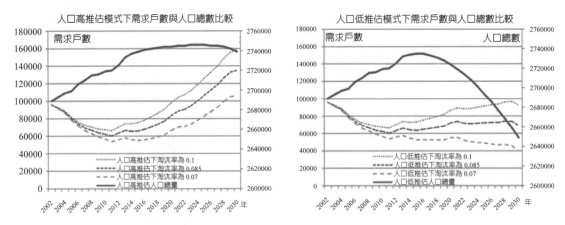

圖 11-7　高雄人口高推估（左）及低推估（低）模式之住宅需求戶數模擬

（資料來源：朱奕魁，2012）

第三節　應用系統動力學探討基隆港口城市之發展

一、前言

　　港口城市位居海陸之交界處及水陸運輸的樞紐，為國家通往世界的門戶，不但是國家貿易之重要基地，也是海運貨物與旅客進出之棧埠，所以今日的港口城市往往是區域經濟高度聚集的重心地帶，對於一地都市規模、人口聚集和產業興盛之影響甚深；而港口城市顧名思義就是串聯港口和城市的兩種功能，兩者在地理上和運作上相當密切，榮辱與共、息息相關，所以若港口機能衰退勢必影響其城市的發展（Hayuth, 1982）。臺灣的港口城市乃位居歐美、紐澳和亞洲等洲際航線的交匯點，地緣位置和港灣設備等條件都處於優越地位，若洞燭先機，掌握「藍色經濟」發展趨勢，其前途之發展當不可限量。因此如何調整港口城市的體質與結構，強化港口與城市的聯繫及合作，增進競爭優勢以因應未來的趨勢與挑戰實屬當務之急；緣此，本文以臺灣的基隆港市為例，擬就系統動力學的思維方法，系統性地探討其港市間的經濟

關聯性和功能之相互作用，以利其未來的規劃與發展。

二、相關文獻的探討

　　港灣都市的臨海地區幾乎被港灣所包圍，如果沒有良善的合作發展，港市發展就會產生互相牽制的情況，影響城市的興衰或是港口榮枯。綜觀世界各國有關港市發展的模式，若依港口的組織管理型態來區分，可大致分為區分為 5 類（呂啓元，2001）：1. 國營港：港口由中央政府管理，如韓國、西班牙、以色列和臺灣、東南亞等國。2. 省（州）營港：港口管理單位非為中央政府，而為省（州），例如美國東岸港口、義大利、澳洲。3. 市（地方）營港：港口管理單位為市（地方）。例如：美西、紐西蘭、日本、中國、西歐（荷蘭鹿特丹、阿姆斯特丹，比利時安特衛普，德國漢堡）等。4. 信託港：國家依特別的信託法律授權法人組織行使公權力管理經營的港口。例如英國的倫敦港。5. 私營港：單純由一般私法人經營之港口。例如：香港、瑞典和一些英國港口。進而分析可知：多數航運政策和法規制定是由中央制定，但港埠經營多是由地方政府（市或省）負責管理和規劃，在形態上有設置港務管理局、法人組織的信託港或獨立公司等，但多數國際港均是採港市合一制，根據 AAPA World Port Rankings（2014）的資料顯示：世界排名前 20 名的港口除了釜山港和高雄港外，均為當地市府之所屬港口，顯見港市合一的整體規劃與建設，對經貿運輸與文化觀光之發展均有實質之助益，尤其隨著新公共管理（New Public Management, NPM）的興起，跨域治理和公私協力的企業化理念日益蓬勃，調整組織型態、重視績效經營已成為各國港市發展的主軸。

　　從各國主要的港口管理發展趨勢觀察，許多先進國家為了提升其競爭力，在整體航港管理體制變革上，有兩種發展趨勢，其一是「政商分離」，另一則是「獨立自主」；在「政商分離」方面，係將航港管理公權力事項由政府負責，商港服務性管理及經營則朝向企業化經營，要不是將業務完全民營化，就是將港務局的經營部門改組為公司組織，再移轉民營，如新加坡港務局。在「獨立自主」方面，在商港經營管理體制民營化的大趨勢中，除有將港務局改組為公司組織者外，也有逐漸將港務局改組為獨立自主之公法人的組織。例如德國的港口大都屬於港口所在地之地方政府所有，是典型的「市港合一」的港口，由市政府負責管理。在港埠的經營上，大都是採取所謂「地主港」（landlord port）的經營模式。另外，荷蘭大部分的港口也多隸屬於地方政府（市或省），不過也存在少數的私有港，公有港設置港務局管

理港口業務，該組織型態有市政府組織的一部分、市省共組及獨立公司組織等三種；以歐洲最大的貨櫃港口、全世界第 7 大貨櫃港的鹿特丹港埠為例，鹿特丹港為該市政府所有，原隸屬於市政府行政組織的鹿特丹市港務管理局（Rotterdam Municipal Port Management, RMPM）負責管理，後來為強化管理局的商業化能力，提升競爭優勢，鹿特丹市議會於 2004 年通過並實施「鹿特丹港務公司法」，改組 RMPM 為公有股份有限公司的法人組織型態，目的是將 RMPM 由被動的「地主」（landlord）轉變為積極的「港口經理人」（Mainport manager），提供港口更優質之經營、技術、財務經濟及行政管理等服務（吳榮貴、吳朝升等，2007）。中國大陸近年來因經貿發展帶來港口的繁榮與建設，除引進外資之外亦積極進行港埠體制之改革；根據蕭丁訓、林光（2005）等人的分析，1985 年以前大陸主要港埠均由交通部直接管理；1987 年後則都改為「交通部與地方政府雙重領導，以地方自行管理為主」的體制。但在此種體制下卻存在許多諸如：政企不分、壟斷經營、國有資產產權不清等問題，為進一步促進港埠發展，中國大陸於 2004 年 1 月正式實施之港口法，使中國大陸港埠的行政管理有了全新的定義與依據，確立了大陸港口由地方政府直接管理並實行「政企分離」的行政管理方式。港埠企業脫離交通部的職能牽制，行政管理交給地方政府，使港埠企業真正成為自主經營、自負盈虧的經營主體。

　　而臺灣的國際港早期共有基隆、高雄、臺中和花蓮等四個港口，當時為了方便經營，上述港口各成立有港務局由中央的交通部委託臺灣省政府管理，成為臺灣省政府交通處主管的事業機構[7]，港務局除了作為所在國際港口的營運機構外，也同時分區管理臺灣各座國內商港，港口的管理與經營實為一體。1999 年臺灣實施精省後，原本由臺灣省政府代管的四大國際商港收回由中央交通部管理，然而由於國內四大國際商港每年產生大筆的商港建設費及盈餘，導致中央、地方對於國際商港的管理權爭奪僵持不下；此因臺灣國際商港採行「航政、港政、港埠」三合一的管理體制，但是因為港、市分屬兩個不同管理系統及層級，平常欠缺溝通協調，使得港市間關係逐漸疏離，在本位主義作祟下，港埠與市區發展未能互蒙其利，而屢生嫌隙，因此「港市合一」的呼聲漸增，而面對此訴求，中央提出以「航政歸中央，港務獨立自主管理與經營」為港市合一改革的發展方向；在具體作法上，交通部參照國際先進海運國家

---

[7] 雖然商港法第三條明訂國際商港由交通部主管，國內商港由省（市）政府主管，受交通部監督；但當時港務局隸屬省政府交通處為省屬三級機構，託管體制實不合商港法規定，甚至 1979 年高雄市改制為直轄市，高雄港卻維持由臺灣省代管，如此沿用五十餘年，長久以來被批評不合商港法規定。

採取「政企分離」之航港管理作法，於 2012 年 3 月 1 日成立國營的臺灣港務股份有限公司，將原分屬於基隆港務局、臺中港務局、高雄港務局及花蓮港務局的港務業務分別由基隆分公司、臺中分公司、高雄分公司及花蓮分公司經營，而航務行政業務則另整合成立交通部航港局，以解決原先缺乏應變市場變化的能力、導致競爭力下降的問題；但「港市合一」的政策卻仍未真正落實而引起地方政府持續地爭取。港口作為城市的重要基礎設施及對外貿易窗口，對城市及周邊區域經濟的發展有極大的推動作用；而城市作為港口的腹地，便捷的運輸、商旅、經貿等服務體系等供給也促進了港口的發展，所謂建港興城，城以港興；兩者相伴相生，衰榮共濟正是世界港口城市演變的共同規律。而港埠與都市發展的整合最具體的表現莫過於港埠地區的再開發與臨港地區的都市更新，這也是 1980 年代後許多港市致力的重點工作，其中美國東岸的巴爾的摩港市和美國紐約港與南街港埠的改變最成功也是具代表性的例子（黃偉源，2000）。巴爾的摩為馬里蘭州自 17 世紀起美國重要的東岸海港城，19 世紀更是全美國排行第五名的城市，隨著經濟的發展與港區機能的轉變，二次大戰後產業逐漸衰退，人口以及商業因為大量往郊區移動，使港區的倉庫及碼頭逐漸閒置甚至廢棄，1964 年巴爾的摩市推動「內港」（Inner Harbor）重建計畫，成功地帶動周邊的產業以及都市更新，成為美國東海岸著名海港與觀光旅遊景點。由於港區內水岸景觀的轉變，吸引民間業者前來投資興建大型體育館場、國立水族館、相關的博物館，除了改變城市的風貌，也刺激了巴爾的摩市的觀光業，工商業、餐飲業和遊樂業等也陸續進駐，估計每年進入巴爾的摩灣區的旅客多達三千兩百萬人次，也使全球許多港市也開始相繼仿效。

　　藉由前述的港口城市演進過程及文獻發現，港口城市的發展不但與交通運輸息息相關，也與區域經濟和產業建設互為關聯，且城市的人口遷移、就業供需、資源分配和環境衝擊等各種問題糾纏牽絆，是一種範圍廣泛、關係複雜的綜合系統（Luan, Chen & Wang, 2010），如何進行分析頗值得探究；而於 1950 年代後期漸次發展出來的系統動力學（System Dynamics）理論與方法，因能以全面的角度去檢視系統中複雜的因果回饋關係、提升對於動態性複雜的覺察，補強原有傳統方法與工具的缺漏，因此正可利用此方法研究港口城市發展的複雜問題。例如張萍（2006）以南京的港口城市為對象，利用系統動力學探討港口運輸、城市經濟和城市社會等子系統，建立系統的因果關係圖和相應的系統動力學模型，並以港口投資增加、分擔率參量調整、城市產業結構調整、城市經濟生產要素調整和港口岸線因素影響等策略進行模

擬，並評價及預測其將來可能的發展趨勢。趙黎明、肖麗麗（2014）運用系統動力學方法構建港口經濟貢獻模型，並將其應用於天津港對天津市經濟貢獻的分析之中；通過基本模擬與政策模擬，對天津港 2020 年之前的發展狀況進行了預測和分析，研究顯示因區域內產業競爭愈來愈大，港口經濟在區域經濟的比重初期會呈下降趨勢，因此提出加強環境保護與資源節約以促進「綠色港口」的可持續發展之建議。林廖嘉宏（2014）選擇住宅、交通、港埠、土地與施政建設等變數建立系統動態模型探討高雄港市的關聯性，依系統動態模擬分析的結果顯示加強都市與港口的各項建設，如愛河整治、高雄港舊港區建設（如亞洲新灣區）、南星自由貿易港區及新建高雄港第六貨櫃港口等公共政策與建設愈完整，愈能吸引居民的認同而有利於原有的政黨繼續執政。據此，基隆港市正位於國際郵輪東北亞和東南亞的航線上，又近鄰近大臺北都會區，彰顯出其地理區位的優勢性，但基隆港近年來貨運量萎縮，往昔港口周邊產業之興盛繁榮已不復存在，基隆港市亟需全面及系統地思考港市如何相互支援及善用海港城市的特有資源，轉型發展觀光、休旅及文創等產業，使其風華再現乃成為本文採用系統動力學進行分析之緣由。

三、模式建構

依據前述相關文獻之綜整可以得知，若循系統的角度觀之，則港口城市的系統主要可分為由港口營運、城市治理兩大子系統所構成。這些系統地的各構成變數元素相互作用、相互制衡、相互耦合，形成具有地域特色和特定結構、功能開放的複雜港口城市系統；而依據黃幼宜（2007）及周炳中、辛太康（2008）等人之相關研究，港口城市的發展指標可區分為 1. 港口生產、2. 經濟成長、3. 資源環境、4. 技術支援及 5. 社會調控等要項進行探討[8]。首先在港口營運的子系統部分，港口營運是所有港口生產活動的總和，包括港口基礎設施及其提供的港口吞吐能力、裝卸能力等，一個綜合港口的營運，主要是由貨物吞吐量、貨物及貨櫃裝卸、客運量（郵輪、渡輪）及船舶進出數量等多寡決定，所以船舶及貨物進出的數量便是一個港口營運和生產的績效指標，例如基隆港在 1984 年貨櫃進出口量曾達 123.4 萬標準櫃（TEU），位居全球第七大貨櫃港，創下史上最高的榮景。當然港口營運也要考慮港域面積、船泊數量和講

---

[8] 港口城市發展的各項指標可再細分許多細項，如港口生產項目，除貨物輸送量、貨櫃裝卸量外，還有港區面積、港口水深、碼頭泊位數等，但這些要素多屬固定、變動不易，故在後續的討論中暫不列為考量要素，其他項目之篩選情形亦同；因衡量因素不同，故其指標僅列為參酌。

求作業效率等以利發展，例如若有民營化或公司化的經營則對裝卸效率、服務品質等均會有提升（胡迪琦，2009），此外利用港口稅收與獲益投資於港口的建設、擴大港口規模、加強港市合作、促進港口轉型，並減少環境汙染和營運成本（趙黎明、肖麗麗，2014），將有助於港口的排名與競爭力，圖 11-8 是依據上述的參考變數元素，並參閱 P. Senge（1995）及楊朝仲、張良正等人（2007）與鐘永光等（2009）的系統基模概念，以 Vensim DSS 系統動力學電腦軟體繪製的系統因果回饋圖（CLD）。在港口營運部分採「成長上限」模式，即港口吞吐量增加、作業績效高，確能提升港口營運規模，但當營運的快速擴張便會因為港區面積局限或環境汙染問題等資源環境之限制而減緩；至於在提升港口競爭力方面，則選用「目標趨近」模式，當港口設定發展的策略目標就會採取行動，改善現有缺失、增進港區建設，進行企業化管理和港口轉型（如發展為郵輪母港）調整，期減少現況及目標的差距，以利提升競爭排名。

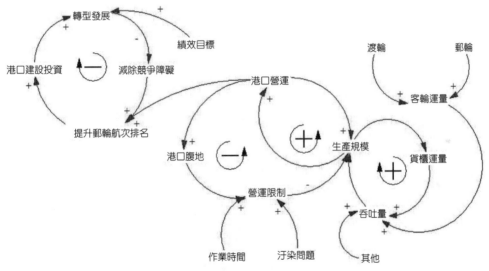

圖 11-8　子系統港口營運之因果回饋圖

（來源：自繪）

　　另外從城市治理子系統觀之，一個城市的治理最實際的問題就是產業狀況和居民的就業問題，因為民生經濟的議題攸關城市的發展，城市居民的經濟所得提高，才有穩定的財政收入，方能推動城市教育、治安、交通等基礎建設、善用各項環境資源，而使城市欣欣向榮，因此許多都市治理之研究多著重於經濟狀態與財政收支（呂曜志，2013）。圖 11-9 是依據上述的參考變數元素所繪製的城市發展系統因果回饋

圖，本文在都市治理的項目上乃以經濟的「持續成長的正反饋迴路」模式為參考原則，因健全的財務如此不僅會影響城市的主管單位提供轄區居民公共財貨與勞務的數量與品質，更對經濟發展的持續動能息息相關，故港市的財政優良健全，可增加就業率和吸引人口遷入，並能帶動觀光產業和刺激消費成長，此種正向回饋又會使市府財政情況更佳，能促進市政建設，突破原有環境資源限制並進一步的提升；相反地，一旦財政失衡入不敷出，勢必阻礙基礎市政建設，甚至迫使既有工商產業蕭條，經濟成長衰退，居民失業而遷離，使得原已險峻的財政狀況更雪上加霜。至於在港口城市的發展方面，本研究採「時間延滯的調節環路」概念，因為港口城市依賴港口的營運和發展甚深，港口的繁榮可帶動城市就業和經濟收入的提高，進而讓城市加速發展，使港口與城市互利共榮；當然政府的政策主導和資金輔助也是讓港口城市興盛的重要因素，而配合中央的規劃政策、透過跨域合作、公私協力，力促港市的特色行銷和產業轉型則可以突破現今的環境及資源之限制，經過一段時候的努力後，港口城市之發展將否極泰來，漸趨欣盛昌隆。

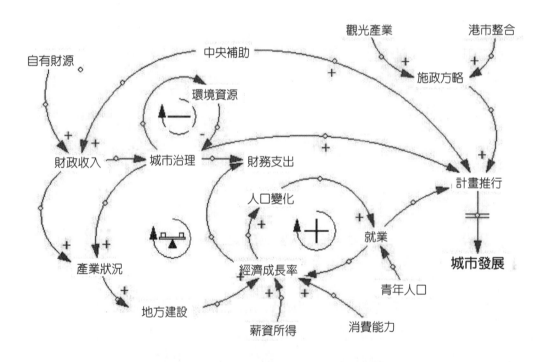

圖 11-9　子系統城市治理之因果回饋圖

（來源：自繪）

　　港口城市強調港口與城市的相互關聯，港口深刻地影響著城市的發展，而城市的發展又反過來促進了港口的繁榮，兩者脣齒相依、互惠共榮，故基於港市合一所帶來的效益為目標，圖 11-10 為綜合前述分析將港口營運和城市治理兩大子系統因果環路關係圖整併為港口城市發展模型圖。但因目前基隆港、市分屬兩個不同管理系統及層級，欠缺良好的協調與合作默契，致使港埠與市區不僅未能互蒙其利，反而相互牽絆造成港市發展產生窒礙；例如 2015 年全國關稅總收入共為 1,909 億餘元，其中基隆港的收入為 653 億餘元，占總收入的三分之一，達 34.23%。但自從 2002 年臺灣加入 WTO 組織後，中央廢除商港建設費，致使基隆市每年估計短少約 26 億多的財源收入，排擠其他各項建設費用，同時造成市庫沉重負擔，2014 年基隆市府負債已達 123 億元，舉債額度已高到 49.5%，但基隆港每年收入的 6 百多億元卻上繳中央，對基隆當地的挹注卻如杯水車薪，實無助於基隆港市之發展 [9]。

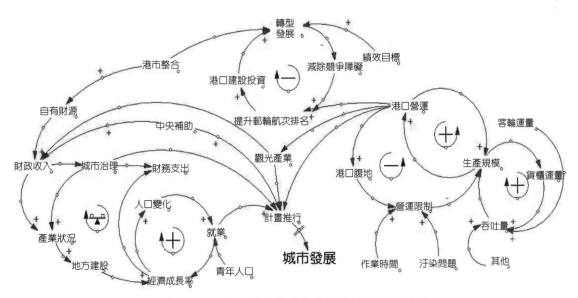

圖 11-10　港口城市發展之動態系統因果回饋圖

（來源：自繪）

---

[9]　廢除商港建設費後，基隆市從港務公司盈餘分配額的補助，每年只剩約 1.2 億元。而港市不協調的另一例，如中國時報（2014/9/23）報導：行政院交通部有意斥資 25 億元興建基隆港的新海港大樓並擴建基隆港大樓，以推展藍色產業，卻因基隆市府要求 4 億元回饋金，頻生紛擾，導致工程喊卡。

四、基隆港市的發展政策與模擬分析

　　基隆位居臺灣本島之北端，是一處天然灣澳的良港，從清光緒 12 年（西元 1886 年）建港後，聚落的發展便極爲迅速；日治時期爲便於臺灣和日本的交通聯繫以及島內資源的輸出，積極進行基隆港口工程之建設；當時的基隆不僅成爲一座軍、商、漁三用途的大型港埠，也是臺灣的第一大港，1940 年基隆的人口已達 9.5 萬人，是當時全臺灣的第四大城市。光復後基隆市改制爲省轄市，伴隨著臺灣經濟的快速成長，與及地處日本與菲律賓間的東亞航線之中繼站和輻輳點，船舶補給、貨物轉運等均蓬勃興盛，使得基隆於 1980 年躍居全球貨櫃量的第 14 名，1984 年更創下全球第 7 名貨櫃港埠的歷史輝煌紀錄，爲名符其實的「港都」。然由於港內水淺、腹地太小及冬季氣候的影響致使基隆發展受限；又因晚近大陸東亞等地之經濟發達與港口崛起，競爭力開始下降；1995 年因相對增長較少，貨櫃排名跌出世界前十名，近年來又遭臺中港和臺北（淡水）港的競爭瓜分，2010 年已以滑落至第 54 名，除貨櫃量持續萎縮，貨物裝卸量也不斷下滑（圖 11-11）；因港口業務量的減少帶造成基隆市就業不易、建設落後、生活品質變差（林谷蓉、張政亮，2016）。近十年來，基隆戶籍人口從 2005 年 39.2 萬人降至 2016 年 37.2 萬人，減少約 2 萬人，其中以年輕人（20 歲至 44 歲）的人口減少最多，顯見人口外移嚴重，故社會增加率爲負值而成爲人口淨遷出較多的城市（圖 11-12），服務業比重同時亦呈現衰退趨勢；此外 15 歲以上跨縣市通勤率爲 39.2%，空屋率達 26%，均居全國之冠，顯示人口與產業的雙重萎縮，城市發展正處於邊緣化的境地，也成了市民最想逃離的城市 [10]。

---

[10] 據主計處統計 2010 至 2015 年基隆 6 年內人口淨流出近 1.3 萬人，且出生率居全台最低，是北部縣市中人口流失最嚴重的地區。2011 年及 2012 年《天下》雜誌的幸福城市大調查中，基隆連續排名最後一名。而 2011 年主計處的統計資料則顯示：基隆市失業率 3.4%、離婚率 3.16%、自殺率爲每 10 萬人中就有 22.8 人，均居全臺最高，所以被稱爲最不幸福而想逃離的城市。

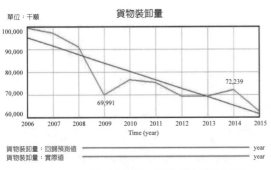

圖 11-11　基隆港歷年貨物裝卸變化圖

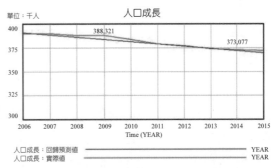

圖 11-12　基隆市歷年人口成長變化圖

　　從財政問題更可以看出基隆港市的治理困境，基隆自有財源與歲出規模的比例從 2000 年的 63.64% 降至 2005 年的 44.06%，2009 年更下跌到 33.0%（圖 11-13）；仰賴上級補助及協助款的依存度由過去的 23%，大幅增加至 51.2%（黃幼宜，2007），顯示市府的財政收入減少無法支應開銷，財政自主性嚴重不足，只能依靠中央政府補助和舉債挹注支出來維持市政運作。2015 年其未償債務比率已占歲出總額的 47.5%，達到財政部債務警戒值的紅線，被《商業周刊》評比為財政狀況「重度昏迷葉克膜」的縣市，因經費短缺，公共建設自然落後，致使基隆港市發展遲滯並衰頹。然而，為了防止城市的衰頹沒落並追求永續成長，近年來基隆地方政府也積極力求蛻變與轉型，不論是前市長張通榮與現任林右昌市長其主要政見與行銷策略，便是利用其港口城市的特色及其擁有的悠久豐富文化資產，融合海洋觀光和文化觀光的優勢，蛻變轉型為「觀光港市」，盼藉此吸引觀光人潮到此來認識及參與這個港口城市的各項活動，活絡地方的文化與經濟產業，並傳遞城市形象和創造國際知名度。

　　伴隨全球觀光業的蓬勃發展與休閒旅遊型態的改變，海洋觀光漸成為近年來熱門的休閒旅遊型態，例如郵輪旅遊（Cruise Tour）正是方興未艾的旅遊方式。根據 2008 年國際郵輪協會（Cruise Lines International Association, CLIA）的調查報告，從 1990 年以來，全球郵輪旅客人數之年平均成長率約為 7.4%，預測 2015 年全球郵輪旅客將達到 2,500 萬人次（林谷蓉，2010）；此外隨著亞太經濟勢力的崛起，郵輪市場正移向亞洲，2015 年亞洲郵輪市場可望突破 200 萬人次，2030 年則可有機會突破 1,100 萬，占全球三分之一。而基隆正位於國際郵輪東北亞航線上，又近鄰大臺北都會區，正是彰顯其地理區位的優勢性，從 2006 年開始基隆港來往於國內、兩岸和國際的客輪次數和旅客人數便不斷成長，2008 年遊客人數已增加三倍，2011 年更提

升至四倍，人數超過 46 萬人，船次 926 艘成長近 1.4 倍，2015 年遊客人數已經達到
69.4 萬人（圖 11-14）。其中又以國際郵輪所帶來的觀光客人數成長最快，例如 2007
年基隆國際不定期郵輪只有 12 航次，2008 年為 24 航次，2013 年達 52 航次；2014
年國際航線已達 484 艘次（定期郵輪 173 艘次，不定期郵輪 145 艘次，兩岸直航 166
艘次），人數達 48 萬 2,865 人次，若再加上國內航線，則基隆港進出旅客已達 57
萬 8 千人次再創歷年的新高記錄；2016 年國際郵輪協會（CLIA）的亞洲郵輪趨勢
報告評估指出：基隆港的郵輪航次達 199 艘，已成為亞洲第五大郵輪港口[11]。李莉娟
（2011）曾指出郵輪港的經濟收益，是傳統港埠收益的 10 至 14 倍，而依據黃幼宜、
柯冠宇（2014）的分析基隆港轉型郵輪港有正面且顯著的經濟效益，其中與旅遊有
高度相關的批發零售業、運輸倉儲業和餐飲住宿業之影響度和感應度最高，是促進基
隆地區經濟發展的關鍵產業。

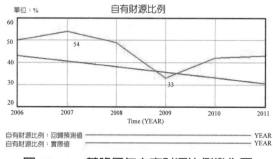

圖 11-13　基隆歷年自有財源比例變化圖　　圖 11-14　基隆歷年客輪遊客變化圖

　　有鑒於此，基隆市政府在城市行銷的策略計畫便是從港口城市的海洋觀光思維為
主軸，打造具差異化特色的人文客運港，期能以在地的文創與深度旅遊為根基，密切
結合生活、生產及周遭資源的「產業資產」（Industrial Heritage），進而整合硬體的
都市更新與交通建設規劃，強化地方文化與觀光旅遊的包裝行銷，並爭取中央的配合
政策和財政支援，藉此促進基隆轉型為「觀光港市」，朝吸引並留住包含郵輪旅客為
目標，來開啟港市再造願景和地方發展動能，並提升觀光效益與經濟繁榮。循此，本

---

[11]　上述郵輪航次及旅客人數資料均收集自基隆港務分公司的相關報告與其網站公開資訊。而據 2016 年國際
　　郵輪協會（CLIA）的亞洲郵輪趨勢報告，亞洲前五大郵輪港依序為：1. 韓國濟州（460 航次），2. 中國
　　上海（437 航次），3. 新加坡（391 航次），4. 日本福岡（258 航次），5. 基隆港（199 航次、實際是 219
　　航次）。

研究將 Vensim 的系統因果環路圖進一步整併、簡化及轉換爲可操作的系統動態流量圖以利分析與模擬，首先在港口營運部分，因港口營運生產及規模取決於進出港的船舶數、貨物吞吐量、貨櫃裝卸量及貨物裝卸量等，可以貨物裝卸量爲代表 [12]，另外客運量（包含郵輪及國內外渡輪的運輸人數）也是基隆港營運轉型的考量，作爲規劃成爲「外貨內客」的客運港，遊客進出人數自然也是港口生產的重要指標。在競爭排名方面，基隆港若定位爲郵輪母港，其港口競爭力的評比，除了郵輪航次旅及旅客進出量的外在因素外，內部作業績效的提升也很重要，所以港口的經營與管理多朝向企業化和民營化發展，致力港口軟硬體的建設、改善資源環境並與周遭生態相協調。唯有控制港區汙染的排放、打造綠色低碳的永續港口和文化馥郁的親善市景，才能吸引遊客駐留，並在激烈的國際郵輪競爭市場中續創優勢。

　　在城市治理部分，在全球化的時代要創造財富與就業機會潛力，並促進整體生活環境的提升，就是讓多元、高附加價值之地方文化產業順勢地蓬勃發展，這亦爲提升地方觀光知名度和產業競爭力的行銷手法（林谷蓉、張政亮，2016）。誠如 Young（1983）與 Gunn（2002）所言：了解遊客與旅遊地之間的空間聯結關係，強化景觀據點之串聯、突顯在地主題特色、營造整體氛圍才能利於觀光之規劃與評估，例如整合基隆各地著名的旅遊勝景和豐富的文化資產 [13]，形塑觀光廊帶、發揮最佳空間區位的「聚合效應」（polymerization effect），此種文化觀光的推展，不僅能凝聚地方認同、創造地方形象，還能帶動當地產業、提升居民就業率、促進區域經濟發展、再現基隆繁榮的新風貌。因此基於現況，推動基隆港市發展的策略，參酌周炳中、辛太康（2008）的港口城市發展指標及前述之討論，其考量要項爲：1. 港口生產項目——主要以貨物裝卸量和客輪旅客人數兩個變項進行分析，2. 經濟發展——主要是以港口轉型建設、環境改善和發展觀光產業（海洋觀光、文化觀光等）所能帶動的商業和經濟的產值效益，3. 資源環境——主要是基隆港市現今的社經狀態、資源條件等治理狀態，4. 技術支援——主要是地方政府的施政方略及中央對地方的協助政策和財政支援，5. 社會調控——主要針對工商產業的活絡能增加地方收入、提振經濟與就業率，

---

[12] 貨物裝卸量包含貨櫃貨和散雜貨等，涵蓋較廣。根據基隆港務分公司的資料統計，歷年來其進出港的船舶數、貨物吞吐量、貨櫃裝卸量及貨物裝卸量均呈現顯著的正相關，2011 年至 2015 年來平均衰退約 4%。

[13] 基隆具有悠久與豐富的文化資產，如擁有全臺灣最多的砲臺遺跡，其中二沙灣、大武崙與槓子寮砲臺，均爲國定古蹟。此外，名列臺灣十二大地方節慶展的雞籠「中元祭」、全國票選「最美味」的基隆夜市小吃、臺灣「十大魅力水域」之冠的外木山海濱、海科館、漁港風光、四座火山離島嶼與及近郊的東北角和北海岸國家風景區等多樣之特色景觀。

減少人口外移的情況。初步設計的系統動態流量圖如圖 11-15 所示，各變數之權重值採層級分析法（AHP）及政策模擬分析的需求進行調整，相關參數設定如下：

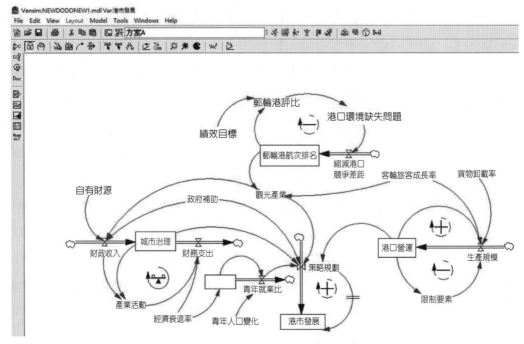

圖 11-15　基隆港市發展之系統動態流量圖

1. 客輪旅客成長率＝國內外渡輪＋國際郵輪（含定期、不定期）進出旅客人數的增長，依港公司 2011 年至 2015 年資料計算成長率約為 +10%。

2. 貨物裝卸率＝以貨物裝卸量為代表，因據基隆港務分公司的資料：進出港的船舶數、貨物吞吐量、貨櫃裝卸量及貨物裝卸量，從 2011 年至 2015 年來平均衰退率都約為 -4%。

3. 生產規模＝ min〔港口營運 ×（α× 客輪旅客成長率＋β× 貨物卸載率），限制要素〕，α 及 β 為設定比例調整係數。

4. 港口營運＝ INTEG（生產規模）。港口營運量雖然包含貨運與客運，但考量目前基隆港主要收入來是以貨運為主，因此港口營運量暫以 2015 年的貨物裝卸量 600（百萬噸）為基準，限制要素為港口容納之上限，設定為 900（百萬噸）。

5. 郵輪港排名＝ INTEG（競爭力的提升）。基隆港民營化和轉型為郵輪母港，要改善的績效朝亞洲第三大郵輪港邁進，則由排名績效目標設定＝ 400（超越亞洲第

三名郵輪港新加坡 2016 年的 391 航次），操作變項爲增進港口建設、改善工作績效與環境品質以降低目標和現況之差距，設定爲＝改善係數 γ（目標－現況），藉此減除障礙，提振競爭力。

6. 觀光產業提升＝郵輪港航次排名 * 客輪旅客成長率 *K（調整係數）[14]

7. 城市治理狀況＝ INTEG（財政收入－財務支出）。依市府總決算報告書，目前基隆每年收支約 160 億，其中自有財源只有 3 成多，且經常入不敷出，如 2010 年歲入歲出差短爲 15 億，多賴中央政府及舉債支應，2013 年債務總額已高達 114 億，債務負擔沉重，除妥適控管債務外，宜策略性引進資源及投資，如發展郵輪及觀光產業等以活絡工商經濟和增加財政收入，俾利基隆永續發展。

8. 財政收入＝ 0.3* 自有財源＋ 0.5* 政府補助＋ 0.2* 觀光推展。

9. 人口變遷＝ INTEG〔人口數－（δ* 經濟衰退率 * 人口數）〕。初始設定值爲370（千人）。人口增減與就業機會具相關性（Greenwood, 1973），根據主計處的資料，2011 年至 2015 年基隆平均人口每年減少率約爲千分之五，其中青年人（25 至44 歲）減少率爲千分之二十，是主要的流失人口，代表著因經濟問題造成人口淨遷出的增加。而經濟衰退率，主要參考主計處 2010 年至 2014 年代表經濟狀況的平均每戶消費支出和支配所得，基隆市除 2013 年呈正成長外，年衰退分別在負的 1.6%至 7.9% 及 4.4% 至 7.0% 之間；上述計算式純粹供模擬之比較，無特定理論依據。

10. 青年人口變化＝ GET XLS DATA（'JOBNEW.xlsx', 'JOB22', 'A', 'C2'），統計並取自主計處的基隆市 25 至 44 歲人口 Excel 檔。

11. 青年就業比＝ GET XLS DATA（'JOBNEW.xlsx', 'JOB22', 'A', 'D2'），取自主計處 25～44 歲的就業年齡結構比例。基隆市從 2011 年至 2015 年 25～44 歲就業比例從 55.19% 不斷下滑至 50.39%，顯示工作主力的年輕人在基隆的工作機會少、出走至外地、也形成經濟力下滑的隱憂。因此唯有提振青年就業率、改善產業結構，才能使基隆港市轉型成功、重振風采。因此考量青年就業比的計算是取青年人口和總人口數爲變項，採多元回歸法求出方程式＝ -48.32 ＋ 0.42* 青年人口＋ 0.14* 人口數，用來預測青年就業比的增減情形。

12. 策略規劃＝（0.16* 港口營運＋ 0.2* 觀光推展＋ 0.24* 政府補助＋ 0.22* 城市

---

[14] 據黃幼宜、柯冠宇（2014）研究定期郵輪（麗星郵輪）在 2013 年共有 88 航次，旅客超過 10 萬人，可增加基隆地區 3.74 億元的產出效益，故平均一艘郵輪的產值約 425 萬，另外不定期郵輪達 52 航次，因其噸位數多較大，搭載旅客較多，故權衡之下，K 值暫訂爲 0.5。

治理 + 0.18* 青年就業比）/5。主要是提出改善策略，以利港市發展，發展指標請參考周炳中、辛太康（2008）的分析做加權調整，希望透過郵輪旅遊的提升增進港口營運績效並讓港市轉型爲「觀光港市」，並爭取中央擴大補助以振興經濟，如此可讓市政財源收入增加，居民就業與所得提升，以吸引青年人口回流協助工商產業之建設。

13. 港市發展＝ DELAY FIXED（策略規劃 , delaytime , {init}）。考量提出改善問題的方針與策略，落實到最後的期望結果，是需要一段時間的，因此採時間延遲的設計。

在政策模擬部分，1. 首先方案 A：2011 年至 2015 年的實際數據爲基礎，分析現況發展趨勢，依客輪遊客成長率 10%，貨物裝卸率 -4%，因目前港口營運以貨運收益爲主，因此比例值設 1：9。財政收入部分，設市政府自有財源爲 48 億（160 億的 3 成），其餘靠中央補助、借貸及其他稅收。經濟衰退率設 0.5，人口數以 2014 年的 372（千人），策略規劃的推行到港市實際的成效設定爲延遲一年。經模擬分析的結果得知若依此維持現況則雖然郵輪遊客和觀光產業效益均有增加，但港口營運仍持續下滑（圖 11-16，11-17）、財政支出亦高，人口外移和青年就業比亦無改善，故整體基隆港市的發展仍漸趨衰退（圖 11-18）。2. 其次方案 B：但若能港市朝向觀光化轉型，增進郵輪母港經濟效益，推動產業再造並獲得中央政策與經費支援，則旅客人數增加至 +13%，客輪遊客對港口營運的比例值調爲設 2：8。中央補助調升一成（如爭取港務公司盈餘分配額補助額的提高），經濟衰退率設 0.3，則港口營運便轉爲增長，人口外移趨緩，模擬整體基隆港市的發展逐步提升。3. 最後方案 C：設若基隆港貨櫃量不敵競爭，貨物裝卸率衰退率增爲 -5%，但政府加碼持續重視郵輪遊客和觀光產業的發展，旅客人數增加至 +15%，則客輪遊客對港口營運的比例值可再調升爲設 2.5：7.5；而市府因觀光經濟使收入增加一成，中央政府挹注經費增加一成五，經濟由衰退轉爲正成長 0.1，則由人口成長也將由負成長轉正，顯示人口回流，而預測趨勢可以看出方案 C 其港市的發展比方案 B 的增長趨勢更加顯著（圖 11-19，圖 11-20）。

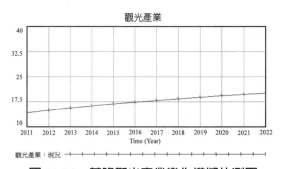

圖 11-16 基隆觀光產業變化模擬估測圖

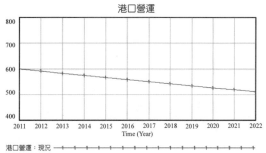

圖 11-17 基隆港口營運變化模擬預測圖

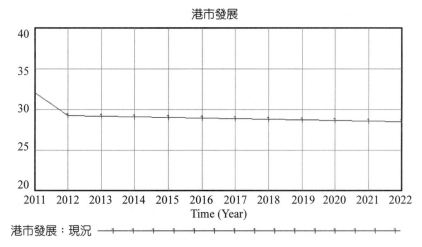

圖 11-18 依現況模擬的基隆港市發展營運變化分析圖

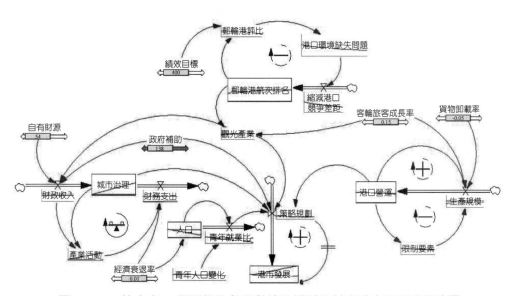

圖 11-19 依方案 C 所調整的各變數值及模擬的基隆港市發展動態流圖

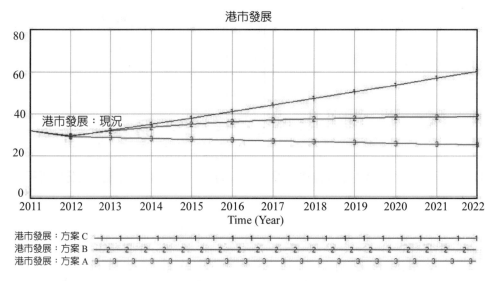

圖 11-20　依不同政策分案所模擬出的基隆港市發展趨勢分析比較圖

五、結論

　　經由前述的政策模擬分析可以得知，若能重視郵輪旅遊、發展觀光產業、強化港市整合、積極規劃轉型，則基隆的發展將可止跌回升，再創繁華。基隆觀光產業有其地理區位之優越性，而隨著亞洲郵輪旅遊風潮興起，基隆港不僅須朝民營化、企業化管理，更宜從「內客外貨」轉型「郵輪母港」為政策主軸，展現積極轉型的企圖心；此外港市的合作則應進一步深化，從觀光治理與都市再造著手，改善產業和交通環境，以吸引人才進駐和人口回流；誠如現任基隆市長林右昌所言：「港與市是命運共同體，也是利益共同體，唯有協力推動港市共同規劃、聯合開發，才能促進基隆港市的轉型與再生。」因此冀盼基隆港市在調整自我定位後，能配合都市發展策略，擬定有效的行銷組合與完善市場效益評估，由專業團隊執行規畫方案，提升經營績效、強化港市競爭力，一起打造海洋觀光的港市新風貌，使基隆港市脫胎換骨重塑光彩並得以共治、共利而共榮，謀取在地居民之最大福祉。

第四節　海岸工程設計與分析系統介紹 [15]

　　系統工程（systems engineering）是以系統爲研究對象的一門工程技術，它涉及了系統與工程兩個概念，又其思想與方法來自各領域並吸納相近學科的理論與工具，故爲一高度的綜合體。歸結各學者的定義，系統工程乃是統籌全局，綜合協調研究系統的科學技術，在系統思想指導下，應用自然科學和社會科學中有關的先進思想、理論、方法和工具，對系統的結構、功能、要素、資訊和反饋等，進行分析、處理和解決實際問題，以達到最優的規劃、設計、管理和控制爲目的（馬建華等，2003）。簡言之，系統工程具有三種意涵：1. 系統工程屬於一種技術，爲組織管理的工程技術，2. 系統工程是解決全部工程活動歷程的技術，3. 此技術具有普遍的適用性。

　　由於系統工程是科學與技術的結合，所以是一門具應用性、綜合性、經濟性與系統性等特色的學科，而一個系統從系統工程之初始的建立到完整地運用操作，需接過一系列相互關聯的階段發展所組合，這即是所謂的系統設計的程序。1940 年代，美國貝爾電話公司在設計電話通信網路時，即採取了一些科學方法，按時間順序把工作劃分爲規劃、研究、開發、開發過程中之研究與通用工程等 5 個階段的程序，並獲得良好的成效；隨後該公司的系統工程師霍爾（A.D. Hall）便在 1969 年提出了著名跨學科的霍爾三維結構（three dimensions structure）工作程序體系（汪應洛等，1986），爲系統工程提供了一種廣泛採用的方法論（圖 11-21）；由此可知系統分析是一邏輯很強的科學推理技術，有著一套嚴密的步驟，例如經由確定目標、收集相關資料、建立模型、比較各方案之性能、確定最優方案、評估是否滿意或可行而加以抉擇等階段，最後才選定執行。系統分析常見的方法便是建構模式來進行分析，它可以預測各種代替方案的性能、效果時間等指定狀況，以便於方案的比較、分析與評價，故模型是方案論證及優化的判斷依據；而模型的形塑就是根據目標要求，用若干參數或因素對系統的本質進行數學方程或圖表的敘述，並利用運算工具進行分析求解。一般對於較複雜的系統，常需藉助一系列間接的模擬方法（simulation）來對系統進行描述，所以在建置模型所使用的科學方法中，以模擬方式來抽象地闡述實體特

---

[15] 本節主要改寫自張政亮（2004），海岸工程設計和分析系統（CEDAS）模式的介紹與應用，市師社教學報，3：87-110。

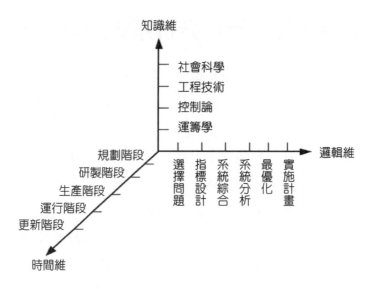

時間維代表系統工程從開始到結束的基本程序
邏輯維代表時間維每一個階段所應採取的共同步驟
知識維表示完成上述階段和步驟所需的知能素養

圖 11-21 霍爾三維結構圖

（參考汪應洛，1986）

徵和其變化規律，是當今應用最為廣泛的方式之一。故在許多系統工程中如遇到很難
或不便用實驗方式來顯示其結果的時候，便會在人為控制的環境條件下，利用已有的
數據，透過數學方程來模擬及修正模式，並藉由改變特定參數來觀察模型反應的規
律，以預測系統在真實環境條件下的行為或狀態。

　　以海岸地貌變化的研究或港灣建設的規劃為例，其所面臨之各種問題，就需以統
整的系統科學來探討，尤其是要了解海流、潮汐與風浪等運動及其影響，應用結合
科學與技術的系統工程更是不可或缺的利器；而在研究方法上除實際觀測調查研究
外，以往常採物理模型試驗以尋求合理解決方案，然而辦理水工模型試驗不但需時
甚長、花費甚高，而且需要有足夠之空間與設備。近年來，則因電腦與資訊科技的
發達，許多模式的建構只需將所需模擬的要素，編寫成電腦程式語言，藉由輸入相
關數據便可執行此程式而獲模擬之成果，因此利用數學模式配合現場調查及模型試
驗來從事上述問題之研究，已成為必然之趨勢與潮流。而國內外相關大學系所與研
究機構，常用的海岸或海洋工程數值模擬程式，有海洋工程數值模式（Mathematical
Model for Ocean Enginessring, MMOE）、海洋資料分析系統（Analysis System of
Ocean Data, ASOD）、Delft3D、LITPACK 與海岸工程設計和分析系統（Coastal

Engineering Design and Analysis System, CEDAS）等。

　　海岸工程設計和分析系統（CEDAS）是一套建置於 Windows 作業平台上的互動式海岸工程設計和分析軟體，提供工程與科學研究員在海岸、海洋與水力工程等領域上的模式分析與數值模擬，從簡單的波浪理論、預測與沿岸流作用的單一 ACES 模組，到相當複雜的多元水力模組一應俱全，除了分析及存取波浪、風、海洋測量數據外，更可以彙整相關的的重要資訊提供設計與的依據。CEDAS 早期乃爲美國陸軍工程水道實驗站（U.S. Army Engineer Waterways Experiment Station）整併相關程式而研擬出的，後由美國密西西比州的 Veri-Tech 公司發展成爲商用的套裝軟體，CEDAS 2.0 版的總架構有三大模組：即 General（下分爲 ACES 與 EST，主要探討一般波浪、沿岸流運動及暴風雨對環境的影響）、Inlet（下分爲 SBAS、DYNLET 與 NMLong-CW，主要探討波浪、沉積物運動等對河口地形的影響）與 Beach（下分爲 NEMOS、SBEACH、STWAVE、RCPWAVE、BMAP 與 GENESIS，主要探討波浪、暴風雨、沉積物和人工建物等對海岸地形的影響）。本文擇取 CEDAS 系統中的 SBEACH 與 GENESIS 兩套模式，分以下兩小節，簡要說明其模式的分析原理與操作過程。

一、CEDAS 系統中的 SBEACH 模組簡介

　　SBEACH（Storm-induced BEAch CHange）是 CEDAS 分析軟體中的一個模組，爲模擬暴風入侵海灘剖面變化之模擬系統，其計算涵蓋了海灘剖面變形及主要形狀特徵之移動，如：沿岸沙洲、沙丘及海濱在颱風風浪作用下的變化情形。SBEACH 的原型乃爲 Larson 和 Kraus 於 1989 年爲美國陸軍海岸工程研究中心（Coastal Engineering Research Center, CERC）所研發的，用以計算海灘和沙洲受到暴浪侵襲時之變化；1993 年改善原始的模式並在 CERC 的支持下發表並應用於 MS-DOS 的作業系統上（Rosati *et al.* 1993），而後再加入硬質底床（hard bottom）的特性以提供在非砂質海灘的剖面變化模擬，並提升至 Windows 的作業平臺。SBEACH 模式是以大型波浪水槽（LWT，以簡諧波 Simple harmonic wave 在原型比例尺的波高和週期作試驗）的海灘剖面時間變化資料爲基礎，再加以廣域的實驗資料分析，建構了其波浪作用與海灘剖面變化的交互關係。而此模式因依大型水槽實驗資料分析和相關物理條件爲基礎下，數值模式得以順利發展，並在大型水槽剖面變化的模擬測試中獲得良好的模擬結果。美國工程師兵團的海岸研究中心也利用 SBEACH 在北卡羅來納州 Duck 的現場研究設施進行測試，其模擬亦顯示了它在計算、測量沙洲的形成和移動

的結果均屬合理。

　　波浪、潮汐和沿岸流是決定海岸地形過程中的主要營力，這些營力中尤以波浪最為重要，他和其他營力共同作用運移沙泥，塑造地貌。當波浪傳遞到近岸，因淺化及底床摩擦而碎波，波浪碎波後形成的向岸流與離岸流是海岸漂沙移運之主力，漂沙向陸搬運堆積，便形成海灘與沿岸沙洲，故海灘的剖面變化主要是由橫向輸沙多寡所影響的，而透過水流動力過程與泥沙運動規律，則可以模擬計算與分析此一數值模型的基本關係與變化過程。SBEACH 模式的建構理論可略述如下 [16]：根據已有的觀察數據，海灘剖面常有季節性的變化，以美國加州為例，可分為夏季的湧浪型（swell beach）與冬季的風暴型（storm beach），有關這些平衡海灘剖面（equilibrium beach profile）的研探討（圖 11-22），歸結有下列幾個計算模式：

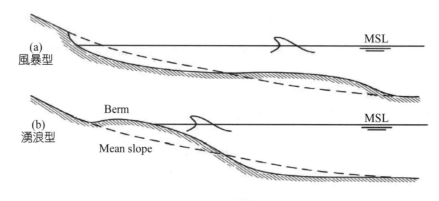

圖 11-22　　海灘段面種類示意圖

（參考：鄭凱文，2003）

　　湧浪引起的單一穩定海灘剖面，Keulegan and Krumbein（1949）提出淺化孤立波（solitary wave）的概念，以「乘冪」（power）的形狀模式表示為：

$$h = Ax^m \qquad\qquad （式 11-1）$$

---

[16] 因本文以介紹系統模組與模擬分析的應用為目的，故簡化繁瑣的數學推演公式，有關動力過程、海岸演化的理論計算可參考：郭金棟（1988）海岸工程學與王錚、丁金宏（2000）理論地理學概論等書。而有關 SBEACH 模組的理論與應用主要引自鄭凱文（2003）之碩論，GENESIS 模組的理論與應用則主要參考楊天瑋（2003）之碩論。

h 為水深，A 為形狀係數（主要為沙質粒徑 D 或沉降速度 w 之函數），x 為靜水位灘線到外灘距離，m 值為調整的參數。其中 A 與 m 兩參數，各學者之估計略有出入，例如 Keulegan and Krumbein 計算 $m = 4/7$，Bruun（1954）依在 Denmark and California 海岸的計算 $A = 0.2$、$m = 2/3$，Boon and Green（1988）在 Caribbean beaches 的計算 $A = 0.14\sim0.65$、$m = 0.55$，而 Kit and Pelinovsky（1995）Isreal coast 之計算為 $A = 0.13$ $m = 2/3$。

另外 Larson（1991）為了能更準確描述平衡剖面的形狀，加入粒徑變化考量與容許離岸的能量消散變化，為調整式 11-1：

$$h = A^k \left[x + \frac{1}{\lambda} \left(\frac{D_0}{D_\infty} \right) (1 - e^{-\lambda x}) \right]^{\frac{2}{3}} \qquad （式 11-2）$$

其 A^* 為形狀參數，D_0 是向岸單位體積之平衡波浪能量的消散，D_∞ 為離岸單位體積之平衡波浪能量的消散，λ 為描述 D_0 到 D_∞ 的特徵長度。

在暴浪造成的海灘剖面的分析上，許泰文等人（1998）更將國內外 87 個現場剖面以迴歸分析，找出一可以有效描述暴風型海灘之五階多項式，其形狀函數表示如下：

$$\frac{h}{L_0} = a_1 \left(\frac{x}{L_0} \right) + a_2 \left(\frac{x}{L_0} \right)^2 + a_3 \left(\frac{x}{L_0} \right)^3 + a_4 \left(\frac{x}{L_0} \right)^4 + a_5 \left(\frac{x}{L_0} \right)^5 \qquad （式 11-3）$$

式 11-3 中，L_0 是深海波長，x 為離岸相對距離，$a_1 \sim a_5$ 為經驗係數。

而曾以帆等人（2001）則由迴歸分析，提出一組無因次之形狀模式：

$$z = -A_1(1 - e^{-B_1 x}) + A_2 e^{-B_3(C_1-x)} \operatorname{sech} B_2(C_1 - x) \qquad （式 11-4）$$

式 11-4 為相對水深，x 為離岸相對距離，A_1 可表示沙洲地形之坡度大小，A_2 表示沙洲高度，B_1 表示沙洲地形之坡度變化，B_2 表示沙洲寬度，B_3 為加強沙洲之不對稱性，C_1 可修正沙洲頂點位置。此一無因次形狀模式與實測地形有極佳的一致性，突破往昔學者所提出單調遞減函數所無法描述沙洲地形的缺點。而基於大型波浪水槽（LWT）的模擬探討中，可以有系統地測試剖面變化與理想化之廣域的入射波高及

波長、水位、海灘初始坡度及粒徑大小等的交互關係。例如 Silvester and Hsu（1993）等人在考慮濱台（berm）與沙洲（bar）體積在侵淤平衡的條件下（如圖 11-23），以迴歸分析建立一套預測的經驗模式：

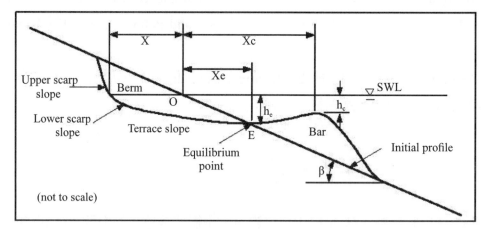

圖 11-23　暴風型剖面變數定義圖（Silvester and Hsu,1993）

$$\frac{H_0}{L_0} = m\left(\frac{H_0}{wT}\right)^3$$

（式 11-5）

式 11-5 中，代表濱台與沙洲的判別式，M 爲試驗參數 0.007，w 爲沙粒沉降速度，L_0 是深海波長，H_0 是有意義之波高。

至於爲了區別近岸不同的波浪動力行爲及不同流況下之漂沙物理特性，Larson *et al.*（1989）將向、離岸方向的漂沙狀況，分爲 I：前碎波區（prebreaking zone）、II：碎波轉換區（breaker transition zone）、III：碎波區（broken wave zone）與 IV：滲溯區（swash zone）四個傳輸區域（如圖 11-24），而所推導的傳輸率關係式爲：

Zone I：$q = q_b e^{-\lambda_1(x-x_b)}$　　當 $x_b < x$ 時　　（式 11-6）

Zone II：$q = q_p e^{-\lambda_2(x-x_p)}$　　當 $x_p < x \leq x_b$ 時　　（式 11-7）

Zone III：$q = \begin{cases} K\left[D - D_{cq} + \dfrac{\varepsilon}{K}\dfrac{dh}{dx}\right], & D > \left[D_{cq} - \dfrac{\varepsilon}{K}\dfrac{dh}{dx}\right] \\ 0, & D \leq \left[D_{cq} - \dfrac{\varepsilon}{K}\dfrac{dh}{dx}\right] \end{cases}$　當 $x_2 < x \leq x_p$ 時　（式 11-8）

$$D_{cq} = \frac{5}{24}\rho(gA_s)^{1.5}\gamma_b^2$$

（式 11-9）

Zone Iv：$q = qz \left[\dfrac{x - x_r}{x_Z - x_r} \right]$　　當 $x_t < x < x_z$ 時 　　　　　　　　　（式 11-10）

（註：相關參數意義請參考：鄭凱文，2003）

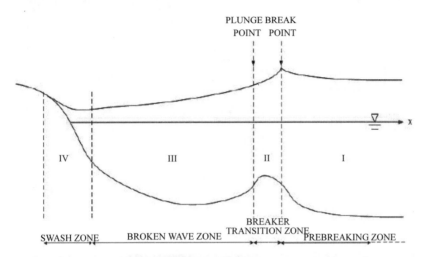

圖 11-24　向離岸傳輸區域示意圖（Larson et al.,1989）

　　SBEACH 模式共包含三個計算模組，分別是計算向離岸的波高、向離岸的淨輸沙率以及海灘剖面變化，在模擬進行時三個模組在每個時間步階（time step）順序執行；由計算向離岸波高以估算跨向離岸方向的淨輸沙率，進而推算海灘剖面變化。假設碎波是造成剖面變化的主因，而碎波帶爲輸砂的主要區域。砂的傳輸量是由單位水體積在碎波帶的能量消散和非碎波帶的經驗關係來決定。傳輸方向的決定則是由實驗的預測準則（式 1-5）判定；由每一個步階中計算所得到的波高、週期及水位，可計算海域海象的變化情況；而其使用之波浪模式爲完全線性波理論（complete linear wave），以能通量爲數值解方法的基礎。至於剖面變化計算是經由質量守衡式，利用前述（式 1-6）至（式 1-10）式所定義的淨傳輸率分布而得。

　　SBEACH 系統可處理在暴浪作用下的海灘剖面的定性及定量的變化，其特性爲：1. 可接受與輸入暴潮以及潮汐所引起的變化水位。2. 波高和週期變化的組合。3. 可以任意選擇介於細沙或中沙的粒徑作爲模擬的參數。4. 可以自訂海灘剖面形式或匯入由觀測所得之海灘剖面資料。5. 允許使用可變網格。6. 在模擬因風力所產生的水位變化時，包含更多進階程序，以計算碎波指數及碎浪衰退（breaker decay）。7. 提供暴浪越波沖刷（overwash）的估算。在輸入資料則共分成兩大類：(1) 海灣設定（Reach Configuration）及 (2) 暴風設定（Storm Configuration），相關的操作可參

考下列圖 11-25、圖 11-26 與圖 11-27 所示：

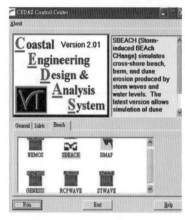

1.CEDAS 的各項模組

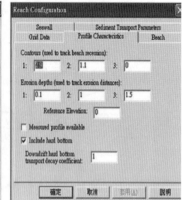

2.SBEACH 的海灣網格設定

3. 剖面特徵設定

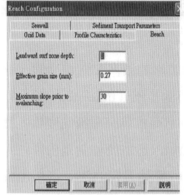

4. 海灘資料設定

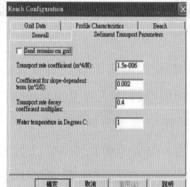

5. 底質傳輸參數設定

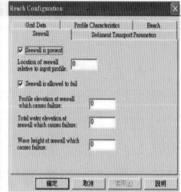

6. 海堤資料設定

圖 11-25　SBEACH 模組中的海灣設定相關步驟（作者繪製）

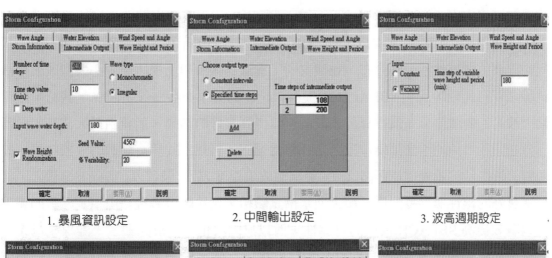

1. 暴風資訊設定　　　2. 中間輸出設定　　　3. 波高週期設定

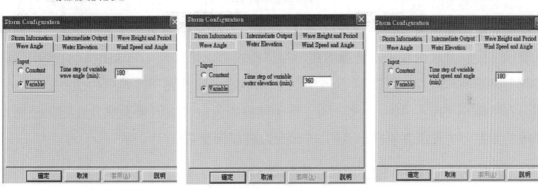

4. 波浪入射角設定　　　5. 水位設定　　　6. 風速及風向設定

圖 11-26　SBEACH 模組中的暴風設定相關步驟（作者繪製）

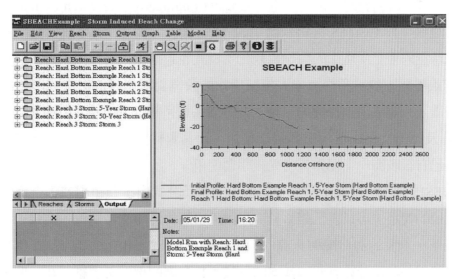

圖 11-27　SBEACH 之結果輸出示意圖（作者繪製）

　　在應用方面，國內有鄭凱文（2003）以 SBEACH 系統模擬在不同波浪條件作用下，海灘剖面之變化。文中以 SBEACH 之波浪計算模組預測碎波發生範圍，再由預測的碎波位置推估沙洲的分布，並與美國工程師兵團海岸工程研究中心大型波浪水槽試驗之資料比較，說明 SBEACH 模擬灘線位置的結果與參數設定關係。其結果顯示最大波高的向離岸分布圖推算碎波波高可以得到良好的結果，而藉由最大波高的向離岸分布圖所推估的沙洲頂峰位置分布亦相當準確。若以不同律定參數的模擬結果，經迴歸分析得沙洲頂峰離岸距離 X_c/L_0 與深海波尖銳度 H_0/L_0 及 X_c/L_0 與碎波參數 ξ_b，都存在良好的線性與乘冪關係。與大型水槽試驗結果相比較可發現藉由率定參數的調整可以有效提高 SBEACH 模擬的可靠性，而以無因次化的分析亦顯示，灘線後退 X/L_0 與深海波浪尖銳度 H_0/L_0 有一良好的線性關係。此外，鄭凱文之文末以花蓮北濱海岸為實例，說明其應用在人工養灘與規劃海岸緩衝帶之可行性，經 SBEACH 模擬之結果花蓮北濱海岸灘線後退共約 20 公尺，而形成之海底沙洲頂峰離岸約 300 公尺，沙洲分布於離岸 230 ～ 300 公尺之間。為了使海堤免於波浪直接衝擊及在防災及海岸保護的觀點下，建議宜規劃一寬約 85 公尺之海岸緩衝帶。

二、CEDAS 系統中的 GENESIS 模組簡介

　　GENESIS 系統是用來模擬長時期海岸線變化的一種數值模式，全名為 GENEralized model for SImulating Shoreline change。此系統是由瑞典的 Dr. Hans Hanson（1987）所開發的，後美國軍方 Coastal Engineering Research Center（CERC）的引用而發展成為 CEDAS 分析軟體中的一個模組。GENESIS 系統模擬由波浪及沿岸漂沙在時空的變化所產生的海岸線變化；模式也包括由人工養灘或河川沉積物所造成的海岸線變化，故可預測海岸人工結構物的設置對海岸線的影響或尋求該結構物的最佳布置，以達成海岸保護的目標。此外該系統可搭配 CEDAS 中的 RCPWAVE、STWAVE 及 WWWL Data 等分析模組使用，而其資料呈現可以文字及圖形表示，今日國內外已有很多海岸工程界人士先後學習使用。

　　GENESIS 在海岸線長期變遷模擬所用的數值公式中，乃藉由若干合理的假設與一些近似值的使用，可以表示相當於海岸附近實際的沿岸漂沙狀況，並以一些參數為模式的校正，計算的海岸線與實測的海岸線的比較、沿岸漂沙率的多寡及其方向而定。而關於這些數值計算有四個基本的假設：1. 海灘的剖面必須維持在一個平衡的情況，也就是在長時間裡其剖面假設保持不變。2. 假設則是沿岸漂沙的輸送必須介於兩

個明顯易定的控制剖面水深，即介於岸側海水所能到達的最高點與是無漂沙運動的臨界水深之間。3. 沿岸漂沙率是一個與碎波波高及方向有關的函數。4. 海岸線長時期變遷的趨勢受波浪所產生的沿岸漂沙及邊界條件的控制。長期海岸線變遷的控制方程式是以質量守恆定律為基礎，以輸沙量配合波浪運動而求解，其簡要的圖示（見圖 11-28）與理論公式，見下列說明 [17]：

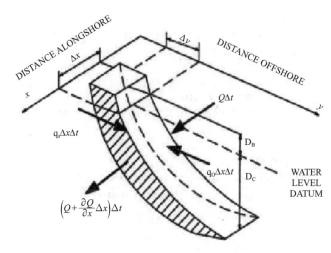

圖 11-28　海岸線變遷計算示意圖

（參考自：楊天瑋，2003）

輸沙體積變化的計算為 $\Delta V = (D_B + D_C)\Delta xy = \left[\left(\dfrac{\partial Q}{\partial x}\right) + q\right]\Delta x \Delta t$

若 $\Delta t \rightarrow 0$，海岸線長期變遷的控制方程式為：

$$\left(\frac{\partial y}{\partial t}\right) + \left(\frac{1}{D_S + D_C}\right) + \left(\frac{\partial Q}{\partial x} - q\right) = 0 \qquad \text{（式 11-11）}$$

Δx 代表兩相鄰海岸剖面的間隔

Δy 代表海岸線位置水平移動的距離

D_B 波浪所能達到陸側的最大高程

---

[17] 詳細公式推導與應用於 GENESIS 的計算，請參考：楊天瑋（2003）。以 GENESIS 模擬長期海岸線變遷之應用，中山大學海洋環境及工程學系碩論。另軟體操作程序與步驟因該文已做說明故本文直接引用不另示範，為文目的主要是闡述如何應用系統工程之軟體來模擬並解決現實複雜的環境問題。

Dc 為海側無漂沙移動臨界水深

q 輸沙量之和為（向岸 q_o + 離岸 q_s）

沿岸漂沙量的經驗公式

$$Q = (H^2 C_g)_b \left[a_1 \sin 2\theta_{bs} - a_2 \cos \theta_{bs} \left(\frac{\partial H}{\partial x} \right) \right]_b \qquad （式 11-12）$$

H_b 為有意義波波高

C_{gb} 為以線性波浪理論求得的群波波速

b 為下標，代表在碎波情況下的各種波浪條件

θ_{bs} 為碎波之波峰線與當地海岸線之間的夾角

a_1 及 a_2 各為一無因次的參數

有關人工建物的漂沙的堆積，可由海灘的寬度估算沿岸漂沙量。而沿岸漂沙移動的寬度可視約等於碎波帶的寬度。使用 GENESIS 系統時，需給定主要的沿岸漂沙傳送深度。基本上這與碎波帶的寬度有關，Hallermeier（1983）便以深海波浪條件計算 D_{LT0}（沿岸漂沙傳送最大深度），進而計算海灘的平均剖面形狀與平均灘面坡度（$\tan \beta$）。

$$D_{LT0} = \left[2.3 - 10.9 \left(\frac{H_0}{L_0} \right) \right] H_0 \qquad （式 11-13）$$

H_0/L_0 為深海波浪尖銳度

H_0 為波浪的深海有意義波高

L_0 為波浪的深海波長

GENESIS 系統模式計算所涵蓋的空間範圍在 1 到 100 公里，所模擬的時間在 1 到 100 月。系統之優點在於使用者並不需要另外學習一些程式語言，且相關公式都已設定完成，只要熟悉一般的指令操作：例如輸入初始資料、波浪資料、初始海岸線的位置、岸邊結構物資料及是否有人工養灘等即可。完成輸入資料後，由視窗可清楚看到剛剛輸入的資料所構成之環境展示，在結束模擬後也可將初始海岸線及最後之海岸線放在一起互相比較，其優點有：1. 突堤、碼頭、離岸堤、人工養灘及海堤可以作任意的搭配。2. 結構物平面布置可作多種任意組合，如直線、T 型及 Y 型的突堤等。

3.沙粒可繞過或穿透過突堤及防波堤等結構物。4.可計算離岸堤、防波堤及突堤所造成之繞射。5.可涵蓋大空間範圍，起始的海岸線可為平直或弧線。6.可輸入任意的外海波高、週期及波向資料。7.可輸入兩種以上的波浪資料。8.造成沙粒傳輸的因素可包括斜向波浪入射及沿岸波高梯度。9.可考慮波浪由上通過或穿越離岸堤等（楊天瑋，2003）。

在操作上，GENESIS 系統在整體架構上可分為 File、Edit、Display、View、Window 與 Help 等六項，而資料的輸入以 Edit 選項為主，Edit 選項又可分為以下八個項目：1.Configuration：模式的名稱、模擬的起迄時間、t. 的輸入與資料儲存位置等。2.Coord System Georeference：局部座標軸的設定與輸入 X-azimuth（北方方位）。3.Shorelines：初始與參考海岸線的資料。4.Structure：無繞射作用突堤、繞射作用突堤、離岸堤與海堤之選擇與資料設定。5.Bypass：選擇是否有輸沙側渡及資料設定。6.Beach Fill：選擇是否有人工養灘及資料設定。7.Sand，Beach & Transport：輸入的沙粒平均中值粒徑（d_{50}）、最大高程（D_B）、臨界水深（D_C）、沿岸漂砂輸送修正係數（K_1 及 K_2 值）。8.Boundary Condition：選擇邊界條件。圖 11-29 即為程式執行及結果輸出之示意圖範例。

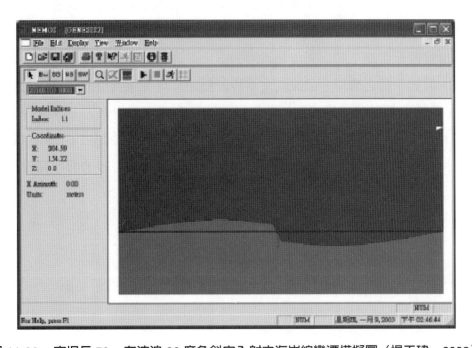

圖 11-29　突堤長 50m 在波浪 20 度角斜向入射之海岸線變遷模擬圖（楊天瑋，2003）

在應用方面，國外有 Kraus 與 Harikai（1983）以日本 Oarai（大洗）港下游海岸做爲模擬的區域，因爲當地的環境符合模式的理想條件且提供了完整的資料（波浪資料及海岸線變遷資料等）；並測試模式時間間隔與波浪資料時間間隔之敏感性分析，建議以時間間隔六小時爲最佳。另外實際測量由長防波堤繞射效應所產生之沿岸碎波波高，並與模式計算的結果相驗證。最後並探討漂沙運動臨界水深、波浪斜向入射及沿岸碎波波高的梯度變化所造成之沿岸漂沙量、向離岸方向之漂沙源、利用實地量測繞射效應所產生之碎波角度校正模式所計算出之海底地形及以量測所得的波高與海岸線資料予以校正。Kraus、Hanson 及 Harikai（1984）延續了 Kraus 與 Harikai（1983）的研究，並布置了大規模的離岸堤、防波堤、突堤及海堤，使模式多了三種波浪繞射的來源，該文同時檢討其他相關的主題，包括：量測碎波頻率及沿岸流的方向、觀察對長期海岸線變遷之影響及波浪資料變化的敏感度分析。Hanson and Kraus（1989）概述了第一版 GENESIS 的系統，並描述了模式系統在技術上及實際應用上的特徵。隨後 Hanson、Kraus 及 Nakashima（1989）利用美國 Louisiana 州 Holly Beach 的資料，對離岸堤的波浪傳遞效應做敏感性分析及海岸線變遷的研究。結果發現，波浪傳遞效應爲控制海岸線變遷之重要因子，且模式經過校正後所計算出之海岸線與現場海岸線吻合。國內方面的研究，如楊天瑋（2003）探討 GENESIS 系統的各種相關參數，其次分析正向及斜向波浪對單突堤與單離岸堤下游及背後海岸線之變化，另外在比較離岸堤群間距與施工順序對堤後堆沙效益上，認爲離岸堤群間距拉大至 400m 時可能形成一靜態平衡之灣岸。最後其文章設計雙離岸堤和單突堤的結構物布置，利用GENESIS 系統與經驗公式模擬在兩離岸堤之間所形成之灣岸與人工岬灣的地形變遷情況，並和水工模型實驗的結果相驗證（圖 11-30）；其結論認爲 GENESIS 系統大致能模擬出在沙質海岸建置結構物（如各類型突堤及離岸堤）後的海岸線變化情形。

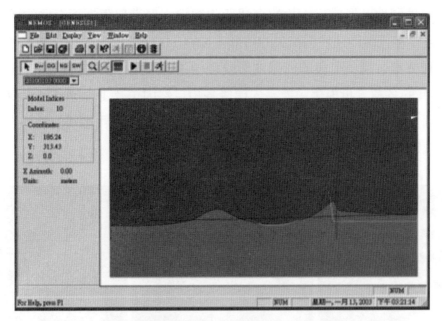

圖 11-30　模擬建置結構物的海岸變遷與水工模型實驗之比較圖

（註：模擬的 $K_1 = 0.76$, $K_2 = 0.19$，黃色曲線爲水工實驗，引自：楊天瑋，2003）

三、結語

　　由於系統工程是科學與技術的結合，所以是一門具綜合性與系統性的應用學科，以海岸線變遷的研究爲例，一般的研究方法分爲長期現場觀察海岸變遷之趨勢、經驗法則、水工模型實驗及數值模擬等。然現場觀察歷時久，資料收集及分析不易；而水工模型實驗在場地、儀器及人力上需投入大量資金，耗時又費力，且受比例縮尺的關係，只能達到定性的趨勢而不能獲得定量的成果；至於海岸變遷的經驗法則是蒐集現場觀察或水工模型實驗的各種相關資訊後，在一假定的模式下，藉基本的統計方法而整理出的模式，但經驗法因較爲簡易，對於較複雜的估算，仍是一個難題。所以海岸數值模擬主要任務就是系統的方法來爲研究與發展海洋及港灣工程有關之理論解析及數值模式；雖然數值模擬有複雜的公式計算與參數定義，但近年來，由於資訊與電腦科技的發達，複雜計算與分析已藉由系統模式的建構而化繁爲簡，故透過使用者介面，使用者僅需按照步驟輸入模式所需之資料，即可在短時間內完成海岸線變遷之模擬，對於實際工程的施作具有重要的協助功效。例如像「突堤效應」（groin effect），是一般海岸工程最常遇見的問題，當時宜蘭縣頭城鎮的烏石漁港在興建的過程中，即發現港口北側防波堤的興建，阻攔南下沿岸海流所挾帶的漂沙，而造成烏

石港以北的外澳地區形成一大片的海浦新生灘地，但港口南端下游側的頭城海水浴場海岸卻逐年被侵蝕而使沙灘消失的情形，從圖 11-31 的歷年衛星影像比較分析就可以發現此種突堤效應所引發的海岸地形變遷結果；而透過海岸工程設計和分析系統（CEDAS）的各種分析模組，能事先模擬各項自然因子及工程施實施對海岸環境的變遷（如圖 11-29 即是針對突堤效應的模擬分析），提供未雨綢繆的預防方法或防治對策，對複雜的問題解決具有其實用之價值。

圖 11-31　宜蘭頭城烏石港興建所造成的突堤效應變化圖

📖 主要參考文獻

一、中文文獻

王錚、丁金宏（1994）。理論地理學概論。北京：科學出版社。

朱奕魁（2012）。以系統動力學模擬高雄房地產住宅市場之供給與需求。高雄：國立高雄第一科技大學營建工程研究所碩論。

吳士民（2007）。系統動力學應用於水庫集水區治理規劃之評估。臺中：逢甲大學水利工程所碩論。

吳士民、葉昭憲、楊朝仲、張良正、林新皓（2006）。系統動力學在集水區治理之應用。第十五屆水利工程研討會論文，桃園：中央大學。

吳榮貴、吳朝升、陳淑玲、陳福照、陳秋玲（2007）。先進國家最新商港管理體制運作與發展之研究。北臺灣科學技術學院辦理交通部委託專案成果報告書。

呂啓元（2001）。從各國港口管理經營模式看「市港合一」。國政評論。http://www.npf.org.tw/1/624

呂曜志（2013）。新政權下亞洲產業政策發展動態與對我之啓示。2013 年亞洲政經研討會論文，臺灣經濟研究院。

李莉娟（2011）。臺灣郵輪業務發展策略以基隆港爲例。基隆：國立臺灣海洋大學航運管理學系碩論。

汪應洛（主編）（1986）。系統工程。北京：機械工業出版社。

周炳中、辛太康（2008）。中外主要港口城市可持續發展能力的比較研究。資源科學，30(2)：177-184。

林均逸、張揚祺、屠益民（2007）。應用系統動力學於海岸地區整合性管理——以屏東海岸地層下陷區爲例。第 29 屆海洋工程研討會論文集，臺南：國立成功大學。

林谷蓉（2010）：臺灣的海洋觀光與地方發展——以休閒漁業爲例。海洋文化學刊，8：147-186。

林谷蓉、張政亮（2016）。從跨域治理談基隆海港城市的觀光發展。中國地方自治學會 2016 年學術研討會論文，臺北：臺灣大學社科院。

林廖嘉宏（2014）。高雄港市關聯性動態分析之研究。高雄：國立高雄師範大學地理所博士論文。

洪豐偉（2004）。系統動力學爲基礎之決策支援系統應用於墾丁南灣海岸地區整合管理之研究。高雄：國立中山大學海洋環境及工程學系研究所碩論。

胡迪琦（2000）。基隆港棧埠作業民營化前後績效之評比。新竹：國立交通大學交通運輸研究所碩論。

馬建華、管華（2003）。系統科學及其在地理學中的運用。北京：科學出版社。

屠益民、張良政（2010）。系統動力學理論與應用。臺北：智勝文化公司。

張政亮（2004）。海岸工程設計和分析系統（CEDAS）模式的介紹與應用。臺北市立師院社教學報，3：87-110。

張婉茹（2006）。應用系統動力學於多元化水資源策略模擬與分析——以臺中地區爲例。新竹：國立交通大學土木工程研究所碩論。

張萍（2006）。港市互動的系統動力學模型研究。南京：南京河海大學港口海岸與近海工程研究所博士論文。

張維庭（2014）。臺灣周邊海域搜尋與救難目標漂移模型系統之建立。高雄：國立中山大學海洋環境及工程學系碩論。

許泰文、廖建明、林毅政（1998）。暴風型海灘平衡剖面預測模式研究。中國土木水利工程學刊，10(2)：271-278。

許睿翔（2006）。水田坤塘之系統動力模式。桃園：國立中央大學土木工程研究所碩論。

郭金棟（1988）。海岸工程學。臺北：中國土木工程學會出版。

郭進隆譯（1994）（Peter Senge 原著）。第五項修練。臺北：天下文化出版社。

曾以帆、許泰文、李忠潘、張憲國（2001）。一般型海灘斷面形狀函數之探討，第 23 屆海洋工程研討會論文集，頁 494-495。

黃幼宜（2007）。基隆市的經濟發展與產業結構基隆市的經濟發展與產業結構。國家政策研究基金會。http://www.npf.org.tw/2/2241

黃幼宜、柯冠宇（2014）。基隆港轉型郵輪港之經濟分析。航運季刊，23(4)：23-44。

黃昭仁（2005）。以系統動力學探討平衡計分卡績效指標回饋影響之研究——以民營固網公司爲例。高雄：國立中山大學企業管理學系碩論。

黃偉源（2000）。臺灣地區港埠發展政策之研究，基隆：海洋大學河海工程學系碩論。

楊天瑋（2003）。以 GENESIS 模擬長期海岸線變遷之應用，高雄：國立中山大學海洋環境及工程學系碩論。

楊朝仲、張良正、葉欣誠、陳昶憲、葉昭憲（2007）。系統動力學——思維與應用。臺北：

五南出版。

趙黎明、肖麗麗（2014）。基於系統動力學的港口對區域經濟發展的影響研究。重慶理工大學學報（自然科學），28(7)：116-122。

劉弘雁（1997）。高雄都會區水資源之系統動力學研究。高雄：國立中山大學公共事務管理研究所碩論。

劉培林（2015）。國防管理與決策分析——系統動態觀點。臺北：致知學術出版社。

鄭凱文（2003）。以 SBEACH 模擬颱風暴浪引起之海灘剖面變化。高雄：國立中山大學海洋環境及工程學系碩論。

蕭丁訓、林光、張志清、陳基國（2005）。由上海港的發展看臺灣港口的競爭策略。航運季刊，14(4)：85-107。

鐘永光、賈曉菁、李旭（2009）。系統動力學。北京：科學出版社。

二、外文文獻

Bertalanffy, L. V. (1968). *General system theory: Foundations, development applications.* New York: George Braziller.

Boon, J. D., & Green, M. O. (1988). Caribbean Beach-face Slopes and Beach Equilibrium, Proceedings 21st Conference on Coastal Engineering, Malaga, Spain, pp.1618-1630.

Bruun, P. (1954). Coastal erosion and the development of beach profiles, Technical Memo No. 44, Washington (Beach erosion Board).

Cooper, K. (1980). Naval ship production: A claim settled and a framework built. *Interfaces, 10(6)*: 20-36.

Dacko M. (2010), System Dynamics in Modeling Sustainable Management of the Environment and its Resources, *Polish Journal of Environmental Study,* 19(4): 699-706.

Forrester, J. W. (1961). *Industrial dynamics*, Cambridge, MA: MIT Press.

Forrester, J.W. (1969). *Urban dynamics.* Cambridge, Mass: MIT Press.

Forrester, J. W. (1971). *Principles of systems*. Norwalk, CT: Productivity Press.

Forrester, J. W. (1976). Educational Implications of Responses to System Dynamics Models. In C. W. Churchman & R. O. Mason (Eds.), *World Modeling: A Dialogue* (2nd ed., pp. 27-35). New York, NY: American Elsevier.

Forrester, J. W. (1971). *World Dynamics*. Waltham, MA: Pegasus Communications.

Gunn, C.A. (1994). Tourism Planning: Basics, Concepts, Cases (3rd ed). Washington, DC: Taylor and Francis.

Guo, H. C., Liu, L., Huang, G.H., Fuller, G. A., Zou, R., & Yin. Y. Y. (2001). A system dynamics approach for regional environmental planning and management: A study for the Lake Erhai Basin. *Journal of Environmental Management, 61*(1): 93-111.

Hanson, H., & Kraus, N. C., (1989). *GENESIS: Generalized Model For Simulating Shoreline Change*. Coastal Engineering Research Center, Washington, DC.

Hanson, H., Kraus, N. C., & Nakashima, L. D. (1989). Shoreline change behind transmissivedetached breakwaters," *Proceedings Coastal Zone '89, American Society of Civil Engineers:* 568-582.

Hayuth, Y. (1982). The port-urban interface: an area in transition. *The Geographical Journal, 14*(3): 219-224.

Keulegan, G. H., & Krumbein, W. C. (1949). Stable configuration of bottom slope in a shallow sea and its bearing on geological processes: *American Geophysical Union Transactions. 30*: 855-861.

Kit, E., Fernando, H. J. S., & Brown, J. A. (1995). Experimental examination of Eulerian frequency spectra in zero-mean-shear turbulence. *Phys. Fluids A., 7*(5): 1168-1170.

Kraus, N. C., & Harikai, S., (1983). Numerical model of the shoreline change at Oarai Beach, *Coastal Engineering*, 7(1): 1-28.

Kraus, N. C., Hanson, H., & Harikai, S. (1984). Shoreline change at Oarai beach Japan: past, present and future. Proceedings, 19th International Conference on Coastal Engineering, American Society of Civil Engineers, New York, Vol. 2, pp. 2107-2123.

Kraus, N.C., & Harikai, S. (1983). Numerical model of shoreline change at Oarai Beach. *Coastal Eng., 7*: 1-28.

Larson, M., & Kraus,N. C. (1989). Prediction of beach fill response to varying wave and water level. *Proc. Coastal Zone '89, ASCE*: 607-621.

Larson, M., (1991). Equilibrium profile of a beach with varying grain size. *Proc.Coastal Sediments '91, ASCE, 1:*. 905-919.

Luan, W., Chen, H., & Wang, Y. (2010). Simulating mechanism of interaction between ports and cities based on system dynamics: A case of Dalian China. *Chinese Geographical Science, 20*(5): 398-405.

Patterson, T., Gulden, T., Cousins, K. & Kraev, E. (2004). Integrating Environmental, Social and Economic systems: A Dynamic Model of Tourism in Dominica. *Ecological Modeling,* 175(2): 121-136.

Pfaffenbichler, P., Emberger, G., & Shepherd, S. (2010). A system dynamics approach to land use transport interaction modeling: the strategic model MARS and its application. *System Dynamics Review, 26* (3): 262 - 282 .

Silvester, R., & Hsu, J. R. C. (1993). *Coastal Stabilization: Innovative Concepts.* Englewood Cliffs, NJ: Prentice Hall.

Sterman, J. D. (2000). *Business dynamics. System thinking and modeling for a complex world.* New York, NY: Irwin McGraw-Hill.

Vetitnev, A, Kopyirin, A & Kiseleva, A. (2015). System dynamics modelling and forecasting health tourism demand: the case of Russian resorts. *Current Issues in Tourism, 19*(17): 618-623.

Wolstenholme, E. F. (1990). *System Enquiry: A System Dynamics Approach*, Chichester, NY: Wiley.

Young, B. (1983): Touristization of a traditional Maltese fishing-farming village: a general model, *Tourism Management, 4(1):* 35-41.

第十二章　地理資訊系統（一）

GIS can show many different kinds of data on one map. This enables people to more easily see, analyze, and understand patterns and relationships.

——National Geographic Society[1]

第一節　導論

地理資訊系統（Geographic Information System）簡稱爲 GIS，其定義爲運用電腦工具與資料庫管理系統（Data Base Management System）的架構，可有效地進行輸入、獲取、儲存、尋取、分析和展示各項空間資料。換言之，地理資訊系統結合地理學與地圖學的知能，將各種詳細的地理資料（包括和地理空間有關的圖形和屬性資料），整合成有體系的地理資料庫，再透過應用軟體工具將各種相關訊息，以文字、數字、圖表或搭配地圖的形式，提供給使用者進行規劃、判釋、決策和診斷的參考，其主要特點在於整合及系統化的數值處理方式，使地理研究工作可以極有效率化的進行（張政亮，2004），因此許多地理學與環境相關學門都朝整合 GIS 技術發展，以期達到更效率化的目標。

GIS 的萌芽與發展，與 20 世紀 60 年代地理和區域科學的計量革命風潮有關，因對數據的重視和計算機的發明，1963 年加拿大土地調查局爲了處理大量的土地調查資料，委由當時地圖測繪學家唐林森（R. F. Tomlinson）進行規劃，他提出地圖數字化管理分析的構想，將林地、農地等土地利用的資料加以數位化並掃描存儲，同時亦加以分門歸類以利進行分析，進而創設並運行了第一個所謂的加拿大地理資訊系統（Canadian GIS, CGIS）。1964 年美國哈佛大學的電腦圖形與空間分析實驗室，亦建立了 SYMAP 系統軟體，也致力於發展空間分析模型和製圖軟體之研發；70 年代以

---

[1] 此爲美國國家地理學會（National Geographic Society）網站對 GIS 的介紹。另外，著名研發地理資訊系統電腦軟體的環境系統研究公司（Environment System Research Institute Inc, ESRI），其網站首頁的 GIS 介紹標語則爲：A geographic information system lets us visualize, question, analyze, and interpret data to understand relationships, patterns, and trends.

後隨著電腦軟硬體迅速發展，為地理空間資料的輸入、存儲、查詢、分析和顯示提供了強有力的支援，使 GIS 朝實用方向迅速發展（Burrough et al., 2015），1969 年商業 GIS 軟體公司 ESRI 和 Intergraph 兩家陸續成立，開啟 GIS 的技術和應用的先驅。經過多年的發展，各種 GIS 的軟體，如 ESRI 的 ArcGIS、Intergraph 的 GeoMedia，及 MapInfo、Idrisi、SuperGIS、MajorGIS、GeoStar、QGIS、GRASS GIS 等紛紛出籠，擴展了 GIS 的影響力，如今 GIS 已經成為了一門綜合性的專業知能，因地理資訊系統能將地表空間資料進行處理、分析與應用，是具有整合空間資訊及協助解決真實世界問題的決策支援系統（Decision Support Systems），因此除了在地理學門受重視外，也廣泛地應用在土地資源、環境監測、森林調查、土木測量、道路交通、犯罪分析和都市計畫等不同領域和學科單位。

90 年代初期以降，因受系統科學、系統技術和資訊科技的迅速成長，地理資訊系統（GIS）也整合遙測技術（Remote sensing, RS）和全球定位系統（Global positioning system, GPS）而成為所謂的「3S」科技，內容結集導航技術和電腦技術、通訊技術、製圖及測繪技術等多領域的相關知能，為有效對地表空間資訊進行分析、應用和管理的現代資訊技術。晚近，後續又加入空間決策支援系統（Spatial Decision Support System, SDSS）及專家系統（Expert System, ES）合稱為「5S」的整合應用，成為新世代的空間分析技術的主流，這些技術以日益精進的電腦為工具，對於「整體」和「大量」資料所展現的地理資訊數據，能妥善迅速地計算與分析，進而能在大量累積的資料中萃取或尋覓出有價值的知識，提供決策選擇和問題處理。因這種空間資料探勘（Data mining）的技能日益受到重視，所以英國里茲大學（University of Leeds）地理資訊研究中心的地理學者歐彭霄（Openshaw）認為運用高性能電腦進行空間資料探勘等知能，已超越原來 GIS 的範疇而成為計量地理學中一個重要分支，故以「地理計算學」（GeoComputation）命名這個新的學科（Couclelis, 1998；劉妙龍等，2000），這些歷程使得地理的科學方法論獲得全新的進展，讓時空演變問題的模擬和預測，逐漸得以實現；藉由視覺化圖像、提問式互動、模式的分析和數據的闡釋，我們更易了解與周遭環境的關係和未來發展之趨勢。

第二節　地理資訊系統的內容與方法

GIS 是一種具有空間專業形式的資訊數據管理系統，其內容包含有兩種地理數

據成分，分別是和空間幾何特性有關的空間資料（spatial data），以及提供空間要素數據的屬性資料（attribute data）（圖 12-1），所以其為一個具有輸入、存儲、操作和顯示地理參考訊息的資訊系統。一般而言，GIS 包含以下五部分：1. 人員（People）：包含 GIS 的開發和操作人員，熟練的操作人員可彰顯 GIS 軟體的功能和分析成果。2. 數據（Data）：精確及可用的數據可以影響到查詢和分析的結果。3. 硬體（Hardware）：是指電腦的 CPU、記憶體和相關輸出設備的性能，其會影響到處理速度，使用方便性及可能的輸出方式。4. 軟體（Software）：不僅包含 GIS 軟體，還包括各種資料庫，繪圖、統計、影像處理及其他程序。5. 方法（Method）：GIS 要求明確定義且可靠的方法來闡述成正確和可驗證的成果（圖 12-2）。

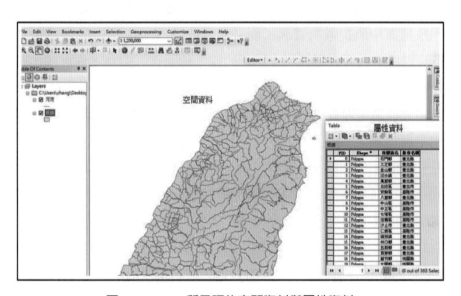

圖 12-1　GIS 所呈現的空間資料與屬性資料

（來源：作者自繪）

圖 12-2　GIS 的五個組成部分

（來源：作者自繪）

而位居 GIS 最重要的核心主角乃是空間分析（Spatial Analysis），此乃是 GIS 區別於一般的資訊系統、電腦輔助繪圖設計（CAD）或者電子地圖的主要特徵之一。所謂空間分析是指利用拓撲關係（topological relation）、幾何關係或地理屬性等來研究事物的一種方法[2]，配合空間數據的屬性訊息，能提供強大且豐富的空間數據查詢及分析功能，因此空間分析在 GIS 中的地位不言而喻；誠如朱長青、史文中（2006）所言：空間分析基於地理對象的位置及形態特徵等進行空間數據分析、確立建模的理論與方法，其目的是利用各種空間分析模型及空間操作對 GIS 地理數據庫中的空間數據進行「挖掘和加工」，以發現隱含的空間脈絡和訊息，從而產生新的發現和知識。由此可知，空間分析為人們建立複雜的空間應用模型提供了基本工具，也成為 GIS 十分重要的任務和最具特色之功能，空間分析並不只是簡單地透過檢索、查詢或統計由地理數據庫中所提取的資訊，而是通過使用 GIS 所提供的一系列空間分析工具，可以得到數據集內部或數據集之間新的或未曾明確的關係，從而解決研究者要解決的特定問題。

顯見空間分析是地理資訊系統（GIS）的重要功能之一，也是評價一個 GIS 功能優異與否的主要指標之一。而空間分析和應用中最關鍵的是空間分析模型之建立，GIS 軟體中主要常見的空間分析模型，如：疊圖分析（overlay analysis）模型、環域分析（buffer analysis）模型、路網分析模型、統計分析模型和數值地形模型分析等，透過這些空間分析模型的複合和交互運用，即能提供有效解決方案，例如欲利用 GIS 的分析方法來進行區位選擇，首先可以環域分析選出所需要的不同屬性資料，再經由 GIS 之疊圖分析對應到合適地區，便可有效地選擇到所需的區位[3]。以下針對幾個主要空間分析模型的方法概要介紹如下：

一、疊圖分析（Overlay Analysis）

套疊分析為 GIS 系統中應用最廣的分析模式，所謂疊圖分析就是將不同屬性的地理資料套疊在同一張底圖上，如將加油站、公路線、河流分布和各縣市界等資料套

---

[2] 空間分析的思維和方法由來已久，透過空間分析來發現和解決問題的著名案例是 1854 年 8 月英國倫敦的一些地區爆發霍亂，約翰·斯諾（John Snow）醫生奉派參與病源的調查研究。他在 1：6500 比例尺的街道地圖上，標出了每個因霍亂致死居民的居住分布位置，通過對地圖的特徵分析，找到引發霍亂的那口水井，並支持了霍亂是通過水源而非空氣傳播的理論。

[3] 有關此案例，可參考陳錦嫣、黃國展（2013）：《ArcGIS 地理資訊系統入門與應用》中第 17 章的土石方之資源堆置場的選址分析內容。

疊於同一張地圖上，此時各縣市界圖層之屬性表便會將加油站、公路線、河流分布的資訊包含進來，可藉此查各縣市加油站和公路的分布情況。故各種不同主題圖相互套疊時，可獲得更多的資訊，省去重新調查及資料輸入的時間，以提高工作效率、節省人力，並可加強資料之客觀與精確性（陳錦嫣、黃國展，2007）。一般常見的套疊分析方法有合併（Merge）、聯集（Union）、交集（Intersect）和擷取（Clip）分析等；合併和聯集均包含空間資料和屬性資料的圖層整合，但合併會將屬性欄位相同名稱的部分合併為一欄，而聯集則僅將資料串聯一起，各資料依然獨立存在；而交集分析因為 GIS 有點、線、面三種圖徵，故存有點圖徵與面圖徵、線圖徵與面圖徵及面圖徵與面圖徵的疊圖分析等各類型之組合（圖 12-3）。由此可知疊圖分析即是兩個以上

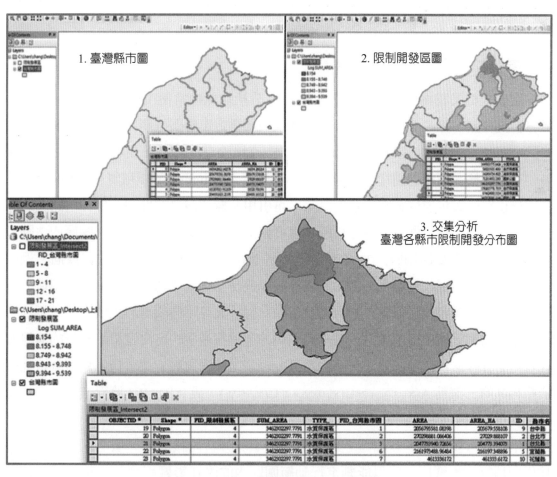

圖 12-3　面圖徵與面圖徵交集的疊圖分析

（來源：自繪）

的圖層進行空間邏輯運算，故聯集和交集等運算也可推廣至多個集合上去，設有集合序列 $\{A_i\}\{i = 1，2，\cdots，n\}$，則其聯集和交集分別定義為：

$$\bigcap_{i=1}^{n} = \{x \mid x \in A_i (i = 1, 2, ..., n)\}$$

$$\bigcup_{i=1}^{n} = \{x \mid 存在 x \in A_i (i = 1, 2, ..., n)，使 x \in A_i\}$$

對於上述的聯集和交集運算，有存在下列的規律（朱長青、史文中，2006）：

$$A \cup \left(\bigcap_{i=1}^{n} A_i\right) = \bigcap_{i=1}^{n} (A \cup A_i) \qquad\qquad （式 12-1）$$

$$A \cap \left(\bigcup_{i=1}^{n} A_i\right) = \bigcup_{i=1}^{n} (A \cap A_i) \qquad\qquad （式 12-2）$$

二、環域分析（Buffer Analysis）

環域分析又稱為緩衝區分析，也是 GIS 分析功能中常使用的分析方法。所謂環域分析是在點、線、面等空間資料的外圍或內圍劃定影響區域範圍。劃定環域範圍的方式有三種（陳錦嫣、黃國展，2007）：1. 直接設定寬度——在環域分析之對話視窗內，直接輸入環域範圍寬度，適用於所有圖徵（Features）的環域寬度均相同時。2. 依據欄位寬度設定環域範圍之寬度設定，可引用某欄位內之寬度值，例如道路圖的屬性表中，將路寬欄位做為環域分析時之寬度依據。此法適用於建立同一圖層內之圖徵有不同寬度之環域範圍時。3. 多層環域分析地物單元可能可以是點、線或面。例如汙染源的擴散範圍、生態保護區的設立範圍、或是工廠汙染物的擴散範圍。環域分析因圖徵資料的幾何型態不同，又可區分為點、線、面等不同環域的生成方式，以線的環域分析為例，產生線環域是沿軸線向兩側方向平移產生一定之寬帶，常見的演算方式有角平分線法和凸角圓弧法，其中角平分線法是較簡單的方法，作法為若軸線上有依序相鄰的三個點 $A(x_a，y_a)$，$B(x_b，y_b)$，$C(x_c，y_c)$，設 AB，BC 連線方向的方位角為 α_{ab}，α_{ab}，沿前進方向左右側的環域寬度分別設為 d_l 和 d_r，則參考圖 12-4 其演算式如下所示（陳優良、翁和霞，2008）。因環域分析能識別某一項地理空間實體對其周圍地物的影響度，所以能劃定行動範圍區內的潛在影響程度及分析區域中相關事件與據點，而在其周圍建立具有一定寬度的帶狀區域以利管理監測，例如利用 GIS

的環域分析可以建立犯罪熱點和治安高風險街區，警政單位即能在這些區域加強監視和巡邏，降低和預防犯罪的可能性（圖 12-5）。

$$x_{bl} = x_b - D_l \cos \beta_b \qquad\qquad （式 12\text{-}3）$$

$$y_{bl} = x_b - D_l \sin \beta_b \qquad\qquad （式 12\text{-}4）$$

$$x_{hr} = x_b + D_r \cos \beta_b \qquad\qquad （式 12\text{-}5）$$

$$y_{br} = x_b + D_r \sin \beta_b \qquad\qquad （式 12\text{-}6）$$

其中 $D_l = d_l / \sin(\theta_b / 2)$，$D_r = d_r / \sin(\theta_b / 2)$

$$\theta_b = \begin{cases} \alpha_{bc} - \alpha_{ba} & \alpha_{bc} > \alpha_{ba} \\ \alpha_{bc} - \alpha_{ba} + 2\pi & \alpha_{bc} < \alpha_{ba} \end{cases}$$

$$\alpha_{ba} = \begin{cases} \alpha_{ba} + \pi & \alpha_{ab} < \pi \\ \alpha_{ba} - \pi & \alpha_{ab} \geq \pi \end{cases}$$

$$\beta_b = \begin{cases} \alpha_{ba} + 1/2\theta_b - 2\pi & \alpha_{ab} < \pi \\ \alpha_{ba} + 1/2\theta_b & \alpha_{ab} \geq \pi \end{cases}$$

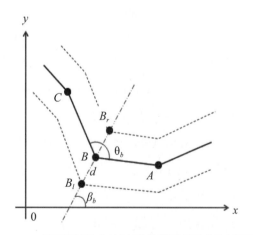

圖 12-4　利用角平分線法計算線的環域分析圖解

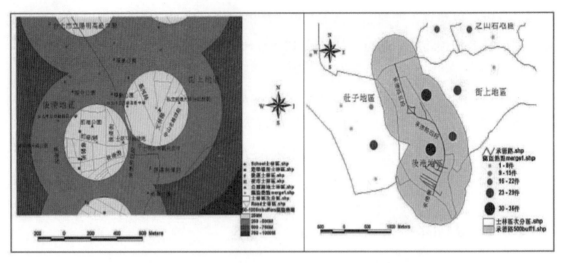

圖 12-5　以 GIS 的環域分析進行犯罪空間之探討

（資料來源：張政亮、葉秀炳，2008）

三、網路分析（Network Analysis）

　　GIS 的網路分析主要是針對由點及線所組成網路系統來做最佳路徑或最佳服務範圍之分析，而依研究和應用來看所謂網路分析模式問題主要可分為「網路流量問題（Network Flows Problems）」與「網路組合最佳化問題（Network Combinatorial Optimization Problems）」兩大類。而典型的路網模式如：最短路徑問題（Shortest Path Problem）、最小擴張樹問題（Minimum Spanning Tree Problem）、最大流量問題（Maximum Flows Problem）、最小成本流量問題（Minimum Cost Flows Problem）、運輸問題（Transportation Problem）、指派問題（Assignment Problem）及車輛路線問題（Vehicle Routing Problem）等（易志中，2007）。一般最具代表的就是最短路徑的求解，所謂最短路徑的數學模型為：設 $G \leq V$，$E >$ 為一個非空的簡單有線圖，V 為集結點，E 為邊集。對於任何 $e = (v_i, v_j) \in E$，$\omega(e) = a_{ij}$ 為邊 (v_i, v_j) 的權值。P 是 G 中的兩點間的一條有向路徑，定義 P 的權值為：

$$W(P) = \sum_{e \in E(P)} \omega(e)$$

（式 12-7）

　　則 G 中兩點間權最小的有向路徑稱為這兩間的最佳（短）路徑，其數學演算式為：

$$\begin{cases} \min = \sum_{e(v_i, v_j) \in E} a_{ij} x_{ij} \\ x_y \geq 0 \\ \sum_{(v_i, v_j) \in E} x_{ij} - \sum_{(v_i, v_j) \in E} x_{ij} = \begin{cases} 0, i = 1 \\ 0, 2i \leq 1 \leq n - 1 \\ -1, i = n \end{cases} \end{cases} \qquad （式 12-8）$$

　　常見的最短路徑規劃是採 Dijkstra 演算法求得，而 GIS 的使用者可以利用此種地理網路分析來解決各種問題，例如像尋找最高效的旅遊線路或是最近鄰的旅遊景點，規劃成旅遊的最佳路線，以節省旅遊時間並迅速抵達目的地（圖 12-6）。

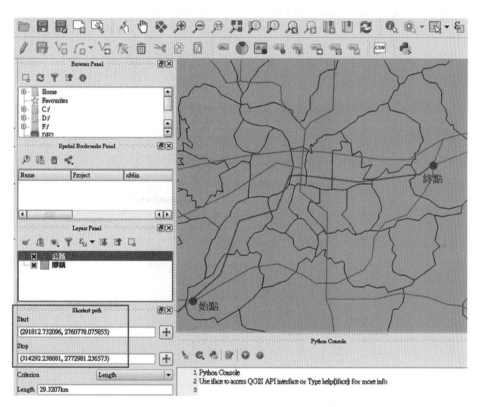

圖 12-6　利用 GIS 進行最短路徑規劃的空間分析

（來源：自繪）

四、數值地形模型（Digital Terrian Model）分析

　　數值地形模型（Digital Terrian Model, DTM），乃以數值化（digital）的方式來展現三度立體空間地形起伏變化的情形。DTM 在 GIS 地形分析上用途很廣，除可呈

現 3D 的地形起伏特色外，還可轉換進行坡度、坡向計算、等高線等的製作等，以利相關主題之研究，例如在土木工程方面可用來做挖填方計算、坡地或道路開挖，在災害評估方面可用在災害崩塌容積計算等。一般常見的 DTM 資料格式大致有：1. 規則網格（GRID）、2. 不規則三角網（TIN）、3. 數值等高線（Digital Contour）三種，以不規則三角網（Triangular Irregular Network, TIN）為例，其方法是一個將離散點數位每三個最鄰近點聯結成三角形，每個三角形代表一個局部平面，再根據每個平面方程，可計算各網格點高程，構成不規則三角網的數值高程模型（Peucker & Douglas, 1975）；在 TIN 資料模型中，每一個三角形的平面演算公式參見圖 12-7 所示。因 GIS 的 DTM 能靈活展現多樣的 3D 立體模型且與真實地貌相近，故不論在飛行模擬或與其他地理資料（如地質圖、衛星影像）進行圖層的套疊分析都十分便捷，故對自然環境保育、國土資源調查和都市景觀規劃等實有著重大之助益（圖 12-8）。

圖 12-7　TIN 的演算方程式及展示圖

設 $Ax + By + Cz + D = 0$

其中，A, B, C, D 由三個頂點座標

$(x1, y1, z1), (x2, y2, z2), \& (x3, y3, z3)$ 所決定：

$A = y_1(z_2 - z_3) + y_2(z_3 - z_1) + y_3(z_1 - z_2)$

$B = z_1(x_2 - x_3) + z_2(x_3 - x_1) + z_3(x_1 - x_2)$

$C = x_1(y_2 - y_3) + x_2(y_3 - y_1) + x_3(y_1 - y_2)$

$D = - Ax_1 - By_1 - Dz_1$

則在此平面上任一點的 Z 值為：

$$z = f(x, y) = \frac{A}{C}x - \frac{B}{C}y - \frac{D}{C}$$

（式 12-9）

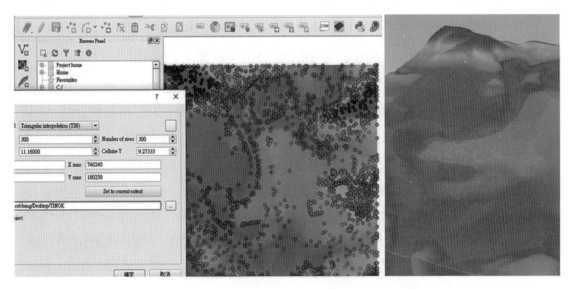

圖 12-8　利用 GIS 的 TIN 功能將不規則的點高程數值製成 3D 地圖

（來源：自繪）

第三節　地理資訊系統在環境災害之應用

一、環境災害與 GIS 應用的相關研究

　　環境災害是指由環境因子變化所產生的作用，而使人類的生命、財產蒙受損失的現象，例如氣象災害、地質災害等，而山崩與土石流則是常見的地質災害[4]。臺灣是一個具有地槽與和島弧雙重構造的島嶼，地槽環境數經改造，構造極為複雜，又因位於歐亞板塊和菲律賓板塊的交界衝撞帶，隆升、斷層與褶曲構造顯著，不僅多重山峻嶺

---

[4]　山崩、土石流其實和地震、颱風、寒流一樣都是一種早已在地球存在的「自然現象」，只是一旦這種自然現象對人類造成生命和財產的威脅和危害，我們就稱之為「自然災害」或「環境災害」；然而有時候人為的活動（例如山坡地的濫墾或過度開發），卻往往使這些自然的危害或災害情況加劇。另有學者會區分災害（Hazard）與災難（Disaster）的不同，例如所謂自然災害（natural hazard）是指具威脅性事件（如土石流）的「發生可能性」；而自然災難（natural disaster）則是實質威脅及損失事件「的確發生」，也就是已經造成人員的傷亡和財產損害之悲劇；只是一般人們用語並不會做如此嚴謹的區別。

與伏陵陡坡，地殼活動（地震）也十分頻繁；這樣的破碎地質與險峭地形的條件，加上多雨多颱的氣候因素影響，使山崩與土石流成為臺灣坡地最常見的地質災害；尤其近年來因人口增加、建地急劇擴張，超限與不當的坡地開墾不僅造成生態環境屢遭破壞，連帶也引起一連串傷亡慘重的災害。根據農委會水土保持局（2002）的資料，本島地區山坡地及山地占全島面積約為 74%，易發生崩塌地則共 29,814 處，土石流的潛勢溪流多達 1,420 條[5]，面積計有 50,753 公頃，範圍之大實令人怵目驚心！

一般針對崩塌地與土石流等坡地災害的分析研究而言，大多數的研究方法均是採取某些可能引發環境災害的因子進行計算模擬或和統計分析，來作為危險度評估與防治參考，這些因子包括土壤、植被、坡度、水文、地質、節理、降雨強度、山崩歷史、人為開發與坡邊頃角等（Tsukamoto, Ohta & Noguchi,1982；Gao & Lo,1991；黃怡仁、江永哲，1991；鄭元振，1992；劉秀鳳，2005）[6]。進一步地分析，這些因子可大致將其分為兩類：一為內在因子部分，如地質、地形及水文特性等，二為外在誘發因子的探討，以地震、降雨及人為開發為主（劉盈劭，2001）。關於內在因子方面，李三畏（1984）、張石角（1993）、陳宏宇（2000）都提到地質構造、岩性強度、土壤厚度等對崩塌及土石流的生成有一定程度之影響，謝有忠（1999）在調查陳有蘭溪、林慶偉（1999）在分析和社溪等的土石流發生機制，也都強調岩性會控制著落石塊的型態與大小，而斷層、節理等構造若通過岩體，則岩層穩定度便會降低而增加崩塌的機率。而在地形的坡度與坡形的探討方面，許多學者皆認為崩塌易發生在坡度較陡的邊坡上，吳久雄等（1989）等進一步對崩塌地的調查發現臺灣的崩塌多發生在 30～60 度之間，劉盈劭（2001）也指出濁水溪支流陳有蘭溪地區之崩塌多發生在 20～50 度之間，張政亮（2004）則分析蘭陽地區之崩塌多發生在 30～50 度之間，而許琦、蕭達鴻等（2000）統計集集大地震引致大型崩塌地，約有 3/4 發生在舊有崩塌區，其中又以平面及圓弧形滑動者最多，約佔全部發生於舊崩塌區的 90% 以上。

而在外在誘因方面，李三畏（1984）根據 1964 至 1977 年對臺灣集水區上游的崩塌地調查，認為多量的降雨及集中性豪雨是崩塌的主因，簡碧梧（1995）根據「臺

---

[5] 土石流的潛勢分析是指針對自然環境中，潛藏容易導致土石流災害發生之可能因素，例如集水區面積、地質、溪床平均坡度、形狀係數等自然環境基本資料，探討其致災的情形。

[6] 引發崩塌發生之因子眾多且複雜，Koukis 與 Ziourkas（1991）便提出可能引起山崩的因子達 64 個之多，而且若將所有影響因子一起做統計分析，常會因這些變項間彼此產生的影響無法妥慎考量（如共變項的干擾），其結果就會產生一些不合理的結果，例如魏秀珍（2006）便曾發現山崩密度反而與降雨或土地利用程度呈現負相關的情形；故研究上常面臨主觀取捨或權重問題。

灣過去二十年重大崩山災害」的資料統計出崩塌與每年的颱風次數成正比，認為暴雨會增加山坡地的崩塌，林孟龍與林俊全（1998）則以蘭陽溪的崩塌輸沙為例，說明淺層崩塌主要係受單場暴雨所影響；至於在有關人為開發的影響部分，一般學者則認為耕墾與道路修築會破壞邊坡的穩定而誘發崩塌及土石流，例如陳榮河（1999）對新中橫邊坡破壞的調查中提到，在該區土石流中，與人為土地利用有關的占了88%，產業道路的比例亦高，增加該區地層的擾動程度。簡碧梧（1995）亦提到修建產業道路會改變了坡腳地形，同時也改變了邊坡的排水，因而造成邊坡的不穩定，而根據其調查的結果，因道路開闢而引發崩塌或土石流的占81.4%。張瑞津等（2001）也認為除了地震引發的崩塌規模與頻率外，人為因素與降雨規模等外部因素對不同坡地敏感區的地貌變動也很重要，例如陳有蘭溪之局部支流，只要颱風降雨達200mm以上，就會引發崩塌或土石流災情。翁毓穗、沈淑敏、莊永忠（2010）透過航照和正射影像判釋結果顯示，莫拉克颱風在楠梓仙溪旗山和民生間的河谷，誘發22處溪溝型土石流作用；主流沿線洪水溢淹情形普遍，愈往下游淹水範圍愈大，但各河段所淹沒的地形單元不盡相同；然洪水溢淹的範圍，皆為20世紀前半葉人為的河岸工事興修前，河道的流路或河岸低地，而莫拉克颱風之200年重現期洪水溢淹區域，並未超出50年前的近自然狀態的河道範圍，所以河川工事興修與河川地開發的過程造成河道流路範圍逐漸縮減，是造成土石流災害的重大因素，故在臺灣地區極端降雨事件頻率日漸提高之際，實應將「河流自我調整」和洪水風險的概念納入國土規劃和流域防洪減災的策略中。

　　隨著知識與科技的進步，坡地災害的研究除了需具備專業知能外，對科技技術的依賴也逐漸增加，例如藉助專門處理空間資訊的地理資訊系統（GIS）與其他包括數值地形模式（DTM）、遙測影像（RS Image）、全球定位系統（GPS）等科技之結合與應用，除可作為災害前的模擬及防範外，對於災害發生後的應變和重建，也能提供決策支援的參考，因此近年來這些相關的研究成果，頗為豐碩。例如王一琮（1992）應用地理資訊系統進行疊圖並用多邊形法則分析幾個水庫集水區的地形特性與土石流之相關性；簡李濱（1992）應用地理資訊系統建立各項山崩地影響因子的資料，並建立坡地安定評估之計量方法；張俊民（1994）以區域的衛星影像判釋遙測技術偵測不同時段的土地利用變遷與崩塌地分布狀況以了解土地利用變遷與崩塌地關係；王玲津（1995）以遙測技術取得土地覆蓋狀況並建立區域環境資料庫並進行地質災害之潛在敏感度分析；李麗玲（1995）曾用GIS軟體的地形分析的功能，自動化

畫出坡度與坡向均質的土地單元，並應用張石角簡確評估法做出枋腳溪流域的岩石滑移，岩屑滑落、翻轉型地滑、岩石潛移與沖蝕等潛在災害分布圖；王弘祐與蔡光榮等（1997）對南臺灣地區山坡地工程土壤特性進行調查分析後，完成坡地工程土壤之適用性參考統計表，並利用 GIS 建立各層級圖層與完成南臺灣坡地工程土壤資料庫系統；陳進揚（1999）將高雄地區坡地地工環境災害分布以 GIS 資料庫建檔，並應用於調查和分析；蘇明道（1999）應用 GIS 與 DTM 分析推求河川分布特性並判定溪流發生土石流之危險程度，以陳友蘭溪為對象求其集水面積河川長度、河川坡度，判斷土石流危險溪流，並由空間分析畫出土石流潛勢分布圖；洪睿智（1999）在運用 GIS 來判斷土石流的危害程度，並以地質材料、邊坡坡度、集水面積、崩塌面積等九種指標作為辨識準繩；朱子豪等（2001）應用地裡資訊系統來輔助山坡地潛在崩山評估模式之建立；黃麗津（2003）應地理資訊系統與數值地形模型（TIN）規劃花蓮清水溪的坡地敏感區，並提出相關改善辨識的方法。

　　蕭國鑫、游明芳（2004）則應用高解析衛星影像於南投、新竹等地區的崩塌地判釋，並認為 SPOT-5 及 Formosat-II 融合影像對於新崩塌裸露地具有高的辨識潛力。曾名麒（2012）利用莫拉克風災後正射影像進行高雄甲仙小林村獻肚山區域的崩塌地判釋，依不同崩塌地現象分類後，以疊圖分析方法和前期資料數進行驗證，評估出與研究區域之崩塌地現象有個別關鍵影響因子進行崩塌潛感分析，潛感分析結果認為獻肚山區域使用因子為坡向、坡度、地層分布，其中高潛感及高潛感區共佔總網格數比例 27.65%，能判釋出崩塌地比例為 66.35%。近期相關的研究則由個案的調查分析逐漸趨向全島的普查應用，並朝向與其他技術進行多元的整合研究發展，例如中央地調所計畫以五年內（1999～2003）進行全臺山崩調查與山崩危險度評估，並將資料進行數化，以利地理資訊整合；農委會水土保持局與逢甲大學合作，建立全臺山坡地網際網路查詢的 GIS 系統，提供外界查詢崩地與土石流的地點與相關資料；林信亨、林美聆（2002）則結合地理資訊系統與類神經網路，應用於土石流危險溪流，並據此判定河川的危險程度。目前行政院農業委員會水土保持局（2015）是利用中央氣象局現有之雨量站網推估各土石流危險溪流集水區之降雨量，並將推估降雨量與所定之警報基準進行比較[7]，同時利用 GIS 系統整合，當雨量超過警戒值時，即發出警示通知

---

[7] 目前土石流警戒基準值是降雨驅動指標為參考，降雨驅動指標（RTI）＝降雨強度（I）× 有效累積雨量（Rt）。而目前農委會水保局選定影響土石流發生最顯著之因子做為評分因子，分別為：1. 崩塌規模、2. 坡度因子、3. 堆積土石情形、4. 岩性因子以及 5. 植生因子等；相關資料可參考行政院農業委員會水土

居民疏散，而據水保局所發布的最近資料指出目前全臺土石流潛勢溪流已增至 1671 條。林欣弘、于宜強、陳奕如（2016）進一步指出因雨量站點位不見得鄰近土石流潛勢溪流的區位上，因此採定量降雨估計，採用雷達回波估計降雨並透過地面雨量站修正後所獲得的 1.3 公里高解析度的網格雨量資料，能進行細緻化預警應用，以提供更多的應變反應時效。

二、莫拉克颱風與坡地災害[8]

　　2009 年 8 月 7 日中度颱風莫拉克（Typhoon Morakot）夾帶著半徑廣達 250 公里的七級暴風襲捲臺灣，短短幾天內所降的雨量，創下國內單一測站單日、兩日、三日與颱風期間降雨量的最高紀錄（3062mm）。這場被命名為八八水災的超大豪雨造成臺灣近 50 年來最慘烈的災情，不僅使農業產物的損失高達 192 億元，也造成 681 人死亡及 18 人失蹤的悲劇[9]。而此次歷史上最高降雨量的水患，對臺灣南部地區的創傷最為嚴重，超過 2000 毫米的總降雨量造成曾文溪、八掌溪、高屏溪和太麻里溪的洪水暴漲，多處橋樑和堤防潰崩，也使屏東的林邊鄉和佳冬鄉等沿海低窪地區淹水多日；其中最令人怵目驚心的便是位於高屏溪上游的楠仔仙溪河谷地區，許多山區村落遭逢豪雨引發的山崩和土石流所掩埋或吞沒，例如楠仔仙溪上游河岸那瑪夏鄉（三民鄉）的南沙魯村（民族村）有三分之二以上的建物面積遭受土石流沖毀，而甲仙鄉小林村逾 400 戶的民宅更在大規模的山崩後被全部淹沒，傷亡人數震驚全國[10]。究竟地形與營力要素在此歷程中到底是扮演何種角色？值得探究。

　　本節便是以 GIS 結合遙測影像判讀與降雨資料來了解本區崩塌地與土石流的時空分布，進而分析地形敏感性對誘發外力的反應情況；在測影像方面，本研究採用 0.5m 解析度的研究區風災後正射影像圖（Orthophoto Map），並以 GIS 技術套疊 5m 精度的數值地形模型（DTM）進行風災前後之差異比較來判釋莫拉克颱風對研究區的崩壞地形及其衝擊狀況；而降雨的營力資料，則是來自中央氣象局在莫拉克颱風其

保持局土石流防災資訊網。網址：http://246.swcb.gov.tw/debrisclassinfo/toknew/toknew7.aspx

[8]　本小節改寫自：張政亮、張瑞津、張右峻（2010），莫拉克颱風引發之楠梓仙溪上游區之山崩災害，TIDES 2010 第七屆台北數位地球國際研討會，臺北：文化大學。

[9]　資料引自行政院莫拉克颱風災後重建委員會報告。http://morakotdatabase.nstm.gov.tw/88flood.www.gov.tw/index-2.html

[10]　2008 年行政院原住民族委員會依決議，將三民鄉正名為那瑪夏鄉，而轄內的民族村、民權村、民生村也一併分別正名為南沙魯村、瑪雅村及達卡努瓦村；然為研究資料對比，本文沿用舊名。

間（8月7日0時8月9日24時）72小時累計的本區及鄰近地區雨量站數據，並利用克利金法（Kriging）內插得到等雨量線圖，求取降雨時空間和強度的變化情況，並透過 GIS 與該區坡地災害資料進行整合分析。

　　研究區所在的楠梓仙溪（旗山溪）爲高屏溪的主要支流之一，源於玉山西南坡，流至旗山鎮的嶺口一帶與荖濃溪匯合成高屏溪。本河從上游向匯口處依序流經高雄縣的三民、甲仙、杉林及旗山等地，流域內受斷層線谷構造與地殼抬升作用下，河蝕下切旺盛，許多河階與沖積扇分布於其間，河流地形在此表現出典型的回春作用（rejuvenation）。而楠梓仙溪中游區受緩斜硬岩的山脊控制，呈現一蜿蜒之峽谷帶，可視爲流域上、下游之分界[11]。本研究之影像範圍在中上游段，範圍約爲 67 平方公里。上游段所呈現的是較寬廣階地及沖積扇面，主要聚落依序有那瑪夏鄉的民生（達卡努瓦）、民權（瑪雅）和民族（南沙魯）等分布於其間；順流至中游段乃爲交錯稜脊和褶曲構造鑿成狹窄且深刻的峽谷帶，僅有小支流來匯的谷口處，偶見如錫安山腳、小林村等位置所在的小型階地發育（圖 12-9）。依調查與資料判讀的結果，本區的階地類型與分布存在有上游的階地規模較大較多、且階地主要分布於主流東側與支流匯合處等特徵，而其可能原因爲：1. 楠梓仙溪流域位於中央山脈西側麓山帶的上升區，加上旗山、小林、甲仙等逆衝斷層的活動構造，使山脈普遍成東陡西緩的不對稱發育，故迫使縱谷區的主河道偏西挪移並使區域內大型支流如那次蘭溪、那多羅薩溪、那托爾薩溪和老人南北溪等多呈東西向之橫谷地形傾注於主流東側，形成類似「梳狀」的水系型態並與主支流之沉積物聯合出具規模的扇階。2. 就地質條件而言，上游這些主支流是三民頁岩（地質圖上記爲 Sm）之分布區，屬塊狀的軟性頁岩相，不僅形塑低緩丘地形，也提供良好的蝕積材料，而中游則分屬紅花子層（Hh）、長枝坑層（Cck）、糖恩山砂岩（Tn）等地層，常見砂岩互層或厚層的砂岩相，緻密堅硬，部分更爲石灰質，爲出現深鑿的峽谷段地形提供必要的成因說明（圖 12-10）。

---

[11]　林朝棨（1957）稱爲「小林峽谷」，見其所著之臺灣地形，p108。

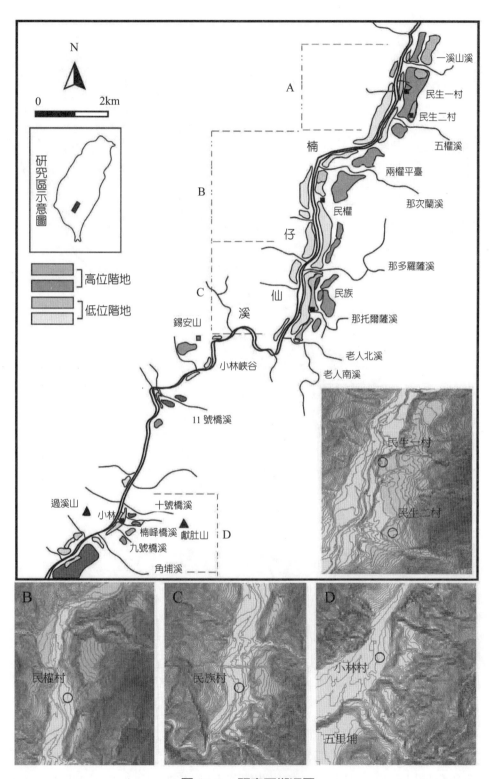

圖 12-9　研究區概況圖

（來源：依相關資料繪製）

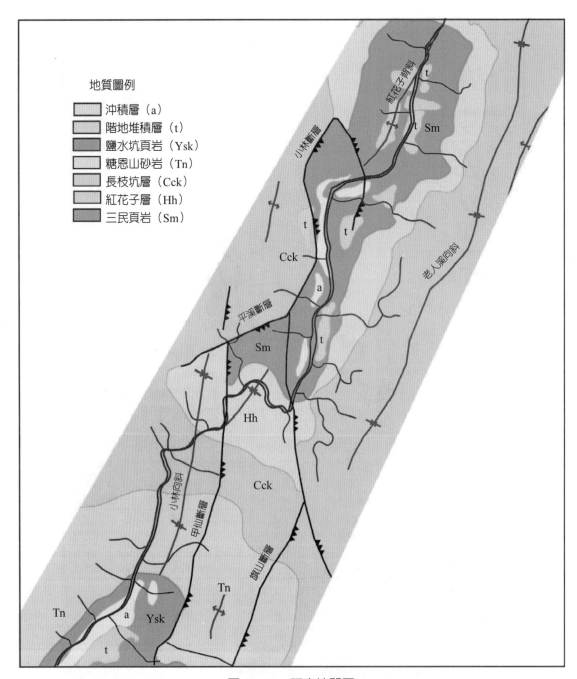

地質圖例

▢ 沖積層（a）
▢ 階地堆積層（t）
▢ 鹽水坑頁岩（Ysk）
▢ 糖恩山砂岩（Tn）
▢ 長枝坑層（Cck）
▢ 紅花子層（Hh）
▢ 三民頁岩（Sm）

圖 12-10　研究地質圖

（來源：依地調所資料繪製）

據張瑞津（2003）的調查上游段民生至小林峽谷段，階地沿河分布成狹長型而高位的階地多有扇階成分，主要平台如民生階地位於 FT8、民權位於 FT10，民族位於 FT8，均屬較高位且廣平的河階地，小林峽谷段之階地成零星分布，高位處則有少數

的肩狀稜等地形；規模稍大者如民治橋、小林村等均爲曲流滑走坡低位階地，錫安山則爲支流扇階。龔琪嵐、齊士崢（2004）進一步說明楠梓仙溪流域不同階地分布之範圍界線明顯，上游的階地共有四層階序的發育，一、二階（高位）爲沖積扇階，三、四階（低位）爲岩石階地，大規模的下切與加積的過程中使沖積扇規模漸次加大，尤其在主支流河道交匯處，如五權溪的民生階地群、那次蘭溪的兩權臺地、以及那多羅薩溪、那托爾薩溪和老人南北溪上的民權和民族階地群。此大規模加積現象，推論主要爲流域上游的支流在下切之後所產出的大量沉積物，當輸出至主流時，因河道坡度及寬度等條件之變化，致使水流的力量無法持續將沉積物帶出，因而在主、支流交匯處大量沉積而成；至於流域的上下游因均發育有四期階地，可能可以相互對比。

　　階地的層數與對比常因局部性的構造變動和河流系統之差別反應而存異，加上欠缺直接證據與人爲開發活動，更增添其判釋之難度；緣此，本文依 DTM 與遙測影像結合之資料，僅概列出研究區內的階地分布主要可分爲高位階地與低位兩大類（表12-1）：在民生平臺方面高位階地以 780～710m 緩降之等高線爲主要延續面，長度可達 2.6km，下接高達 70～50m 之階崖與低位河階相鄰，顯露 50～40m 的厚層礫石堆積相代表當時沖刷之劇烈，往南之崖差則漸縮小至 40～30m；高位階地另有 2 個次階地的發展，一是更高的階地，分別是北邊主流與支流帖布帖開溪匯流處，存在一高差 10m 左右的更高扇階分布，高度約 820～810m，應爲主支流所形成之聯合沖積扇；而南端與五權溪合流處右方同樣亦存在高約 5～10m 的階崖連接緩傾之大階地面，民生二村便位居於此稍高的扇階之上；另外在主階地面的中段處則有一陷落低約 20～10m 的階地，面積約 9.4 公頃，推測爲局部變動所形成，民生一村便分布於其間。至於低位階地延續面最大的乃爲與河床比高約 15～20m 的階地，沿主流河岸東側的高位河階下方均見其分布，延續長達 3.4km，高度沿 680m 緩降至 630m，局部地區如民生一村以北，其下方則另有兩段低位階地，爲近期發育之河階地，比高均在 5 公尺左右，呈不連續之分布；而主河道西側除從帖布帖開溪以降的對岸可見一具規模的對比低位河階發育外，主河道轉南直流後均以緩坡之型態連接河道，階崖較不明顯。

　　主流經五權溪往南，那次蘭溪東來匯注，巍然的高位階地蒼拔矗立，此乃古早之河谷沖積扇，後經地殼變動隆升並切割此扇階爲二，因地屬民權村落範圍，故合稱爲兩權平臺，北（右）扇高度 930～860m，面積約 0.32 平方公里，與那次蘭溪之比高約 150m，與主流的落差則可高達 250m 以上，礫石層厚度亦超過 140m，西北緣

則下接與主河床高約 15～10m 的低位延續階地；南（左）扇高度 890～810m，面積約 0.46 平方公里，昔稱為蚊仔只平臺，為主要耕地之所在，西端臨崖約 150 m 下接與主河床高約 30m 的階地面，可接續上游民生階地，向前與主流會合處也有晚近發育之低位河灘階地；至於民權聚落則位於蚊仔只平臺南方的低位階地上，崖高約為 20～15m，對岸則育有可能相對應之階地與更低之寬平灘階。往下游接續的是那多羅薩溪、那托爾薩溪和老人南北溪等東來支流依序匯入，高位河階由那次蘭溪南方延展高度由 720m 漸次降為 680m，越過那多羅薩溪後高度又從 670m 減至 630m，階崖高度也從 100 m 降為 60m 左右，但礫石層厚度仍達 40～20m，這些延續的高位階地基本上仍屬主支流所聯合之沖積扇階；至於那托爾薩溪南岸和老人北溪北岸段的高位階地因有構造擾動而被局部抬升近 20m 的現象，連帶使老人北溪下游段被老人南溪所襲奪，留下廣大的扇階和南側下蝕加劇的陡高階崖。

表 12-1　楠仔仙溪河階分布概要表（來源：自製）

	分布高度	特徵	備註
民生平臺	780～710m	高位階地，另發育有一些小階地面，礫石層厚度 50～40m。下方聯接有兩個主要低位階地。	民生一村與民生二村均高位階地上。
兩權平臺	北扇 930～860m 南扇 890～810m	那次蘭溪與主流之高位沖積扇階，受地層變動而隆升，礫石層厚度超過 140m，下方聯接有三個明顯低位階地。	民權村位於兩權平臺南方低位階地。
民族平臺	北扇 720～680m 南扇 670～630m	那多羅薩溪南北扇屬高位河階，礫石層厚度 20～40m；南扇銜接那托爾薩溪的沖積扇為民族平台，往南的老人溪，階地有受活動構造而變動；低位河階發達。	民族村位於那托爾薩溪的出谷口處沖積扇，屬低位河階。
小林階地	370～380m	小林村位處最低階的河灘高地，其上方 450～440m 處有不連續之堆積緩坡面，階崖高差 80～70m，可以對比 430～410m 的五里埔階地。	小林村位於最低位河階。

　　那次蘭溪和老人北溪階地不等量隆升的事實，佐證了地質上小林逆掩斷層的活動證據 [12]，也說明了活斷層具有累積的特性，故較老地形面（高位階地）的變位量會大

[12] 小林逆斷層大致呈北北東—南南西之走向，為旗山斷層之延伸，上盤地層露有三民頁岩及紅花子層，主斷層經過楠仔仙溪與老人南北溪之會合處，另一分支斷層則通過五權溪的兩權平台（高位階地）西側，參見地質圖。

於較新的地形面，此外這個活動可能持續至近期，明顯特徵是那托爾薩溪至老人溪地區的低位河階至少有兩階以上的分布，臨 60～50m 崖高、比高約 25～20m 的延續面，主要以那托爾薩溪再次下切所堆積的沖積扇面為代表，民族村落分布於此，此階地可往南伸展至同為沖積扇面的老人溪谷口北岸，其下還有一臨河床高約 20～15m 高的低位階地，可對比為上游民權聚落所在階地之延續。主流楠仔仙溪過老人溪後轉折向西進入蜿蜒之小林峽谷區，受岩性控制及切穿交錯嶺脊之影響，少見大規模之高位河階群分布，僅有 11 號橋（民治橋）南方之小溪出谷口及主河道之滑走坡，存有帶狀低位階地之分布，錫安山為一緩坡高地，入口山腳亦為主河道之滑走坡階地，比高可達 10m 以上；峽谷區順流至小林村一帶，地質恢復較為鬆軟的鹽水坑頁岩層（Ysk），河道逐漸開敞，河階群亦開始規模發育，小林村位於最低階的河灘高地上方，高度約在 370m 左右，與河床比高不及 5m，其上方 440～450m 處有不連續之堆積緩坡階面，階崖高差 80～70m，略可對比南邊寬廣的五里埔階地，其屬岩屑崩積錐面（colluvial aprons）的性質居多。值得一提的是本區地質破碎、節理發達，構造活動多，加上多數高位沖積扇階的礫石層厚度少則 20 至 40 公尺，多者達 100 至 140 公尺，這些由弱性岩層風化而再次堆積的地層，膠結性差、結構疏鬆，其成岩年代輕且多順河沿坡以順向坡（dip slope）方式成層排列，一遇豪雨地震等外營力衝擊，極易崩壞而形成土石流之材料。

　　莫拉克颱風最令人怵目驚心的便是其夾帶的超大豪雨，依據中央氣象局的資料顯示，在其侵台最烈期間（8 月 7 日至 9 日），三日所累積的各地總雨量數據，其中前 20 名雨量站恰環繞整個楠仔仙溪的研究區；換言之，從等雨量線的分布圖來看，楠仔仙溪正位居此次超大豪雨的「核心區」（表 12-2 及圖 12-11）。統計在此期間屏東三地門尾寮山雨量站，累計 8 月 7 日到 8 日 48 小時的總雨量為 2146.5mm，而延至 9 日第三天的總雨量則為 2541.3 mm，阿里山站 8 月 8 日 14：00 到 9 日 14：00 止，24 小時降雨量為 1624mm，而在 8 月 8 日 0：00 到 8 月 9 日 24：00 止，48 小時雨量達 2327mm，三天總雨量高達 2747mm，創下歷史第一的紀錄；又此三天 72 小時內前 20 名的雨量站中，超過半數以上（60%）共 12 站雨量超過 2000 mm；另在全台歷史上單日最大降雨量的前 10 名排行中，此次颱風便占了 9 個，其中尾寮山以 1402mm 居冠，溪南（1301.5mm）及御油山（1283mm）分居二、三位，這些降雨均刷新臺灣降雨總量的歷史記錄。在降雨強度方面，阿里山、奮起湖、尾寮山、石磐龍和小關山等地區均發生每小時大於 100 mm 的雨勢，阿里山站更以 123mm 名列前茅；80% 地

表 12-2 莫拉克颱風期間全臺三日累積總雨量前 20 名雨量站資料表（單位 mm）

	1	2	3	4	5	6	7	8	9	10
Time\Place	阿里山	奮起湖	尾寮山	石磐龍	御油山	溪南	南天池	瀨頭	上德文	馬頭山
1 小時最大	123	110	117	105	91.5	87.5	90	74.5	88.5	99
3 小時最大	325.5	287.5	274	277	216.5	221.5	261	207	168	264.5
6 小時最大	548.5	527.5	452.5	521	422	452.5	453	391.5	340.5	475
一天最大	1165.5	1185.5	1402	1182	1283	1301.5	1050.5	984	967	1213.5
二天累積	2327	1743	2146.5	1659	1784	1698.5	1312	1448	1970.5	1695.5
三天累積	2747	2619.5	2541.3	2466.5	2366.5	2363.5	2275	2178.5	2166	2153.5
	11	12	13	14	15	16	17	18	19	20
Time\Place	大湖	小關山	玉山	新發	楠溪	頭凍	新高口	復興	高中	曾文
1 小時最大	76.5	108.5	55	103	77	65.5	73.5	116	76.5	99.5
3 小時最大	200.5	261.5	144.7	253.5	175	178.5	203.5	292	217	208.5
6 小時最大	350	460	226.3	474.5	341.5	342	363.5	469	372	417.5
一天最大	814.5	1178	697.6	1190	743	870	831	1051.5	1006	976
二天累積	1522.5	1413.5	1204.3	1501	1156	1338.5	1086	1266	1405.5	1400
三天累積	2123	2109.5	1913.5	1911.5	1876	1868	1867.5	1843.5	1839.5	1831.5

（來源：中央氣象局）

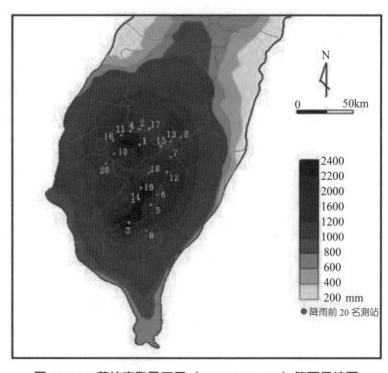

圖 12-11 莫拉克颱風三日（2009.8.7～8.9）等雨量線圖

（來源：自繪）

區（17 站）三小時的延時雨量大於 200mm，這些雨量和雨勢不僅打破臺灣歷年來多項的雨量紀錄，跟世界紀錄亦已相距不遠 [13]。

　　依據水利局的估計本區此次降雨已大於 2000 年重現期（頻率），造就出楠仔仙溪的洪峰流量可達 19,241 立方公尺／秒，也大於 200 年重現期。然而如此超級特大豪雨（日雨量 ≧ 350 mm，氣象局稱超大豪雨）的成因，卻並不是颱風直接通過本區所造成，而是颱風經過北部，造成低壓槽帶，誘引原來西南暖濕氣流加速湧進，撲灌於島上西南山區迎風坡面所形成地形雨（orographic precipitation），此種現象屢見不鮮，例如 1996 年賀伯颱風、2004 年敏督利颱風均是經過北部而引入強盛西南氣，造成臺灣西南部山區的豪雨，故此種現象實不能輕忽。另外，降雨的特性除了累積雨量、降雨強度外，降雨延時（降雨時數，duration）分布狀態也是觀察的指標，從降雨組體圖（rainfall hyetograph）觀之，降雨組體圖看出莫拉克颱風呈現出三種明顯類別（圖 12-12）：第一種是降雨呈常態分布的鐘形曲線，也稱為中峰型降雨；其特徵是次數的峰態曲線，左右較為對稱，即雨勢從 7 日開始緩步增加，在 8 日午後階段出現高降雨頻率，峰度急遽上升，隨後亦漸趨歇止，此情況在本區西南地區（高雄、屏東山麓帶）最為明顯，以高雄新發、御油山及屏東尾寮山等地為代表；第二種類型最為普及，多分布於北方的嘉義、臺南和高雄山區雨量站，此雨量特徵是雖成鐘形分布，但呈現正偏態的不對稱分布，又可稱為後峰型降雨，即雨勢高峰期後挪，集中在 8 日深夜至 9 日凌晨時分，明顯的例子是阿里山、奮起湖、楠溪、南天池等站；最後一種乃因其峰度並不突顯而難以歸類，多數時間是持續綿密不絕地降雨，瞬間暴雨不顯著，此類型以玉山和大湖等少數雨量站為代表。石棟鑫（2001）雖曾統計臺灣地區在土石流發生時之降雨雨型多為中鋒型（占 50% 以上），但此次後鋒型降雨區亦廣泛形成土石流，說明前二種高峰度降雨型式都較容易迅速蓄積土壤內之地下水，若在排水不易之地區，豐富的地下水再加上愈益強大的雨勢，會使得土層受地下水的潤滑而產生大規模的深層崩壞；降雨組體圖也呈現此次超大豪雨的降雨歷線在楠仔仙溪上下游的明顯差異，南部下游側的降雨集中在 8 日午時前後，而北方上游則延至 9 日凌晨達到高峰，此現象對洪峰歷線之到達有降低分散的效果，因為降雨初期之逕流供給面積僅局限於中、下游近河川區域，而後隨上游之瞬流溪逐漸延伸，逕流供

---

[13] 歷年單日最大降雨量的前 10 名除第五名是 1997 年安柏颱風造成花蓮布洛灣降下 1222.5 mm 的大雨外，其餘之紀錄均是此次莫拉克颱風所締造的。而目前的世界紀錄是法屬西印度洋上留尼旺島（Reunion），其 24 小時延時雨量紀錄最高為 1825mm，48 小時延時雨量紀錄為 2467mm。

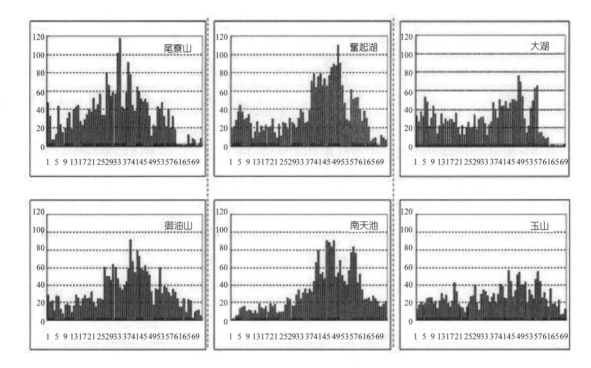

圖 12-12　莫拉克颱風降雨類型組體圖

（單位：mm，來源：自繪）

給面積（runoff contributing area）將持續擴大，此種部份面積逕流現象（partial area runoff）將會受下游先降雨、上游後降雨之事件而較和緩；倘若相反，下游 9 日的雨量累加了上游 8 日的逕流共同併入河道渠流（channel flow），一定會對楠仔仙溪和下游高屏溪河岸及沿海低窪地造成更大的衝擊與災害。

　　依 Toll（2001）和 Calcaterra et al.（2004）等人的見解，降雨強度大的事件雖然時間短，但一旦超過臨界強度時，滲水深進土體裂縫會形成向上孔隙水壓並使土壤剪力強度下降，故容易產生溝壑沖刷和淺層崩塌；若同時遭逢雨勢強度大、累積降雨量又高的連續降雨事件，則地下水位持續上升，地層結構受到擾動，邊坡的穩定性下降，將造成大規模誘發型的深層崩塌，例如範圍廣泛的倒塌、破壞面較深的凹陷地滑與及快速崩瀉的土石流等。由於這次颱風的降雨總量和降雨強度，遠遠超過如 Caine（1980）及 Cannon and Ellen（1985）等人經驗公式的界檻值[14]，如此高強度降雨和高

---

[14]　Caine（1980）提出土石流發生的臨界公式：$I \geqq 14.82\ T^{-0.39}$，其中，I（mm/hr）為降雨強度，T（hr）為降雨延時。Cannon 和 Ellen（1985）以有效雨量（$I - I_0$）推求土石流發生的條件為：$(I - 6.86)T \geqq 38.1$。I 為降雨強度，6.86 為降雨流失（I_0），38.1 為臨界水量（Q_c）。

累積雨量，相較於往昔一般之坡地崩壞和土石流發生的規模與型態，恐難相提並論；綜觀 67 平方公里的研究區範圍內，地表發生 0.5 公頃以上的崩壞地形有 172 處，面積達 9.3 平方公里（表 12-3 及圖 12-13）；亦即 14% 的地區都衝擊受創，壯麗山河一夕竟成童山濯濯的窮山惡水。其中 56% 的崩壞個數發生在坡度 15～30°之間，占總崩壞面積 46%，其中又以 20～25°所發生的數目最高，占 20%，其次為 15～20°（19%）；這些數據與張子瑩、徐美玲（2004）的 30～40°和賴志強（2007）20～40°之坡度區間值要更稍微偏低，此原因研判有二：一是在此特大豪雨事件中，崩壞作用從山頂沿縱向裂溝發生，夾雜著巨量的土石流開始蔓延而下，直至坡腳耦合帶的緩低處開始漸次堆積，這些屬於坡面崩塌型土石流在坡度越陡峭的山坡帶，其崩塌的刻蝕性較淺窄，而其崩落物則累積於坡腳緩和處成面狀分布，所以平均坡度會向下修正；另一原因乃是當土石滾入主支流河槽而形成的溪流型土石流，常會在谷口低緩處形成扇狀堆積帶，這些發生於坡度在 10°以下之溪流型土石流往往攜帶大量的土石傾瀉而出；以本區為例雖然 10°以下的土石流數目僅占 10%，但其分布範圍卻占總崩壞面積的 23%，亦即一個土石流堆積扇之面積往往達數十公頃以上，顯見其規模。

　　需說明的是在此次特大豪雨事件，除了是出現大規模溪流型土石流外，坡面型土石流的崩塌亦不限於局部範圍或沖蝕溝，而是往往從山脊頂部至山腳處沿坡成大範圍的面蝕崩壞，尤其在地層鬆散、岩性脆弱的地帶，裸露的塊體沿坡大面積的滑崩或崩坍，形成所謂的「走山」現象屢見不鮮；從表 12-3 中便可以看出土石流發生在三民頁岩區的數目達 46%，占總崩壞面積的 28%，而小林村所在的鹽水坑層地區雖然發

表 12-3　研究區內崩壞個數、面積與環境因素相關統計表（來源：自製）

坡度	崩壞數	百分比	崩壞面積（公頃）	百分比	方向	崩壞面積（公頃）	百分比	地質岩層	崩壞數百分比 %	崩壞面積百分比 %
0～10	17	0.10	2138348	0.23	N	1223565	0.13			
10～15	26	0.15	1345203	0.14	NE	1051070	0.11	cck	0.24	0.22
15～20	32	0.19	1280033	0.14	E	1410034	0.15	hh	0.20	0.15
20～25	34	0.20	1572377	0.17	SE	1104098	0.12	sm	0.46	0.27
25～30	30	0.17	1418250	0.15	S	975394	0.11	tn	0.07	0.12
30～35	19	0.11	1014505	0.11	SW	1004871	0.11	ysk	0.03	0.23
35～40	10	0.06	388455	0.04	W	1285332	0.14			
40～	4	0.02	166660	0.02	NW	1269423	0.13			

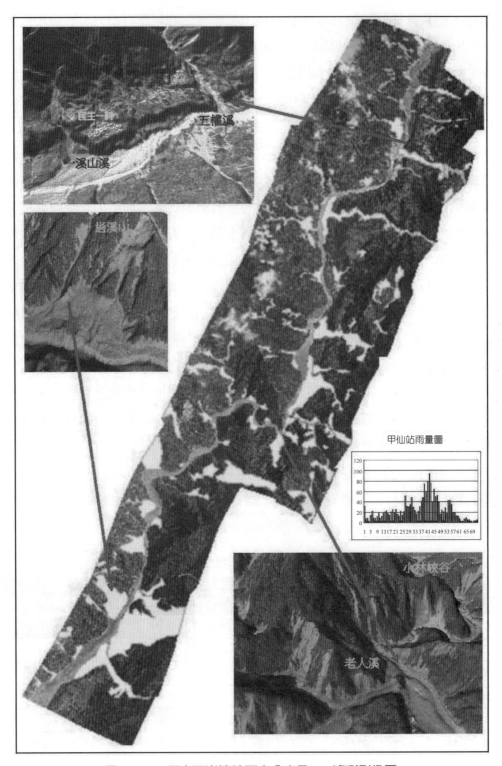

圖 12-13　研究區崩壞地區之分布及 3D 遙測影像圖

（來源：自製）

生土石流數目不到 5%，但卻有大範圍的土石流生成，占總崩壞面積的 23%，這些排行前兩名的地區不僅因地質條件有利於土石流的生成，廣布於此的階地堆積層亦成為土石流的發生場所與材料供應區。至於相關文獻資料指出，降雨型崩塌地的分布常與迎風坡有關，本文根據 DTM 資料，以 GIS 劃為八方位的坡向再與崩塌地套疊，計算各方位坡向發生崩塌的機率，結果顯示不論是颱風來向的東北方或面迎旺盛西南氣流的西南邊坡，並未有顯著較高的崩塌發生比例，或許即與如此高強度、高累積的雨量在各坡地所造成的衝擊已臻極限，故崩壞情形已難分軒輊。

　　河流的侵蝕、搬運和堆積是一種複雜的系統，且易隨時間而變遷。然而此次特大豪雨事件，河流系統的反應敏感性也呈現出差異化的現象；換言之，由邊坡刷蝕而下的沉積物是否迅速直達河道，或者暫儲在邊坡或坡腳聯結帶，乃受局部地區的耦合（聯結）狀態而有別（Harvey, 2001）[15]；例如位處民生一村北邊的一溪山溪，屬楠梓仙溪東側的支流，在此極端暴雨的事件中，沉積物供應並非來自往常的坡腳底部，而是由其支流和鄰近邊坡侵蝕溝的崩壞帶供應，這些沖刷而下的沉積物，因該河谷較為寬深、坡度平緩，出谷口處又受兩側高位階地的箝制，阻礙物質遞移，所以能量和物質在此區段單元內屬弱聯結狀態，沉積物大量堆積於主河道上而沒有被順利地傳輸運離，局部的積夷（aggradation）作用導致河床瞬間堆高達 5～10m，故河谷等高線會從尖端指向上游的 V 字型反轉彎曲成向下游舌狀的突展，故流至與楠梓仙溪的出谷口處，則相對地未有大規模的土石流扇生成（圖 12-14）；同樣地民生二村南邊的五權溪，雖然可見沿坡大面積的滑崩現象，但這些活動區並未向河川系統下部直接傳送沉積物，而是以岩屑錐（debris cones）的形式暫時儲存於坡腳聯結帶，因此河道下游與楠梓仙溪匯流處亦未對這些狀況（regime）進行很大的調節，單一流道（single thread）仍可辨識，寬廣網流狀的扇體堆積並不顯著，故應變的效果在空間上是有其侷促性。

[15] 所謂耦合乃指一地形系統內部的聯接或系統內各組成部分間（如邊坡與河道）的聯繫狀態，而其聯結的強弱對該地形系統的穩定性有相當的影響。

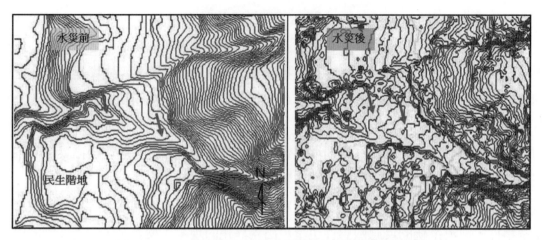

圖 12-14　一溪山溪在八八水災前後河道等深線變化圖

　　然而對照於五權溪，位處民生二村五號吊橋跨梓仙溪的對岸小溪，則屬於坡度陡、河道窄淺的小支流或溝谷，此類水系因為均衡（equilibrate）的過程較為快速、地形的敏感性極高，故對外部事件的反應往往甚為劇烈；換言之，其邊坡和河道的耦合較強、聯結性佳，一旦豪雨引發邊坡侵蝕率增加，並造成地景環境改變，其效應將會藉由輸進河道沉積物之增加，立即向系統下部傳送，而河道也隨即藉由調節其形態來做出回應；同樣地，若局部基準面改變所造成之河道系統的變化，亦會透過邊坡較低處之侵蝕的漸增，而向系統的上游傳遞，因此干擾的效應便會傳送到整個系統；所以伴隨極端罕見的洪水事件發生，在高傳輸效能的野溪，其回應是十分迅速，於是寬達約 18 公頃的網流狀土石扇即出現該小溪匯入梓仙溪的谷口處，其夾帶的岩屑與泥石掩埋許多田園與農作。此種聯結性強、運移速度快的河道系統亦常見於梓仙溪西側較陡峻的小支流，若出谷口處寬廣沒有嶺脊地形障遮，則崩壞之堆積物往往順勢形成大規模的土石扇或崩積錐（colluvial aprons），又如民權村北邊那次蘭溪對岸的民權大橋附近，兩股野溪併流後所挾帶的崩積錐體，分布廣達亦 16 公頃、另外復興吊橋附近的小溪、錫安山北側的 13 號橋溪均可見這些堆積扇體；至於紅花子山北側、神山對岸的民治檢查哨兩旁、小林村及對岸楠峰橋等地的小支流或縱裂谷溝，更因坡度陡劇、岩性脆弱，崩壞作用從脊頂順坡面大規模崩坍，處處驚見裸露的岩體和存留於主河道旁未及帶走的岩屑堆。

三、民族村與小林村土石流災害的案例

　　綜觀此豪雨危害事件中，楠梓仙溪中上游區所在的民生、民權、民族和小林等村落，面臨同樣滂沱雨勢的衝擊，然而其受災程度卻明顯有別，可見區位地形在聚落安全上所扮演的角色與關係值得探究。從 3D 遙測影像的對比首先可以發現民生一村、民生二村都位於高位的扇階面上，不論離主、支流之河床均有一定的高差與距離，且這些高位階地面相對形成的年代較爲久遠，地層結構較爲穩定、地下水面低、滲透速率快，所以此次颱風所引起的八八水災在此區並未有重大土石流之災情傳出（參考圖 12-13）。相對地，民權、民族和小林等聚落均位於低位河階面上，雖然便於取水和開發，但也需承受水能載舟亦能覆舟的事實與風險（risk）。就民權村而言，其所屬的階地與民族村對比實更低下一階，亦即更接臨楠梓仙溪主河道，然而其災情卻相對較輕微許多，聚落大致完整，僅有靠山邊溝谷處的民權國小操場及北區耕地一帶被土石流掩埋，其主要原因一方面是聚落所在的階地面屬河川曲流段的滑走坡（slip-off slope）地形，河岸凸寬積厚，大雨後雖楠梓仙溪河水暴漲，但因主要行水道偏西，所以基部侵蝕並不嚴重，另一方面所處階地與山麓接觸帶，沒有急陡的溪流來匯，斷絕土石流的侵擾，加上其上方的高位階地維持穩定，坡崖未見大規模之崩壞，故地形變貌不大，災害面小。

　　反觀民族村則存在下列不利的區位要素（圖 12-15）：1. 面臨上游那多羅薩溪及下游老人南北溪兩條河近距離前後包夾，那多羅薩溪和老人南北溪都是楠梓仙溪的主要支流，流域密布、崩塌處多，故帶出的土石量已十分龐大，再加上年前卡玫基颱風存留的堆積物，一次在此特大洪水事件中爆出，故土石流規模驚人，北邊的那多羅薩溪衝出的土石流一度和對岸的土石流聯結會合，積高並阻礙楠梓仙溪的主流路，一度形成短暫堰塞和上方回堵溢達 290m 寬的河床面，後來則切穿爲急湍的隘口，加速洪水之水流能量。2. 受河道擺移影響，本區低位階地面位處切割坡（undercut slope），是河川曲流中受流水侵蝕後退的凹岸側，故河岸較爲高陡，一旦豪雨釀成洪濤，此處即是容易被攻擊切蝕之處，所以本次風災民族村之下位河階和高灘地幾被掩捲殆盡。3. 楠仔仙溪主流道過老人溪後轉折向西進入蜿蜒之峽谷區，受岩性控制及切穿交錯嶺脊之影響，河道驟減、寬度縮小，洪水經此近九十度的急轉，又被交錯山

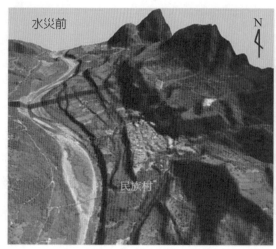

圖 12-15　民族村 88 水災前後 3D 正射影像對比圖

腳的隘口所障攔，水流再次淤阻回堵形成串腸構造[16]，溢漫的河面寬可達400m，對兩岸的地形衝擊不言而喻。4. 主要且直接的破壞營力肇因於民族村接臨的山麓帶，正是那托爾薩溪的出谷口處，那托爾薩溪原是一條陡短的小支流，平時水量不大，但中上游處的羅美和神農瀑布的存在代表著地勢的險巇，現今主流路乃沿民族村南側迂迴注入楠仔仙溪，然而地形圖上明白顯示民族村所座落的位置正是那托爾薩溪現今谷口的沖積扇，所以成為大洪水時的河道機率是無可避免的；此次颱風的洪峰流量出現大於水利局估計的 200 年重現期，水流搬運力創歷史記錄的強大，加上托爾薩溪的邊坡陡直、河道窄淺，內部耦合的聯結性佳，故岩屑堆積物被迅速且有效地攜出傾倒，民族村於是首當其衝成為托爾薩溪臨時土石流扇的洪氾區，聚落幾乎無一倖免地被泥石吞沒。歸結而言，民族村所在的扇階面，主要是由托爾薩溪出谷口處的溪流型土石流所沖毀，而位居其下的更低階地則是由楠梓仙溪、那多羅薩溪、托爾薩溪及老人溪等主支流所帶來的洪水共同淹埋。

　　小林村大規模岩體的走山（深層崩塌）現象與民族村的案例是有相似之處，從潛在因素來看（圖 12-16）：1. 小林村一帶，地質是屬泥質塊狀砂岩、頁岩及砂頁岩互層的鹽水坑頁岩層，加上甲仙逆斷層從東側通過，岩性甚為疏鬆破碎，又受 921 地震和多次颱風的外營力作用累積，使地形系統對干擾反應的敏感增高、抗力趨弱，

---

[16] 串腸構造乃指上下窄中間寬的河道型態，除了那多羅薩溪和老人溪等匯注河段外，楠仔仙溪中游的小林峽谷段亦有發育。

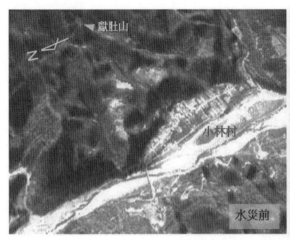

圖 12-16　小林村 88 水災前後 3D 正射影像對比圖

一旦具規模之誘發力發生時，地表便容易因為達到界檻值（threshold）而發生改變。
2. 小林村位處臨河的低位階地，北邊及南邊分別有第十號橋溪和角埔溪兩支流前後包夾，這些支流坡度甚陡，又流經疏鬆破碎的地質區，洩溢出的堆積物自然十分可觀，如離小林村北方只有 700 多公尺的第十號橋溪在此次風災沖出的土石流，一度被認為可能形成堰塞湖，並在潰堤後引發山崩，使大量沖刷而下的土石淹沒整個村莊[17]；而大支流角埔溪所帶出的土石流量亦十分驚人，平時不及 10m 的河道寬度風災後忽然變成 120m 的滾滾濁流。3. 階地上方連接崖高約 80～70m 之不連續堆積階面（獻肚山下方），此高位階地雖可以延續南邊寬廣的五里埔階地，但平坦坡面零碎不完整且甚陡斜（大於 10 度），故其性質較屬早期之岩屑堆積錐體而非沖積扇，這意味著其岩層淘選性差、向斜度大且膠結狀態不佳；先前此岩屑錐堆積面上發育有兩條小溪谷，一條暫名楠峰橋溪，以獻肚山頭為分水嶺，至 580m 的岩屑錐頂處分流為兩支，主河道在小林村北邊的楠峰橋注入楠梓仙溪，南邊支流平時成乾溪狀態，流經高位堆積錐面後，在聚落的東方以溝谷垂落的方式和低位階地接壤；另一小溪暫名九號橋溪，源於標高 600m 的山脊，流經聚落南端階地面在第九號橋處會進楠梓仙溪。這些山區小支流或溝谷的敏感性高、聯結性佳、反應性快，所以在極端事件中所造成的崩壞影響實不容等閒視之。

---

[17] 關於小林村滅村的原因有一說是認為主流河道先淤積形成堰塞湖，潰堤後再引發大規模山崩埋沒村落，但主流論述是大規模山崩造成主流河形成堰塞湖，再潰堤埋沒村落，見後文討論。

　　據相關文獻及調查之歸結，最後促發（triggering）小林村遭土石流淹埋的要因便是莫拉克颱風從 8 月 7 日至 9 日所帶來的豪大雨量和雨勢，從楠梓仙溪中上游最近鄰的幾個雨量測站顯示，上游區的阿里山站和復興站累計至 8 月 9 日凌晨 6 點的雨量分別達 2051mm 和 1463mm，下游區的高中和甲仙站則分別為 1621mm 和 1568mm，因此平均估計 8 月 9 日凌晨 6 點小林村附近的累計雨量大約已超過 1500 mm 以上；而在降雨強度方面阿里山站的每小時最大的降雨量發生在 8 月 9 日凌晨 2 點為 123 mm，復興站在 8 月 9 日凌晨 0 點為 116 mm，下游區的高中站最強的降雨發生在 8 月 8 日下午 4 點為 76.5mm，甲仙站則在 8 月 8 日下午 6 點為 94mm，所以推測小林村附近最大的降雨強度每小時可達 100mm 以上[18]，發生時間可能在 8 月 8 日晚間 9 點左右，因此藉由甲仙站的降雨組體圖，模擬小林村在莫拉克颱風登臺後的 8 日凌晨 4 點至 7 點雨勢開始增大，但 8 日上午雨勢稍歇，午後開始天氣急轉直下，風雨交加，上方高位階地上的楠峰橋溪支流原處乾溪狀態開始渚水並流瀉至低位階地的小林村，因河道遭部分泥石阻塞，故村落中段局部房舍開始進水（8 鄰至 14 鄰）[19]，雖經疏浚但因雨勢不曾停緩，至晚上 8、9 點左右豪雨達到高峰，主支流河道均逐漸暴漲漫溢，九日凌晨有些房舍已湧入高達 2、3m 的泥石流，而東倚的山地坡體也開始不穩定並蠢蠢欲動。

　　當這些大量的表面水，入滲至山區疏鬆破碎的地層和岩屑堆積體中，地下水位升高，產生極大動壓與靜浮力，一旦下滑力大於正壓力，重力作用便開始讓地層沿滑動面快速向下坡移動；所以 8 月 9 日凌晨 6 點多，標高 1445m 的獻肚山頭地層及下方不連續堆積階面已逾作用力的界檻值，故在一聲轟然巨響後上百公頃的坡體開始大範圍剝離，形成所謂深層崩塌[20]，沿東向西側寬達 600 公尺的整片山體，應聲瞬間崩陷，條狀滑崩崖綿延達 1.5 公里長，刷蝕而下的堆積物亦迅速湧灌進楠峰橋野溪的谷系內，故從標高 580m 的岩屑錐面頂端開始，滾滾土石流夾雜著新崩積物和舊錐面之礫石層，沿順向坡以瓦釜雷鳴之姿向下游成扇狀散布，於是大規模的崩壞沉積物首先循楠峰橋小溪的兩條分流為引道，鋪天蓋地般地落擊崖下的小林村，接近山崩流路的

---

[18] 數值是以簡單內插演算法估得，小林村因無雨量站，故以最近的甲仙站為參考。

[19] 小林村可分為小林、五里埔兩個自然聚落，小林村從南到北行政區依序編屬第 9 鄰到第 18 鄰；本文災害記錄與從小林村逃出的姚茂雄先生口述莫拉克颱風侵襲小林村整個事件歷程相異不大，故結合在一起闡釋。

[20] 有關深層崩塌的探討可參見魏倫瑋、羅佳明、鄭添耀、鄭錦桐、冀樹勇（2012）。深層崩塌之地貌特徵—以臺灣南部地區為例。中興工程，115：35-43。

北方 18 至 14 鄰房舍頃刻間即被 30m 高的土方掩埋，其土方量之大甚至漫溢過分水嶺墜落入旁鄰的第十號橋溪。在此同時，第十號橋溪、角埔溪及對岸標高 937m 過溪山一帶的山溝谷亦均在強烈的雨勢下陸續發生崩塌，並順著洪流帶出大量堆積物，尤其是過溪山頂下方一樣發生大規模的山壁崩陷，面積達 12 公頃，傾洩而下的落石堆面（talus）亦達 28 公頃，所以獻肚山大規模崩塌（走山）後，聯合第十號橋溪及對岸的過溪山等東西岸溪谷所竄結的巨石流堤，竟將楠梓仙溪的主河道堵塞斷流成堰塞湖，小林村南邊房舍的少數居民幸得利用此黃金時間逃亡至高處，約半小時左右，土石流堰堤無力阻擋澎湃河水，堰塞湖倏然潰崩，主流河道高漲的巨洪混雜萬噸泥石如飛瀑般一躍而下，吞噬殘餘的房舍，全村及階地面所有地景陷覆在十餘公尺的泥淖之中，放眼望去，滿目瘡痍，世外桃源之村頓時湮滅匿跡、蕩然無存 [21]。

　　透過 GIS 結合遙測影像和雨量資料之分析，針對莫拉克颱風對楠梓仙溪中上地區之影響可以有幾點重要的歸結：1.山區河流系統的敏感性除了取決於沉積物和洪水產生事件的規模和頻度外，也會受地形系統內部的邊坡和河道的耦合性所修改，研究發現本區一些較大的支流因河谷寬深、坡度較緩，吸收外來衝擊的容量較高，系統較為穩定，能量和物質在此屬弱聯結狀態，耦合性較差，故沉積物常大量堆積於河道上而沒有被順利地傳輸運離；但陡短的支流或矗直的溝谷，因為均衡的過程較為快速，地形的敏感性極高，耦合性較佳，故對外部事件的反應往往甚為劇烈，一旦豪雨引發邊坡侵蝕率增加，其效應將會藉由輸進河道沉積物之增加，立即向系統下部傳送，而河道也隨即藉由調節其型態來做出回應，故引發的變化常常十分劇烈，此種小支流或邊坡溝谷的土石流危害實需留意。2.此外，地震或颱風等極端事件，往往具有累積作用且影響深遠，本次莫拉克颱風所造成的坡地崩塌和河道上的堆積物，仍有許多存留未及運移，此種現象對環境的敏感性和不穩定將會提高，故未來數年內，或許只要一

---

[21] 災害發生之時序大致可分三說，一是認為主流河道先受十號橋溪衝出之土石流淤阻形成堰塞湖，潰堤後的大水侵蝕邊坡基腳，才引發獻肚山大規模山崩埋沒村落。但單憑十號橋溪的土石量能否阻擋楠梓仙溪的主流似有疑問，且獻肚山離河岸有 3 公里遠，大水漫淹並侵蝕坡腳的機率也不高。二是有人指認為堰塞湖潰堤和獻肚山大規模山崩是同時發生並一起埋沒村落的；但此論述亦存有邏輯的盲點，因為橫向支流大規模山崩必攜出之土石流攔阻主流水路，怎會又同時潰堰讓洪水流出？且有小林村逃出之災民指證先看到山崩掩埋北邊聚落房舍，才緊急逃離，須臾之間，便見到河水夾雜土石流沖毀全部聚落。所以一般通說採第三見解：即文中所述認為是獻肚山先崩塌，巨量土石流順沿楠峰橋小支流之河谷（一部分土石直接越入十號橋溪）堆埋了小林村北部並繼續下衝至河邊聯結了十號橋溪和對岸過溪山的土石流堆積物聚成一道橫堤，致使楠梓仙溪堰塞成湖，隨後持續高漲的洪水迫使堰塞湖潰崩，於是滾滾洪濤吞沒全部的小林階地。

個小的事件便易超越系統的界檻值，而使土石流災害的復發率增大，應加防範。3. 此次研究區內遭風災危害最慘烈的民族村和小林村，其共同特徵為均位於臨河的低位階地且有小溪流的出谷口處，故一遇豪大雨，瞬間暴漲的洪水和從上游沖刷而下的大量堆積物，便容易使該區成為土石流扇的埋積帶；所以聚落選址與土地開發除便利的考量外，是否位處河川的「行水區內」實宜妥慎留意，故國土開發實宜增列「避災」的概念，並持續發展崩塌和土石流的潛勢預測，才能防止悲劇重演，以謀永續之發展。

第四節　GIS 應用於大甲溪流域之坡地災害調查分析 [22]

一、研究目的與方法

　　臺灣位處北太平洋西部，為颱風路徑常經之地，根據中央氣象局的資料，自 1911 年至 2010 年的一百年間，一共有 176 次颱風在臺灣登陸，這些颱風除了挾帶破壞性的暴風外，亦經常伴隨大量的強降雨，造成地表嚴重侵蝕並形成災害。根據統計自 1958 年至 2006 年間，臺灣共發生 261 起天然災害，其中颱風 186 次、水災 36 次、地震 22 次、其他天然災害 17 次（陳婪瑜，2007），由此可知威脅臺灣最嚴重的自然災害非颱風莫屬。故每當颱風襲臺，對地質脆弱、岩體破碎的臺灣地理環境常常造成很大的破壞，尤其是總面積超過四分之三山坡地更是首當其衝，這些坡地災害，不但經常造成人民生命財產的重大損失，也危及國土安全。因此坡地災害的防範至關重要，故除前節所述之個案外，另擬再舉大甲溪流域為例，說明如何運用 GIS 來進行其坡地災害之調查研究。

　　大甲溪源於雪山及南湖大山間，主流全長 140.21 公里，為本省第四長河；流域面積約 1235.73 平方公里。流域內大小支流眾多，計有七家灣溪、南湖溪、合歡溪、佳陽溪、志樂溪、匹亞桑溪、小雪溪、稍來溪、東卯溪、沙蓮溪等二十多條，主河道由東向西流經梨山、佳陽、德基、谷關、松鶴、白冷、東勢、石岡等地，貫穿了高峻的地塊、地壘、山地，並橫切臺地、盆地，最後形成扇狀平原而注入臺灣海峽（圖 12-17）。在地質上大甲溪上、中游為古第三紀地層與新第三紀地層，岩層主要

---

[22] 本節改寫自：張政亮、張瑞津、紀宗吉（2005）。遙測與地理資訊系統應用於坡地災害調查分析—以大甲溪中上游為例。師大地理研究報告，43：101-121。

係由硬頁岩、板岩、石英岩、砂岩、頁岩及混質粉砂岩所組成；由於區域性劈理、節理構造極爲發達，岩層易風化破碎，加上地層傾斜與源於此山地的溪流也多屬陡急的坡降，故造成本區內劇烈的河川侵蝕以及頻繁的崩塌現象（何春蓀，1975、王鑫，1980），每遇地震與狂風豪雨襲擊，地層崩塌與土石流的危害便成爲當地居民揮之不去的夢魘。

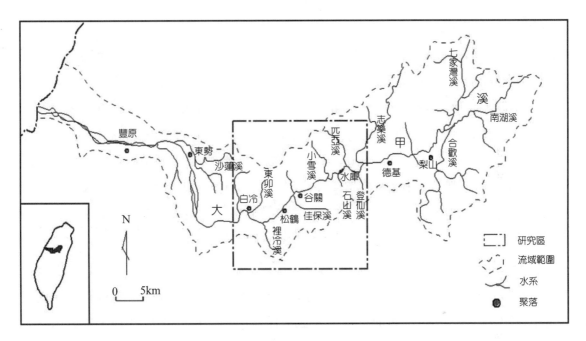

圖 12-17　大甲溪流域與研究區略圖

　　本研究主要目的是結合 GIS、遙測影像（RS）與 GPS 等 3S 爲分析工具，針對二次颱風事件（桃芝與敏督利颱風）對大甲溪中上游坡地災害的衝擊程度和影響因素作比較與探討，坡地災害的調查乃以坡地崩壞（係指裸露的崩塌地，包含山崩、地滑、沖蝕溝與岩屑堆埋之河床谷地）爲主體，研究方法可以分爲各項基礎資料收集、遙測影像與 GIS 的建置、實察與統計分析等，研究流程如圖 12-18 所示，並說明如下：

　　1. 基礎資料收集：研究區域之地形、坡度、坡向、高度與水系等資料的蒐集，主要以農委會航測所與國立中央大學太空及遙測中心所獲得的數值地形模型（Digital Terrain Model, DTM）資料經轉化及處理而得；而颱風之即時等雨量線資料，是來自中央氣象局大甲溪流域區的鄰近測站之雨量資料（敏督利爲 2004 年 7 月 2 日至 4

日[23]，桃芝颱風爲 2001 年 7 月 29 日至 31 日），再利用 Surfer 軟體以數值模擬而得；至於地質與構造等資料，則參考中央地調所繪製之本區五十萬分之一以及五萬分之一地質圖加以數化而得；另有關桃芝颱風的崩塌數據、座標位置與範圍面積等資料則取用於農委會水土保持局的臺灣坡地網際網路地理資訊（GIS）查詢系統[24]，其他相關與引用資料則見參考文獻。

2. 遙測影像與 GIS 的建置：衛星遙測影像購自國家太空中心（NPSO）的福爾摩沙衛星二號（簡稱福衛二號或華衛二號，FORMOSAT-2）於 2004 年 7 月 11 日所攝得之敏督利風災後的大甲溪中上游地區影像，研究區影像範圍之 TM 二度分帶座標爲 240149,2669069（LL corner）、263777,2685553（RU corner），約爲 16.6*23 平方公里。福衛二號屬太陽同步衛星，軌道高爲 891 公里，軌道傾角 99.1 度，衛星視角爲 1.5 度，地面解析力分別爲全色態影像 2 公尺（黑白色，Panchromatic）及多光譜影像 8 公尺（彩色，MultiSpectral），影像掃描寬度爲 24 公里（吳豐敏，2004）；本研究所使用的衛星影像處理軟體爲 PG-STEAMER，主要處理項目爲影像融合（image sharpening，使其具 2*2 平方公尺空間解像力之彩色合成影像）、常態化差異植生指數 NDVI（NIR-R/NIR+R）、監督性分類（supervised classification）與群集分析（cluster analysis）等分析工作。而研究所採用之地理資訊系統，主要係以 ESRI 的 ArcGIS 系統爲主，先藉由衛星影像處理後的 NDVI 與監督性分類資料，過濾並萃取出以崩塌地爲主的坡地地質災害，並對比農航所之航照加以修飾，接著依次進行崩塌地數化與其屬性建檔的工作，並與其他基礎資料進行圖檔疊置與數據合併，彙整成研究地區坡地災害的 GIS 資料庫，最後透過數據、圖表統計、幾何工具分析（Geoprocessing Wizard）及搭配套疊之圖層的形式，提供作爲空間分析與判釋之依據；另爲了便於空間資料展示與統計分析，本研究儘量將名目分類轉爲可數量化的等級分類和定距量度。

3. 實察與統計分析：限於時間與空間之限制，上述坡地崩塌災害之地點，僅選取少數道路可達之地點，利用 GARMIN GPSmap 60CS 儀器進行實地 GPS 定位調查與野外檢核外，並未進行詳細篩選，故全選研究區範圍內所有崩壞地點，配合水土保

---

[23] 依中央氣象局敏督利颱風及七二水災期間連續 48 小時最大降雨量之資料，本區前十大測站分別爲：稍來（1179.5mm）、雪嶺（1168.5mm）、上谷關（975mm）、合歡山（881mm）、白毛台（840mm）、龍安（819mm）、白冷（818mm）、新伯公（767mm）、東勢（755mm）、梨山（642mm）。

[24] 網址 http://gis.swcb.gov.tw/

持局的臺灣坡地網際網路地理資訊系統資料，分別製作成桃芝颱風與敏督利颱風後的崩塌地主題圖，並將其疊置在研究區域經 DTM 轉換之數位高程、坡度、坡向及地質構造、等雨量線、流域水系等基本自然環境圖層中，整合成有系統的地理資料庫。結合上述之遙測與 GIS 之研究方法可分為兩個層級，除了是以技術為導向，視地理資訊系統為將地表各種空間資料進行蒐集、儲存、尋取、轉換與展示的有效工具組合外；進一步則是以問題解決為導向，將 RS 與 GIS 定義為應用具有空間性之資料來解決具地理性問題之系統，使其能發揮 GIS 等對空間資料與屬性資料之交叉處理與整合分析，並完成各類不同坡地災害分析圖之製作與呈現。故在研究方法上，除利用系統本身的幾何工具分析外，也搭配運用其他數值處理方式，如使用 SPSS 統計軟體進行各要素的逐步相關迴歸（Stepwise regression）等，作為預測環境因子對崩塌地之影響，期使環境相關領域學門的研究工作都朝系統整合之技術發展，以期達到更效率化的目標。

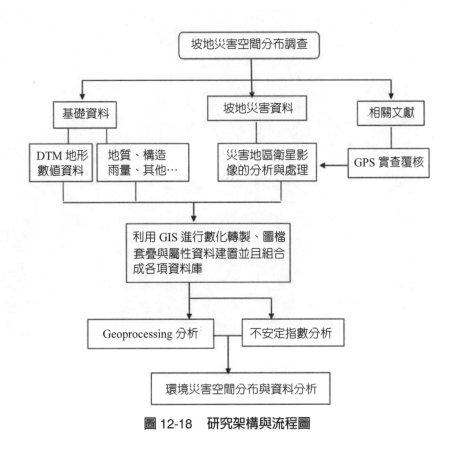

圖 12-18　研究架構與流程圖

二、遙測影像之崩塌地判識

1. 遙測影像與航照解析度之比較：農航所攝製之航空照片圖有黑白與彩色二種，雖然航照具高解析像度，但因其非經常性、高頻率之拍攝，取得的時間較不確定，又因影像覆蓋範圍較窄且光譜資訊有限，資料成本便相對地提高，故具即時性與廣域性之高解析度衛星影像便成為監測地表變化的代替方式之一（圖 12-19 與圖 12-20）。而據劉進鑫等（1994）及蕭國鑫等人（2003）的研究，航照判釋在小型崩塌地的辨識率能力上，其判釋崩塌地數量會遠高於衛星影像，如 SPOT 系列的正射影像資料，其空間解像力分別為 20 及 10 公尺時，若崩塌面積小於 0.12 與 0.03 公頃，則難以確定崩塌範圍；一般在單一平行地表方向達兩個像元，而垂直地表方向需不小於 3 個像元時，則最小需有 2*2 個像元方具判釋義意，且又因數化的差異，所以數化的最小崩塌面積常要大於 3*3 個像元，才可被辨識與擷取。

圖 12-19　本研究區之福衛二號衛星遙測影像

圖 12-20　結合 DTM 與福衛二號衛星遙測之本區 3D 影像（谷關至青山段）

　　隨著衛星資料在空間解像力提升後，較小的崩塌範圍也漸可被解析與辨別出來，以研究區的華衛二號為例，因影像融合具 2*2 平方公尺空間解像力，符合最低像元（pixel）之辨識標準，以 spectral angle mapper 演算法對比傳統航照的解析度可發現已達 93.3% 以上的崩塌之地物特徵詳實度均能被判別出，所以在一萬分一的比例尺地圖中，應具有運用與分析之價值[25]。惟值得注意的是研究發現華衛二號初期影像的紅藍波段位移（band shift）嚴重，會干擾地貌之辨識率（圖 12-21），另部分植生覆蓋與地形遮罩區，仍需藉助於航照、3D 模擬影像及五千分一的基本地形圖等之輔助判釋，才有更顯著的成效。

---

[25] 地圖調繪與位置精度和所能判釋地物之詳實度有關，而空間解析力則會影響地物判釋的詳實度；空間解析力因地圖比例尺而有別，以農航所的航空相片而言，標準底片為 23cm×23cm，涵蓋面積為 1150m×1150m，其地圖比例尺（SP）約為 1/15000，依公式：$P = 1/2(SP/1000LP)m$，因其使用之掃瞄解析力（LP）為 $21\mu m$，故空間解析力（P）約為 30cm；又據製圖比例因數公式，$S_p = K\sqrt{S_m}$，$S_p = 1/15000$，K 為常數，因此農航所引用為 1/5000 之製圖比例尺（S_m）；循此得知，解析度為 2m 的影像若在 1/10000 的地圖上有其一定之辨別度。

圖12-21　大甲溪松鶴地區之航空照片（上）與華衛二號衛星影像（下）比較圖（小圖A為以
　　　　　spectral angle mapper 演算法檢視航照與衛星影像之解析度，小圖B顯示經放大對比
　　　　　後可發現福衛二號影像有明顯紅藍波段位移情形。）

　　2. NDVI 指數與監督性分類之辨識成效：常態化差異植生指標（Normalized
Difference Vegetation Index，NDVI）」的分析，是因綠色植物有吸收藍光、紅光及

強烈反射紅外光之特性，故遙測上之運用可作為評估綠色植物之光合作用、植物之覆蓋率、崩塌裸地之判釋及植生復育之情況指標。其計算公式為：NDVI = (IR-R)／(IR+R)，其中 IR ＝近紅外光幅射值，R ＝紅外光（即可見光）幅射值，NDVI 之值域介於 -1 至 +1 間，指數愈大，代表綠色生物量愈多。圖 20-22 為經 NDVI 辨識之成果圖，大體而言，本區 NDVI 值在 -0.40～-0.60 約為河川水體範圍，-0.10～-0.25 可視為崩塌裸地，坡地植披指數一般向陽區在 0.40～0.50，背陽之陰影植區則降至 0.30 以下。

　　而所謂監督性分類有許多方式，本研究採用類神經網路分類模組（Neural Network Classification）的理由是因傳統的影像分類係將每一像元視為一獨立的運算值，作為其統計分布或分類架構（光譜特徵）的依據，但在眞實的世界中，每一像元的灰度值與周圍近像元經常存在著相關性，且一般常用之統計值或統計分布型態亦不盡然可以完整的詮釋區域中的光譜反射特性，故分類成效較差；而類神經網路是利用電腦來模擬生物神經元運作的計算模式，特點為學習準確度高、回想速度快、理論與計算簡明，並有較佳的分類成果。依據邵泰璋（1998）；林文賜、周天穎等（2001）的研究顯示，類神經網路的演算模式可以有效分析出衛星影像的特徵值（feature），進而達到地表不同地物之分類目的，其準確度有近九成以上之水準。而 PG-STEAMER 所採用類神經網路法為倒傳遞網路（Back-Propagation Network，BPN），係透過訓練取得輸入變數與輸出變數的內在對應規則，調整各神經元的聯接權重後，再經回溯設計將學習後所得的權重運用於下一個新階層的運算，如此不斷進行重複的訓練、學習及調整，直到輸出與預期學習值相當才收斂而停止；圖 20-23 即為研究區藉由光譜類型，選取訓練樣本區（training area）後，利用神經網路分類法所取得之成果。

　　3. 崩塌地之綜合研判：依上述之分類成果圖得知，類神經網路的監督性分類，雖能提高自動化判釋之正確性，然受限於取樣區分類之精緻程度、不同之崩塌類型（如岩層滑崩沖蝕溝與岩屑流）、淺層植披附著、河床堆積物與陰影障遮區等所呈現之差異色態，而易有之不同分類，故崩塌數與範圍常較為窄縮；而 NDVI 指數對於道路、河道、開發裸露地、崩塌地、建物及農業裸露地等波譜反射近似者，則無法有效分離，只作為辨識崩塌地的輔助資料。因此本研究對敏督利風災之崩塌地辨識與範圍數化，除參考此兩種衛星遙測工具之分類成果外，並以人工方法分別與農航所之航照圖、敏督利風災相關照片與五千分之一的地形圖做校對與查驗，剔除不合理之歸類或

圖 12-22　研究區之 NDVI 值

（深色顯示爲裸露地與河道）

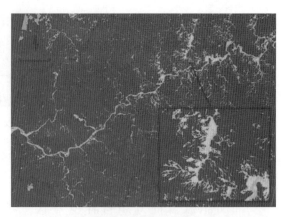

圖 12-23　利用類神經網路分類法求出之崩塌區

（黃色區塊爲崩塌區）

增飾被忽略之區域。此外爲解決模糊地帶影像之判釋問題，本坡地崩壞之判定係指裸露的崩塌地，包含山崩、地滑、沖蝕溝與岩屑堆埋之河床（反射較強成淺白色），並將最大誤差容忍值（tolerance）定爲 3 個解析像元來處理。

　　經衛星影像分析配合前述步驟處理後的判釋結果（圖 12-24 至圖 12-26），本區敏督利水災之崩塌數計有 770 處，總崩塌面積達 2645.66 公頃，主要的崩塌地分布在志樂溪、登仙溪、匹亞溪、小雪溪、久良溪、石山溪與大甲溪主流之交匯處及其周遭地區，對照由水土保持局所擷取的桃芝颱風來襲時之崩塌數 406 處及崩塌面積 1596.77 公頃相比，則崩塌數增加一倍以上，崩塌面積擴大 60.3%，重複崩塌區域達 86.7%，最顯著之差異在於谷關水庫以上之大甲溪主支流域在此 94 年敏督利颱風後，崩塌數量與面積急遽增加，其中崩塌數量占全體的 23.3%，面積則高達 35.1%，如此之大規模的土石崩移與沖刷正是造成此區電廠毀損、水庫淤積等慘烈災害的罪魁禍首！

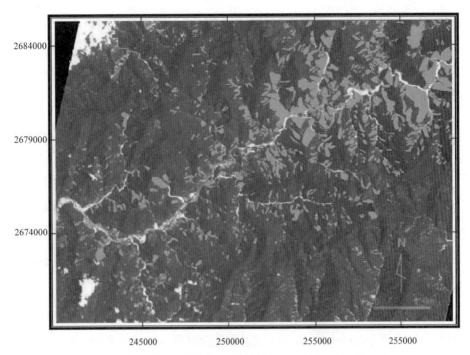

圖 12-24　加入航照修正後的敏督利颱風崩塌區域圖

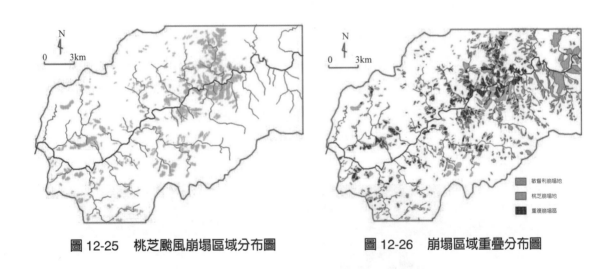

圖 12-25　桃芝颱風崩塌區域分布圖　　　　圖 12-26　崩塌區域重疊分布圖

三、坡地崩塌之 GIS 資料庫建置、展示與分析

1. 高度、坡度與崩塌地的關係：本研究將衛星影像處理後的敏督利颱風坡地崩壞地與水保局所調查的桃芝颱風崩塌區等資料，分別濾取與轉製成為 GIS 的 shp 數值圖與屬性檔案，並與其他基礎資料進行彙整，最後經由幾何工具分析及搭配套疊

之圖表形式，完成研究地區環境災害的 GIS 資料庫。例如從圖 12-27 至圖 12-32 中的數據可以得知，不論是敏督利與桃芝風災，本區的崩塌數目、面積和地形之高度、坡度關係，均呈向下的拋物曲線分配。以敏督利而言，高度 1000 公尺以下的崩塌數極少，不及總數的 10%，發生最多的位置乃集中在高度 1400～1600 公尺，所佔比率達 20%，而高達 74% 以上的崩塌地乃落於 1200 至 1800 公尺的四個等級間，至於分布高於 2000 公尺以上所產生的崩塌數則隨高度明顯降低，2400 公尺以上更萎縮至 3% 以下，桃芝颱風的崩塌數分布亦大致依此拋物曲線，惟峰度較呈負偏態，分布在 1000 到 1800 公尺間的占總數的 76%，其中 20% 密集於高度 1600～1800 公尺；以崩塌面積觀之，敏督利較屬常態分配，25% 的面積廣集中在高度 1400～1600 公尺，若加上 1600～1800 公尺的級距，則近半數（48%）之面積均分布於 1400～1800 公尺的範圍內，至於桃芝颱風的崩塌面積最多之高度則和其崩塌數一樣，有 20% 密集在 1600～1800 公尺間，半數以上之面積（52%）均分布於 1200～1800 公尺，值得一提的是桃芝在高度 2000～2200 公尺的崩塌數雖僅有 9%，但所占崩塌總面積卻高達 15%，溢值達 60%。在地形的坡度方面，敏督利與桃芝崩塌數的分布趨勢十分相似，發生最多的位置在 35～45°，約占總比率的三成，若再含括上一個等級（45～55°），則近六成的崩塌數集中在此範圍，超過 55° 後隨坡度漸陡可發現的崩塌數卻漸少，80° 以上之坡度，則幾乎未見崩塌地發育；但在崩塌面積的規模分布方面，有趣的是雖然崩塌數發生最多的位置在 35～45°，但單位面積最廣的則是分布於 45～55°，以敏督利為例，坡度在 35～45° 的崩塌數雖占達總數的 29%，但崩塌面積僅占 20%，卻遠不及於 45～55° 的 32% 與 20～35°% 的 24%。

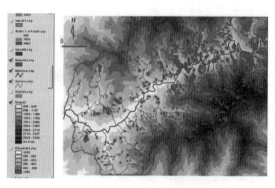

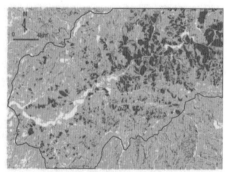

圖 12-27　地形高度與崩塌地分布圖　　　圖 12-28　地形坡度與崩塌地分布圖

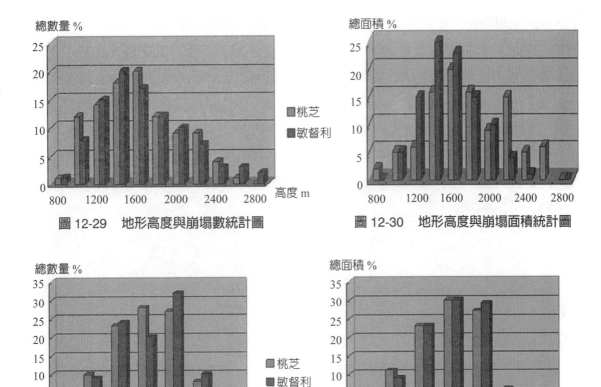

圖 12-29　地形高度與崩塌數統計圖

圖 12-30　地形高度與崩塌面積統計圖

圖 12-31　地形坡度與崩塌數統計圖

圖 12-32　地形坡度與崩塌面積統計圖

2. 降雨量與崩塌地的關係：從圖 12-33 至圖 12-36 的資料可以得知崩塌數、崩塌面積與雨量等值線之關係也是呈現此種下凹的函數圖形，但此處最大之不同乃在於敏督利颱風過境時之降雨量為桃芝颱風的兩倍以上，桃芝颱風之總降雨量並不大，且本區豪雨約僅數小時，但卻造成多處崩塌與土石流災情，在大甲溪上游的梨山等地因雨量未超過 250mm，故未見任何災情，而等雨量 350mm 的區域便出現 50% 以上的崩塌數量，崩塌面積更涵蓋 60% 以上，推測此種現象主要原因為颱風內圈環流之輻合雨，在地形阻擋下所致的瞬間暴雨影響所致，又因 921 地震後造成多處的地層變位與土石鬆動，此種臨界狀態在一個雖不算大的降雨事件就會誘發系統的大變化；而 2004 年敏督利颱風過後所伴隨的強烈西南氣流則造成大甲溪流域高達 1000mm 以上的降雨，區域內如稍來、新伯公、東勢、梨山、白冷等地區在 7 月 3 日在一小時內之降雨達 100 mm 以上，強度均超過 200 年的重現期，48 小時之降雨如合歡山、梨山也超過 200 年的重現期，另外稍來、雪嶺、上谷關、新伯公、東勢等地亦達 50 至

100 年的重現降雨，如此強烈之雨量自然造成本區大規模的崩塌與土石流，尤其是上游梨山地區的坡地崩壞更是空前，細觀此雨量對崩塌數與面積之影響，由於已達降雨對崩壞作用之界檻值，所以集中趨勢並不明顯，而是廣布於 750～1000mm 間，超過此值的雨量越多，崩塌數與面積並未持續擴增，此乃因此刻對崩塌數與面積之掌控，已轉為地形與地質等因素。

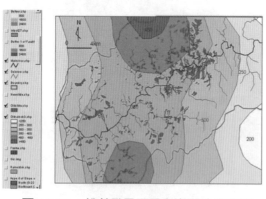

圖 12-33　桃芝颱風雨量與崩塌地分布圖

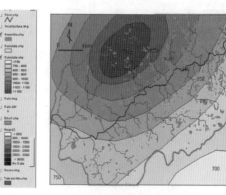

圖 12-34　敏督利颱風雨量與崩塌地分布圖

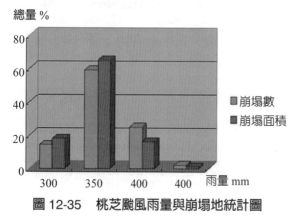

圖 12-35　桃芝颱風雨量與崩塌地統計圖

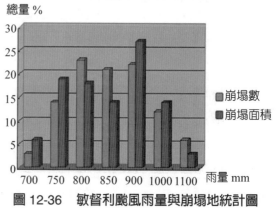

圖 12-36　敏督利颱風雨量與崩塌地統計圖

　　若進一步考量研究區各等雨量之範圍大小並不相同，無法完全解釋一地崩塌之特性，故若以崩塌數和崩塌面積分別除以等雨量分布之面積，則可求得敏督利與桃芝颱風之單位面積的崩塌頻度，從圖 12-37 與圖 12-38 來看，桃芝颱風之崩塌數頻度集中 350mm 至 400mm 間，而崩塌面積頻度則以 350mm 範圍最高，顯見研究區在短時間降雨達 350mm 以上時，坡地敏感區即會有較大規模的崩壞地形產生；而敏督利颱風則是因高降雨量的影響，崩塌數頻度在各雨量區差別並不大但多高於桃芝颱風，又雖

然崩塌面積總量百分比以 900mm 的雨量區最高（27%），然若以單位崩塌面積的頻度相較，則反以占研究區內面積最小的 700 mm 雨量區最高，平均每一公頃即發生 0.2 公頃的崩塌地。故綜合而言，其實發生崩塌的地點並非高度愈高、坡度愈陡、雨量愈多就愈容易產生，而是在一定的界檻值下才會有正相關的存在，一旦超越界檻值，例如本區海拔超過 2200 公尺、坡度大於 55 度，可能因非降雨集中區（例如超過一定高度，雨量反而減少）、沖刷不易或受長期侵蝕風化造成的硬岩裸露，因陡直的懸崖峭壁反而形成安定角，不易產生大量塊體的崩滑現象，再者颱風之破壞主要是瞬間暴雨侵襲或雨量沖蝕強度，而一旦暴雨量達一定之程度，崩塌數量及規模的增長幅度則需配合地質構造與地形特徵的交互作用，才具較完整之呈現。

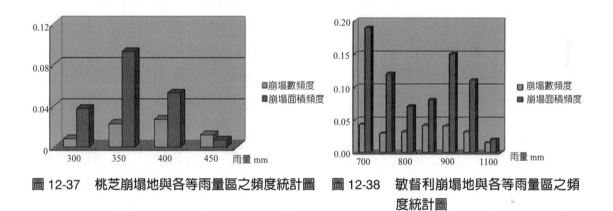

圖 12-37　桃芝崩塌地與各等雨量區之頻度統計圖　圖 12-38　敏督利崩塌地與各等雨量區之頻度統計圖

　　3. 坡向、地質與崩塌地的關係：由於坡向與地質非屬等距或比率變數，因此只就其分類項的比率進行分析。以坡向而言，從圖 12-39 與圖 12-43 中可以得知，桃芝與敏督利颱風的崩塌數與崩塌面積在八方位的坡向分類中乃成均質分布，並未有特別之偏頗（各象限約 10～14%），相較於蘭陽地區因地層傾斜的坡向多為東南向，且迎強烈東北季風對迎風坡面的侵蝕，所以造成東南與東北向的崩塌地較多（張政亮，2004），可能的解釋原因是大甲溪成東西向橫切地形，主要南北支流與其子支流變成似網格狀型態分布，而此二次颱風均為由東向西的行進路線，故引進之環流雲雨帶可貫穿全區。

　　以地質和構造來看（見圖 12-40 至圖 12-42 與圖 12-44 至圖 12-48），本區屬雪山山脈板岩系，在五十萬分六一的地質圖幅中，主要地層為始新世的達見砂岩（E2）與始新世至漸新世的佳陽層（EO1）、白冷層（EO2）及水長流層（Os）為主，其中

達見砂岩與佳陽層分布在東側中上游區，白冷層及水長流層則分布在西側的中下游區，達見砂岩是以灰白色粗礫至中粒的石英質砂岩為主，石英成分可達在 82%，岩石強度很高，岩層中常夾有少量的碳質頁岩、板岩和粉砂岩；佳陽層由厚層板岩所組成，劈理甚為發達，而白冷層則與達見砂岩相似，主要以灰白色的石英質砂岩為主，夾有硬頁岩與板岩互層，一般膠結性甚佳，至於水長流層則以黑色硬頁岩和輕度變質的頁岩為主，在研究區所含括的範圍較岩小。在敏督利颱風期間，本區崩塌數以白冷層（EO2）地質區最多達 45%，其次為達見砂岩（E2）的 29% 與佳陽層（EO1）的 25%，水長流層（Os）僅占 1%，拋開岩性軟硬不談，因為白冷層地質區是本區分布最廣的地層，故崩塌數出現的機率最多，反之水長流層的面積最小，故統計上的崩塌數也少，解釋可以成立；但就崩塌面積而言，僅占四分之一崩塌數的佳陽層地質區所涵蓋的崩塌面積卻達總數的 31 %，顯見劈理甚為發達的佳陽層板岩區，抗蝕力較差，易在風化過程中裂解，而形成較大規模之崩塌；對照桃芝颱風所造成之崩塌分布，因其雨勢集中在谷關水庫以下的區域，所以造成近六成（56%）的崩塌數集中在白冷層，但同樣地我們也可發現佳陽層地質區僅占 9 % 崩塌數，但所涵蓋的崩塌面積卻高達總數的 18%；圖 12-46 與 12-47 是以崩塌數和崩塌面積分別除以不同地質區分布之面積所得之頻度分布圖，此數據可進一步說明，若計算單位地質面積的崩塌數量則桃芝颱風是以達見砂岩（E2）和白冷層（EO2）地質區所發生的頻度較高（約0.02），但敏督利豪雨來襲則造成上游達見砂岩與佳陽層地區的崩塌數量頻度遽增一倍達 0.05 以上，而佳陽層地區的崩塌面積頻度（0.171）更甚而高於達見砂岩地質區（0.168）的單位崩塌面積。此外又以五萬分一地質圖區分為達見砂岩與佳陽板岩二區（圖 12-41），則可發現研究區內之板岩與砂岩層的崩塌數差異並不大（52% 比48%），但板岩之崩塌面積則為 60% 比砂岩的 40% 高出 0.5 倍，顯見砂岩的岩性雖然堅硬，但因大甲溪切割形成河谷地形的過程中，地層水平方向的限制解除後，易形成節理裂隙，加上砂岩的透水性與地震、氣候及人為等因素，會使得節理組的開口逐漸變大，終致岩體崩移滑脫，然若相比於劈理發達的板岩，其屬性仍較堅硬緻密、抗蝕性強的岩性，故雖常發生小規模崩塌，但崩塌面積均不會擴散太大。

　　至於褶曲與斷層等地質構造運動，是否易使地層鬆動，進而對周圍的崩塌地與土石流造成影響呢？本研究也嘗試利用 GIS 模組工具中的環域分析功能，針對本區斷層線範圍設定三環各一公里級距，進行崩塌地數量之分析，其成果如圖 12-42 與圖12-48 所示，上述數據經由迴歸統計可以確認斷層線對崩塌地面積有一定程度的影響

（R 值為 0.92），又幾條褶曲構造線如太木山背斜、基隆山向斜、馬崙山向斜與佳保臺向斜等也都顯示與崩塌地發育具相關水準，但確實程度仍須進行現場細部履勘並配合其他方法進行驗證。至於本區人為開發對崩塌地的影響程度為何呢？本研究亦利用環域分析方式，針對崩塌地分布規模較大地點，如谷關水庫至登仙溪小澤台地區的中橫路段、小雪溪左岸之 220 產業道路等進行相關分析，雖其都呈現具相關性，但因其他影響要素複雜，如鄰近水系、地形特徵、環域範圍選擇等無法有效區隔，故不做過度之推論，待日後研究。

圖 12-39　地形坡向與崩塌地分布圖　　圖 12-40　地質與崩塌地分布圖

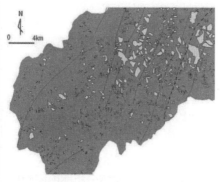

圖 12-41　五萬分之一地質與崩塌地分布圖　　圖 12-42　斷層線與崩塌地之環域分析圖

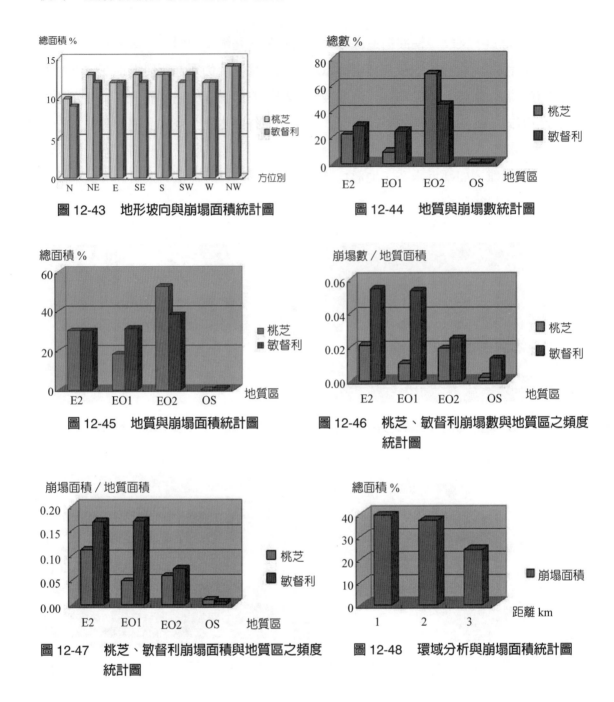

圖 12-43　地形坡向與崩塌面積統計圖

圖 12-44　地質與崩塌數統計圖

圖 12-45　地質與崩塌面積統計圖

圖 12-46　桃芝、敏督利崩塌數與地質區之頻度
統計圖

圖 12-47　桃芝、敏督利崩塌面積與地質區之頻度
統計圖

圖 12-48　環域分析與崩塌面積統計圖

四、坡地潛勢災害的不安定指數分析

綜合上述 GIS 資料庫所建置的環境因子，如高程（high）、坡度（slope）、地質（geo）、等雨量（rain）與經由 NDVI 處理後的裸崩地（fragile）等數據，不僅可經由統計分析得知各因子內崩壞分布的特徵，且各因子等級分類間的崩壞密度大

小，也進而能以計量方式，來描述坡地之穩定程度，作爲評估坡地可能發生崩壞災害的機率。簡李濱（1992）曾提出的不安定指數方法（D），來代表坡地不安定的程度，此法可描述單一因子的影響程度，亦可是因子綜合計算後對坡地評估的指標數值，其設定之數學關係式如下：

$$D_{TOTAL} = D1^{W1} * D2^{W2} * D3^{W3} ... Dn^{Wn}$$

（式 12-10）

其中 D1、D2 、D3 代表各評估因子之不安定指數，如坡度、雨量因子等。

$$D = 4(Xi-Xmin) / (Xman-Xmin) + 1$$

（式 12-11）

其中 Xi 代表某一因子的某一等級之崩壞面積率（區域內崩壞總面積 / 區域總面積）

Xmin、Xman 分別表示某一因子分級中之崩壞面積率最小與最大者。

此外，W1、W2、W3 代表權重值（設 W1 + W2 + W3 … + Wn = 1）

$$Wi = Vi/ (V1 + V2 + V3 ... + Vn)$$

（式 12-12）

其中 Wi 代表第 i 個因子之權重值，Vi 代表第 i 個因子之變異係數

變異係數（coefficient of variation）可代表各因子分級對發生崩壞的靈敏度，故可利用爲各因子權重的比較值，其算式爲：

$$變異係數 (V) = S / X$$

（式 12-13）

其中 S 爲標準差，X 爲平均值

由於此法係採各因子發生之災害密度作爲相對量化之分級指標，來代表不安定之程度，所以前述由 GIS 資料庫所建置的環境因子之統計資料可直接援用，因此本文試彷擬此不安定指數方法來評估本區坡地之不安定程度，除求得下列坡地災害不安定

指數之計算式外，並據以製成坡地崩壞潛感圖（圖 12-49）[26]。

$$D_{TOTAL} = (D_{rain})^{0.265} * (D_{geo})^{0.231} * (D_{high})^{0.181} * (D_{slope})^{0.166} * (D_{fragile})^{0.158} \qquad （式 12-14）。$$

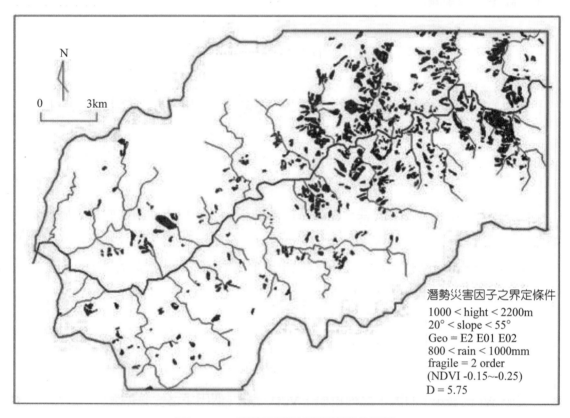

潛勢災害因子之界定條件
1000 ＜ hight ＜ 2200m
20° ＜ slope ＜ 55°
Geo ＝ E2 E01 E02
800 ＜ rain ＜ 1000mm
fragile ＝ 2 order
(NDVI -0.15~-0.25)
D ＝ 5.75

圖 12-49　研究區坡地崩壞潛感分析圖

五、結 論

1. 遙測與 GIS 的科技應用在國內已趨於成熟，本文藉由 PG-STEAMER 處理華衛二號影像，發現華衛二號影像已具 2 公尺之判識能力，故對崩壞災害具分析能力，另利用監督性分類（supervised classification）與常態化差異植生指數（NDVI）雖有利於辨識崩塌地，但會受限於取樣區分類之精緻程度、不同之崩塌類型、淺層植披

---

[26] 原公式各因子之分類級距為十級，本文依研究區實況將各因子分級調併為五級，圖 12-49 為在等級 2 時各因子所計得之分析圖，其設定條件見圖中說明。關於不安定指數的細部操作流程，請參考簡李濱（1992）應用地理資訊系統建立坡地安定評估之計量方法，中興大學土木所碩論。

附著、河床堆積物與陰影障遮區等所呈現之差異色態而易生誤差，故可搭配航照、LIDAR 及五千分一的基本地形圖等之輔助，會有更顯著的成效。

2. 由於 GIS 能發揮對空間資料與屬性資料之交叉處理與整合分析，也能完成各類不同環境地質災害分析圖之製作與呈現，故有助於了解各種環境地質災害的範圍、成因和變化趨勢，因此研究中結合農委會水保局 GIS 數據、中央地質調查所地質圖、農航所 DTM 資料與衛星影像分析，發現敏督利颱風後崩塌數量與面積急遽增加，與桃芝颱風相較，重複崩塌區域達 86.7%，但崩塌數增加一倍以上，崩塌面積擴大 60.3%，其中谷關水庫以上之大甲溪主支流域崩壞增加最多。

3. 經過套疊與統計的空間分析得知，發生崩塌的地點並非高度愈高、坡度愈陡、雨量愈多就愈容易產生，而是在一定的界檻值下才會有正相關的存在，例如坡度介於 35～55°，高度在 1200～1800 公尺，颱風雨量 750～1000mm（桃芝為 300～350mm），所發生的崩塌機率最高，若超過一定高度與坡度，可能因雨量減少，或硬岩陡立反而不亦產生崩塌，再者颱風之破壞主要是瞬間暴雨侵襲或雨量沖蝕強度，故需配合地質構造與地形特徵的交互作用，才具較完整之詮釋。

4. 地質構造上，因為白冷層地質區的石英砂岩層是本區分布最廣的地層，故崩塌數出現的機率最多，但劈理甚為發達的佳陽層板岩區，因抗蝕力較差，易在風化過程中裂解，故反會形成較大規模之崩塌面積；另研究中利用 GIS 環域分析結果，初步認為褶曲與斷層等地質構造，也易使地層鬆動，進而對周圍的崩塌地與土石流造成影響。至於人為開發雖對崩塌地造成影響，但其影響程度受其他影響要素干擾甚多，故不做過度之推論。

5. 綜合 GIS 資料庫所建置的環境因子，能進一步以計量方式配合不安定指數法繪製為坡地潛勢災害分析圖，來描述坡地之穩定程度，作為評估坡地可能發生崩壞災害的機率。然受限於時間與資料，文中無法針對全面的環境地質災害進行探討，對於影響崩塌地與土石流的其他諸多因子，如 DTM 精度提高後之差異、植披種類、土壤厚度、細部的地質構造（如層態、褶曲與節理）、暴雨強度、逕流沖刷和災害歷史等，也無法一一加以納入統計，故僅能就現有收集的資料進行分析，並提供模式做參考，當然隨著對變數掌握的情況提高，所得的解釋程度也應會有較佳的效果。

📖 主要參考文獻

一、中文文獻

王一琮（1992）。應用地理資訊系統探討土石流與地形特性之相關性。臺中：中興大學水土保持所碩論。

王弘祐、蔡光榮（1997）。高雄地區坡地土壤力學特性資料庫之建立研究。第七屆大地工程學術研討會論文集，155-162。

王玲津（1995）。玉山國家公園潛在地質災害敏感區劃設之研究。臺中：逢甲大學土地管理研究所碩論。

王鑫（1980）。臺灣的地形景觀。臺北：渡假出版社有限公司。

朱子豪、齊士崢、楊乃夷、許秋玲（2001）。應用地裡資訊系統輔助山坡地潛在崩山評估模式之建立。第三屆海峽兩岸三地環境災害研討會論文集，49-59。

朱長青、史文中（2006）。空間分析建模與原理。北京：科學出版社。

行政院農業委員會水土保持局（2015）。104年土石流警戒基準值檢討與更新。SWCB-104-163。

何春蓀（1975）。臺灣地質概論，臺北：經濟部中央地調所出版。

吳久雄、蔡銖華、胡錦地（1989）。臺灣省山坡地崩坍調查報告，南投：臺灣省水土保持局。

李三畏（1984）。臺灣崩坍問題研討。地工技術雜誌，7：43-49。

李麗玲（1995）。土地資源資料庫之建立與應用——以評估山坡地潛在災害為例。臺北：臺灣大學地理研究所碩士論文。

易志中（2007）。SuperGeo路網分析企業級解決方案。地理資訊系統季刊，23-28。

林文賜、周天穎、林昭遠（2001）。應用監督性類神經網路於衛星影像分類技術之探討。航測及遙測學刊，6(1)：41-58。

林孟龍、林俊全（1998）。蘭陽溪上游集水區（家源橋以上）崩山之規模與頻率分布關係，臺灣之第四紀第七次研討會論文集：34-38。

林孟龍、黃建輝、張建民（2008）。地理資訊系統ArcGIS中文範例式學習聖典。臺北：新文京出版社。

林欣弘、于宜強、陳奕如（2016）。運用整合氣象資訊進行土石流早期預警技術之發展年天氣分析與預報研討會。105年天氣分析與預報研討會，臺北：中央氣象局。

林信亨、林美聆（2002）。地理資訊系統及類神經網路應用於土石流危險溪流危險度判定。地工技術，90：73-84。

林朝棨（1957）。臺灣地形。南投：臺灣省文獻委員會印製。

林慶偉（1996）。南投縣和社地區崩塌發育之地質影響因子。地工技術，57：5-16。

邵泰璋（1998）。類神經網路於多光譜影像分類之應用，桃園：國立交通大學土木工程系碩論。

洪瑞智（1999）。GIS 應用於土石流危險度判定之研究。臺中：國立中興大學土木研究所碩論。

翁毓穗、沈淑敏、莊永忠（2010）。莫拉克颱風在楠梓仙溪誘發之洪水與土石流作用及其溢淹範圍的含意。中國地理學會會刊，45：59-74。

張子瑩、徐美玲（2004）。暴雨與地震觸發崩塌發生區位之比較以陳有蘭溪流域為例，地理學報，35：1-16。

張石角（1993）。山坡地調查規劃、評估及其崩坍預測與治理。臺北：國立臺灣大學地理學系發行。

張俊民（1994）。運用地理資訊系統與遙感探測於玉山國家公園環境監控之研究。臺中：逢甲大學土地管理研究所碩論。

張政亮（2004）。地理資訊系統應用於蘭陽地區環境地質災害分佈之調查分析，蘭陽溪生命史──「宜蘭研究」第五屆學術研討會論文集，宜蘭文獻叢刊，22：73-108。

張政亮、張瑞津、紀宗吉（2005）。遙測與地理資訊系統應用於坡地災害調查分析──以大甲溪中上游為例。師大地理研究報告，43：101-121。

張政亮、葉秀炳（2008）。GIS 應用於犯罪地圖之研究──以臺北市士林區少年竊盜犯罪空間分析為例，TIDES 2008 第六屆臺北數位地球國際研討會，臺北：文化大學。

張瑞津、沈淑敏、楊貴三（2003）。西南部地區河階資料庫建置，槽溝開挖與古地震研究計畫（2/5）。「地震地質調查與活動斷層資料庫建置計畫」研究報告，臺北：經濟部中央地質調查所

張瑞津、沈淑敏、劉盈劭（2001）。陳有蘭溪四個小流域崩塌與土石流發生頻率之研究，臺灣師大地理研究報告，34：63-83。

許琦、蕭達鴻、徐豐裕（2000）。921 集集大地震崩塌地崩塌前之地形特徵，921 集集大地震週年紀念學術研討會論文集：397-412。

陳宏宇（2000）。山崩地裂與地質環境。土木技術，25：46-52。

陳進揚（1999）。GIS 應用於高雄地區坡地地工環境災害分佈之調查分析。屏東：屏東科技大學土木所碩論。

陳嬑瑜（2007）。臺灣地區重大天然災害──災損統計篇。國研科技季刊，13：20-22。

陳榮河（1999）。土石流之發生機制。地工技術，74：21-28。

陳錦嫣、黃國展（2007）。GIS 與空間決策分析──Arc GIS 入門與進階。臺北：新文京出版社。

陳錦嫣、黃國展（2013）。ArcGIS 地理資訊系統入門與應用。臺北：新文京出版社。

陳優良、翁和霞（2008）。GI 線狀緩衝區生成演算法研究。江西理工大學學報，29(5)：37-40。

曾名麒（2012）。應用不安定指數法於不同崩塌地現象比較之研究──以獻肚山崩塌地為例。臺中：中興大學土木工程學系所碩論。

黃怡仁、江永哲（1991）。土石流災害調查方法之簡介。水土保持學報，23：79-93。

黃麗津（2003）。應用地理資訊系統與數值地形模型於於坡地敏感區劃設之研究──以花蓮清水溪流域為例。臺北：國立臺灣師範大學地理研究所碩論。

農委會水土保持局（2002）。整合型網際網路 GIS 網站：http://gis.swcb.gov.tw/

劉妙龍、李喬、羅敏（2000）。地理計算──數量地理學的新發展。地球科學進展，15(6)：679 - 683。

劉秀鳳（2005）。應用類神經網路評估臺 14 線公路邊坡崩壞潛能之研究。臺中：朝陽科技大學營建工程系碩論。

劉盈劭（2001）。地形敏感性的比較研究──以陳有蘭溪北段小支流為例，臺北：臺灣師大地理所碩論。

劉進金、張寶堂、李元炎、黃金鴻（1994）。南湖大山地區地質環境之遙測研究，遙感探測，20：1-27。

鄭元振（1992）。地理資訊系統在區域邊坡穩定分析之應用──中橫公路天祥至太魯閣段。臺南：國立成功大學礦冶及材料科學所碩論。

蕭國鑫、尹承遠（2003）。SPOT 影像與航照資料應用於崩塌地辨識之探討，航空測量及遙感探測會刊，8(4)：29-42。

蕭國鑫、游明芳、劉進金、張志立（2004）。高解析影像應用於崩塌地辨識，2004 臺灣地理資訊學會年會暨學術研討會。臺北：臺灣地理資訊學會。

賴志強（2007）。臺灣地區降雨及地震誘發崩塌之特性研究。臺南：國立成功大學水利及海

洋工程學系研究所碩論。

謝有忠（1999）。陳有蘭溪流域土石流之發育地質控制，臺南：國立成功大學地球科學系碩論。

簡李濱（1992）。應用地理資訊系統建立坡地安定評估之計量方法。臺中：中興大學土木所碩論。

簡碧梧（1995）。臺灣的崩塌地災害。工程環境會刊，6：23-47。

魏倫瑋、羅佳明、鄭添耀、鄭錦桐、冀樹勇（2012）。深層崩塌之地貌特徵——以臺灣南部地區爲例。中興工程，115：35-43。

蘇明道（1999）。空間分析在土石流發生潛勢研討之應用——以陳有蘭溪爲例。農業工程學報，45(2)：52-62。

龔琪嵐、齊士崢（2004）。楠梓仙溪流域的河階地與地形演育研究。臺大地理學報，38：47-62。

二、英文文獻

Burrough, P.A., McDonnel, R.A. & Lloyd, C. D. (2015). *Principles of Geographical Information Systems*, 3rd edn, Oxford: Oxford University Press.

Caine, N. (1980). The Rainfall Intensity Duration Control of Shallow Landslides and Debris Flow, *Geografiska Annaler, 62*: 23-27.

Calcaterra, D., R. de Riso, and Martire, D. Di. (2004). Assessing shallow debris slide hazard in the Agnano Plain (Naples, Italy) using SINMAP, a physically based slope-stability model. In: W.A. Lacerda, M.E. Ehrlich, S.A.B. Fontoura, A.S.F. Sayao (Eds.), *Landslides: evaluation and stabilization*. London, UK: Taylor and Francis Group.

Cannon, S.H. & Ellen, S.D. (1985). Rainfall Conditions for Abundant Debris Avalanches in San Francisco Bay California, *California Geology, 38*(12): 267-272.

Couclelis, H. (1998). Geocomputation in context. In P. A. Longley, S. M. Brooks, R. McDonnell and B. Macmillan (Eds.), *Geocomputation: A primer* (pp. 17-29). London: John Wiley and Sons.

Gao, J., and Lo, C. P. (1991). GIS modeling of influence of topography and morphology on landslide occurrence in Nelson County, Virginia, U.S. A., *Earth Surface Process and Landforms, 18*: 579-591.

Harvey, A. M. (2001). Coupling between hillslopes and channels in upland fluvial systems:

implications for landscape sensitivity, illustrated from the Howgill Fells, northwest England. *Catena, 42*: 225-250.

Toll, D. G. (2001). Rainfall-induced landslides in Singapore. *Proc Institution of Civil Engineers: Geotechnical Engineering, 149*(4): 211-216.

Tsukamoto, Y., Ohta, T., & Noguchi, H. (1982). Hydrological and geomorphological studies of debris slides on forested hillslopes in Japan. Proceedings of the Exeter Symposium, *International Association of Hydrological Scientists. 137*: 89-98.

第十三章　地理資訊系統（二）

地理資訊系統的持續拓展，將能爲地理學的再興和蓬勃，綻現生機。

—— Jack C.C.L.

第一節　地理資訊系統的發展趨勢

地表不僅是萬物生存和生長的場域，更是人類活動的舞臺，這個繽紛的空間如何去理解和預測已成爲我們探尋的目標。地理是一門空間之學，而誠如錢學森所言：「地理是一個開放複雜的大系統」（王鑫，2015），因此如何探究有賴系統理論和系統分析方法的協助。地理資訊系統（GIS）結合許多相關的公式、定理、方程式、模式和理論並與地圖學、測繪學、遙測學、地形學和計量地理等原有的地理知識相搭配，不僅能有效地解釋和分析地理的現象與問題，並進而提供協助環境或地理議題的規劃、預測和決策的參考；此種系統技術的引入，使地理學的運用得到大幅度的發展。

晚近，隨著電腦科技的發展與巨量資料（big data）的處理需求，GIS 正逐步整合相關先進的知能以系統科學的知識體系取代零散的知識或理論，期能掌握複雜系統運作的原理，朝向能偵查和預測周遭空間環境的動態演變而發展。例如碎形幾何學（fractal geometry）、非線性分析、小波分析（wavelet analysis）、空間分析、多變量統計分析（multivariate analysis, MVA）及已推導出的許多公式與模型等引入，使得地理資訊系統（GIS）漸成爲一門綜合性的專業知能，其應用性和影響性日益擴大，甚至被認爲是除了人文地理學和自然地理學外的第三個地理學分支（余建明，2012）；有鑑於 GIS 的蓬勃發展已超越其原有的範疇，20 世紀 90 年代中期英國里茲大學的 Openshaw 教授便以「地理計算學」（GeoComputation）命名這個新的學科，他認爲：地理計算學是一門新興的交叉學科，它是在系統科學方法的整體範圍內，利用各種不同類型的地理資料發展相關的地理工具和模型，來解釋地理現象和解決地理問題（Openshaw & Abrahart, 2000）。

　　隨後從 GIS 所蛻變出的地理計算學又陸續加入了突變理論（Catastrophe Theory）、灰色預測（grey prediction）、熵理論（Entropy）、隨機取樣模式參數（random sampling of model parameter）、展示矩陣（display matrix）等新研發出的方法、模型與理論並和人工智慧系統的細胞自動機（cellular automata）、遺傳程式演算（genetic programming）、模糊邏輯（fuzzy logic）、人工類神經網路（artificial neural network）等技術串聯，使地理計算學和地理視覺化技術（geovisualization）結合成為「地理資訊學」（Geoinformatics），地理資訊學亦逐步將地圖學、地理資訊系統、遙感探測及全球定位系統等方法及學科合併為一門的學科（陳彥光、羅靜，2009）；此外，地理資訊學的推展亦引起部分地理學門的復興，此現象特別在 1950 年代經歷地理學科衰退的北美洲更為顯著[1]。時至今日，所謂的「地理資訊學」透過高效率電腦進行空間資料分析、自動建模、決策模擬（decision simulation）及虛擬實境（virtual reality）等，漸次構築新的地理學理論和應用模式的發展。而其應用更十分廣泛多元，例如在環境監測方面，如土地劣化、土地評價、農業規劃、山崩、沙漠化、水質與水量、空氣品質、氣象與氣候模式與預報等；在健康安全方面，如瘟疫、流行病、犯罪預防、恐怖攻擊、毒品防制等。

　　GIS 雖然仍根據共同的規則來確保適當的系統化陳述（proper formulation），但人機之間的互動（如查詢）以及關於資料分析的模式程式撰寫日益改善精進，例如影音辨識、虛擬實境、多重視窗系統、多媒體及人工智慧系統的運用，已漸掌握對複雜的現實世界進行模擬檢證和建立模型分析的能力，補強 GIS 在資料擷取與知識探索的不足，故 GIS 軟體的處理功能也日益強大，例如隨著資料採礦技術的進展，許多大數據的處理軟體如 IBM SPSS Modeler Professional、PolyAnalyst 等，都採視覺化的互動技術和簡單的圖形化操作界面，不僅方便建模和整合模型（ensemble models），也可將多種預建模型的演算法的預測結果進行整合及互動式檢視，輕易理解和解讀分析結果（圖 13-1）。故 ESRI 的 ArcGIS 在 9.X 版後也採用類似的建模工具稱為 Model Builder，Model Builder 具有可視化編程環境，使用者可以圖形方式聯接 Geoprocessing Framework 成為新的工具模組；ArcGIS 的這個建模工具稱為模式

---

[1]　著名的例子是美國哈佛大學的地理系在 1948 年關門，哈佛大學地理系是美國地理學之父 W. M. Davis 於 1904 年所創辦，此事件影響所及造成許多常春藤盟校如耶魯大學和哥倫比亞大學的地理系都陸續關門，美國地理系的衰退在 20 世紀 80 年代達到頂峰，1981 年 6 月密西根大學也關閉地理學院，連加拿大、蘇聯和英國亦深受衝擊，資料參見：孫俊、潘玉君（2011），《科學文化評論》，6：98-104。

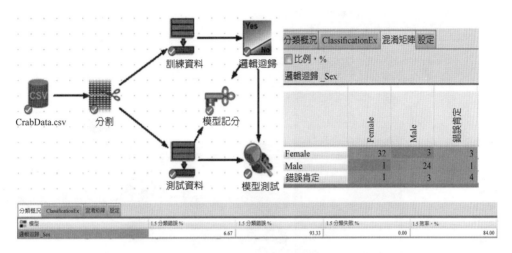

圖 13-1　利用 PolyAnalyst 進行圖形化的自動建模分析

（Model），Model Builder 的完整的處理程序由三個部份所組成：來源資料（Project data）、程序方法（Tool）及輸出資料（Derived data）。Model Builder 具有下列幾項特色：1. 自動化管理地理處理工作流程、2. 可在一個工具中執行複雜的連續程序、3. 可外掛其他需要的工具和參數、4. 可視覺化地呈現分析運作流程。換言之，Model Builder 具有圖形化作業、快速分析、重複執行相同的模組，並且可觀察及修正參數後，模擬結果的差異（陳錦嬌、黃國展，2013），圖 13-2 即為 ArcGIS Model Builder 的操作分析。

　　此外，IDRISI 是美國克拉克大學克拉克實驗室開發的 GIS 軟體，其特色是整合了遙測和 GIS 兩個系統於同一操作平臺上，提供影像處理、圖像分類、空間分析與統計等功能，IDRISI 的 GIS 軟體更具有獨特的時間序列變化分析、土地變化分析、多準則多目標決策支援、生態可持續之土地變化預測等多種模組，提供土地利用和環境變遷的良好研究方法；緣此，本章節除了介紹土地利用的探究方法外，也利用 Arcview 和 IDRISI 等 GIS 軟體分析南投九九峰地區的土地（植被）變遷的歷程。

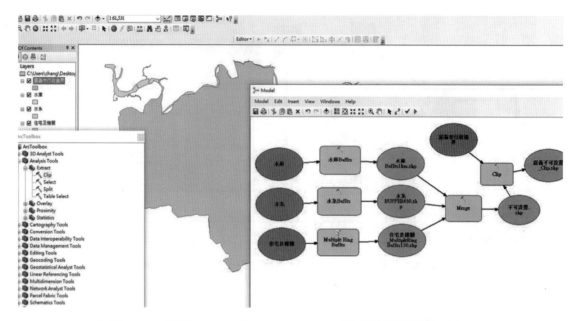

圖 13-2　利用 ArcGIS 的 Model Builder 進行模組化的空間分析

（來源：自繪）

第二節　GIS 在土地利用變遷的研究

　　人與環境的互動過程中，表現於空間的具體形式之一為土地利用，人在不同的自然環境、社會文化和政經條件下展現出不同的土地利用類型與強度，在不同時間序列下，土地利用的改變則顯示了人類在面對生存環境改變時所採取的調適行為，並展現於外在環境的空間型態改變中（張長義，2002）。故所謂土地使用乃指人類在土地上活動所伴生的使用類型（Classification）、強度（Intensity）及區位（Location）等的各種變化，是一種地區內的自然環境與文化活動交互作用的結果；因此土地利用既受自然條件制約，又受社會、經濟、技術條件影響，是這些因素共同作用的結果。

　　但一地的土地利用並非靜態空間上的展現，它隨著時間而改變，一旦加進時間概念即為土地利用變遷。20 世紀以來，由於人口急劇增長，使土地開發的程度加劇，不僅使可利用的土地資源相對愈來愈少，更由於土地利用過度使用（abuse of land）和不當使用（misuse of land），不僅加速土地利用的變化，也因其超過土地承載力（capacity），容易引發各項環境災害的風險，例如 Bunza（1984）和 Tarsser 等人（2003）便指出土地利用的類型和強度都可能增加邊坡崩壞的風險，進而形成對人

類的生命或財產的坡地災害。因此土地利用變遷被認為是全球環境變遷、生物多樣性與永續利用的關鍵因素，更是引發環境變遷的重要因子之一（Turner & Meyer,1991；蔡博文，2003；賴進貴等，2004）；例如巴西熱帶雨林的土地開發，不僅降低生物多樣性，更導致溫室氣體濃度增加，使氣候變化問題日益嚴重，所以全球氣候與環境的動態變遷需要對土地利用與土地覆蓋的此種人類環境耦合系統的了解，於是近年來各種不同學科領域對於此方面進行的研究促使土地變遷科學（Land Change Science, LCS）的產生（Rindfuss et al., 2004）。LCS 也是以全球環境變遷與永續發展為核心，著眼於人與環境互動關係下的土地利用及覆蓋變遷，並且特別強調空間因素（蔡博文，2005），這也使地理學家致力於發展空間分析模式，期望能用以解釋土地利用的變遷機制，並進而預測未來的趨勢（賴進貴、葉高華、王韋力，2004）。

　　現今的土地利用變遷類型的調查和分析方法大多使用遙測資料，如航空照片圖、像片基本圖、衛星影像圖，或者更先進的 LIDAR。在分類上蔡博文（1999）收集大量的歷史地圖、古籍文獻和航空照片建立出豐富的土地利用資料，並配合使用地理資訊系統（GIS）軟體進行數化、空間分析並根據類別或級別屬性進行資料分類，而完成時序資料庫。蔡博文在 2003 年再次對臺灣山地地區進行時序資料庫的建立，此次所使用的資料主要為衛星影像，挑選了 ETM+、Aster 和 SPOT5 影像做為土地利用分類的基礎圖資，發展出一套臺灣山地地區土地利用資料庫的建立方法。黃誌川等（2001）利用衛星影像結合 ISODATA 非監督性進行土地利用分利及區別分析，此方法在分辨地物特徵的類目上有不錯的表現。黃國楨等（2004）則利用民國 65、76、86 年三個時期的航空照片分析大鵬灣地區過去 21 年間之土地利用變遷的時間、空間變化情形，並對結果做進一步的建議。李瑞陽（2006）在衛星影像判釋中，為彌補其他方法上的不足，透過對影像進行分塊，而使分類整體準確度提高達 84%，有不錯的結果。李承玫（2014）以土地利用與環境因子來評估宜蘭縣大同鄉邊坡崩塌的災害風險，研究方法先以 Arcgis 進行土地利用類型圖層建置（圖 13-3），並擷取高程、坡度、地質、河道距離、農作距離和道路距離等八個因子，採單因子檢驗和羅吉斯迴歸等統計方法求得風險值，並將此風險值帶入公式以計算，依照機率繪製五個等級的風險地圖（圖 13-4），其整體預測率可達 68.3%。

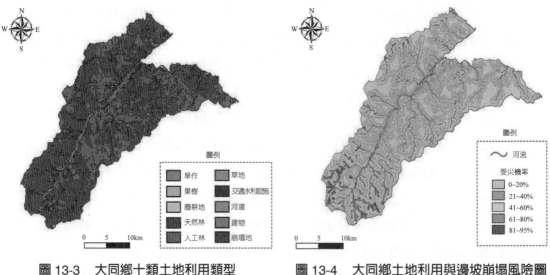

圖 13-3　大同鄉十類土地利用類型

（來源：李承玫，2014）

圖 13-4　大同鄉土地利用與邊坡崩塌風險圖

（來源：李承玫，2014）

　　因應土地變遷的動態複雜性，近年來地理資訊學提供 GIS 大量土地模擬的工具與技術，間接引發新的模擬、預測、規劃及決策支援模型的發展，例如馬可夫模式（Markov Model）、地景指數、灰色理論、碎形理論（Fractal Theory）、多變量分析（Multi-variate Analysis, MVA）、類神經網路（Neural Networks）、系統動態及細胞自動機（Cellular Automata, CA）等理論方法或模式系統都陸續被引用作為分析及模擬在植被演育、土地利用及災害分布等地表景觀的變遷研究（Baker，1989；顏怡璇，2003）。且透過 GIS 整合許多分析模組與方法，使得空間與地景變遷的分析與模擬研究更為便利，不僅提供更完善的解釋、診斷與預測，同時也豐富了地理空間模式的多元發展。例如 Turner（1987）以轉移機率（或稱演變機率，Transition Probability）的隨機模擬（Random Simulations）與最近群聚法（Nearest Neighbors）的空間模擬（Spatial Simulations）等方法，比較美國喬治亞區域內的都市、農作地、農作荒廢地、牧草地及林地等五個土地類型的嵌塊體（Patch）之變化頻度，進而推測其各類土地利用的演變趨勢；Chust et al（1999）利用衛星影像求取常態化植生指數（NDVI）與土地覆蓋類型探討西班牙 Minorca 島上經人為因素影響後，地表的景觀變化是否呈現穩定狀態或趨於某類型態優勢，藉由碎形維度（Fractal Dimension）、嵌塊體大小、嵌塊體數目與空間卡伯指數（Spatial Kappa Index）的對比分析，其結論認為此區各類型的土地覆蓋分布與演替歷程正處於一種臨界的平

衡狀態；Wood et al（1997）、Weng（2002）等人也利用馬可夫模式的轉移機率配合遙測或 GIS 等工具，分別探究塞內加爾南部及中國珠江三角洲等地區土地利用的變遷情形，並認爲人爲開發（如農地、建地）是造成自然植被消失與地景變遷的最重要因素；而 Pastor、Sharp and Wolter（2005）透過衛星影像和樹齡普查資料（Stand inventory data）在明尼蘇達州北部進行植被覆蓋率變化之調查，透過純用馬可夫理論與加入樹齡參數考慮的馬可夫理論做比較，可得知納入樹種年齡作爲環境因子變數的馬可夫移轉機率（Transition Probability），不僅較能掌握各類植被生長的演替時期特徵，對於推估未來林相景觀變化的動態趨勢也較準確。

　　細胞自動機（cellular automata, CA）理論則是近年來快速發展的一種空間模式，其特色乃從空間組織的演化上切入，提供植被演育、土地利用及災害分布等地表景觀的變遷研究的另一種方法（Batty et al., 1997; Clarke et al., 1997; 賴進貴、葉高華、王韋力，2004），例如 Balzter、Braun and Kohler（1998）嘗試在原有之時間不連續的馬可夫模式中，導入細胞自動機的空間向度概念，這種時空馬可夫鏈（Spatio-temporal Markov Chain, STMC）利用遍歷分布（Ergodic distribution）原理來建構時空之演變規律，經不同植被演育變化的結果檢證，此模式對大馬蹄草類（Glechoma hederacea）有較好預測，但對黑麥草（Lolium perenne）和菽草（Trifolium repens）類的植物成長趨勢，則有較大的估算誤差；而在土地利用的探討上，Li and Yeh（2002）整合類神經網絡分析（Neural Networks）與細胞自動機，研討出多元動態土地利用的模擬方法，並有效地評估中國南方的土地利用變遷；另外 D'Ambrosio et al（2004）利用六邊形網格的細胞自動機程式（SCIDDICA 模組）模擬義大利 Curti 等地區土石流發生後的分布與擴散情形，對環境災害的分析與預測，提供相當程度的助益。Wang and Marceau（2013）認爲雖然細胞自動機（CA））已經成爲土地利用變化建模的流行工具，但往往缺乏較精細的空間分辨率而產生較可靠的結果，故作者利用坵塊爲基礎的細胞自動機模型（Patch-based CA-Markov, PBCA-Markov）進行改善，其方法是選取適當的細胞網格（cells）雖然其可能具有不同屬性但能代表單一土地利用型態的實體，然後採用證據權重法計算並繪製每個網格單元的轉移概率圖，做爲模擬土地變遷的方式，此改良方法和傳統 CA 模型在加拿大艾伯塔省南部的卡爾加里市（Calgary）測試比較的結果顯示，能產生更精準的土地利用分析模式。

　　國內關於植被演變與土地利用變遷的相關研究亦十分豐碩，其中馬可夫模式也是常見的分析方法，例如林金樹（1996）利用衛星影像、馬可夫模式以及迴歸分析探

討大臺南地區都會區與非都會區之裸地、建地、林地、濕地、農地等景觀變遷；丁志堅（1997）用馬可夫模式推導出雲林縣沿海地區不同時期的農業用地、建地、水產養殖地等土地利用變遷趨勢值，然後應用群集分析度量土地利用在時間與空間上的變化情形；許立達、鄭祈全（2000）比較 1988 及 1996 年之土地覆蓋變化，並應用馬可夫模式分析六龜地區林相生態之歷年地景變遷及預測未來之土地覆蓋情況，模擬的結果顯示除非持續進行人工造林，否則天然林終將取代所有的人工林區；張右峻（1998）、廖怡雯（2003）先後都利用不同年度的 SPOT 遙測影像與馬可夫鏈模式等方法，比較臺中地區各種類土地利用的變化狀況，並分析臺中市的空間發展歷程；陳永寬、吳守從（2001）以 Shannon 多樣性指數探討南仁山生態保護區之植物生態系統變化，並與馬可夫模式結合，推導不同時期植群變遷趨勢，並認為此區生態系統已逐漸趨於穩定，終將成高鬱閉度森林帶；吳守從（2003）另以結合地景生態理論與馬可夫模式，探討南仁山森林植群分布狀況及動態變遷模式，並分析其植群社會發展因子之作用程度與影響範圍。

　　至於細胞自動機理論在國內植被覆蓋變遷與土地利用研究方面的應用也漸開展，汪禮國（1997）認為都市的實質環境是由許多局部土地開發決策互動的產物，可利用細胞自動機的演化規則，從 NDFA（非決定性有限狀態）轉為 DFA（決定性有限態）的演變過程，來探討都市空間的分布特性；賴進貴、王偉力、紀明德（2000）採取細胞自動機的觀點，以淡水河流域的土地利用類型為例，進行空間組織結構的分析研究，其成果顯示雖然空間結構是從低強度的型態轉換成高強度（如農林地轉變成建地）的趨勢，但相同的空間結構仍可能有許多不同的演化；顏怡璇（2003）則採用南仁山地區不同時期的之航空照片，區分土地單元類別並與細胞自動機理論模擬南仁山生態保護區之地景變遷，歸結出生態保護區之設立，有助於森林地景的穩定成長；賴進貴、葉高華、王韋力（2004）利用細胞自動機模式探討的空間相依性（spatial dependence）問題，研究以臺北盆地過去 100 年的聚落發展為內容，利用空間自相關的分析方法探討鄰近區土地利用型態對於變遷的影響，研究發現聚落與非聚落的改變或維持原狀，受空間相依性的影響非常大。當某聚落的空間自相關很低，亦即其鄰近區多不是聚落時，則其消失的機會很大；反之，其鄰近區多是聚落時，則其發展成聚落的機會很大，其中以 500 公尺半徑所界定的鄰近區對聚落變遷趨勢的影響程度最大。陳建元、游繁結等人（2005）曾介紹細胞自動機的概念並試以 SCIDDICA 程式模擬南投出水溪的土石流的情況，發現下游的模擬預測與實際差異較大；程春榮

（2006）應用細胞自動機理論與 Mapbasic 軟體，針對臺中市中心商業區再發展狀況進行模擬分析，發現將生態、市政、客運轉運等內部力量同時考慮下，若能充分掌握其空間現象及形式結構，則運用正向政策，可促使市中心商業區再發展。洪紫萱（2016）利用衛星影像以支持向量機（Support Vector Machine, SVM）的方法進行影像分類，以建立多時期的土地覆蓋圖資和監測土地變遷的概況，同時因土地常是以坵塊基礎的鄰域結構狀況，故採取以坵塊為基礎的細胞自動機模型（PBCA-Markov）為概念的土地覆蓋模型，並利用機器學習法評估桃園地區土地與影響土地因子的空間複雜關係，研究亦顯示 PBCA-Markov 不僅能預測都市土地坵塊的分布模型，且較原有的 CA-Markov 模型有更符合真實情況的土地預測結果。

第三節　運用馬可夫鏈模型與細胞自動機理論模擬植生復育[2]

一、研究目的與方法

地表植被覆蓋率的變化屬於地景變遷（Landscape change）的一環，而植被變化的趨勢、頻度與速率則反映著生態演育、土地利用與環境災害等重要事件的影響；由於植被是陸地分布最廣的景觀也是生態系統的主體，因此探索其空間之形態分布、發展變化及其與人類互動的歷程，不僅是地理學長期關注的焦點，更是近年來探討全球環境變遷的重心之一。尤其是面對人地關係漸趨失衡、環境問題日益惡化的今日，地表景觀的變化也更加快速且複雜，因此如何建立有效的觀測方法與分析模式，來詮釋這些空間現象的分布特性、因果關係並應用於規劃和解決區域的相關問題，實屬當務之急。

地表植被覆蓋率的變化也是一種土地利用的變遷（李承玫，2014），而土地利用與環境的互動關係一直是各國科學界的關注焦點，國際科學聯合會（ICSU）便聯合相關研究機構於 1995 年提出了土地利用變遷計畫（LUCC Science Plan），針對當前的人類活動和自然動態演變將如何改變土地覆蓋及如何影響特定土地利用型態的永

---

[2]　本節改寫自：張政亮、張瑞津（2006）。運用馬可夫鏈模型與細胞自動機理論模擬地景變遷之研究—以九九峰自然保護區為例。師大地理研究報告，45：123-142。

續性等問題進行廣泛的探討與研究。且隨著科學知識與資訊技術的進展，有關植被變化與地景變遷的等空間分析之研究，也有了更多的方法及理論，許多統計方法與數值模式也逐漸運用到此研究領域，然而從前述的研究文獻的歸納可以得知：雖然植被演育、土利利用與地景變遷的研究內容和方法均十分多元，但空間展示之成效與方法比較的研究並不多見，例如傳統的馬可夫模式或晚近發展的細胞自動機理論，彼此甚少有比較或交集，其優劣或互補性之相關研究缺遺未補；又隨 GIS 和遙測技術的研發，許多方法卻得以進一步整合或併用，故若能結合馬可夫模式與細胞自動機等理論方法進行分析比較，實是一種可以嘗試的研究途徑。基於前述的理念與目的，本節選擇1999 年九二一地震後地貌破壞十分嚴重的南投九九峰地區進行試驗研究，嘗試整合遙測影像處理與地理資訊系統之分析成果，了解影響本區植被覆蓋率的變遷特色與機制，並選用 IDRISI Kilimanjaro 軟體中的基於細胞自動機理論之馬可夫鏈模式（CA-Markov Model）模組，模擬自然演替下研究區植被復育與變遷趨勢，並比較其實際變遷結果與預測程度之差異。

在研究方法上有關馬可夫鏈模型的部分可參考第六章的說明，此處只針對細胞自動機（Cellular Automata, CA）的理論與方法作簡介。細胞自動機理論（CA）是由數學家 John Von Neumann 等人於 1950 年代所提出的，初始目的尋求發展具有自我複製能力（Self-replicating）的電腦。CA 之基本概念是假設一個最小的單元體稱爲細胞格（Cell），這些細胞格具有一些狀態，但是在某一時刻只能處於一種狀態之中，隨著時間的變化（即所謂疊代的過程），細胞格漸與附近的其他細胞格互動而改變狀態，並按照已建立的規則，自動且持續演化，進而產生較大尺度之多樣型態；換言之，CA 是一種連結小尺度與大尺度（Micro to macro）的離散性分析工具（吳文成，2002；程春榮，2006）。Conway 於 1970 年設計更爲簡單明瞭的細胞自動機模式－生命遊戲（Game of Life），依其構想細胞不會無限制的成長，於是他定義細胞在過度孤單或擁擠時會死亡，適當空間才會繼續生存，所以細胞群會於經過一定條件的濾（Filter）下，而重新（Declass）決定其下一步是否繼續能成長或殞滅[3]，因此遊戲規則（演化規則）乃爲 CA 模式重要的魔法棒。Wolfram（1986）對細胞自動機做了全面性的研究，並定義細胞自動機所需要包含的四個規定與三個特徵，四個規定是其

---

[3] 有關細胞自動機進一步解說與延伸閱讀請參閱：吳文成，2002 之網站介紹 http://alumni.nctu.edu.tw/~sinner/complex/alife/ca/；英文網址則可參閱：http://academic.regis.edu/dbahr/GeneralPages/CellularAutomata.htm

指設計需：1.決定細胞活動空間的維度，2.定義細胞可能具有的狀態，3.定義細胞改變狀態的規則，4.設定細胞自動機中各個細胞的初始狀態。至於三個特徵是指其運算時爲：1.平行計算（parallel computation）：每一個細胞個體都同時同步的改變，2.局部的（local）：細胞的狀態變化只受周遭細胞的影響，3.一致性的（homogeneous）：所有細胞均受同樣的規則所支配。

綜觀言之，我們可以簡單的數學式來說明細胞自動機模式，假設以 L 作爲規則性的空間矩陣集合，S 爲有限的狀態組合，N(c) 爲細胞 c 的鄰近細胞所構成的集合，t 爲時間，F 爲細胞轉變狀態的規則，則其 F 之目的是從架構 C_t 改變成新架構 C_{t+1}，轉變的過程與規則爲：

$$Step1.：C; L \rightarrow S \qquad （式 13\text{-}1）$$

表示 C 在 t 時間之狀態，結合矩陣中每個細胞狀態之功能。

$$Step2.：C_{t+1}(r) = f(\{C_t(i) : i \quad in\ N(r)\}) \qquad （式 13\text{-}2）$$

$C_{t+1}(r)$ 表示細胞 C 在 t+1 時間狀態，R 個鄰近關係之細胞。

$f(\{C_t(i) : i \quad in\ N(r)\})$ 表示 F 函數在細胞 C 於 t 時間狀態，此狀態是依據與 i 個鄰近細胞的互動關係產生，而所有 I 皆在 R 集合範疇之內。

所以細胞自動機之演化與轉變是在一離散（Discrete）時間序列下，所有的細胞根據轉變規律同步進行更新，其概念如圖 13-5 所示，從圖中亦可得知其組成要素包括有：1.網格、2.網格狀態、3.鄰近空間及 4.演化規則四項（Batty et al., 1997；賴進貴，2002；顏怡璇，2003）。1.細胞網格理論上可以任意幾何形狀（六角形、四邊形等），但設計上以規則排列的方格較常見，細胞網格甚至可以是立體的空間，故它可以是一維、二維或三維網格型態；2.細胞網格狀態由一組有限的型態來顯示，這些型態可以是二元的（如：活的、死的，空的、被佔據的），也可以是多元的（建地、空地、住宅用地等），但在任一時間，每個網格都只能由這一組型態中的某一類來顯示；3.鄰近區是由中心網格周圍之各接臨網格或由一定半徑內的所有網格所構成，各種不同的鄰近區型態可參考圖 13-6 所示；4.演化規則是 CA 模式的核心，包含屬性、時間、空間等因素，故制定上有許多的考量，以屬性因素爲例，目前的 CA

模式普遍採用的作法包括：專家訪談作法、研究者逐行選定相關因子與及依真實的資料代入，或利用蒙特卡羅（Monte Carlo）方法來計算出權重。

細胞自動機以簡單的規則，卻能夠產生複雜的動態交互現象，對於存在於大自然的現象與景觀變化提供了另一種解釋，所以近年來細胞自動機不僅已成為物理學中波動方程的模型，也協助了混沌、碎形等離散數學的發展，後來更進一步擴大運用在諸如生物演化、都市規劃及土地利用等空間分析的研究領域上。

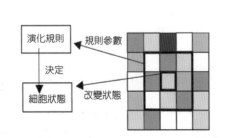

圖 13-5　網格空間結構下之 CA 系統概念圖

（引自：程春榮，2006）

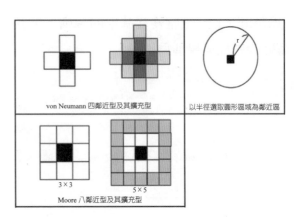

圖 13-6　CA 網格空間的各種不同鄰近區型態

（引自：顏怡璇，2003）

二、研究流程與步驟

1. 衛星影像處理：研究所使用之法國 SPOT 衛星影像資料，係購自中央大學太空及遙測研究中心，選取範圍的 LL 為（224550，2652360），UR 為（231950，2662160），影像皆經等級 3 處理之產品，選取之時間序列分別為 1999 年 3 月（921 地震前）、1999 年 10 月（921 地震後）、2002 年 11 月、2005 年 11 月四期，各期影像之參數儘量排除其誤差性，故除 1999 年 9 月因地震事件對照之需而受限外，其餘影像選用之拍攝日期相近，且衛星入射角、太陽方位角與仰角差異亦不大為原則（見表 13-1），如此不僅利於對比，亦可降低植被生長與地形陰影所產生之干擾。而本文之地景變遷的指標選取，因考量此區之人為開發不盛，地貌多為植被所覆蓋，故乃以最明顯的植生狀況為考量，衛星影像處理所使用的軟體為 PG-STEAMER，除進行衛星波段之影像疊置與顯化（Sharpening）外，主要分析項目為常態化差異植生指數

（Normalized Difference Vegetation Index，NDVI）[4] 之求取，以作為植物覆蓋率、崩塌裸地及植生復育之判釋。

表 13-1　九九峰地區之 SPOT 影像屬性表

影像代碼	年月日	時間	衛星編號	入射角	方位角	仰角
I0009926	1999.03.25	02:55:58	SPOT4	26.1°	144.4°	61.2°
I0009775	1999.10.31	02:23:59	SPOT4	-30.4°	153.1°	46.6°
I0009927	2002.11.27	02:47:58	SPOT4	11.0°	160.0°	44.3°
I0009826	2005.11.15	02:52:42	SPOT5	25.3°	163.6°	45.2°

　　2. 空間資訊分析：主要的工作是藉由相關因素的收集，配合地理資訊系統（GIS）軟體分析工具，來詮釋影響研究區地景變遷的機制與原因；採用之 GIS 軟體為 ESRI 的 ARCVIEW 系統，過程為先將衛星影像處理後的 NDVI 資料加以轉換、萃取與分類，並配合本區之數值地形模型（Digital Terrain Model，DTM）所產生之高度、坡度及坡向進行圖檔疊置與屬性資料結合，彙整成研究區的 GIS 資料庫以利空間資料展示與統計分析，最後透過幾何工具分析（Geoprocessing wizard）及搭配套疊之圖層的形式，提供作為地形因子與地景變遷相關之判釋與探究依據。

　　3. 植生變遷模擬：綜合上述文獻資料與方法介紹可以得知，馬可夫模式與細胞自動機理論，皆可運用於植生復育變遷的模擬，只是其原理不同，馬可夫模式採用的是演變機率，由先前的事件來決定其變遷的規則，而細胞自動機則是由其周遭細胞格的狀態來決定。這兩種動態模擬的方法其成果有何差異？是否可以併用而相得益彰？此方面之議題鮮少被論及，故本文嘗試利用 IDRISI 地理資訊與遙測影像處理系統（GIS and Image Processing tools）來加以分析比較。IDRISI 軟體是美國克拉克大學（Clark University）所研發的，其特色為集地理資訊系統（GIS）和圖像處理（Image Processing）功能於一身，其眾多模組中有關地景變遷模型的也是系統中十分受重視的一個面向。IDRIS 在土地利用變遷的預測與模擬包含有馬可夫模式分析（Markov Chain Analysis）、基於細胞自動機理論模式（modeling of change based on Cellular

---

[4] 常態化差異植生指標（NDVI）的分析，是因綠色植物有吸收藍光、紅光及強烈反射紅外光之特性，故遙測上之運用可作為評估綠色植物之光合作用、植物之覆蓋率、崩塌裸地之判釋及植生復育之情況指標。其計算公式為：NDVI = (IR-R)/(IR+R)，其中 IR = 近紅外光幅射值，R = 紅外光（即可見光）幅射值，NDVI 之值域介於 -1 至 +1 間，指數愈大愈明亮，代表綠色生物量愈多。

Automata）的馬可夫變化模型（CA-Markov）及 GEOMOD 等模組。而 CA-Markov 模組即是結合細胞自動機與馬可夫模式，其原理是在馬可夫的轉移機率矩陣中，每個單元歸類的反覆計算過程，是採用多元物件導向的土地分派模式（Multi Objective Land Allocation , MOLA）[5]，而 MOLA 即是利用細胞自動機的 Moore 擴充型方式（5*5 網格，參見圖 13-6），對鄰近周圍土地單元，以 Boolean 遮罩計算法來濾濾（Filter）其土地單元是否要被取代而發生基質的改變，這便是 CA-Markov 用來預測與模擬地景變遷的方法。

　　本文利用 IDRISI 的 Markov Model 和 CA-Markov Model 模擬自然演替下九九峰研究區地景變遷趨勢，其操作步驟為：1. 將 ARCVIEW 軟體所處理 GIS 之 Vector 檔轉換為 IDRISI 的 Raster 檔，利用 GIS Analysis/Change/Time Series 的 Crosstable 製作兩個時期間，即 1999 至 2002 年 3 年間的機率統計變化表。2. 利用 Change/Time Series 的 Markvo Model 求取轉移機率和轉移面積矩陣（Transition probabilities matrix & Transition areas matrix）並匯集成為條件機率影像檔（Conditional probability images，其背景細胞格與比率誤差之設定值分別律定為 0.0 與 0.15）作為估測下一階段時期（下一個 3 年，即 2005 年）變化的決定參數。3. 利用 STCHOICE 的機率選擇決定模組（Stochastic choice decision module）求取依條件機率影像所計算繪製而出的 Markvo Model 地景變遷圖。4. CA-Markov Model 的運用，需先利用 Decision support 的 Fuzzy 模組，計算 MOLA 分派模式的準則（即建立所謂細胞自動化的運動規則），作為綜合因素考量條件的轉移配當影像檔（Transition suitabilities image）。5. 轉至 CA-Markov Model 中，選取 2002 年影像為土地利用基圖，以 Transition areas matrix 作為 Markvo Model 轉移機率的數據參考，並確認採用細胞自動化的運動規則（即輸入轉移配當影像檔，Transition suitabilities image），即可求取再過 3 年後（iteration，即 2005 年）的 CA-Markov Model 景觀變遷圖，再與僅用 STCHOICE 的 Markvo Model 所得出之變遷圖作趨勢分析與差異比較。

三、成果與討論

1.九九峰歷年來的地景影像與 NDVI 變遷趨勢

　　本研究所使用之影像為 SPOT4 或 SPOT5 衛星所拍攝之多波段影像，具有綠光、

---

[5]　相關運用理論與分析資料，參見 IDRISI User Manual，P151- 165。

紅光、近紅外光（NIR）及短波紅外光（SWIR）等 4 個波段，利用 PG－Streamer 的 Binary BSQ 格式轉檔輸入與波段組合後，分別製成各期之影像檔；而為提高影像之辨識，將 10 公尺解析像元之單色態影像（SPOT5 為全色態 PAN）與 20 公尺像元之多光譜態（XS）以 Image Sharpening 方法融合使其具 10 公尺解析力之多光譜彩色影像，另所有影像皆增揚（Enhancement）為 95% 以利於比對影像色態間之差異。圖 13-7 即為各期之多光譜態（XS）影像，紅色代表植被覆蓋良好區域，淡藍色則代表崩塌裸露或溪谷位置，白色代表雲塊，對比後顯示研究區內於九二一地震前（1999 年 3 月）除溪流呈現水藍色外，主要地景是植被覆蓋極為茂密的赭紅色彩，但 1999 年 9 月 21 日地震後，九九峰自然保留區域得淡藍色塊劇增，顯示地震造成大量崩塌與土石流而造成地層的裸露，計面積廣達 971 公頃，亦即 80% 以上的九九峰自然保留區均變為裸露崩壞地，地表景觀一夕丕變；2002 後裸露坡地上的植被逐漸隨時間回復生長，期間雖曾受颱風與豪雨之沖刷，但植被仍在此變動狀態下緩緩延展，稀疏的裸露地減少，林相逐漸增加；至 2005 年時自然保留區域的演替序列已由草本而灌木，漸進入穩定的極盛相，紅色覆蓋率大增，地表大多恢復往昔地震前的景觀。

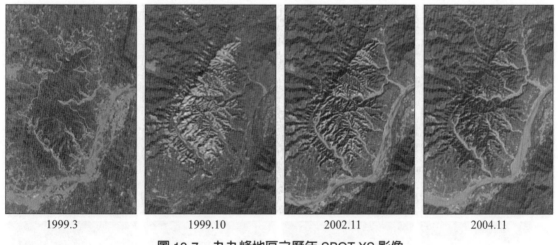

| 1999.3 | 1999.10 | 2002.11 | 2004.11 |

圖 13-7　九九峰地區之歷年 SPOT XS 影像

　　選擇植被狀態做為地景變遷的指標，乃因研究區多為陡峭崎嶇之尖峰與溝谷，影像易受地形陰影效應之影響，依據 Jensen（1986）、Lillesand and Kiefer（1994）等學者研究指出，利用紅光與紅外光的常態化差異植生指數（NDVI），可有效消除坡度與坡向造成不同太陽照射之影響，Lyon et al.（1998）研究 Mexico Chiapas 地區之

植被變遷指出 NDVI 最不受地形因子影響且其色彩直方圖是唯一呈常態分布，因此 NDVI 之方法運用於變遷的偵測能產生最佳結果（引自陳添水，2005）。緣此，本研究遂採用目前已被廣泛應用之 NDVI 法進行地景變遷之探討，圖 13-8（上）即為研究區四個時期的 NDVI 影像與數值分析圖，NDVI 之值域介於 -1 至 +1 間，指數愈大，代表綠色生物量愈多，換言之顏色愈淡白，代表植物生長愈旺盛，本區 NDVI 的除河流水體呈現負值外，一般物項都在 0～0.7 之間；與圖 13-8（下）色彩直方圖影像做呼應與對比，可觀察出 921 震災前 NDVI 影像除河流區位外，均呈現顯明之淡白色澤，其 NDVI 直方圖的眾數為 0.63，平均值 0.59，標準差小，分配峰度高度集中於 0.46～0.69 之間，顯示綠色植被繁茂之榮景；九二一後大量的地形崩塌，九九峰自然保留區內反逆成一片闇黑，說明地表 NDVI 植生指數大為減少，其眾數驟降至 0.55，平均值 0.34，其中 0.0 至 0.2 的裸地指數比率竄升很多，峰度值趨於扁平，顯見地景破壞之劇烈，惟經過一定時間之生養，2002 年時眾數已升至 0.59，平均值 0.45，0.2 以下的裸地指數大量減少，顯見植被已漸生成，2005 年九九峰自然保留區的顏色由灰黑轉灰白，眾數上升至 0.61，平均值已達 0.51，峰度高度又集中於 0.40～0.63 之間，代表植物漸趨生長、蓊鬱覆蓋，地景亦日趨恢復往昔常態。

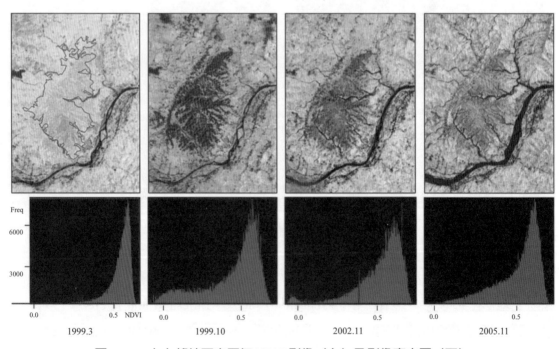

圖 13-8　九九峰地區之歷年 NDVI 影像（上）及影像直方圖（下）

2.影響九九峰植生變遷之因素分析

　　為探討各期植被空間變化與其影響因素，一般研究求取 NDVI 值後，會分別作植生指數之分級，以作為地景與植被變遷之依據，惟植被因類型、覆蓋度與地形等呈現不同幅射值之變化，精細的分級有其困難度，所以一般文獻亦多僅用於決定其變遷門檻值，本研究鑑於研究區影像解析度不高且地形多變複雜，遂僅依陳添水（2005）等人之文獻經驗值與野外實查驗證，將 NDVI 值分為 3 個等級，分別為：1. 數值小於 0.2 以下的低指數區，主要為崩塌裸岩區、土石流堆積地或河灘谷地，2. 數值介於 0.2 與 0.5 之間，屬稀疏植被、少許灌叢及草地為主的中指數，3. 則為數值大於 0.5 以上的高指數，屬於較茂密的林相帶地區，其作法為將 PG-STEAMER 的 NDVI 檔案資料轉入 ARCVIEW 的 GIS 系統中進行分類，圖 13-9 即為利用 NDVI 分級指數進行歷年地景之植生變遷情形，藉由進一步統計分析可以得知（參見表 13-3），1999 年九二一地震後由原本翠綠林相明顯轉為崩塌裸岩、土石流堆積地或稀疏草生地者合計 958 公頃，幾乎占九九峰自然保留區的 80%，變化可為巨大；在歷經三年的修生養息後，2002 的地景逐步復原中，最大的差別在於真正全裸的地景已不多見，僅占 6% 左右，其餘崩壞區或多或少的有著稀疏草地或零星灌叢的生長與分布，林相也穩定增加 1.5 倍，計 415 公頃占總面積的 35%，2005 後，六成以上的地景已為茂林林相所蓋遮，草地僅退剩至 38%，景觀轉換十分鮮明。

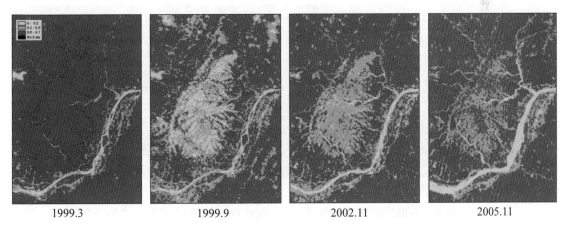

| 1999.3 | 1999.9 | 2002.11 | 2005.11 |

圖 13-9　應用 NDVI 指數進行歷年地景之植生變遷分析圖

　　於影響地景變遷或植被演育趨勢的因素為何？由於外在動態因子（如雨量、剝蝕率）不易掌握，而本區大尺度的地質條件是一致的，因此本研究僅針對地形因素加以

探討，圖 13-10 與表 13-2 為利用 ARCVIEW 軟體處理九九峰地區之 DTM 所得之各項地形特徵分析值，其中高度值主要介於 450～650 公尺，占全區面積的 57%，最高為 776 公尺；另外在坡度方面，20% 是介於 10～20° 之間，而主要坡度集中在 20～40°，約占 55%，是屬較陡峭的地區；整體歸納而言，此自然保留區是在地形上乃屬丘陵地形。至於坡向分布方面，則顯得較為平均，八方位的坡向以南面坡向最多約占 16%，其次為東南向 15%，最少的方位為北方，僅占 10%，其次為西北，所以大體而言，保留區之地形特徵是南面坡向較北面為多；另從統計資料得出高度與坡度是有相關，即高度愈高，通常坡度會愈陡，但高度與坡向則無明顯之關聯。

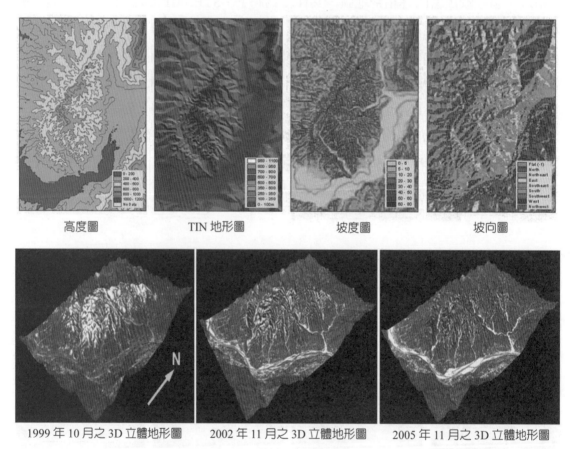

高度圖　　　　　TIN 地形圖　　　　　坡度圖　　　　　坡向圖

1999 年 10 月之 3D 立體地形圖　　2002 年 11 月之 3D 立體地形圖　　2005 年 11 月之 3D 立體地形圖

圖 13-10　九九峰地區之各項地形特徵分析圖（上）與結合 DTM 及衛星影像之各時期 3D 圖（下）

表 13-2　九九峰地區之各項地形特徵分析表

高度 m	面積 ha	比率	坡度	面積 ha	比率	坡向	面積 ha	比率
＜ 150	0.4	0.00	0-10°	77.0	0.06	N	120.3	0.10
150-250	11.5	0.01	10-20°	232.4	0.19	NE	139.3	0.12
250-350	59.4	0.05	20-30°	353.2	0.29	E	143.0	0.12
350-450	199.0	0.17	30-40°	317.6	0.26	SE	176.8	0.15
450-550	364.0	0.30	40-50°	167.7	0.14	S	188.7	0.16
550-650	329.0	0.27	50-60°	44.9	0.04	SW	159.8	0.13
650-750	189.0	0.16	60-70°	4.9	0.00	W	139.1	0.12
＞ 750	46.3	0.04	70-80°	1.3	0.00	NW	132D.0	0.11

　　進一步地利用 GIS 將 NDVI 植生指數等級，套疊於各項地形特徵值上並經 Geoprocessing wizard 的工具分析，其結果如表 13-3 所示，1999 年在 921 地震發生後，強烈的搖晃使高度愈高、坡度愈陡之地層更易產生鬆動，加上原本岩石之膠結度差，所以容易成大規模之崩壞地形，從表中得知崩壞的裸岩區平均高度 536 公尺、坡度平均達 37 度，這些位高坡陡區對外力誘發的反應本來就較敏感，何況遇此強震的錯動與位移，自然造成景觀近毀滅性的破壞；植被密度較低的中指數草叢地區，其分布位置的平均高度較低（504m）、坡度較緩（33 度），雖面臨強震侵襲，但因下滑推力較小地勢較穩定，所以岩層崩移過程中仍有少數稀疏灌叢或草地殘留下來或繼續生長；最後林相維持不變的，也就是未發生崩壞的地區則屬少數且多發生低緩山谷和緩坡上（本區之平均高程為 454m，坡度 27 度），顯示地貌的變遷和地形因素有一定程度的關聯。2002 年後透過衛星之遙測分類結果，崩塌地植生已漸恢復生機，繁殖能力強的草本科植物不僅沿山坡基腳及近山腰處蔓延，甚至往高平處的山頂發育，由於保留區之高度並不高，所以只要位置適當，並有土壤層化育之處，即會有淺根性草本科或灌叢植物出現，故此時最大的空間變化特色便是中指數草本植被區的高度成長，分布占總面積的 60% 以上，雖然坡度仍是控制地景（植被）變化的重要因素，但是高度的區隔已被打破，只要坡度平緩，即使山頂高度上升，草本植物依然可蓬勃生長；另外代表的植被進入穩定的茂盛林木相，也從 240 公頃變成 415 公頃，增加近 60%，縱使此期間仍有颱風豪雨沖蝕破壞，但植生景觀仍朝穩定趨勢成長。2005 年的衛星影像資料更可顯著觀察出地景變遷的特色，其中低植被指數的分布，

只剩 1% 左右堆積於局部坡腳之昔日崩落土石與洪水沖刷裸露的河岸灘地，故其平高度遽降至 388m、坡度也變緩（平均只有 27 度），而山頂高處已多爲中植被指數的草本植被所占據覆蓋，而更多的草本植被區則在自然的演替下，亦日漸回復爲蓊鬱的森林景觀。另值得一提的因本區地勢以南面坡向分布最多，因此各時期或各級之植生指數也自然以南向坡面分布最廣，而坡向頻率較少的北部與東北部，植被恢復狀態稍差，可能是受日照與東北季風之影響。

表 13-3　九九峰地區不同時期之地景分級與其地形特徵歸納表

	1999.10				2002.11				2005.11			
	面積 ha (%)	高度 m	坡度	優勢坡向	面積 ha (%)	高度 m	坡度	優勢坡向	面積 ha (%)	高度 m	坡度	優勢坡向
1 低指數（裸地）	408.0 (34)	536	37°	S	72.5 (6%)	508	36°	S	14.7 (1%)	388	28°	S
2 中指數（草地）	550.8 (46)	504	33°	S	711.2 (59%)	514	35°	S	453.7 (38%)	509	35°	S
3 高指數（林地）	240.2 (20)	454	27°	S	415.3 (35%)	468	31°	S	730.6 (61%)	505	35°	S

3. 九九峰的植生變遷之模擬與預測

　　利用馬可夫模式的矩陣過程，要分析 1999 年 9 月至 2002 年 7 月年該區 3 年來地表植生景觀的變化趨勢，其步驟是先將此兩年的土地型態加以分類（即利用 NDVI 之準則分裸地、草地與林地）；其次分別計算其所占之面積，並轉換成百分比將此三個不同的土地類型依變化程度順序排列並轉換爲一個九元素的轉變矩陣，以自乘積來求下一階段（2005 年）的各類土地變化機率；最後是重複自乘轉變機率矩陣，求得其穩定機率值（即所謂正規馬可夫分析）[6]，來顯示各種類土地利用未來變化的理論趨勢。爲能綜觀完整範圍的植生景觀變遷，此部分採取衛星影像所擷取之完整圖幅（LL：224550，2652360，UR：231950，2662160），面積約 72650 公頃；本文利用 IDRISI 分析軟體分別轉入 1999 年與 2002 年研究區之數值地圖，並用 Crosstable

---

[6] 本研究乃假設此植生系統在長期的演替下會處於一穩定機率，故可利用平衡矩陣的正規馬可夫概念分析；然若設林地或裸岩區一旦生成則難以再改變爲其他型態，則另可用吸收馬可夫分析，此處因不做複雜推論，故僅單純以穩定的機率值（即正規馬可夫模式）來估算。

與的 Markvo Model 求得轉移區域和機率矩陣（Transition probabilities matrix，Transition areas matrix），如圖 13-11 所示可得知 1999 年地震後至 2002 年裸地面積由 16% 降為 7%，縮減最多，草地由 49% 降為 41%，而林地恢復最多由 36% 升為 52%；其中對角線數據（畫底線）代表 1999 年至 2002 都未改變的土地利用面積（如林地在 1999 年為 26154 公頃占全部土地利用的 36%，到了 1999 年仍維持為林地者是 18725 公頃，占 72%；草地仍維持草地為 14825 公頃，占 42%；裸地為 1338 公頃，佔 13%）；左下代表崩塌裸地入侵置換了原來的茂盛林相區，右上則代表茂盛林相區取代了崩塌裸地的情況，例如第三行顯示林地在 1999 年有 37778 公頃，其中 18725 公頃林地是不變的，而有 1443 公頃是以前的裸地，另有 17874 公頃則是由原來的稀疏灌叢與草地等土地型態轉變而來；而假設一切條件不變之情形，則下一階段（即 3 年後的 2005 年）其演變機率則為 P 的平方（自乘矩陣一次），此時裸地轉為草地之比例 73% 降約六成至 43.6%，變為林地的比率則由 14% 驟升至 48.4%，約為原來的 3.5 倍，草地與林地之轉變則較緩，例如草地仍維持原樣之機率比從 42% 降至 36%，轉換為林地則由 50% 升為 58%；至於推演到最後穩定的狀態機率則裸地、草地與林地所佔的變率分別為 0.052、0.331 與 0.617。

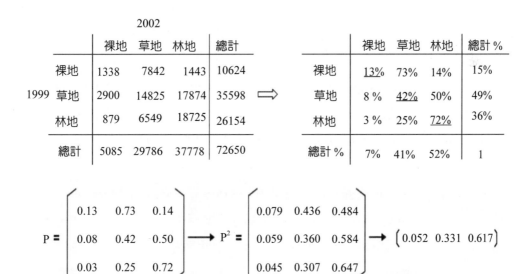

圖 13-11　運用馬可夫模式於本區地景變遷之分析與預測

利用 IDRISI 的 GIS Analysis/Change/Time Series 的 STCHOICE 機率選擇決定

模式（Stochastic choice decision module）將上述資料代入模擬而繪製出的 Markov Model 地景變遷情況如圖 13-12(b) 所示，對照 2005 年 SPOT 實際拍攝所分類處理的變遷影像（圖 13-12(a)），可以看出此 Markov Model 方式所產生的地景變遷圖與實際情況有頗大的差異，其圖模糊、失真且難窺地景變遷之全貌，究其原因是此圖上每一個座標位置的像素（Pixel）均在條件機率的安排下，依序反覆累計直至原有的隨機值被重新分類置換或保留，此像素值即成為該時期的最終預測值；雖然每一個重新分類的像素值均是依準確的轉換機率演算而得，但卻缺乏空間分布的知識與內涵，每個像素值（空間屬性）的更動置換只憑藉 Markov 模式的隨機機率，這不僅造成各像素值雜亂無序地各自表述，使得圖像呈現如同灑鹽粒或胡椒粉般的斑點散布圖，同時也無法反映真實狀況，例如河道水體廣泛地被誤判為草地，地表植生變遷的模擬與預測並不理想！

　　結合細胞自動機理論與馬可夫模式的 CA-Markov Model，其考量的要素即是重視空間分布的知識與內涵；換言之，此模式認為景觀與事物分布並非只是一種隨機現象，而是深受諸如地質、地形、氣候、土壤或人為活動等因素的控制或干擾，因此其變化是一連串系統的複雜反應，故 CA-Markov Model 除了納入馬可夫的演變機率外，亦利用細胞自動機理論，考慮其屬性、時間、空間等因素來制訂所謂演化規則，進而循此準則，對其鄰近周遭土地單元的像數值誘發連鎖反應。在操作上，本文的演化規則的制訂，僅嘗試以前述的坡度、高度與坡向等三項地形因子做為考量要素，依 IDRISI Decision support 所建置的 Fuzzy 模組，將三項地形因子的 8 等級圖例分別轉換為 0～255 數值層級的 Fuzzy 圖層（權重值均一致），再結合輯製為轉移配當影像檔（Transition suitabilities image，所以每個向元均有 3 個因子的累計值）作為演化規則，並選取 2002 年影像為土地利用基圖，以 Transition areas matrix 作為 Markov Model 轉移機率的依據，設定 3 年後（2005 年）的 CA-Markov Model 植生景觀變遷圖，其成果如圖 13-12(c) 所示。對照純用馬可夫模式的圖 13-12(b)，可以得知 CA-Markov Model 的影像較為清晰與連續，圖中明顯呈現 2005 年，林地面積持續穩定成長，裸露地逐漸消退，表示在不受人為干擾之下，地景是依自然演替法則而穩定地成長，這與圖 13-12(a) 的實際變遷之趨勢吻合，另經對比與統計可得此預估的判別準度可達 70%，成效已達一定之水準。故歸結而言，採用基於細胞自動機理論之演化規則決定土地單元之變化，能減少人為主觀意識或純由隨機機率決定之偏頗與誤差；雖然 CA-Markov 模式對地表植生變遷之空間分布模擬與現況頗為接近，但仍

無法完全與現實的狀況完全相符，這亦表示出影響本研究區地表植生變遷之因素，尚存有其他權重因子或影響機制，故未來可納入更多相關的限制條件與影響因素並調整相關權重來探究，相信有益於此模型準確度之提升。

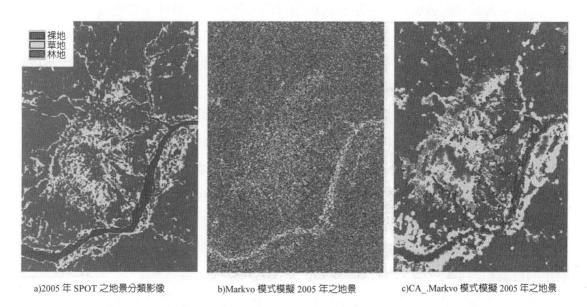

a)2005 年 SPOT 之地景分類影像　　　　b)Markvo 模式模擬 2005 年之地景　　　　c)CA_.Markvo 模式模擬 2005 年之地景

圖 13-12　運用 Markvo、CA-Markov 模式模擬本區地景變遷之比較圖

四、結論

　　地表植被變遷與土地利用是人類與環境互動過程的具體表徵，不同的經濟、社會、政治文化條件以及自然環境的限制，會呈現不同的土地利用方式；所以探討地表植被變遷及土地利用變化是一種空間分析的歷程，藉由圖像套疊與位置建立資料間的空間和統計關係得以解釋時空變遷量、變遷因子與變遷趨勢，以利人類正確解釋地理環境和合理利用地理環境，實是地理學家的重要使命。本文透過 GIS 及遙測等工具，進行地景變遷分析及模式模擬可得知 1999 年 921 地震後因大規模的崩塌造成九九峰地區內 80% 以上之地表成裸露地，區內 NDVI 眾數值也降至 0.55，然經一定時間之生養，NDVI 植生指數開始持續上升，2002 年之眾數為 0.59，代表高指數的林相覆蓋率恢復至 35%，2005 年 NDVI 之眾數已達 0.61，林相覆蓋率已超過六成，顯示多數地景漸恢復往昔常態，循自然演替法則而穩定地成長；而經 GIS 套疊與分析則顯示地景變化趨勢與地形特徵值有關，高坡陡區易受環境變化而改變，恢復力也

較低，所以多屬植被密度較低的崩壞裸岩地，但此情況亦隨時間演變而會逐漸演替變化；最後對比研究區地景的實際變遷發現，加入影響地形因子的考量，CA－Markvo模式的模擬較隨機決定的的 Markov 模式能更有效預測地景變遷的趨勢。

然而地表景觀的發展與演變是多元與複雜的，許多重大事件（如地震）或特定人為開發的變化，均非以穩定機率所能推演與預估；而本研究僅嘗試以幾項地形因子作為影響地景的變化規則，未考慮各因子間的加權情形及充分掌握其他營力與秉性（如氣候、土壤、地質構造或崩塌後的人為育林等）之影響，地表植被變遷之指標也僅以三類植被型態作為初探；又受限於時間與篇幅，並未再利用其他模組，如 GEOMOD分析模組或如近期改善的以垬塊為基礎的細胞自動機（PBCA-Markov）模型，採用較精確的單位和不同權重值，來進一步擴大模擬與比較；此外也暫未針對以 CA-Markov 方法模擬後，續探各土地類別分布與實際差異較大者之原因；因此後續研究可考量納入更多地景變化之影響因子、提高地景分類指標之精緻度，並改善預測與評估方法之缺漏，俾能得更佳之詮釋與模擬成果，有助於進一步探索與理解地景與環境變化的機制和因果。

相信在未來隨著「地理資訊學」的開展，GIS 的設計和功能將更加強大，可採納更先進、多元的模組進行整合和分析比較，尤其近年來隨著虛擬實境（virtual reality, VR）技術的精進，結合航拍機或空載光達（Light Detection And Ranging, LiDAR）的實地計算攝影圖像及三維空間座標定位所擴增實境（Augmented Reality, AR）之應用[7]，將會改變傳統地理學的空間概念；而將其運用在地表景觀和土地利用的分布型態和演化特性之研究，應能更精準掌握影響各種作用因子和營力機制之理解、對於預測模式的建制和模擬的成效能更加提升，如此針對未來可能的變遷，才能未雨綢繆地盡早提出規劃與因應策略，以利人類生存和永續發展。

---

[7] 作者已於 2017 年進行教育部「結合 APP 行動程式和 AR 擴增實境於觀光導覽之數位教材編製社群」之計畫，並擬於 2018 年繼續延伸運用 AR 擴增實境於土地資源利用與規劃之探討。

📖 主要參考文獻

一、中文文獻

丁志堅（1997）：運用馬可夫鏈模式度量土地利用變遷之研究。臺北：臺灣大學地理所碩士論文。

王鑫（2015）。驀然回首──地理學的未來：沉思與抉擇。環境與世界，31：1-22。

余建明（2012）。一生不能不瞭解的地理學故事。臺北：知青頻道出版社。

吳文成（2002）。細胞自動機，http://alumni.nctu.edu.tw/sinner/complex/alife/ca/

吳守從（2003）。南仁山生態保護區森林植群動態變化及其經營管理策略之探討。臺北：臺灣大學森林學研究所博士論文。

李承玟（2014）。宜蘭縣大同鄉土地利用與邊坡崩塌之災害潛勢分析。臺北：國立臺灣師範大學地理研究所碩論。

李瑞陽（2006）。運用影像分塊方法於高解析衛星影像土地利用判釋精度之研究。航測及遙測學刊，11(4)：403-415。

汪禮國（1997）。細胞自動機模式（Cellular Automata）與都市空間演化。臺中：中興大學法商學院都市計畫研究所碩論。

林金樹（1996）。都會區土地利用的變數結構之研究──以臺南市為例，中華林學季刊，29(2)：79-92。

洪紫萱（2016）。應用衛星影像於都市發展之監測與預測──以臺灣桃園為例。桃園：中央大學遙測科技碩士學位學程碩論。

孫俊，潘玉君（2011）。也談科學的興衰：借饒毅教授哈佛生物學之思看地理學。科學文化評論，8(6)：98-104。

張右峻（1999）。利用類神經網路探討土地利用型態與環境變遷之研究。臺中：逢甲大學土地管理研究所碩論。

張長義等（2002）。臺灣山坡地與海岸環境敏感區土地利用變遷及其對環境衝擊之研究，永續發展科技與政策研討會，臺北：臺灣大學。

張政亮（2006）。馬可夫鏈模型（Markvo Chain Model）在地理學研究之運用。國教新知，53(1)：72-86。

張政亮、張瑞津（2006）。運用馬可夫鏈模型與細胞自動機理論模擬地景變遷之研究──以

九九峰自然保護區爲例。師大地理研究報告，45：123-142。

許立達、鄭祈全（2000）。應用馬可夫模式探討六龜生態系經營區之地景變遷，臺灣林業科
　　學，15(1)：41-49。

陳永寬、吳守從（2001）。應用馬可夫鏈模式預測南仁山生態保護區地景變遷。臺大實驗林
　　研究報告，15(4)：318-328。

陳建元、游繁結、羅俊雄、陳天健、李文正（2005）。細胞自動機的介紹及其在土石流災害
　　模擬的初步應用。中華水土保持學報，36(3)：293-300。

陳彥光、羅靜（2009）。地學計算的研究進展與問題分析。地理科學進展，28(4)：481-488。

陳添水（2005）。九九峰地區九二一地震崩塌植生指數變遷分析，特有生物研究，7(2)：63-
　　75。

陳錦嬿、黃國展（2013）。ArcGIS地理資訊系統入門與應用。臺北：新文京出版社。

程春榮（2006）。CA應用於臺中市中心商業區再發展之研究。臺中：逢甲大學都市計畫學
　　系碩論。

黃國楨、鍾玉龍、林美雲、李久先（2004）。航空照片應用於大鵬灣土地利用變遷之研究，
　　航測及遙測學刊，9(4)：35-46。

黃誌川、徐美玲、朱子豪（2001）。區別分析於衛星影像土地利用分類之應用──以宜蘭沿
　　海鄉鎮爲例。地理學報，29：107-120。

廖怡雯（2003）。運用馬可夫鏈模式於臺中市土地利用變遷之研究，臺中：逢甲大學土地管
　　理所碩論。

蔡博文（1999）。臺灣北部海岸地區土地利用歷史資料庫建立之研究，行政院國家科學委員
　　會專題研究計畫報告。

蔡博文（2003）。臺灣山地地區土地利用時序資料庫建立之研究，行政院國家科學委員會專
　　題研究計畫報告。

蔡博文（2005）。土地變遷研究之回顧與展望。全球變遷通訊雜誌，48：21-24。

賴進貴、王韋立、紀明德（2000）。細胞自動化理論的空間演化模擬研究，地理資訊學會
　　2000年會暨學術研討會論文集。

賴進貴、葉高華、王韋力（2004）。土地利用變遷與空間相依性之探討──以臺北盆地聚落
　　變遷爲例。臺灣地理資訊學刊，1：29-40。

顏怡璇（2003）。運用細胞自動化理論模擬森林地景變遷之研究──以南仁山生態保護區爲
　　例。臺中：東海大學景觀學系碩士論文。

二、英文文獻

Baker, W.L. (1989): A review of models of landscape change. *Landscape Ecology, 2*(2): 111-133.

Balzter, H., Braun, P.W., Kohler, W., (1998), Cellular automata models for vegetation dynamics, *Ecological Modeling, 107*: 113-125.

Batty, M., Couclelis, H., Eichen, M. (1997), Urban systems as cellular automata, *Environment and Planning B - Planning & Design, 24*(2): 159-164.

Bunza, G. (1984). Oberflächenabfluß und Bodenabtrag in alpinen Graslandökosystemen. *Verhandlungen der Gesellschaft für Ökologie, 12*:101-109.

Chust, G., Ducrot, D., Riera, J.L.L., & Pretus, J.L.L. (1999), Characterizing human-modeled landscapes at a stationary state: a case study of Minorca, Spain, *Environmental conservation, 26*(4): 322-331.

Clarke, K. C., Hoppen, S., & Gaydos, L. (1997). A self-modifying cellular automaton model of historical urbanization in the San Francisco Bay area. *Environment and Planning B, 24*: 247-261

D'Ambrosio, D., Di Gregorio, S., Iovine, G. (2003). Simulating debris flows through a hexagonal cellular automata model: SCIDDICA S3-hex, *Natural Hazards and Earth System Sciences, 3*: 545-559.

Jensen, J. R. (1986). Introductory Digital Image Processing. New Jersey: Prentice-Hall.

Li, X. & Yeh, A. G. O. (2002). Neural-network-based cellular automata for simulating multiple land use changes using GIS, *International journal of geographical information science, 16*(4): 323-343.

Lillesand, T.M. and Kiefer, R.W. "Remote sensing and image interpretation." New York: Jon Wiley & Sons; (1994).

Lyons, W. A., Nelson, T. E., Williams, E. R., Cramer, J. A. & Turner, T. R. (1998). Enhanced positive cloud-to-ground lightning in thunderstorms ingesting smoke from fires. *Science, 282:* 77-80.

Openshaw, S., & Abrahart, R. J. (2000). *GeoComputation*. London: Taylor and Francis.

Pastor, J., Sharp, A., & Wolter, P. (2005). An application of Markov models to the dynamics of Minnesota's forests, *Canadian Journal of Forest Research, 35*(12): 3011-3019.

Rindfuss, R. R., Walsh, S. J., Turner II., B. L., Fox, J. & Mishra, V. (2004). Developing a Science of Land Change: Challenges and methodological issues., *PNAS, 101*(39): 13976-13981.

Tasser, E., Mader, M., & Tappeiner, U. (2003). Effects of land use in alpine grasslands on the probability of landslides. *Basic Appl. Ecol., 4*:271-280.

Turner II, B. B. & Meyer, W. B. (1991). Land use and land cover in global environmental change. *International Social Science Journal, 130*: 669-679.

Turner, M. G. (1987). Spatial simulation of landscape changes in Georgia: a comparison of 3 transition models, *Landscape Ecology, 4:*29-36.

Wang, F., & Marceau, D. J. (2013). A patch-based cellular automaton for simulating land-use changes at fine spatial resolution. *Transactions in GIS*, 17: 828-846.

Weng, Q. (2002). Land use change analysis in the Zhujiang Delta of China using satellite remote sensing, GIS, and stochastic modeling. *Journal of Environmental Management, 64*: 273-284.

Wolfram, S. (1986). *Theory and Applications of Cellular Automata,* New York: World Scientific.

Wood, E.C., Lewis, J. E., Tappan G.G., & Lietzow, R.W. (1997). The development of a land cover change model for southern Senegal. Land use modeling workshop. Sioux Falls, SD: National Center for Geographic Information and Analysis.

第五篇　結論

縱使你完全了解地球自轉與其他的定律，你依然會錯過落日的餘暉。

——尼采（F. W. Nietzsche）

一、科學與理論之後

在這個科學昌明的時代，科學家不斷在邏輯實證的思辨中尋找和發現所謂的事實和「真理」[1]，所以孔恩從科學史的研究中發現：觀察與預測都是受理論指引，是理論系統的一部分，根本沒有所謂獨立於理論的觀察，因此科學革命只是一種世界觀或典範的移轉（詹志禹、吳璧純，1992）。職是之故，科學家嘗試尋找天地萬物間共同運行規律仍具一本初衷的熱誠，雖然著名物理學家愛因斯坦（A. Einstein）所提出的「大統一理論」（Grand unified theories）後來並沒有成功（見第三章說明），但前仆後繼仍不乏其人，2007 年當代物理學家加勒特·利西（Garrett Lisi）又提出以粒子載荷的八度空間理論（E8 Theory, 圖 14-1）[2]，試圖用量子力學和數學幾何模式描述所有物理已知的四種基本相互作用力，並建立解釋一切宇宙現象的萬物理論（Theory of Everything）之可能性，雖喧騰一時，但仍漸趨無疾而終。

然而不可否認的，物理學上相對論與量子論的誕生，確實精準地描述宇宙的運行模式，廣義相對論運用於解釋大物體的引力性質、量子力學主要在描述微觀的事物，兩者都取得重大的進展和成就，所以目前多數學者會避開去創設能放諸四海皆準的巨型理論，著重及探究的理論都聚焦在實際應用的層次，使其具備很強的解釋與預測的能力，例如從「大爆炸」理論（Big Bang theory）推衍，當宇宙以光速往外擴散膨脹時應會產生扭曲時空的重力波動，愛因斯坦當時即預測重力波的存在，直至 2014 年 3 月美國哈佛天文物理學中心的研究團隊才宣布藉由南極的第二代宇宙星系

---

[1] 邏輯實證主義是由史立克（M. Schlick）教授所倡議，數學家漢因（H. Hahn）、經濟學家紐拉（O. Neurath）、物理學家弗蘭克（P. Frank）及卡爾納普（R. Carnap）等人陸續加入，因他們常在維也納集會討論哲學問題，故被稱為「維也納學派」（Vienna Circle）；邏輯實證主義繼承馬赫（E. Mach）的實證思想，認為人類知識是由邏輯、數學思維和謹慎的經驗觀察組成的，基本上認為感官所知覺或經驗到的現象才是唯一的真實。所以他們認為科學上所謂的「真理」是利用邏輯的科學方法獲得或經過驗證而來；而近代的科學旨在理性、客觀的前提下，用既有知識與完整實驗證明出理論或通則，並將此研究加以歸結和系統化後，便成為科學中的真理。

[2] 將物理理論用數學幾何圖形來表示一直是科學家努力的方向。所謂 E8 理論簡要來說：此乃由 19 世紀晚期挪威數學家 Sophus Lie 所發現的數學幾何結構群，是一個具有 240 個頂點的龐大八維多面體；2007 年利西（Garrett Lisi）這位玩衝浪的物理學家提出了「exceptionally simple theory of everything」的論點，他認為可以將重力、電磁力、強核力和弱核力等四個宇宙最基本交互作用力的所有粒子都納入 E8 幾何模型中，成為所有「力」的統一力（unifying force），故稱為能解釋一切宇宙現象的「萬有理論」，但八維多面體目前還有 20 個頂點沒有找到應分配到粒子故尚待日後的研究發現，而且該理論結合的物質粒子（費米子）以及交互作用粒子（玻色子），在某種程度上似乎是完全矛盾並欠缺精密的數學支撐，這些瑕疵致使 E8 理論頗受質疑和批判而漸銷聲匿跡。

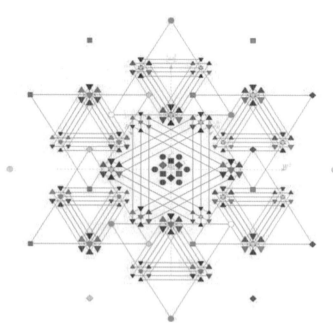

圖 14-1　E8 理論的根系統圖（由 8 維空間裡的 240 個向量點組成）

外偏振背景成像望遠鏡（BICEP2）的觀測分析，從宇宙微波背景輻射中找到重力波留下的獨特波紋－B 模型偏振，證實重力波的存在；這種物理學的理論可使我們預測很多從未曾被偵測過的現象，加強或修正現有的理論架構。然而，隨著科學的不斷探究和延展，許多未知與混沌的領域也一一浮現，也顯露當今科學的局促性，例如光究竟是粒子還是波動？至今真的沒有最佳解答，因為兩種現象都有實驗證明，而留下疑惑；又如量子力學中的不確定性原理（uncertainty principle）[3]，說明一些事情乃非決定論的，它們的發生就是發生了，人們是難以找出原因的，這使得大自然的基本定律是由客觀物理學所決定的論點受到了挑戰，究竟「上帝會不會擲骰子」？經典物理學的論戰持續一段很長的時間 [4]。

---

[3]　「不確定性原理」又稱測不準原理（Uncertainty Principle），簡言之就是敍述物體「位置」和「動量」之間的互補效果（trade-off）：位置越確定，動量就越不確定；位置範圍越不確定，動量就越確定。因量子力學的非決定性，引發愛因斯坦與波耳（N. Bohr）兩位物理大師就量子力學方面的問題發生爭辯，愛因斯坦便曾說出：上帝是不會擲骰子，意即世界是有其因果法則和規律的，而不是由機率支配的。

[4]　量子力學是由波耳（N. Bohr）、海森堡（W. Heisenberg）、玻恩（M. Born）和狄拉克（P. Dirac）等所謂哥本哈根學派所發展出來的物理理論，因認為隨機性或不可精確預期性是客觀物理世界的一個根本面向，引發原有物理學界（如愛因斯坦等學者）認為有因才有果的嚴謹必然論之反彈，兩派學者有很長的爭辯。但許多現象通過量子力學才得以真正地被解釋，像光的波粒二相性，在量子力學中提供了一個理論框架，使得任何物質在一定的環境下都能夠表現出這兩種性質，例如薛定格微分方程（Schrödinger

此外，同屬自然科學中的生物學，雖然物理學和化學的定律與理論能解釋生物的各種活動機制和生物細胞內的分子結構及功能，然而對生命演化的歷程和發展方向卻不易預測，縱使演化論相當清晰地解釋了許多過去的演化過程，但迄今對於生命有機體未來演化的預測只能強調統計上的機率性，達爾文進化論的所謂「物競天擇」的考驗，就是來自「偶然」的基因突變，才能成為生存上的「適者」；顯見繁複多元的生物演化和遺傳機制是無法用簡約的物理法則和數學方程式來全部涵括的（周成功，2014）。再者，所有生命的表現都有一些特殊的意義（例如生物體為何會幫助其旁系親屬而發展出利他行為？又如為何小型的哺乳類能取代巨大的爬蟲類而活耀於今世？），這些被認為是屬於形而上學（metaphysics）的思考，在許多物理和化學的學說理論中基本上是不具討論意義的。但是，面對問題，科學家們也須負責地提供解答，為了能釐清和解決地表繁複的各種現象，生物學家貝塔朗菲（Bertalanffy）等人另闢蹊徑，從生物學中有機體的研究概念得到發想，從動態觀、層次觀和體系觀等三個基本觀點建構出「系統科學」；系統科學並非以一種理論來統攝所有現象與事實或是試圖將把一切複雜的宇宙萬物化約成簡單的方程式，而是期以跨領域（trans-disciplinary）的視野，強調各整體事項間顯露出的本質順序性與相互依賴性，探求共同理論架構、關係及規律，並嘗試使用數學方法（科學語言）定量地來描述系統及其功能，尋求並確立適用於整體系統性的原理、原則和數學模型，引導人們有效地解決各種繁雜的現實課題。

換言之，系統科學利用系統思考（Systems Thinking）的方式把事物視為有機體，並當作一個整體或系統來研究，透過日益精進和統整的系統工程與技術（如電腦資訊），結合許多方程式、公式、模式與理論，進而整合為模組化的方式，組成了資訊軟硬體及相關實驗設備，能依不同的目的和功能，執行驗證、運算與模擬，提供為系統分析和決策支援的利器。系統科學與技術隨著先進理論不斷地引入，如：能為自然界演化提供數學模型的突變論、承認主觀性的模糊理論、能描繪大自然形態的碎形幾何、分析物質系統的有序化組織化的負熵理論、解釋系統與外界交換能量與物質就可從無序變有序狀態的耗散結構理論（Dissipative structure theory）、能由微觀變化預測巨觀結果的細胞自動機（Cellular automaton）理論等，使得系統科學與系統技術逐

equation）即可來描述自然界所有的粒子（如光子、電子或是原子），這個方程的解即為波函數，迄今除了通過廣義相對論描寫的重力外，所有其他物理基本交互作用均可以在量子場論中被描述及解釋，故其發展方興未艾。

漸茁壯；因系統理論能爲研究和設計的各種系統客體解析出基本的原理原則與架構，並規劃出一組（多組）的模式、策略、方法或工具以利於其在複雜系統中的模擬、比較、分析、設計、決策與管理；故不僅成爲科學知識的主流，也解決許多人類所面臨複雜的問題。

　　實證主義和系統科學的思潮當然也擴散並滲入其他的知識領域，自社會學之父孔德（A. Comte）提倡以科學方法來研究社會學，法國著名學者涂爾幹（É. Durkheim）闡述了社會事實之間存在的結構、功能和因果的關係，制定了一系列社會學研究的實證規則，充實了先前空疏的社會學方法論，爲社會學的學科化和科學化奠定了堅實基礎。經驗主義和邏輯實證主義的代表人物，如卡爾納普（R. Carnap）便認爲物理語言不僅可以表達全部知識（包括心理學知識），而且它還具有互觀性概念，因此試圖把自然科學連同社會科學、人文科學，都統一到物理語言的基礎上來[5]。因此當時社會科學研究者希望如同探索自然科學法則一樣，認爲人世間的事物同樣可用因果法則來解釋，透過嚴謹的態度和成熟的技術，能產生眞正的知識普遍法則來解釋社會生活；社會科學理論將如自然科學那樣，終會出現成爲可互相聯繫的定義、公理、法則和理論組成的邏輯演繹系統。在心理學研究方面，行爲主義學派（Behaviourism）的代表人物如赫爾（C. Hull）及托爾曼（E. C. Tolman）等人認爲心理活動應該是那些可以被觀察到或測量出的事件，而所有行爲的產生皆是由環境中的刺激所產生的反饋，因此是可以被描述、推斷和控制的；史金納（B. F. Skinner）著名的操作制約（operant conditioning）理論，就是透過科學實驗加以證明的，所以他認爲包括思想與感覺等的因數也應該與可觀察的行爲一樣可受到變量控制。另外，在經濟學上，因爲經濟學是對產品和服務的生產、分配以及消費進行研究的學科，需對數量關係及其變化規律進行掌握，故實證主義的嚴密邏輯對經濟學的研究與分析提供紮實的數理基礎，英國著名經濟學家羅賓斯（L. Robbins）便強調要用一整套邏輯實證主義的方法和語言來重新敘述經濟學，美國經濟學泰斗薩繆爾森（P. Samuelson）在其 1947 年出版的名著《經濟分析基礎》就提到該書的創作靈感來自數

---

[5]　卡爾納普的實證論除了其代表作《世界的邏輯構造》外，也進而認爲既然能用語言闡明句子的邏輯結構，也能用語言表述句子反映的實在意義，是故所有經驗語句都可用單一語言（single language）─就是「物理的」語言來表達。在其《語言的邏輯句法》著作中就提出：科學哲學的任務之一是構造「形式的人工語言」以及系統理論，以便於我們更好地進行科學概念和科學陳述的重新構造。這種語言和自然語言不同，它不是世襲的，而是按照我們制定的規則構造出來的，其特點是以語詞爲物件，但不牽涉到語詞的意義；這種規則卡爾納普稱之爲「句法規則」。

學物理學家威爾森（E. B. Wilson），在這些人的影響下，經濟學不斷引進的各種數學概念和理論，故數理經濟學不僅提供科學方法也讓西方經濟學朝計量和模式評估的方向發展。除了影響社會科學之外，連藝術人文的領域也受到渲染和衝擊，例如一些歷史學家也提出將歷史這門古老的學科，納入到實證科學的行列之中，代表人物爲如德國史學家蘭克（L. Ranke）提倡批判、考訂和審查史料，使歷史研究更爲嚴謹；巴克爾（H. T. Buckle）的《英國文明史》（History of Civilization in England）一書中，便指出歷史並非由形而上的力量所控制和引導，而是無異於自然現象的，可以進行科學分析，這些實證史學也逐步建立史學理論，探討歷史研究的方法、手段、程序、史學的認識論，建立實證史學模式。

　　物理世界中存有不確定性原理，生物演化中也會產生不可預測性，故自詡爲「萬物之靈」的人類，其所組成的社會文化是會服膺於簡化的自然科學法則和物理機械論的制約？人類活動之所以不同於石、瓦、草、木在於有思想和精神活動，著名的德國哲學家康德（I. Kant）便主張宇宙最終的實體在「精神」或「觀念」或「人類意識」而不是感官經驗，主張先驗的知識（a priori knowledge）是獨立於外在的實體而存在於內心的，它被視爲是精神（mind）的產物（蔡勝男，2005），人類所創造社會和文化是不是純理性的，而是往往有思緒、情感、意識和價值判斷的，「客觀的眞理」或許存在物理世界而可獲得確證，但精神世界的現象學把人類主體的本性當作研究的中心，把價值和意義的問題當作研究的重點，故自然科學和社會科學是存有本質的不同。所以狄爾泰（W. Dilthey）主張人文社會科學其重點在「理解」（Verstehen / understanding）而非「解釋」（Erklarung /explanation）；國內學者沈清松（1987）在《物理之後 —— 形上學的發展》一書即指出：形上學（Metaphysics）研究的對象是「存有者的存有」（the Being of beings）以及諸主要的存有者領域之根本屬性與原理；而「存有」作爲一種創造性的存在活動，必須透過人、物、社會和歷史來彰顯，而人、物、社會和歷史的意義，就在於顯示「存有」豐盈之創造活動。因此Meta-physics 的「Meta」依亞里斯多德解釋乃爲「After」physics，意思是先學習針對感官所對應的具有物質性之物理抽象事物，「之後」便抽離形式和數量，再僅針對「存有者」進行學習和了解，這時候形上學所探討的不再是眞實存有，而是「存有者本身」，因此形上學不僅針對自然，也對人和神之存有進行探討。所以社會科學的研究不能排斥形上學的研究，精神和物質的關係與及互動，不能由單由「發現事實」而做結論，現象學大師胡塞爾（E. Husserl）便主張：形上學的精神決定其他社會科學

所提供的知識，同樣是具有最終的意義。

在這樣的氛圍下，人文社會學科對實證主義採取反動，打破「學科非科學」不可的桎梏，例如經濟學者馬歇爾（A. Marshall）和施穆勒（G. Schmoller）都認爲社會科學的研究對象是會思想的人體，經濟力量不是按照物理原則和數學的方程來按部就班進行的，經濟往往存有人爲「操弄因素」，故有不確定性、異質性以及不斷變更性，從而也就不能保證數學運用的合理性，一味嘗試模仿自然科學，會產生出許多「豐富的謬誤」。而史學的狹隘實證史學方法論也受到挑戰，法國史學家費夫賀（L. Febvre）與布洛赫（M. Bloch）在所刊登發行的〈社會經濟史學報〉（Annales d'histoire économique et sociale）文章中，重視與其他社會科學和人文科學的交流，例如留意地理、物質等因素對歷史的影響，來打破當時風行的實證史學模式，這個後來興起的年鑑學派（Annales School，或稱安娜學派），擺脫以政治史爲中心的史學，強調「跨學科式的歷史研究」，例如重視地理環境對人類的影響，及人類行爲又如何反過來參與地理改造，另外也將社會學、經濟學和人類學納入歷史學中的概念，讓新一代的史學更趨全面和開放。潮流所趨，社會科學經歷的後實證主義和批判主義的洗禮，其實也修正其原有的方法論並注重質性的研究方法而非強調機械式的因果關聯，今日社會科學和自然科學各具特色且能相互交流、溝通、互動；科學技術需有人文的關懷才不至於反成爲毀滅人類的工具，而社會科學亦知道有一個客觀的科學世界，幫助我們認識這個繽紛的外在世界，但也認爲人類心理的思維及行爲應該是一種主觀的認知並建構了現今社會實體的現狀，所以要改變當今人類社會各種不平等的現象和解決環境的種種問題，最後的癥結還是應直指人的「心性」。

二、地理學的脈動與展望

地理學是一門空間的科學，探討地表種種事物的活動與分布現象，並提出正確與合理的描述與解釋（Hartshorne, 1959），然而正因爲地理所處理的是包羅萬象、紛雜繁複的事項，因此對於地理學的概念、主題和方法也屢生異議，所以有學者便言：再沒有一門基礎性學科像地理學一樣，百多年來爲其性質爭論不休。這也使得地理學在發展的過程中，始終難以擺脫多重「二元論」的羈絆，例如地理學常被劃分爲自然與人文地理學、區域與系統地理學、理論與應用地理學等。美國當時著名地理學者哈特向（R. Hartshorne）在 1939 年所著的《地理學的性質》一書，承襲德國學者赫特納（A. Hettner）的觀點認爲區域地理學應該是地理學的核心，但因當時區域地理的

研究欠缺完善的理論基礎，淪為一種敘述事物的地誌學，無法具有實用性的價值，所以在科學實證主義的風潮下，1953 年地理學者謝佛（F. K. Schaefer）在美國地理學期刊（Annals of the Association of American Geographers, A.A.A.G）發表了一篇題為〈地理學中的例外論〉的文章批判區域地理的虛無性，並認為地理學應跟其他自然科學一樣建立系統性法則和普遍性規律，以利資料分析、假說驗證和建構模式，成為能解決和預測空間各種現象與問題的學科，此一舉動掀起地理學本質和研究取向的風暴與興革，當然哈特向也立刻反擊，他發表〈地理學中例外論的再檢視〉一文和《地理學性質的透視》一書來回應和駁斥謝佛的批評（池永歆，2008）。這場論戰除了是系統地理和區域地理的齟齬外，其實也造成自然地理和人文地理矛盾的深化，因為隨著邏輯實證論的盛行，科學系統和普遍性法則造成自然地理學走向分科專業，例如地質學、氣候學、水文學等紛紛出走立自立門戶，自然地理學者也漸無法與人文地理學者對話與交流，分歧性日漸明顯，1948 年美國著名學府哈佛大學地理系的關門其實跟自然和人文地理學者間的內鬨有著重大的關係，且當 1950 年有人試圖成立獨立的地理學院時，亦遭到地質學家的質疑，因在那時哈佛大學的領導人只接受像物理學那樣的標準學科，這使得基礎理論薄弱的地理學失去重生機會（孫俊、潘玉君，2011），影響所及連帶造成了耶魯大學、哥倫比亞大學和密西根大學等許多著名的地理系都陸續跟著關門，甚至連加拿大、蘇聯和英國亦深受衝擊（Barnes, 2007）。

　　1960 至 1970 年代的計量革命的思潮風起雲湧，也掀起地理學在方法論上的巨大變革，利用模式化、理論化和數學統計進行空間分析蔚為潮流，不僅影響自然地理，連人文地理學也導入如零售引力模型、熵最大化模型和相關分析等方法進行都市和人口的研究，此種自洪堡德創立的近代地理學來最大的典範式變革，有人也稱為地理學的「二次革命」。然一如其他社會科學對實證主義的反動一樣，1970 年代中期，人文地理學界亦遭逢另一波激進革命（radical evolution）的反撲，1981 年美國地理學家協會主席哈特（J. F. Hart）在 77 屆的年會上發表演說並投書於 1982 年該會年刊（A.A.A.G）上，他認為地理學家技藝的最高型態（The highest form of the geographer's art）就是能將區域做深刻地描述，以利產生理解和評價。哈特認為地理不僅是一門科學也是一門藝術，因此不應採取極端科學的主張，然而此番見解也引來以加州大學葛理奇（R. Golledge，1999 年的美國地理學家協會主席）為首的十多位地理學家的圍剿，認為此文使地理學界倒退回 30 年前非科學的黑暗時期，但空間計量分析雖為地理學發展了大量的模式和理論，但並無法統攝和解釋地表的複

雜實體，對存在的社會環境問題（如貧富差異、環境汙染）也難有效解決（Gilbert, 1988）。因此人本主義（humanism）與結構主義（structuralism）等哲學思潮，在人文地理學界崛起，並發揚「新區域地理學」的概念；新區域地理學家認為區域是隨著歷史環境而不斷演化（becoming）的過程，而此「過程」中，個人與群體間的社會、經濟、文化關係不斷地結構與再結構而展現出其區域特色性；因此區域分析的焦點，應是區域中具有動態性質的社會關係的發展，即以人為本的社會交互作用的機制和社會秩序的變遷（Gillert, 1988；陳國川，2006）。

倘若深入分析，其實不同地理思維的交鋒與激盪，反而能促成地理學的進步與成長，而且不同學說與見解間也並非壁壘分明、故步自封而欠缺省思，例如在區域與系統地理之爭方面，哈特向（Hartshorne）在其稍後的 1959 年著作《地理學本質的透視》（Perspective on the Nature of Geography）一書中即言他並沒有排斥系統地理的研究，他認為：「地理學可以被稱為一門普遍化的或研究普遍法則的科學」來輔助區域地理，使區域地理學具備整合的功能；只是強調「唯有持續維持系統地理學與區域地理的關係，系統地理學才能堅守地理學的目的，以及不會消失而成其它的科學。」而哈特（Hart）也回覆並認為葛理奇等人誤解了他的論文，他並非反對地理學採用科學方法，只是認為太強調抽象的數學公式法則和過分簡約的模型理論，無法含括所有地表的複雜事項及人類情感和價值判斷的活動而已。另外，如強調「統一科學」的紐拉特（O. Neurath）也質疑卡納普的嚴格主張，認定科學知識不可能都全能化約為可靠的、無須更改的經驗語句；他只是認為各學科間存有多樣性與不確定性，故統一用物理學語言來表達是因較能以系統化、明確性之陳述語句，使其盡可能精準表達和溝通以利聯結各門學科，進行科技整合來進行分析和判斷，他還認為整體知識其實有很多不融貫之處，而影響科學家抉擇的是社會之因素，包括個人習慣、社會規範以及當代科技文化（戴東源，2011），實證主義只是提供地理學更精準有效的方式解釋地表現象的事理，以利人們進行評價和判斷。同樣地，在自然與人文地理的互斥上，因為地表環境是人類和自然過程共同作用的結果，而且人類的作用影響越來越大，因此自然地理學的發展，不可能不考慮人為因素，否則將是一種反進化主義的態度。而經濟地理、人文地理如果脫離物質環境也是無法想像的，因為自然的多樣性是經濟、文化多樣性的物質基礎；所以現代地理科學的性質是跨學科性質的科學。綜言之，地理是一個複合學科，猶如合體金剛，腳踏著區域地理的繽紛、頭頂著系統地理的思考，右腿驅動自然地理的前進、左腿跟隨人文地理的步伐，右手探索著理論地理之奧、左手

揮舞著應用地理之技，遨遊學林、壯闊瀛寰。

　　由統一而分化，由分化趨向統一，這就是地理學發展進程中的辯證規律。20 世紀初上半葉，科學的分化有越來越細的傾向，也易形成繁瑣的知識碎片，對話不易；因此 70 年代後期至 80 年代，加強統一地理學成爲國際地理學的共同潮流與趨勢，其實像赫特納（A. Hettner）、哈特向（R. Hartshorne）及蘇聯地理學者阿努欽（B. A. Anuqin）等人都支持統一地理學的觀點，認爲地理學是關於地球的包羅萬象的科學，所以赫特納即言：「地理學不能界限於自然或精神的某個特定的領域，必須同時延伸到自然和人類的範圍兼而有之。」哈特向在《地理學性質的透視》一書也提及：自然地理學與人文地理學的對立將使地理學發展受到危害。因此像錢學森等人便認爲地理是一個開放複雜的「巨大系統」，是由相互作用和相互依賴的若干部門結合組成的具有特定功能之整體，此種大科學的系統科學思維突破了傳統、封閉的單一學科概念；在研究方法是從定性到定量的綜合集成法，故除可用探質性的研究方法外，也可運用定律定理、模型模式、學說理論，並可使用機率決定論、承認偶然性、突變性的非線性思維方式，組合形成一整套研究複雜事物的認識論和方法論體系。因此「地理科學」實不同於傳統意義上的地理學，不是一門單一的學科，既不屬於自然科學也不屬於社會科學，而是自然科學與社會科學相結合而形成一個學科體系，並與自然科學、社會科學、數學科學、美學及軍事科學等相並列的現代科學技術部門。因此以系統科學來看，完整的地理科學乃分爲三個層次即：基礎科學層次、技術理論層次和應用技術層次；馬建華與管華（2003）便進一步指出而若欲解決地表複雜的問題，系統地理學所提的系統方法爲：1. 組織不同領域的地理專家運用其學科理論和知識經驗，對問題進行綜合性的理解與討論。2. 在經驗性的假設基礎上開展系統建模，以了解其結構和問題。3. 藉由電腦軟體或實驗設備進行模擬和修正，以求得最優化之結果。4. 將各種比較方案交由專家進行分析、評估和決策。90 年代中期因 GIS 技術而發展出的「地理計算學」（GeoComputation），正是系統科學和系統技術應用的成果，地理計算學不但整合地理領域的地圖學、測繪學、遙測學和地形學等，甚至借助其空間的成分而影響許多其他空間科學、學科和相關應用的領域加入地理科學的行列，讓地理學更受重視、運用更廣而日益茁壯與再興。

　　「上通天文、下知地理」，地理被稱爲科學之母，悠悠歲月中這個大宅門裡多少學科、派別和理論在此進進出出、來來往往，然招牌依舊矗立。現代地理科學所要研究的不再是一個個空間的集合，而是系統的整體規律，系統是由相互依賴的部分結合

而成，而系統本身又是它們從屬的一個更大系統的組成部分，人類所處的區域空間就是一個層層互疊的大千世界，如同佛教阿含經所載：「此千世界，猶如周羅，名小千世界。……周羅一千世界，是名稱二中千世界。如此稱二中千世界，以爲一數，復滿千界，是名三千大千世界。」地理學家白蘭士（P. Blache）提醒我們，人類所生活的場域乃是由自然、社會和人文三大體系的互動整合而成，而一地的生活方式除了展現物質層面的現象外，更重要的是蘊含在內在屬於精神的層面，一切之存有均需由人之思想構成才有實存的意義（潘朝陽，1987）；所以系統科學對地表複雜的探究，不管是 AHP 的多準則決策、馬可夫鏈模型的預測、系統動力學的模擬或是地理資訊系統（GIS）的空間分析，最後的評價、裁定和選用都是「人」；然而值得再省思的是：「人定是否就能勝天？」老子的道德經提醒我們：「人不畏威，則大威至」！或許在大自然的造化中學會謙卑，尊天敬地，人與天地才能合諧共存。空間是透過文化的稜鏡而映射的景象，由人爲掌鏡而攝製，而今應對這個正在快速變幻的世界，地理學最大的挑戰就是「空間」意義的變遷（王鑫，2015），科技帶領著我們進入網路空間的虛擬實境（virtual reality），未來更可能協助人類探訪宇宙的「異次元空間」，新興的空間注定將是流動而多元的，地理的空間定義會有更廣大的延伸，如何去詮釋人類的存有意義並決定後現代的生活樣態？答案可能還是須回到人本（human）的核心上，畢竟「人是萬物的尺度」（Man is the measure of all things）[6]，故面對未來混沌虛實的寰宇，如何證覺，恐端賴人的「見心明性」。

---

[6]　此語出自普羅泰戈拉（Protagoras），他是古希臘時期的思想家和哲學家，智者派的主要代表人物。

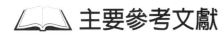 **主要參考文獻**

一、中文文獻

王鑫（2015）。驀然回首——地理學的未來：沉思與抉擇。環境與世界，31：1-22。

池永歆（2008）。哈特向的地理學方法論研究：回顧與審視。師大地理研究，49：41-60。

沈清松 (1987)。物理之後——形上學的發展。臺北：牛頓出版社。

周成功（2014）。公民政治教育與通識教育生命的省思。中華民國通識教育學會電子期刊55
期。http://www.chinesege.org.tw/geonline/html/page4/publish_pub.php?Pub_Sn=118&Sn=1689

孫俊，潘玉君（2011）。也談科學的興衰：借饒毅教授哈佛生物學之思看地理學。科學文化
評論，8(6)：98-104。

馬建華、管華（2003）。系統科學及其在地理學中的運用。北京：科學出版社。

陳國川（2006）。區域地理的回顧與前瞻。教育部普通高級中學課程暫行綱要地理教師基礎
暨進階研習手冊：174-182。

詹志禹、吳璧純（1992）。邏輯實證論的迷思。思與言，30：101-121。

潘朝陽（1987）。地理學方法論中的非實證論傳統。地理研究報告，13：167-192。

潘慧玲（2003）。社會科學研究典範的流變。教育研究資訊。11(1)：115-143。

葉光庭譯（1996）（Hartshorne 原著）。地理學的性質：當前地理學思想述評，北京：商務
書局。

蔡勝男（2005）。後實證論與公共政策之研究：由社會科學方法論談起。T & D 飛訊，29：
1-25。

戴東源（2011）。經驗基礎、科學方法與「統一科學」：紐拉特的觀點。華梵人文學報，
17：111-132。

二、外文文獻

Barnes, T. J. (2007). The Geographical State: The Development of Canadian Geography. *Journal of
Geography in Higher Education, 31*(1): 161-177.

Gilbert, A. (1988). The new regional geography in English and French-speaking countries. *Progress
in Human Geography, 12*(2): 208-228.

Hartshorne, R. (1939). *The nature of geography.* Lancaster P.A.: Association of American

Geographers.

Hartshorne, R. (1539). *Perspective on the nature of geography.* Chicago: Rand McNally for Association of American Geographers.

國家圖書館出版品預行編目資料

模式、理論及系統在地理學的分析與應用
／張政亮著. －－初版.－－臺北市：五南，
2017.08
　面；　公分
ISBN 978-957-11-9309-0（平裝）
1.地理學　2.科學方法論
609　　　　　　　　　　106012659

5H13

模式、理論及系統在地理學的分析與應用

作　　者 ― 張政亮(200.7)

發 行 人 ― 楊榮川

總 經 理 ― 楊士清

主　　編 ― 王正華

責任編輯 ― 金明芬

封面設計 ― 姚孝慈

出 版 者 ― 五南圖書出版股份有限公司

地　　址：106台北市大安區和平東路二段339號4樓

電　　話：(02)2705-5066　　傳　真：(02)2706-6100

網　　址：http://www.wunan.com.tw

電子郵件：wunan@wunan.com.tw

劃撥帳號：01068953

戶　　名：五南圖書出版股份有限公司

法律顧問　林勝安律師事務所　林勝安律師

出版日期　2017年8月初版一刷

定　　價　新臺幣550元